Bernd Sösemann
Theodor Wolff. Ein Leben mit der Zeitung

Bernd Sösemann

THEODOR WOLFF

EIN LEBEN MIT DER ZEITUNG

Franz Steiner Verlag

Bibliografische Information der Deutschen Nationalbibliothek:
Die Deutsche Nationalbibliothek verzeichnet diese Publikation in der Deutschen
Nationalbibliografie; detaillierte bibliografische Daten sind im Internet über
<http://dnb.d-nb.de> abrufbar.

Dieses Werk einschließlich aller seiner Teile ist urheberrechtlich geschützt.
Jede Verwertung außerhalb der engen Grenzen des Urheberrechtsgesetzes
ist unzulässig und strafbar.
© Franz Steiner Verlag, Stuttgart 2012
Druck: AZ Druck und Datentechnik, Kempten
Gedruckt auf säurefreiem, alterungsbeständigem Papier.
Printed in Germany.
ISBN 978-3-515-10174-5

VORWORT

Frankreich und Deutschland ehren Theodor Wolff (1868–1943) öffentlich mit Gedenktafeln, und in Berlin trägt der ehemalige Blumenmarkt in Kreuzberg seinen Namen. Der Bundesverband der deutschen Zeitungsverleger zeichnet jährlich hervorragende Journalisten mit dem renommierten Theodor-Wolff-Preis aus. Der Name und die Auszeichnung stehen seit fünf Jahrzehnten für hohe journalistische Qualität und eine beeindruckende Lebensleistung: für Brillanz in Sprache, Stil und Form sowie für Werte und Maßstäbe, die der Chefredakteur des »Berliner Tageblatts« gesetzt hat. Seine Leitartikel sind bis heute Zeugnisse eines freiheitlichen, demokratischen und gesellschaftspolitischen Verantwortungsgefühls. Jede öffentliche Ausschreibung des Preises, seine feierliche Verleihung und die kleinen Broschüren mit den ausgezeichneten Texten wecken Jahr für Jahr erneut die Erinnerung an den großen Journalisten.

Dagegen scheiterten alle Anfang der neunziger Jahre des vergangenen Jahrhunderts, unter dem Eindruck der Wiedervereinigung erneut unternommenen Versuche, den berühmtesten Zeitungstitel des Rudolf Mosse-Verlags wiederzubeleben: das »Berliner Tageblatt« (BT). Ungleich stärker als die weniger pronsonciert auftretende »Tante Voß«, die »Vossische Zeitung«, in Berlin und die politisch einen ähnlich rechtsliberalen Kurs steuernde »Frankfurter Zeitung« nahm die politisch interessierte deutsche und ausländische Öffentlichkeit »Wolffs Tageblatt« als deutlichste publizistische

Veranschaulichung einer sozial-liberalen, freiheitlichen parlamentarischen Demokratie wahr. Polemisierten Chauvinisten, alldeutsche Konservative oder Antisemiten gegen die »Mosse-Postille« und das »Flaggschiff jüdisch-liberalen Börsianertums« oder lobten Intellektuelle, Liberale und Demokraten aller parteipolitischen Richtungen das Niveau und die unabhängige, wohltuend antinationalistische Haltung im publizistischen Gefecht der Geister, dann fielen sogleich der Titel der großen Hauptstadtzeitung und der Name seines Chefredakteurs. In Zustimmung und heftiger Ablehnung spiegelte sich gleichermaßen die Faszination dieses gebildeten, kultivierten Mannes. Seine elegante Sprache fand nicht nur in der Zeitung ihr Publikum.

Theodor Wolff verfasste Romane, Theaterstücke und historische Werke, engagierte sich über Jahrzehnte hinweg in Politik und Literatur. In der Revolution von 1918/19 gehörte er zu den aktivsten Gründern der Deutschen Demokratischen Partei. Wiederholt beeindruckte Theodor Wolff mit seinen akribisch recherchierten Kenntnissen, eigenständigen und souverän vertretenen Urteilen oder seinen undogmatischen, mit Ironie und Skepsis angereicherten Meinungen. Seine Leser erlebten es in den Dreyfus-Prozessen, während der Debatten im Reichstag und in der Öffentlichkeit um die deutsche Flottenrüstung, in dem parteipolitischen Streit um Fragen des Wahlrechts, der Informations- oder Pressefreiheit. Am eindrucksvollsten agierte Theodor Wolff, als er sich gegen den auch unter seinen Lesern grassierenden Fatalismus wandte. In seinen Leitartikeln rief er in allen Jahren zwischen 1918 und 1933 zu Umsicht und Rationalität in der Wahrnehmung, Besonnenheit im Urteil und Mäßigung in der öffentlichen Debatte auf. Seine Einsprüche richteten sich, um nur einige der herausragenden aufzuzählen, 1919, 1923, 1926 und 1932 gegen die Auffassungen, der Friedensvertrag von Versailles müsse unterschrieben und die »Erbfeindschaft« mit den Franzosen könne nicht geleugnet werden, ein Zensurgesetz gegen »Schmutz- und Schundschriften« sei grundsätzlich nötig oder man könne die Errichtung eines »Dritten Reiches« nicht mehr verhindern.

Die zwölf Kapitel des Buches bezeichnen die Hauptabschnitte des Lebens und markieren private und berufliche Zäsuren. Es sind die Jahre als Auslandskorrespondent in Paris und die ersten namhaften poetischen Versuche; es folgen die Übernahme der Chefredaktion in Berlin mit dem parteipolitischen Engagement und die anderthalb Jahrzehnte des Wirkens für die Zeitung und die Demokratie von Weimar. Seit dem Sommer 1930 wies Theodor Wolff eindringlich auf die wachsende Bedrohung des Rechts- und Verfassungsstaates durch den Links- und Rechtsradikalismus hin. Er warnte vor den autoritären Präsidialkabinetten der Reichskanzler Brüning (1885–1970), Papen (1879–1969) und Schleicher (1882–1934), in denen er legal maskierte Diktaturen erkannte. Doch die größte Gefahr sah Theodor Wolff in den antidemokratischen Einstellungen der NSDAP, dem »Führerkult« ihrer Mitglieder, ihrem Hass auf die »undeutschen«, die sogenannten westlichen Werte und die zunehmend unverhohlene Bereitschaft zum verbalen Terror im Parlament und zur offenen Gewalt auf der Straße.

> »Wenn heute der Nationalsozialismus triumphiert und von nun ab noch mehr als bisher schon der mit ihm verbündeten Reaktion seinen Willen diktieren kann, dann werdet ihr, solange diese Herrschaft dauern wird, nicht mehr zur Wahl gehen, nicht mehr eure Meinung in die Waagschale werfen dürfen – dann wird man die letzten Reste eurer Freiheit und eurer Bürgerrechte zerschlagen und, mit den brutalen Mitteln, die ihr kennt, euch zu dumpfem Gehorsam, zu schweigender Unterwerfung zwingen.« (Journalist, 329 f.).

Da in einem Leben *für* die Zeitung das Tageblatt am Anfang stand und sich die Bestellung zum Chefredakteur zu einem biographischen Schlüsselereignis entwickelt hat, soll die Darstellung mit einer Geschichte des »Berliner Tageblatts«, seines Verlegers und der Redaktion einsetzen. Hätte Rudolf Mosse seinen Cousin Theodor Wolff nicht in die Führungsposition des »Berliner Tageblatts« berufen, wäre dieser vermutlich seinen damals nicht geringen literarischen Ambitionen nachgegangen. Ob er dabei jedoch über den Status einer »Fußnote« in der Literatur- und Kulturgeschichte weit hinausgekommen wäre, darf nach der Lektüre des Publizierten nicht ohne weiteres vermutet werden.

Für das biographische Porträt habe ich die Überlieferung quellennah genutzt. Theodor Wolff kommt dabei mit seinen Artikeln, Werken, Manuskripten und Briefen häufig zu Wort. Das letzte Kapitel vermittelt mit den ausgewählten, thematisch und zeitlich breit gestreuten Dokumenten einen unmittelbaren Eindruck von der sprachlich-stilistischen Brillanz und dem liberalen Geist des Autors. Bei allen Arbeiten am Manuskript hat mich meine Tochter Pia über den Atlantik hinweg unermüdlich unterstützt. Dafür danke ich ihr herzlich. Ein ebenfalls herzlicher Dank gebührt Herrn Heinrich Meyer und der »Stiftung Presse-Haus NRZ«, deren Finanzierung es mir ermöglichte, die vor zwölf Jahre erstmals erschienene Biographie nunmehr unter demselben Titel in überarbeiteter und deutlich erweiterter Form vorzulegen.

Berlin, den 30. Juli 2012

INHALT

11	Kapitel 1:	Der Weg zur Zeitung
45	Kapitel 2:	Journalistische Spaziergänge in Europa
74	Kapitel 3:	Eine Großstadtzeitung auf Weltniveau
93	Kapitel 4:	Keine Rosen für Wilhelm II.
107	Kapitel 5:	Der Große Krieg
135	Kapitel 6:	Von der Revolution zum Friedensdiktat
159	Kapitel 7:	Eine Demokratie ohne Demokraten?
183	Kapitel 8:	Eine Elite des deutschen Journalismus
197	Kapitel 9:	Publizistik im Schatten von Diktatoren
217	Kapitel 10:	Aus der Gewissheit der Gefahr in die Ungewissheit des Exils
238	Kapitel 11:	Zerstörte Hoffnungen
258	Kapitel 12:	Positionen eines liberalen Journalisten

Anhang
267	Teil 1:	Leseproben
I–XXXII	Teil 2:	Bilder eines Lebens

291 Quellen und Literatur
295 Abbildungsverzeichnis
296 Personenregister

KAPITEL 1

DER WEG ZUR ZEITUNG

In keinem europäischen Land gab es zu Beginn des vergangenen Jahrhunderts eine größere Anzahl Zeitungen als im Deutschen Kaiserreich. Neben mehr als sechstausend kleinen und mittleren Publikationsorganen berichteten rund einhundert Massenblätter jeweils in einer Million Exemplaren und einige wenige berühmte Tageszeitungen wie die »Allgemeine Zeitung« aus Augsburg, die »Frankfurter Zeitung und Handelsblatt«, die »Norddeutsche Allgemeine Zeitung«, die »Vossische Zeitung« oder das »Berliner Tageblatt« in bescheideneren Auflagen. Sie erreichten ihre Leser täglich in bis zu drei, mitunter in vier Ausgaben – morgens, mittags, abends – und zeitweise sogar in einer zusätzlichen, das Tagesgeschehen zusammenfassenden »Postausgabe«. Verglichen jedoch mit der französischen und britischen hauptstädtischen Presse verkauften die deutschen Verleger selbst in Berlin nur kleine Auflagen, denn die Stadt gehörte trotz ihres »fast beispiellosen« Aufstiegs in dem am 18. Januar 1871 gegründeten Reich preußischer Prägung zu den Metropolen geringeren Formats.

Unter den knapp zwei Millionen Berlinern mochten sich zwar nicht wenige in ihrer neuen Rolle wie Einwohner von London oder Paris fühlen, doch die beiden Konkurrentinnen zählten eine weit mehr als doppelt so große Bevölkerung, verfügten über Zentral- und U-Bahnen und hatten die Pferdebahnen von ihren Boulevards verbannt. Erst im zweiten Jahrzehnt des zwanzigsten Jahrhunderts kamen amerikanische Touristen auf den Gedanken, die Straße »Unter den Linden« mit den Champs Elysées zu vergleichen. Auf der britischen Insel baute man die Häuser bis zu zehn Geschosse hoch, und dort achtete kein Monarch peinlich darauf, dass die Untertanen seine Schlosskuppel nicht überboten. Das gesellschaftliche Leben geriet den Berlinern genauso wenig auffällig und inspirierend wie die Zeitungen um 1900, von denen selbst die größten etliche ihrer Seiten vorwiegend mit örtlichen und regionalen Meldungen füllten. Die Nachrichten in der Rubrik »Aus aller Welt« betrafen bis Mitte der achtziger Jahre zu zwei Dritteln Passkontrollen, Börsenstände, Staatsbesuche, spektakuläre Unfälle, Expeditionen in unerschlossene Territorien und natürlich kriegerische Ereignisse. Die Berichte aus Parlamenten und über politische Konflikte standen demgegenüber zurück.

Der Konkurrenzkampf auf dem Berliner Zeitungsmarkt verlief hart, heftig, turbulent und für viele Verleger ruinös, aber er wirkte – so erschien er den Lesern – lebendig, bunt, anregend und innovativ. Ein genauer Überblick ist schwer zu erhalten. Den Statistiken der Unternehmen jener Zeit sollte man nur ein begrenztes Vertrauen entgegenbringen, denn sie sind, ebenso wie die Angaben der Werbung treibenden Wirtschaft, von den jeweiligen Interessen beeinflusst. In den firmeneigenen Statistiken tauchten die Druckauflagen als verkaufte Bestände auf, um den Anzeigenpreis mit dem Hinweis auf die außerordentliche Verbreitung anheben zu können; die Anzeigen schaltende Industrie versuchte, mit niedrigen Zählergebnissen Rabatte zugebilligt zu bekommen. Nicht einmal die genaue Zahl der Publikationsorgane lässt sich heute noch feststellen, da es je nach Motivlage günstig war, Neben- und Teilausgaben selbständigen Redaktionen zuzuschreiben oder Verbreitungsgebiete zu konstruieren. Unabhängig allerdings von jeder Geschäftstüchtigkeit oder von interessenbedingten Manipulationen bestand damals eine objektive, also eine sachlich-inhaltlich begründete Schwierigkeit, genaue Zahlen anzugeben, weil die Abgrenzung zu Wochenblättern und Zeitschriften nicht immer befriedigend möglich war. Ihnen ähnelten viele Zeitungen, weil sie nur ein- oder zweimal wöchentlich oder sogar nur unregelmäßig entstanden. Durch diese Hinweise abgesichert, lässt sich sagen: an der Spree gab es um 1900 knapp tausend Blätter. Darunter fallen alle Zeitungen im Großraum Berlins und seiner Nachbarorte, denn zum gesetzlichen Zusammenschluss der acht Städte, 59 Landgemeinden und 27 Gutsbezirke zu einem »Groß-Berlin« kam es erst 1920. Das journalistische Geschehen in der bereits um 1900 modernsten deutschen Nachrichtenmetropole bestimmten die drei großen Unternehmerfamilien Mosse, Ullstein und Scherl.

Dieser neue Pressetyp konnte entstehen, weil die Papierpreise von 1870 bis 1900 bis auf ein Viertel gesunken, schnelle Setzmaschinen und der kostengünstige Rotationsdruck erfunden waren. Diese Umstände und die sogar auf dem Land deutlich verbesserten Verkehrsverhältnisse gestatteten es, in einer kürzeren Produktionszeit eine höhere Auflage als bisher zu drucken und zu verbreiten. Die Verlage drückten den Herstellungspreis zusätzlich durch umfangreiche Werbeseiten, eine intensive Anzeigenakquisition, auffällige Reklame, ungewöhnliche bis aggressive Werbemethoden und bislang unbekannte Koppelungsgeschäfte der unterschiedlichsten Art. In den Eisenbahnen lagen kostenlose Generalanzeiger-Zeitungen aus, in den Straßen erhielten die Passanten Frei-Abonnements, und in geschäftlicher Kooperation mit Versicherungsagenturen boten die Verleger Versicherungsabonnements an. Am stärksten beeindruckte die schnell und keinesfalls allein in den unteren Bevölkerungsschichten wachsende Leserschaft die Behauptung der Redaktionen, sie seien »unabhängig«, weil man allein »vaterländisch« denke und sich ausschließlich »nationalen Interessen« verpflichtet fühle. Den Anzeigenkunden versicherten sie gleichzeitig, sie seien neutral und »unpolitisch«, weil sie, anders als es in der traditionellen Gesinnungspresse geschehe, Distanz zu den Parteien hielten. Die direkte Abhängigkeit von Groß-Inserenten und die indirekte von den wirtschaftlichen und politischen Interessen einflussreicher Vertreter des rechten Parteienspektrums oder von konservativen Verbänden blieb bereits damals einem kritischeren Publikum zwar nicht verborgen, jedoch beeinträchtigte diese Erkenntnis die Geschäfte nicht.

Der Verleger August Hugo Friedrich Scherl (1849–1921) nutze sowohl auf der publizistische Ebene das Neue als auch auf der technischen. 1983 gründete er die offenen Handelsgesellschaft »Heribert Kurth & Comp.« und seine erste Tageszeitung. Als erster deutscher Zeitungsverleger setzte er außerdem die Mitte der siebziger Jahre erfundene Linotype-Setzmaschine in der Kombination mit der schnell laufenden und wenig störungsanfälligen Rotationsmaschine ein. Seit 1885 erschien sein bislang nur wöchentlich gedruckter »Berliner Lokal-Anzeiger« täglich, nach vier Jahren sogar zweimal am Tag. 1895 brachte er seinen ersten Bestseller auf den Markt, das erste Berliner Adressbuch. Die Illustrierte »Die Woche«, die Tageszeitung »Der Tag« und der Erwerb weiterer Auflageriesen halfen Scherl bis 1905 seine Spitzenstellungen neben Ullstein und Mosse zu festigen.

Die Ullsteins gingen ihren eigenen, aber nicht weniger erfolgreichen Weg; er führte sie über den Papiergroßhandel in die Verlegerkarriere. Leopold Ullstein (1826–1899), Sohn eines Papiergroßhändlers aus Fürth, gründete 1848 in Berlin eine Papiergroßhandlung und 1877 die »Ullstein & Co.

OHG«, kaufte das »Neue Berliner Tageblatt«, wandelte es zur Abendzeitung »Deutsche Union« um und ließ diese nur ein Jahr später in der Tageszeitung »Berliner Zeitung« aufgehen. Dieses Blatt bildete die Grundlage eines Verlagshauses, das mit der »Berliner Abendpost« (1887), der BIZ, der »Berliner Illustrirten Zeitung« (1894), und besonders mit Gründung der »Berliner Morgenpost« (1898) zum größten Zeitungsverlag anwuchs. Allein die BIZ lieferte 1914 anderthalb Millionen Exemplare aus. Vertraute der Leser der Werbung dieser drei großen Verlagshäuser, dann ging man in Berlin, auf dem »Exerzierfeld und Labor der Moderne«, herrlichen Zeiten entgegen. Die Nachrichten wollten sie zukünftig noch schneller drucken und verbreiten, die Text- und auch die Bildberichterstattung ausweiten und das Korrespondentennetz noch stärker ausdehnen. In Berlin, ja im ganzen deutschen Sprachraum erzielte ein einziger Verleger in wenigen Jahren den größten Zugewinn. Es war der Cousin von Theodor Wolff, der ehemalige Buchhandlungsgehilfe Rudolf Mosse, dem es gelang, mit einem zweistelligen Millionen-Vermögen und mit einem zu versteuernden Einkommen von knapp drei Millionen Mark zum zweitreichsten Mann im Vorkriegsberlin aufzusteigen. Drei Rittergüter von weit über tausend Hektar im Osthavelland (Dyrotz), im Kreis Teltow (Gallun) und im Kreis Königswusterhausen (Schenkendorf) kamen zu seinen Besitztümern ebenso hinzu wie sein prächtiges, reich mit Gemälden, Plastiken und edlem Mobiliar ausgestattetes Palais in der Stadt, das allein einen Wert von zweieinhalb Millionen Mark dargestellt haben soll – von den übrigen Villen und Gebäudekomplexen in Halensee oder am Kurfürstendamm zu schweigen.

Der »BT«-Redakteur und Theaterkritiker Hermann Sinsheimer (1884–1950) schildert ihn als »eine behäbige rundliche Erscheinung, zum Lebensgenuß nicht weniger als zur Arbeit begabt, ein Mann von Blick, Wille und Moral – verliebt ins Bauen in der Stadt und ins Bäuerliche auf dem Lande, der Kunst, wie er sie verstand, ergeben« (Paradies, 257). Gut Schenkendorf bevorzugte er gegenüber allen anderen Residenzen und Gütern wegen seiner weitläufigen Jagdgebiete. Dorthin sollte ihn der älteste Sohn Theodor Wolffs, Richard, in den Sommermonaten häufig begleiten und in den Stallungen und auf den Feldern seine Liebe zur Landwirtschaft entdecken. Dort sollte Rudolf Mosse siebenundsiebzigjährig auf einer der vormittäglichen Kutschfahrten ins Jagdrevier, gesund und nur ein wenig fröstelnd in der Augustsonne, sterben. Die Verbundenheit mit der Natur und die Leidenschaft zur Hege und Jagd waren im Alter noch weiter angewachsen. Das »Berliner Tageblatt« (9.8.1920) und der erste »Almanach« des Mosse-Buchverlags nach dem Tod des Firmenchefs unterlassen es deshalb nicht, sie auch öffentlich ausdrücklich hervorzuheben. Die anonymen Verfasser zeichnen im pathetisch-schwelgenden Ton der Zeit und in dem Stil eines ausschließlich auf Verehrung und Lob des Verstorbenen gerichteten Nachrufs das Leben und Werk eines »königlichen Kaufmanns«. Er tritt uns als Mann von unerschütterlicher Zielbewusstheit, genialer Schöpferkraft, kaufmännischem Talent und Instinkt gegenüber; eine groß angelegte Natur, die dem Schicksal ihren Willen aufzwingen konnte, hart gegen sich selbst, rastlos, unermüdlich und fordernd – das Sentimentale und Weiche, von dem Theodor Wolff einmal sprechen sollte, hatte sein Revier offensichtlich außerhalb des Konzerns.

Dieser einflussreiche Herrscher über ein riesiges Handels- und Gewerbeunternehmen stammte aus einem kleinen Ort im Osten des Deutschen Reiches. Er wurde am 8. Mai 1843 in Grätz bei Wollstein, in der preußischen Provinz Posen als eines von vierzehn Kindern geboren. Der Vater Markus war Arzt (1808–1865), die Mutter, Ulrike Wolff (1813–1888), stammte aus einer Kaufmannsfamilie. Es sei hier bereits angemerkt, dass ihr Bruder Adolph der Vater Theodor Wolffs ist, so dass die oftmals falsch dargestellten verwandtschaftlichen Verhältnisse zwischen Rudolf Mosse und Theodor Wolff zweifelsfrei auf der Ebene von Cousins liegen, wenn auch der Altersunterschied von fünfundzwanzig Jahren etwas ungewöhnlich ist und wohl den Anlass für die Annahme gab, die beiden stünden in einem Onkel-Neffen-Verhältnis zueinander. Von Markus Mosses acht Söhnen sollte der drei Jahre später als Rudolf geborene Albert (1846–1925) gleichfalls ein berühmter Spross der großen Mosse-Familie werden, wenn man das intellektuelle Prestige dem ökonomischen nicht unterordnet, und ebenso der elf Jahre nach Rudolf geborene Emil (1845–1911), der es an dessen Seite zum mehrfachen Millionär bringen sollte.

Rudolf Mosses Aufstieg sollte auf anderen Pfaden noch etwas schneller und steiler vor sich gehen. Ihn zog, wie seine Brüder, das prosperierende Berlin an. Nahezu die Hälfte der städtischen Einwohnerschaft – um 1860 war es gut eine halbe Million – bestand aus zugewanderten Arbeitskräften; darunter waren 18.000 jüdische, also etwa vier Prozent, deren Anteil in nur einem Jahrzehnt auf sechs Prozent anwachsen sollte. Zu ihnen gehörten der älteste Bruder von Rudolf Mosse, Salomon (1837–1903), und der unmittelbar vor ihm geborene Theodor Mosse (1842–1916), beide Besitzer des Wäschegeschäftes »Gebrüder Mosse«, in das sie in den späteren sechziger Jahren auch noch den jüngeren Bruder Paul (1849–1920) aufnahmen. Rudolfs wirtschaftliche Biographie gründete sich auf eine Buchhändlerlehre in Posen, auf Erfahrungen in einer Verlagsbuchhandlung in Berlin und im Verlag Rudolf Wagner, der die 1848 von dem Komödiendichter David Kalisch (1820–1872) gegründete Zeitschrift »Kladderadatsch« herausgab (im folgenden: Kraus, 157–200). Diese versuchte, die politische Satire zu kultivieren und deren Witzfiguren wie »der Zwickauer« oder »Karlchen Mießnik«. Als Zweiundzwanzigjähriger erweiterte Mosse seinen Horizont in der Position des Geschäftsführers der Zeitung »Der Telegraph« in Leipzig und als Annoncen-Akquisiteur für Ernst Keils (1816–1878) 1853 geschaffene auflagenmächtige, wegen ihrer Illustrationen beliebte belletristische Familienzeitschrift »Die Gartenlaube«. Auf seinen Reisen zu den einzelnen Kunden im ganzen deutschsprachigen Raum gewann er ebenso Selbstvertrauen wie durch die Ratschläge seines Vaters, der die Söhne in einer geschickten und wohl eindringlich wirkenden Mischung von liebevoller Fürsorge und patriarchalischer Strenge brieflich mahnte. Spätere Millionäre wie Rudolf könnten als Sechzehnjährige durch den Appell an den Familien- und Geschäftssinn in ihrem Tun entscheidend motiviert, durch gutbürgerliche Grundsätze bestimmt und durch die Auflage auf Erfolgskurs gebracht worden sein, sie hätten ein Buch anzulegen, in dem sie alle Einnahmen und Ausgaben »wie jede ordentliche Hausfrau« »ordnungsgemäß« führen sollten.

Rudolf konnte den Ansprüchen des Vaters genügen, benahm sich auch keinesfalls »dabey wie ein Esel«, sondern pachtete 1866 in toto den Anzeigenteil des »Kladderadatsch« und wagte es im Januar 1867, also mit vierundzwanzig Jahren, ein neuartiges Unternehmen, die »Zeitungs-Annoncen-Expedition Rudolf Mosse« in der Friedrichstraße 60 zu gründen. Das väterliche Tugend-Quartett »Eifer, Biederkeit, Solidität, Sparsamkeit« hat er hier und bis ins hohe Alter hinein beherzigt und um sein unternehmerisches Quintett ergänzt: Arbeit als Glück, Tatkraft, Marktkenntnis, Wagemut und Innovationsbereitschaft. Als sein Unternehmen 1892 das fünfundzwanzigjährige Jubiläum feierte, deutet Rudolf Mosse die Grundsätze bzw. Einsichten an, von denen er sich habe leiten lassen. Sie hätten sich vorrangig auf die Erkenntnis gegründet, dass zwar das Zeitungswesen in Deutschland längst eine bedeutende Rolle im Leben des Volkes spiele, das Anzeigenwesen jedoch geradezu noch in seinen Kinderschuhen stecke: »Das Lesebedürfnis war ein größeres geworden, ein jeder, auch der geringste Mann, griff zu seiner Belehrung nach einem Presserzeugnis. Es konnte daher dem aufmerksamen Beobachter, der die Zeichen der Zeit verstand, nicht entgehen, dass in der Publizistik noch ungehobene Schätze ruhten und es nur an dem rechten Mittler fehlte, diese Schätze der Allgemeinheit zuzuführen.« Diesen Motiven habe seine Zeitungsannoncen-Expedition ihre Entstehung verdankt. Der junge Mosse hatte also nicht im Sortimentsbuchhandel die Zukunft gesehen, sondern in der Presse. Ihren bis zu diesem Zeitpunkt unorganisierten Anzeigenmarkt begann er systematisch zu erschließen, indem er das »Institut« schuf, das sich der Beziehungen zwischen inserierungsbedürftigem Publikum und der Presse widmete und die Interessen auf diesem

Feld zum eigenen Gewinn nutzte. Sein originelles Geschäft bestand somit darin, den Anzeigenraum, mit dem er wirtschaften wollte, erst einmal als Ware zu produzieren. Wollte er reüssieren, musste er alles daran setzen, das Inserat von dem ihm anhaftenden Geruch des Unfeinen zu befreien. Zeitungen und Anzeigenvermittlung standen in seiner Vorstellung so eng nebeneinander und waren direkt aufeinander bezogen, dass die Blätter wie »Inseratenplantagen« erscheinen mussten. Dank seiner modernen Geschäftsprinzipien konnte er schnell außerordentliche Erfolge verbuchen: er arbeitete zügig, kostengünstig und mit einem wachen Sinn auch für den Bereich, den wir heute »PR« oder auch »Öffentlichkeitsarbeit« nennen. Auf zweihundert Ausstellungen und mit dem Mittel der damals noch unbekannten Gratiswerbung machte Mosse immer wieder nachhaltig in der Presse und auf der Straße auf sich aufmerksam. 1870 beschäftigte er 20 Angestellte, 1892 waren es schon 274, und 1917 arbeiteten 1375 in 512 Filialen. Das Netz spannte sich von Breslau (1871) über Basel (1914) bis Straßburg (1912). Die ersten großen Gewinne seiner Annoncen-Expedition investierte er in eine eigene Tageszeitung, in die Gründung des »Berliner Tageblatts«, weil er – wie es die oft nacherzählte Anekdote wissen will – eines Abends beim Skat zu seinem Bruder Emil bemerkt habe, er könne nicht einsehen, warum seine Firma immer nur für fremde Zeitungen Inserate sammeln solle.

1932 verfügte das Mosse-Haus neben fünfzehn inländischen über zwanzig ausländische selbständige Zweigniederlassungen. Inzwischen hatte sich der Markt in den vier Jahrzehnten der Prosperität nicht unwesentlich verändert. In den traditionsreichen Firmen von Gottfried Leonhard Daube (1842–1917) (»Insertions-Agentur«, Altona) und Ferdinand Haasenstein (1828–1901) (»Annoncen-Bureau«, Frankfurt am Main, bzw. »Haasenstein und Vogler OHG«) waren Mosse im Lauf der Jahre glänzend organisierte Konkurrenzunternehmen erwachsen. Programmatisch hieß es zu diesem Thema im Dezember 1871: »In einer Zeit, da die Augen der Welt auf Berlin gerichtet sind, treten wir mit dem ›BT‹ vor die Öffentlichkeit. (…) Unser Ziel ist darauf gerichtet, nicht ein Localblatt mehr zu den übrigen zu schaffen, sondern im eigentlichen und echten, im vollen und schöpferischen Sinne des Wortes das Berliner Localblatt. (…) Das Material soll in weltstädtischem Sinne redigiert werden. Es muß das Bewußtsein uns beseelen: für die zivilisierte Welt schreibt, wer für Berlin schreibt!« Das »BT« erweckte nun den Eindruck, es wolle den Vielbeschäftigten auf allen Gebieten schnell orientieren und gleichzeitig auch Anforderungen und Wünschen des Lesers nachkommen, der mehr Zeit und Muße besaß.

Schon nach drei Jahren musste die expandierende Annoncen-Expedition in derselben Straße, in die Friedrichstraße 66 umziehen. 1871 kam eine eigene Druckerei in der Neuen Friedrichstraße hinzu. Eine neue Entwicklungsphase begann 1874 mit der Übersiedlung des Verlags zu dem schon früher angekauften Haus Jerusalemer Straße Nr. 48. 1882 dehnte sich der Verlag auf das Nebengrundstück Nr. 49 aus. Damit hielt das »Berliner Tageblatt« – es war längst zu einem führenden Handelsblatt aufgestiegen – seinen Einzug in das später im Zweiten Weltkrieg weithin zerstörte und heute nur noch partiell ähnlich genutzte Zeitungsviertel, in dessen Mittelpunkt die Kreuzung Leipziger Straße/Friedrichstraße liegt. Sogleich nach der Jahrhundertwende errichteten die Architekten Wilhelm Hubert Cremer (1845–1919) und Richard Wolffenstein (1846–1919) den bekannten, sich über acht Grundstücke im Bereich Jerusalemerstraße 46/47 und Schützenstraße 20 bis 25 erstreckenden monumentalen Eckbau: ein eindrucksvolles Portal zog sich bis auf die volle Höhe der dritten Etage hinauf und bis zum Dachaufbau mit seinen Türmchen. Unten fand sich der Schriftzug »Rudolf Mosse«, oben »Berliner Tageblatt«. Dieses Gebiet war im Kaiserreich zugleich das Zentrum des Verkehrs; hier befanden sich die wichtigsten Regierungsgebäude, der Reichstag sowie das Herren- und Abgeordnetenhaus. In seiner Druckerei stellte Rudolf Mosse mit großem Erfolg Kochbücher her, Ratgeber aller Art, Jahrbücher, Almanache und Adressbücher, Zeitungskataloge und Fachzeitschriften, wie die »Gießerei-Zeitung« und die »Zeitschrift für Dampfkessel und Maschinenbetrieb«.

Mosse genoss bald den Ruf, mit seinen Nachschlagewerken zuverlässige und handliche Informationen über den »Weltmarkt der Presse« zu bieten. Mit dem »Deutschen Reichs-Adreßbuch für Industrie, Gewerbe und Handel« (D.R.A.) schlug Mosse einen neuen Weg ein. Er führte zum Werbe-Agentur-Unternehmen. 1884 nahm er den elf Jahre jüngeren Bruder Emil zum Teilhaber. Emil hatte als Kaufmann und Verlagsbuchhändler seit dem sechzehnten Lebensjahr in der Firma seines Bruders erfolgreich gearbeitet, die Entscheidung für den Bruder lässt sich also nachvollziehen. Doch bis heute ist unklar geblieben, weshalb Mosse sich von seinem vermögenden Schwager Emil Cohn (1832–1905) trennte, der seit 1871 die innerbetriebliche Organisation der Annoncen-Expedition geleitet hatte und als Teilhaber erfolgreich tätig gewesen war. Die Formeln »aus gesundheitlichen Gründen« sei die Trennung »im wechselseitigen Einvernehmen« erfolgt, befriedigen jedenfalls nicht. Gemeinsam erwarben Rudolf und Emil 1890 die »Allgemeine Zeitung des Judentums« und 1904 die »Berliner Volks-Zeitung«. Von ihren übrigen Publikationsorganen seien hier noch das »Deutsche Reichsblatt«, das Witzblatt »Ulk« – das »Compot« zum »BT«, wie in Berlin gewitzelt wurde – und die »Berliner Morgen-Zeitung« (1889) erwähnt. Diese Zeitung lag auf derselben politischen Linie wie das »BT«, war jedoch als

»Volksblatt« konzipiert und sollte als populäres Pendant »im besten Sinne des Wortes liberale Politik treiben, für Freiheit und Fortschritt auf politischem, wirtschaftlichem und konfessionellem Gebiete namhaft eintreten«. Rudolf Mosse gründete außerdem noch den »Snanje-Verlag«, der vornehmlich deutsch-russische Wörterbücher herstellte, den Spezial-Verlag »Esperanto« und richtete einen leistungsstarken Depeschendienst ein.

Diese Mosse-Blätter haben das »Berliner Tageblatt« schnell an Auflagenvolumen zu überbieten vermocht; kein Publikationsorgan erreichte dabei jedoch auch nur die Nähe des »BT«, wenn man die politische, wirtschaftliche und kulturelle Bedeutung zu dem vorrangigen Kriterium erhebt. Ende der achtziger Jahre sollte das Blatt nicht mehr ausschließlich ein Organ des Mittelstandes, sondern das des »intellektuellen Bürgertums« geworden sein, das dem Ullstein-Blatt, der »Vossischen Zeitung«, heftig Konkurrenz machte. Zeitgenossen betonen übereinstimmend, dass die Erfolge Rudolf Mosse nicht berauscht und sein Wesen nicht verändert hätten. Ihm werden Willensstärke, die sich zur ehernen Hartnäckigkeit entwickeln konnte, und eine betonte Einfachheit zugeschrieben – er soll allem Überschwänglichen abgeneigt gewesen sein. Das Werk habe im Mittelpunkt seines Lebens gestanden. Wer ihn persönlich kannte, bewunderte seine unermüdliche Tätigkeit und seinen rastlosen Fleiß, die ihm keine Ruhepause gegönnt haben sollen. Er suchte nicht die Öffentlichkeit; das Angebot der »Freisinnigen«, 1889 für den Reichstag zu kandidieren, lehnte er ab, obwohl er dieser Partei nahe stand (Kraus, 469). Auf dem weit verbreiteten Gemälde von Franz Lenbach tritt uns ein Mann etwas untersetzter Statur mit buschigem Oberlippen- und Kinnbart entgegen, an dem scharf blickende Augen in einem ruhigen und freundlichen Gesicht auffallen.

Nicht erst anlässlich seines 70. Geburtstags stiftete er Hunderttausende, ja Millionen für Berlin: für öffentliche und soziale Aufgaben und Institutionen, für Notleidende inner- und außerhalb seiner Unternehmen sowie für Krankenhäuser, Vereine, Gesellschaften und Hilfsorganisationen der unterschiedlichsten Art. Bereits 1892 hatte er die Pensionskasse seiner Firma gegründet, die er so weit ausbaute, dass sie im Zeitungswesen seiner Zeit einzigartig sein sollte. Mosse unterstützte auch die »Lehranstalt für die Wissenschaft des Judentums«, das »Lehrlingsheim in Pankow« und die »Beamten- und Beamtenwitwenstiftung der jüdischen Reformgemeinde«. Auch die universitäre Wissenschaft profitierte von seinem großzügigen Mäzenatentum. Titel und Orden lehnte er ebenso wie die Nobilitierung ab; gern ließ er sich aber von der Berliner Kaufmannschaft in die Handelskammer entsenden, und wohl ähnlich geehrt fühlte er sich, als ihn die Philosophische Fakultät der Universität Heidelberg zu ihrem Ehrendoktor ernannte und die

Stadt eine Straße nach ihm benannte. Die Großzügigkeit des Mäzens und die Feinheit seines Kunstgeschmacks dokumentierte gleichermaßen die Gemäldegalerie im »Palais Mosse« am Leipziger Platz. Noch heute besteht die Emilie-Rudolf-Mosse-Stiftung in Wilmersdorf, deren Gründungsziel es war, bedürftige Kinder aller Konfessionen aufzunehmen und ihnen ein dem Familienleben nachgebildetes Heim zu bieten. Ähnlich anspruchsvoll wirkte das von der Stiftung in Schmargendorf errichtete Erziehungsheim für Töchter gebildeter Stände. Mosses soziale Fürsorge und Wohltätigkeit waren bedeutend und außerordentlich groß, doch für das Bürgertum des späteren Kaiserreichs nicht ungewöhnlich. Es gehörte vielmehr konstitutiv zum wirtschaftlichen Erfolg hinzu, dass das gemeine Wohl durch karitative Einrichtungen, Stiftungen und sonstige finanzielle Zuwendungen gefördert wurde.

Über das Flaggschiff des Mosse-Verlags, das »Berliner Tageblatt«, war sich die Öffentlichkeit schnell einig: Die Zeitung galt als wirkungsvolles Instrument, ja als schlagkräftigste Waffe des deutschen Liberalismus. Das sei auch nicht verwunderlich, hieß es dazu, denn mit seinem ganzen Empfinden, seiner ganzen Denkweise habe Rudolf Mosse nirgends anders stehen können als in dem Lager des bürgerlichen Liberalismus. Wer heute über das eine oder andere Thema die Berichte im Wirtschafts-, Feuilleton- oder auch im Lokalteil nachliest, wird auf einem hohen Niveau informiert und wird über das Zeitbezogene, das längst nicht mehr Aktuelle der Kommentare und Reportagen hinwegsehen. Der Leser dürfte zum Politikressort verführt werden, da dort die Auseinandersetzungen um Reformen, Parlamentarismus, Sozialisierung, Demokratie und Abwehr von Unfreiheit in zeitloser Frische geführt werden. Die Geschichte dieses Blattes ist noch zu entdecken, den Beitrag einer Tageszeitung zu Literatur und Kunst und zum politischen Leben einer Gesellschaft.

Das glanzvolle Kapitel »Berliner Tageblatt« begann 1871 leuchtend, mit einem Feuerwerk an Ideen, aber es entwickelte sich zuerst keineswegs strahlend. Von der damals richtigen Erkenntnis ausgehend, dass es Berlin an einem ausgesprochenen Lokalblatt fehle, dass dieser Mangel mit der Entwicklung der frisch gekürten Reichshauptstadt im öffentlichen Bewusstsein eher noch stärker hervortreten werde und dass es nicht völlig abwegig sein könne, ein in Wien erfolgreich verlaufenes Konzept auf Berlin zu übertragen, plante Rudolf Mosse seine Tageszeitung. An der Jahreswende 1871/72 erschien die erste Ausgabe. In kleinstädtischer Lage, in einem bescheidenen einstöckigen Gebäude mit sechs Fenstern an der Frontseite, residierte die Redaktion in der Neuen Friedrichstraße. Das Berliner Publikum erhielt »seine« Zeitung, sein auch bewusst so benanntes Tageblatt, und die Schriftleitungen der übrigen Berliner Blätter einen munter auftretenden Konkurrenten aus potentem Haus. Die traditionsreiche und ehrwürdige »Vossische Zeitung« – die »Tante Voß« führte sich als die älteste Zeitung an der Spree auf das Jahr 1721 zurück – sah über den Neuling erst einmal hinweg und die »Haude-Spenersche Zeitung«, die in jeder Nummer ihre staatstragende Rolle und als eine dem preußischen Hof nahestehende Stimme gar nicht zu verbergen suchte, glaubte sich ihrer Abonnenten sicher. Die Zeitung startete mit einem klaren publizistischen Auftrag – lokaler Bezug, belletristisch orientiert – und mit einem darauf eng bezogenen unternehmerischen Kalkül, die beide in wenigen Jahren modifiziert und schließlich stillschweigend aufgegeben wurden. Es waren Veränderungen, die von sachlichem Weitsinn, Originalität, Publikumsorientierung und auch von einem unternehmerischen Wagemut zeugten, von denen ein Quantum heute in Berlin wieder nutzbringend wirken könnte.

Der erste Leiter, Carl Adolph Streckfuß (1823–1895), garantierte dem »BT« diesen in den heutigen Ohren vielleicht etwas bieder anmutenden Kurs, war aber eine interessantere Figur und ein geschickterer Journalist und Organisator als zumeist dargestellt. Ihm gelang es 1875, als sein leitender Redakteur, Rudolf Menger (1824–1896), zusammen mit weiteren Redakteuren das »BT« verließ, um ein »Neues Berliner Tagblatt« zu gründen, die innere Situation schnell zu konsolidieren und der Konkurrenz zusammen mit seinem neuen Chefredakteur Ludwig Behrendt (1834–1893), einem Klassischen Philologen, die Leser so weit zu entziehen, dass die Abtrünnigen bereits nach anderthalb Jahren resignierten.

Tout-Berlin las damals den »neuen Streckfuß«, den 1870 erschienen Roman »Der tolle Hans«. Mosses erster Mann an der Spitze seines Blattes war also keineswegs bieder und »unpolitisch«. Streckfuß trat für das allgemeine und gleiche Wahlrecht in Preußen ein und für Bismarcks patriotisch-liberal getönte Innen- und Außenpolitik der ersten Jahre. Das Publikum akzeptierte den Kurs seines Blattes; die Auflage stieg rasch von den 3.000 Erstabonnenten auf 10.000 verkaufte Exemplare im Gründungsjahr auf knapp 75.000 im Jahr 1878. Bis 1900 war dies der Kulminationspunkt. Höher reichten die Verkaufszahlen nicht hinauf, denn in jenem Jahr der Wende von 1878 beendete der Reichskanzler seine Zusammenarbeit mit den Liberalen, begann die Krise des Liberalismus und seiner Parteien, und sanken die Verkaufszahlen des »Berliner Tageblatts« bis auf 55.000 im Jahr 1895 ab. Mosse vermochte den drastischen Rückgang auch nicht mit einem Wechsel in der Leitung aufzuhalten.

1880/81 ersetzte er den 57-jährigen Streckfuß durch Arthur Levysohn (1841–1908), der erst 1876 Mitarbeiter des »BT« geworden war, nachdem ihn die österreichisch-ungarische Regierung wegen »destructiver Tendenzen seiner Correspondenzen« ausgewiesen hatte. Mit Arthur Levysohn hat sich Rudolf Mosse wiederum für eine eigenständige politische Person entschieden. Als Sohn des Verlegers Wilhelm (eigentlich Wolf) Levysohn (1815–1871) aus Grünberg in Schlesien war Arthur in intellektuell anregenden Familienverhältnissen aufgewachsen. Rudolf Mosse hatte Geduld und Vertrauen in die Talente dieses Mannes und das erforderliche Kapital, um Levysohn zwei Jahrzehnte Zeit zu geben, die Auflage aus dem Tief herauszuholen. Der Weg verlief wirtschaftlich mühsam und journalistisch weithin wenig spektakulär. Mit der Neubesetzung der »BT«-Leitung wurde offensichtlich sogleich die erste Umstrukturierung vorgenommen – Levysohn nannte sich von nun an Chefredakteur –, der weitere einschneidende Maßnahmen folgten. Das »BT« baute sein Korrespondentennetz systematisch aus, wurde 1886 zur »Handelszeitung« erweitert, und zusätzlich zu der seit 1874 bestehenden Beilage »Ulk« erschienen seit 1878 die Beiblätter »Haus-Hof-Garten«, die »Technische Rundschau« (1895), »Der Zeitgeist« und »Die deutsche Lesehalle« (1902). Levysohn verstärkte und pflegte bewusst die Rubrik »Politische Wochenschau«. Scharfsinnig und kritisch, aber auch leicht gravitätisch analysierte er dort vorrangig die internationale Politik, die diplomatischen Beziehungen und die weltpolitischen Handels- und Wirtschaftsinteressen.

Das »BT« erhielt insgesamt klarere politische Konturen und verschaffte seinen Lesern eine über die Berliner Lokalpolitik deutlich hinausreichenden Perspektiven. Doch alle Anstrengungen führten nicht sogleich zu dem erhofften Anstieg der Gunst im Publikum. Erst mit der Jahrhundertwende bewegten sich die Zahlen langsam nach oben: von 68.000 auf 106.000 im Vorjahr der Ablösung Levysohns durch Theodor Wolff (1906), der das Blatt in nur einem Jahrzehnt auf eine Viertelmillion-Auflage katapultierte. In der Redaktion gab es unter Levysohn einige personelle Glanzlichter, denn er nutzte das Feuilleton des »BT« und das »Deutsche Montagsblatt« – aus ihm entstand später die Montagsausgabe des »BT« mit dem »Zeitgeist« – für die Vorstellung junger Talente und moderner Literatur. In ihrem Nachruf zum Tode von Levysohn zeichnete die Redaktion ein von Achtung und Zuneigung bestimmtes anschauliches journalistisches Porträt (12.4.1908). Das »Berliner Tageblatt« stand in jenen Monaten gut, aber nicht blendend auf dem Zeitungsmarkt da. Mosse hatte zwar gut zwei Jahre zuvor mit seinem riesigen Verlags-Neubau architektonisch, technisch und redaktionell neue Grundlagen geschaffen, 1902 mit der »Zeitschrift für Dampfkessel und Maschinenbetrieb« und 1904 mit der »Gießerei-Zeitung« in erfolgversprechenden Industriebereichen verlegerisch expandieren können, doch Scherls jüngstes Erfolgsblatt, der illustrierte »Tag«, war in aller Munde. Dem »Berliner Lokal-Anzeiger« hatte er 1889 mit der »Berliner Morgen-Zeitung« Paroli bieten können – 1900 mit einer Auflage von 150.000 Exemplaren –, doch jetzt war es geboten, auf die günstigen finanziellen und personellen Ressourcen im Haus zurückzugreifen und den Anlass, die nötige Veränderung an der Spitze des »BT«, zu einer Offensive mit seinem politisch und journalistisch ambitionierten Blatt zu nutzen. Außerdem vermochte er zu diesem Zeitpunkt seinen dem Berliner Publikum noch in guter Erinnerung haftenden journalistischen Coup zu verstärken. Erst 1904 hatte er die Methode von 1889 kopiert und die »Berliner Volks-Zeitung« seinem Schwager Emil Cohn (1832–1905) abgekauft, der mit Leonore Mosse (1841–1909) verheiratet war, der zwei Jahre älteren Schwester Rudolf Mosses. Seit 1871 hatte Cohn Mosses Unternehmen intern effizient organisiert und die finanziellen und rechtlichen Verhältnisse vorzüglich geordnet. 1884 zog Cohn sich für drei Jahre aus dem Geschäft zurück, um dann 1887 die »Berliner Volks-Zeitung« zu erwerben, die als »Urwähler-Zeitung« ein journalistisches Gewächs der Revolution von 1848/49 war und von linken Publizisten wie Aaron David Bernstein (1812–1884), dem Barrikadenkämpfer, geprägt worden war. Cohn vervielfältigte die Auflage, und Mosse erhöhte durch den Kauf des Blattes nicht nur sein Renommee, sondern verstärkte seine publizistische Präsenz in der unteren Mittelschicht und in den gehobenen Unterschichten.

Die Dokumente sagen nichts darüber aus, ob Rudolf Mosse seinem Vetter Theodor Wolff die Rolle des »Kronprinzen« im »BT« zugedacht hatte oder bereits länger plante, den kränkelnden Levysohn zu ersetzen. Ebenso wenig wissen wir, in welcher Person innerhalb oder außerhalb des Konzerns Theodor Wolff einen Konkurrenten gehabt haben könnte. Theodor Wolff erhielt jedenfalls von Rudolf Mosse als einziger die Anfrage, ob er die Leitung des Blattes zu übernehmen bereit sei. Die Antwort ließ etwas auf sich warten. Der Angesprochene sah seinen zukünftigen Arbeitsplatz in Berlin nicht in ähnlich leuchtenden Farben vor Augen wie seinen derzeitigen Aufenthaltsort, die Metropole Paris. Zahlreiche und intensive Freundschaften mit Künstlern und Literaten bestimmten sein Leben an der Seine, und kulturelle Anregungen gingen von der weltoffeneren und lebendigeren der beiden Städte in einem so hohen Maß aus, dass er seine Entscheidung trotz aller Sympathie für die Offerte seines Cousins nicht umgehend zu finden vermochte. Welche Rolle schrieb ihm Rudolf Mosses journalistischer Generalplan zu, wie gestaltete er sie, und zu welchen Ergebnissen führte die Zusammenarbeit der beiden?

Am 2. August 1868 wurde Theodor Wolff in Berlin am Dönhoffplatz geboren. Er zählte 1889 zu den Mitbegründern des Theatervereins »Freie Bühne«, berichtete um die Jahrhundertwende zwölf Jahre lang aus Frankreich als Korrespondent des »Berliner Tageblatts«, dessen Redaktion er nach 1906 leitete, und gründete 1918 die »Deutsche Demokratische Partei«. Aus den Emigrantenblättern und Nachrufen war zu erfahren, dass Theodor Wolff Ende Februar 1933 Deutschland verlassen musste, im Exil lebte und in nationalsozialistischem Gewahrsam am 23. September 1943 starb. Gelegentlich verwiesen die Chronisten auch auf sein Œuvre – zumeist unvollständig.

Bevor wir auf die Familie und die ersten Stationen des Lebenswegs blicken, ist es nützlich, die Quellen und das uns Überlieferte etwas genauer und kritisch anzusehen. Theodor Wolff war ein Mann des Buches und der Feder. Trotz seiner anspruchsvollen Tätigkeit und der politischen Aktivitäten nahm er sich stets die Zeit zum Lesen und Schreiben. Bereits der Vierzehnjährige schrieb und dichtete auch in der Absicht, das Theaterstück oder kleine Druckwerk der Nachwelt zu überlassen. Die Erstlinge des Siebzehnjährigen, wie die Posse »Doktor Blau« oder das Drama »Der Märchenerzähler«, wussten bei ihren Aufführungen in der Familie zu gefallen, sind aber leider ebenso wenig erhalten wie die allermeisten der frühen Gedichte. Die im Nachlass aufbewahrte Jugend-Lyrik eignet sich mit ihrer Neigung zum Schwulst, zur Rührseligkeit, pubertären großen Geste oder zur Verzweiflungstat eher zur Parodie als dazu, sie heute einer Öffentlichkeit vorzulegen oder sie auf objektive Spuren des späteren schriftstellerischen Talents hin zu sichten. Auf ein weiteres Motiv für die gebotene Zurückhaltung verwies Theodor Wolff selbst, als er einmal seine späteren Kritiker halb ironisch, halb ernsthaft warnte, die literarischen Früchte, die in seinem Tal der Jugend reiften, nicht leichthin »von der Höhe des Schneeberges herab« zu belächeln, denn es könne dabei oft, ohne dass man es sich eingestehe, eine »neidische Sehnsucht« mitwirken. Die journalistischen und publizistischen Arbeiten aus allen Lebensabschnitten finden wir in den Bibliotheken. Man sollte ein »noch« hinzufügen, denn das säurehaltige und holzreiche Papier zerbröselt, auch ohne dass es angefasst wird, langsam, aber unaufhaltsam vor sich hin. Die Sicherheitsverfilmung bewahrt die Bestände zwar vor ihrer Auflösung, doch verliert sich damit für den Benutzer auch die Aura des Historischen und Authentischen.

Im »Berliner Tageblatt« konnten als eine frühe Spur journalistischen Wirkens achtzehn Zeilen einer Rezension zu zwei Büchern notiert werden. Sie sollen als charakteristisches Zeugnis aus der Flut des Anfangs zitiert werden, obwohl ihre mäßige Qualität nicht die vollständige Wiedergabe rechtfertigt. Der Artikel ist nicht mehr als eine journalistische Initialzündung, die weitaus Besseres erst in Gang gesetzt hat. Er ist also ein Unikum und sollte als Beleg dienen für die literarische Keckheit, den überheblichen Gestus eines zu wissen meinenden Jugendlichen, der aus selbst erhöhter Position und im Namen des Zeitung lesenden Volkes souverän urteilt, jovial mahnt und abgeklärt rät. Theodor Wolff verschafft sich zusätzlich den höheren Anschein der Kompetenz und Professionalität, indem er sich hierfür schon der beeindruckenden formalen journalistischen Insignien, der Sigle »T. W.« bedient, die einen anscheinend festen Ort in der Redaktion markiert, die selbstbewusste Sicherheit der Konvention gegenüber den Attackierten zeigt und signalisiert, einen Anspruch auf Gehör beim Publikum zu besitzen (BT 5.12.1887):

»T. W. Die epische Dichtkunst steht beim Publikum gerade nicht in hoher Gunst. Daran tragen vielleicht die epischen Dichter die meiste Schuld, die epische ›Breite‹ hat bei ihnen für gewöhnlich schier unheimliche Ausdehnung. Wenn heutzutage Jemand recht viel Ueberflüssiges auf Lager hat, klingende Reime, abgestandene Bilder, Naturschilderungen mit Nachtigallengesang und andern nothwendigen Requisiten, so erfindet er rasch eine sogenannte ›Handlung‹ dazu und bäckt dann aus dem Ganzen ein ›Epos‹. Das will sich das Publikum natürlich auf die Dauer nicht gefallen lassen. Genug des Ueberflüssigen ist auch in dem ›Epischen Bilderbuch‹ von *G. H. Schneideck* (H. Dabis, Jena) zu finden, aber daneben doch auch so viel Spuren von Talent und dichterischer Begabung, daß man dem Verfasser wohl rathen möchte, einmal sein Können übersichtlicher und in leichterer Form dem Leser vorzutischen, als er es hier gethan. Aehnliches läßt sich von der umfangreichen epischen Dichtung ›*Aus großer Zeit*. Der Krieg gegen Frankreich 1870–71‹ sagen, die bei H. Laupp in Tübingen bereits in 2. Auflage erschienen ist. Auch hier ist die große Begabung des Verfassers unverkennbar.«

Die Fülle der überlieferten Zeitungs- und Zeitschriftenartikel gestattet es, die nach außen gewandte Seite des Denkens und Schreibens von Theodor Wolff zu erfassen und von dort auf die geistigen Wurzeln seiner Beschreibungen, Berichte und Forderungen zu schließen, seine Motive und Ziele zu erforschen und zu interpretieren. Seine Ehefrau und seine drei Kinder überlebten die Shoa, die Entbehrungen der Flucht aus Deutschland nach Österreich, in die Schweiz und ins Exil in Südfrankreich und in die USA, wohin der älteste Sohn rechtzeitig ausgewandert war. Doch über das Publizierte hinaus markieren lediglich einzelne schriftliche und besonders wertvolle diaristische Zeugnisse die persönliche Seite, erhellen das publizistische Werk und liefern – wie die Reste der Korrespondenz und die autobiographischen Manuskripte aus dem Exil – Aufschlüsse über die ersten beiden Jahrzehnte des Lebens von Theodor Wolff. Diese späteren Erinnerungen stellen die frühen Jahre jedoch nicht vollständig dar und sind ein wenig von der Abgewogenheit und Distanz des Alters bestimmt; am stärksten sind sie jedoch von der subjektiven Situation des Emigranten geprägt.

Der Vater Adolph Wolff (1819–1893) war eines der vier Kinder des um 1800 in der Gegend von Grünberg in Schlesien lebenden Schnapsfabrikanten Gabriel Wolff, über dessen Biographie nicht in den Archiven und auch nicht vor Ort, im heutigen Polen, etwas Näheres herauszufinden war. Adolph Wolff wurde 1836 Schwager von Marcus Mosse (1808–1865), als seine minderjährige, weil noch nicht 24 Jahre alte Schwester Ulrike (1813–1888) Marcus heiratete. An verschiedenen Stellen berichtet Theodor Wolff über seine Familie, jedoch in seinem Manuskript »La Terrasse« genau und am vollständigsten. »Mein Vater war als junger Mann aus Schlesien gekommen, aus der Gegend von Grünberg, wo der sauerste Wein wächst, und wo mein Großvater, der solche wenig respektierten Weinberge besaß, eine offenbar einträgliche Schnapsfabrikation betrieb. Die Firma, die mein Vater in Berlin gründete, verkaufte »en gros« die geblümten Kattune, die damals bei den Berlinerinnen sehr beliebt waren, offenbar ein Nachklang der Mode aus der sogenannten Biedermeierzeit. Er war mittelgroß, schlank, hatte volles kastanienbraunes Haar und einen kleinen Backenbart, wie unter Wilhelm I. die meisten Bürger – die österreichischen Franz-Joseph-Backenbärte waren länger – und er trug immer schwarze Anzüge, einen sorgfältig gebügelten Zylinderhut und duldete, bis zu seiner Krankheit, sehr penibel und korrekt auch in seinem Äußeren, kein Stäubchen auf seinem Rock. Noch weniger gab es auf seiner Rechtschaffenheit auch nur den kleinsten Staubfleck, alles musste bis auf den letzten Pfennig stimmen, seine schöne, klare und kräftige Handschrift war der graphische Ausdruck dieser kaufmännischen Solidität. So lange seine Gesundheit es ihm erlaubte, pflegte er am Nachmittag eine Stunde in seinem Club zu verbringen, aber er war nur ein Zuschauer am Spieltisch, er selber rührte keine Karte an. Sein religiöses Empfinden hielt sich nicht an rituelle Vorschriften, aber an den höchsten Feiertagen nahm er in der Synagoge seinen gemieteten Sitz ein und er fastete am Versöhnungstag. (…) Als mein Vater an einem quälenden Nervenleiden erkrankte und sich aus dem Geschäft zurückzog, besaß er zwar nicht blendende Reichtümer, aber er war mit einem durch Fleiß und Sparsamkeit erworbenen Vermögen ein wohlhabender Mann. In dem großen Aktienkrach, der auf die Gründerperiode, auf den neuberlinischen Bauschwindel folgte, verlor er einen zu vertrauensvoll angelegten Teil seines Geldes, und es machte mir einen tiefen Eindruck, daß ich ihn bei dem Empfang der Unglücksnachricht weinen sah. Vergeblich suchte mein Vater in allen Badeorten Heilung von seinem Leiden, und auch all die vielen Ärzte, die Konsultationen, hatten keinen Erfolg. Er starb, 75 Jahre alt, zermürbt von dieser Krankheit, deren Bisse und Stiche ihn bisweilen zwangen, laut aufzuschreien. (…)

Wenn ich von meinem Vater ein Pflichtgefühl geerbt habe, das freilich erst nach den Schuljahren erwachte, so ist sehr wahrscheinlich von meiner Mutter mancherlei anderes auf mich übergegangen. Sie war die Tochter eines hervorragenden Arztes in Danzig, der als wissenschaftliche Kapazität und als Mensch von außerordentlicher Verehrung und Liebe umgeben war. Ich habe ihn nicht mehr gekannt, aber in seinem »Stammbuch« – damals schrieben sich in solche Stammbücher die Herzen poetisch oder in Prosa ein – sah ich, daß viele große Mediziner und zahlreiche demokratische und liberale Politiker der Generation von 1848 ihn als Freund und Gesinnungsgenossen grüßten (...) Wenn man von seiner Mutter sagt, daß sie eine wundervolle Frau war, so ist das nur eine abgedroschene Gebetsformel an Gräbern, denn ist nicht im Gedächtnis ihrer Kinder fast jede Mutter die beste und jede wundervoll? Hohle Schaupuppen, Amüsierweiber, die keine Häuslichkeit kennen, natürlich ausgenommen. Ich rühme unsere Mutter nicht mit den Worten aus dem Lexikon der Liebe, das arm und durch den Gebrauch schäbig geworden ist. Es gibt Schätze, die man entwertet findet, wenn man sie zeigt. Alles läßt mich annehmen, daß meine Mutter als Mädchen in Danzig mit jungen Menschen verkehrte, die wie sie selbst ein reges Interesse für Poesie hatten, und genau weiß ich, daß sie mit dem Dichter Johannes Trojan befreundet war, der in Deutschland sehr populär wurde und die Frauen und den Wein besang.«

Das älteste der vier Kinder des Adolph Wolff und seiner Frau Recha, der Tochter des Danziger Arztes Dr. Davidsohn, war Käthe (1866–1941, in London), jünger als Theodor waren Martha (1871–1942, im Konzentrationslager Theresienstadt ermordet) und Fritz (1876–1940, in Paris). Mit der vierjährigen Käthe und dem zweijährigen Theodor zogen die Eltern in Berlin um, vom Dönhoffplatz an den Matthäikirchplatz und damit in eines der prächtigen Eckgebäude an der Einmündung zur Margaretenstraße. Von der Stätte seiner Geburt weiß Theodor Wolff zu erzählen, dass sie vornehm lag, sich in der Nähe des »Hôtel de Russie« und des Konzerthauses Bilse befand, in das stolze Mütter ihre Töchter und Söhne heiratsfähigen Alters führten, um bei Musik, Kaffee und Kuchen »die zur Verlobung reifen Herzen einander näher zu bringen«. Das neue Wohnhaus im Westen der Stadt imponierte dem jungen Theodor Wolff wegen seiner großen Erker und der idyllischen Umgebung, doch wenig später konnte sich der Vater den Kauf eines Eigentums in der Potsdamer Straße leisten. Es lag unfern der Potsdamer Brücke, von deren hellen Lichtern aus der Blick in der Dämmerung am Kanal entlang bis zum Zoologischen Garten reichte, dabei die Kähne unter den sich im Abendwind wiegenden hohen Bäumen streifte, die, von ihrer Last schwer ins Wasser getaucht, dunkel ruhten.

Zum damals geruhsamen Bild der Potsdamerstraße gehörten während der Schulzeit Theodor Wolffs nicht die rasselnden Wagen der Tram, sondern noch die verhalten trabenden Pferdebahnen, große Cafégärten, in denen die Repräsentationslust ausreichend Raum erhielt, und intimere, in denen eher die Schmeichelei und das Bonmot das galante Verhalten zwischen den Geschlechtern begleiteten und die Plauderei bestimmten. Die Spazierritte der Hautevolee über die Wege des Tiergartens gaben dem Großstadtbild außen die Farbe, die bunte Fülle der täglichen Einladungen zum Frühstück oder Tee, zum vornehmen Diner oder zur opulenten Soiree schmückte das Innenleben der Salons. Die exklusiven Großstadtvillen lagen hinter alten Baumbeständen, und auch das reiche Bürgerhaus darf man sich für jene Zeit nie ohne Vorgärten und immer ohne Geschäftsläden denken. Theodor Wolffs Rückblicke auf diese Jahre und seine Erinnerungen an das Königliche Wilhelms-Gymnasium zu Berlin sind von der Klarheit, die keinen Zweifel daran lässt, mit welcher Freude er die Zeit in der »Anstalt« verbüßt hat, weshalb das schulische Engagement vor dem Abitur erkaltete und weshalb er und sein Bruder die einzelnen »Stufen der Gelehrsamkeit« eher bedächtig hinaufkletterten.

Theodor Wolff erinnert die im Verlauf der Schuljahre sich nicht verbessernden Zeugnisnoten Jahrzehnte später noch mit gemischten Gefühlen. Die Zeugnisse sind erhalten und erbringen für den Fünfzehnjährigen mit der Rangordnung 20 von 49 einen der Mittelplätze in der Klasse. Es soll hier nicht der verbreiteten Neigung nachgegeben werden, aus frühen Lebensdokumenten herausragender Persönlichkeiten direkte Beziehungen zu ihren späteren Fähigkeiten oder sogar Folgerungen auf die Substanz ihres Talents abzuleiten. Es überrascht aber doch, in keinem Fach ein klares »gut« zu finden, im Französischen sogar lediglich ein »notdürftig genügend« lesen zu müssen – die gleiche Note in der Mathematik nimmt man vielleicht leichter hin – und im Fach Deutsch ein scharfes »mittelmäßig« lediglich durch den Hoffnung stiftenden Zusatz »z. T. besser« gemildert zu sehen. Da dem Schüler des 21. Jahrhunderts die Skala der Wilhelminischen »Censurprädicate« nicht vertraut sein dürfte, sei sie zur Orientierung und gleichzeitig zur doppelten Verwunderung genannt, denn demnach ist diese Note nicht nur mäßig, sondern sogar die zweitschlechteste: »genügend«, »gut« und »sehr gut« stehen ihr voran; »ungenügend« schließt den Notenreigen nach unten ab. Entsprechend dem negativen Gesamturteil monierte der Deutschlehrer scharf und häufig in den Aufsätzen über Themen der Art »Wie schildert Homer leblose Gegenstände?«, über Shakespeares Dramen, zu Lessing oder Schiller »eine gewisse Oberflächlichkeit in der Betrachtung«, wies er auf einerseits »empfindliche Mängel« in der Sprache hin, rügte an anderer

Stelle die fehlende »durchgreifende, wohl durchdachte u. recht ersichtliche Disposition«, ließ sich mehrmals und wiederholt zu der mit einem Ausrufezeichen verstärkten Marginalie »Feuilleton-Kitzel« verleiten, konnte ein andermal keinen befriedigenden Schluss entdecken oder meinte sogar »der Schluß schweift ab und ist durchaus mangelhaft«. Wenn auch in jenen Jahren bei den biederen Magistern Theodor Wolffs Sprachkunstwerke nicht positiv zu wirken vermochten, so ließ er sich durch ihre Rügen in seiner privaten Schriftstellerei nicht beirren, gründete vielmehr mit einigen Schülern des Französischen Gymnasiums den »Verein Kalliope«, publizierte mit ihnen und einem miserablen Kopierapparat in mühsamen manuellen und intellektuellen Arbeitsgängen eine handschriftliche Zeitung, die »Annalen« der Muse der erzählenden Dichtkunst. Es wurde dabei nicht vergessen, der publizistischen Form und dem Recht zu genügen und den Hinweis auf den verantwortlichen Redakteur Theodor Wolff hinzuzusetzen. Die Zeitung-Spielerei bekam ihren ernsthaften Anstrich.

In jenen Tagen genoss es Theodor Wolff, dass sein Theaterstück »Der Märchenerzähler« auf der Bühne eines Ball-Lokals in der Kommandantenstraße erfolgreich aufgeführt wurde. »Ein zahlreiches Publikum spendete freigebig Beifall, und am Schluß überreichte mir die Darstellerin der weiblichen Hauptrolle einen Lorbeerkranz. Sie war sehr hübsch und hatte schon damals eine Bubifrisur, oder, wie man das nannte, einen Tituskopf«, schrieb er rückblickend nicht ohne den Stolz nieder, der immer durch die Worte der Erinnerung klingt, wenn sie etwas zu üppig für das kleine Ereignis am Rande ausfallen. Berechtigter ist die Hervorhebung der »Ersten Waffengänge«, der »Monatszeitschrift der deutschen Jugend«, die ein Lokalblatt-Verlag 1886 – es sollte Theodor Wolffs letztes Schuljahr sein – alle vier Wochen im Umfang von vier Seiten im DIN A4-Format druckte, für 30 Pfennige einzeln und für vierteljährlich 75 Pfennige im Abonnement frei Haus vertrieb. Das zweite Quartal konnte jedoch nicht mehr ausgeliefert und abgerechnet werden, obwohl die Verehrerinnen der Herren an den Mädchenschulen eifrig abonniert hatten.

Zu dem entlehnten Titel soll einer der einflussreichsten Theaterkritiker der Zeit, Paul Lindau (1839–1919), geraten haben. Hier wollte sich eine Gruppe von Schulfreunden ernsthaft, in origineller Gestalt früh einen Namen machen. Sie wählten in der Titelgebung bewusst die Nähe zu den von den Gebrüdern Heinrich (1855–1906) und Julius Hart (1859–1930) von 1882 bis 1884 herausgegebenen »Kritischen Waffengängen«, weil sie sich ebenfalls dem großen Programm verbunden sahen, dem Naturalismus den Weg zu bahnen. Theodor Wolff sollte ihnen drei Jahre später begegnen und mit ihnen an dem ehrgeizigen Vorhaben weiter arbeiten. Nur drei der Mitautoren der »Ersten Waffengänge« hinterließen Spuren, denn wer kennt die Schüler und Studenten Ernst Baeker, Paul Bornstein, Emmerich Dorn, Hans Dornbusch, Kurt Falk, Max Kauffmann, Martin Vogel oder Max Wessel? Theodor Wolff hatte später keine klaren Erinnerungen mehr an sie. Dagegen erwähnt er Felix Hollaender (1867–1931) und Max Osborn (1870–1946), die Schriftsteller und Kritiker, die es zu Ruhm und Ehre brachten, der ältere als Mitbegründer der Zeitung »Welt am Montag«, als Leiter der drei Reinhardt-Bühnen von 1920–1924 und als Kritiker im »8 Uhr-Abendblatt«, der jüngere als Kritiker in der »Vossischen Zeitung« von 1914 bis 1933. Der spätere Philosoph, Psychologe und Mediziner Max Dessoir (1867–1947) ist der dritte der bekannt gewordenen Autoren. Theodor Wolff nennt ihn, den doppelt promovierten und für Philosophie habilitierten, seinen »Privatlehrer«. Hier klingt der Wunsch stärker durch als die historische Tatsache, denn geistige Einflüsse oder Anregungen durch den hoch gebildeten Jugendfreund lassen sich nicht erkennen. Dessoir sollte siebenunddreißig Jahre lang, bis zur Machtübergabe an die Nationalsozialisten, in Berlin eine Professur für Philosophie und Ästhetik wahrnehmen und sich intensiv mit dem Grenzgebiet zwischen Psychologie und Physiologie sowie mit der »Parapsychologie« – er prägte den Begriff – befassen. Zu Dessoirs 60. Geburtstag schenkte Theodor Wolff ihm einige Hefte der »Ersten Waffengänge« und erinnerte den Gelehrten wohl auch daran, dass er ihm damals nicht habe folgen können, weil er als Rationalist »immer im Irdischen kleben geblieben« sei.

Die Intensität der eingestandenen oder zu vermutenden Träume vom Ruhm als Dramatiker, als Schriftsteller und sogar als Lyriker lässt sich ahnen, denn Theodor Wolff hat vieles aus seiner Reimschmiede in Mappen aufbewahrt, bis ins Exil mitgenommen und diesen Träumereien zumindest ein autobiographisches Denkmal gesetzt. Auf Einzelheiten muss nicht näher eingegangen werden, wenn man die Verse des Fünfzehnjährigen mit denen konfrontiert, die er als Achtundzwanzigjähriger unter dem Titel »Lied« dem Verleger des »Simplicissimus«, Albert Langen (1869–1909), honorarfrei für die Erstausgabe seiner satirischen Wochenschrift sandte:

> »Sünder sind wir, alle die da leben / Und wir sünd'gen alle, denn wir stehlen / Mädchenküsse. Unser ganzes Streben / Geht nach ihnen, rauben sie und hehlen. // Mörder sind die Frauen, denn sie töten / Unser Herz in seiner schönsten Blüte / Wenn sie uns mit schmachtendem Erröten / Ansehen, sind sie schuldig durch die Güte. // Und Betrüger sind wir Erdenwürmer, / Wenn wir reden von den Liebesbanden / Und von Amor, diesem Weltenstürmer,- / Ist die Liebe wirklich denn vorhanden? // Sünder sind wir Menschen, alle, alle, / Können wir bestehen

ohne Sünde? / Sie umgibt uns dicht mit ihrem Walle, / Niemand fragt, wo er das Unrecht finde.«

»*Lied*
Laß uns entfliehen dem Schwarm, / Sieh', ich öffne das Tor, / Und ich trag' dich auf meinem Arm / Tausend Meilen empor. // Dort in den Nebeln fern / Sterben die roten Feuer der Erden, / Auf dem einsamen Stern / Wollen wir selig werden. // Leise halte ich Wacht, / Sieger und Sklave dort, / Alle die Falter der Nacht / Jag' ich, die störenden, fort. / Nur mich lässest du gern / Dir deinen Schlummer gefährden, / Auf dem einsamen Stern / Wollen wir selig werden. // Und meine Hand bedeckt / Schützend dein liebes Gesicht, / Daß es der Blitz nicht schreckt, / Der durch das Dunkel bricht, / Daß es den Schrei nicht hört, // Der niedertaumelt zur Erden – / Auf dem einsamen Stern / Wollen wir selig werden.«

Der Übergang von der Schule ins Berufsleben, von der Sklaverei zur Freiheit, erfolgte bruchlos. Die literarischen, historischen und philosophischen Interessen halfen Theodor Wolff ebenso dabei wie sein Freund Max Dessoir. In der Friedrich-Wilhelms-Universität saß er in den Vorlesungen des evangelischen Theologen und Philosophen Georg Lasson (1862–1932), des nur sechs Jahre älteren Pfarrers an der Kirche in Friedersdorf bei Storkow und bedeutenden Hegel-Kenners. Außerdem hörte er bei dem Philosophen Wilhelm Dilthey (1833–1911), dem Hauptvertreter der Historischen Schule, der mit seiner an Kant erinnernden »Kritik der historischen Vernunft« darauf bestand, dass Kritik nicht systematisch, sondern als »historisches Verfahren« durchzuführen sei, weil er annahm, dass es gelingen könne, vergangenes Geschehen unmittelbar und damit objektiv zu erfassen. Theodor Wolff besuchte die Vorträge des Historikers Heinrich von Treitschke (1834–1896), dessen »Deutsche Geschichte im neunzehnten Jahrhundert« mit fünf Bänden ein Torso blieb und dessen Sprachfehler sowie nationalistische Interpretation ihn gleichermaßen irritierten; er studierte auch bei Herman Grimm (1828–1901), dem Literatur- und Kunsthistoriker, dem Biographen von Michelangelo, Raphael und Goethe, den Theodor Wolff in Berlin jedoch vorrangig über kunstgeschichtliche Themen hat vortragen hören.

Der Ausflug in die Welt einer der lebendigsten deutschen Universitäten wäre für Theodor Wolff kaum mehr als eine wenig folgenreiche Episode gewesen, wenn er nicht das Glück gehabt hätte, zwei weiteren außergewöhnlichen Persönlichkeiten zu begegnen. Es waren Theodor Mommsen (1817–1903), der weltberühmte Althistoriker, der im Jahr vor seinem Tod den Nobelpreis für Literatur für seine »Römische Geschichte« erhielt, und der »Literaturhistoriker« Karl Werder (1809–1893), der an der Universität als ausgewiesener Hegel-Kenner eine außerordentliche Professur für Philosophie innehatte und von dem postum ein Gedichtband erschien. Von ihnen beiden sprach er enthusiastisch, ja liebevoll verehrend. Dem liberalen Mommsen fühlte er sich besonders wegen des politischen Engagements nahe, wegen seiner scharf ablehnenden Replik auf Treitschkes Artikel »Die Juden sind unser Unglück« (1879) und seiner Kritik an Bismarcks Sozialpolitik, die ihm 1881 einen Beleidigungsprozess einbrachte, den der Richter zu seinen Gunsten entschied. Werders Sprache soll Theodor Wolff ein direktes Vorbild für sein eigenes Denken, seine Artikel und Bücher gewesen sein. Rückblickend schwärmt er vom »blendenden Glanz«, von Harmonie und Gleichmaß, von den in klassischer Vornehmheit und Klarheit geprägten Gedanken, die dem bombastischen Schwulst der öffentlichen Rhetorik, der hölzernen Pedanterie und den Vergewaltigungen der Grammatik in vielen Wissenschaften fern gestanden hätten.

Der kleine, alte Herr mit dichtem, weißem Haarschopf, blauen Augen und den gar nicht ungepflegt wirkenden Bartstoppeln auf der Oberlippe war ihm ein »unvergeßlicher, liebenswürdiger Mentor«. Für Theodor Wolff war Karl Werder, der Goethe in Weimar besucht hatte und dadurch geadelt schien, ein Schatzsucher auf dem Feld der Literatur (BT 11.4.1893). Theodor Wolff besuchte ihn in seiner Wohnung im literarhistorisch berühmten Haus von Lutter und Wegner am Gendarmenmarkt direkt über dem Weinlokal. Eine Gelehrten-Stube mit Büchern, Mappen, Büsten und Gemälden überall, aber keineswegs klein und sehr hell, erwartete den ehrfürchtig Eintretenden. Theodor Wolff fand den Alten im schwarzen Rock auf schwarzem Ledersofa, die Sitzgelegenheit etwas weniger fleckig als Rock und Hose, bei der gewöhnlich ein gewisser Knopf ungebührlich keck in Freiheit stand, mit halb geschlossenen Augen dasitzend, doch bald lebhaft sprechend, feierlich deklamierend – nun aber auf seinen kurzen Beinen flink im Zimmer unterwegs – und wütend schimpfend, wenn er Oberflächlichkeiten in der Kunst aufgetan hatte.

Seit dem Sommer 1887 stand der vom Vater gewünschten und vom älteren Cousin wohl bereitwillig offerierten kaufmännischen Lehre im »Berliner Tageblatt« nichts mehr im Wege. Die Nähe zur Redaktion, zum Schreiben und Publizieren musste dem Entschlossenen wenigstens mittelfristig einige Chancen eröffnen. Alles entwickelte sich für ihn schneller als erwartet, aber anders als erhofft, nicht im Literarischen – dort gab es kaum mehr als journalistische Brosamen: Buch- oder Theaterkritiken, heiteres Allerlei und Streifzüge durch Berlin –, sondern im Hauptressort der Zeitung, der politischen Arena. Theodor Wolff hat uns nichts von dem aufbewahrt, was ihm als Lehrling im Mosse-Haus begegnete, und sich auch niemals näher dazu geäußert, wie die Lehrzeit im Verlag abgelaufen sei. Es fällt nicht allzu spekulativ aus, wenn man vermutet, dass er eine kaufmännische Lehre im eigentlichen Sinn des Wortes gar nicht erfahren und dass sie ihn nicht einmal in ihrer minimalen Ausformung sonderlich interessiert hat. Alles deutet vielmehr darauf hin, dass Theodor Wolff einige Monate – oder sollten es sogar nur ein paar Wochen gewesen sein? – durch die Abteilungen wanderte, um den gesamten Ablauf zu sehen und im begrenzten Umfang mit einigen Einzelheiten vertraut zu werden. Parallel dazu oder im direkten Anschluss an diese Phase tat er bereits seine ersten Schritte im Zeitungsmetier.

Diesen Start feierte er; ihn dokumentierte er stolz. Über alle Reisen und Wohnortsveränderungen hinweg, von Berlin nach Paris und von Paris wieder nach Berlin zurück und schließlich sogar von Berlin nach Nizza schleppte er die kleinen Kästchen mit den in schmalen Mappen sorgfältig ausgeschnittenen, datierten und abgelegten Artikeln der ersten Tage und Monate. Das thematische Spektrum in dieser Feuillage reicht von der kleinen Kiez-Plauderei, über den kurzen Bericht einer Theaterinszenierung, Plaudereien über Bäume, Straßen, Lokale und technische Installationen bis hin zu Buchbesprechungen. Die älteste unter den uns erhaltenen journalistischen Miniaturen dürfte ein Bericht über Ibsens Schauspiel »Die Gespenster« sein, der am 10. Januar 1887 in der »Saale Zeitung« erschienen sein soll.

Kaiserliche Todesfälle, das Dreikaiserjahr und insbesondere die 99-Tage-Episode des Liberalismus brachten Theodor Wolff im März 1888 die erste wichtige Aufgabe. Er erhielt sie vom politischen Ressort, war begeistert und sah in ihr eine journalistische Mission. Als er im Exil seinen Eifer, die Recherchen, Missgeschicke, Teilerfolge und damit auch die wochenlange Warterei beschreibt, ist er immer noch beeindruckt – von der Situation und seinen Berichten gleichermaßen –, dass er es nur unvollkommen zu verbergen weiß und der von ihm gezogene, leicht wehende Schleier der ironischen Distanz uns doch gelegentlich Blicke auf die kleinen sprachlichen Kunstwerke samt stolzen Schöpfer erlaubt. Die Aufgabe, die Ankunft des todkranken Thronfolgers in Berlin zu beschreiben und die Leser täglich über Kaiser Friedrich III. (1831–1888) zu informieren, da mit keiner längeren Regierungszeit gerechnet werden konnte, erforderte Ausdauer, Geschicklichkeit und Phantasie. Das unveröffentlichte Manuskript »Friedrich III.« im Nachlass behandelt den Niedergang des Liberalismus unter Bismarcks Politik in den achtziger Jahren, die Tragödie des langen Lebens des Kaisers Wilhelm I. (1797–1888), der über neunzig Jahre alt wurde und damit die »natürliche«, die rechtzeitige Thronfolge für eine Generation ausfallen ließ. Theodor Wolff betont in dieser Niederschrift zu Recht, dass es weniger die englische Herkunft der Gemahlin Viktoria (1840–1901) gewesen sei, die seit 1858 zunehmend Bismarcks Abneigung und die in den konservativen Kreisen hervorgerufen habe, sondern »vielmehr die liberale Gedankenwelt, die sie mitbrachte. Aber diese Ideen des Liberalismus, der volkstümlichen Regierung, der Ministerverantwortlichkeit, des parlamentarischen Systems, diese Ideale, in denen die Princess Royal aufgewachsen war und die sie mit ihrem Gatten teilte, waren deutscher Art und Sitte nicht fremd.«

Theodor Wolffs Artikel stärkten die im Volk verbreiteten Erwartungen an die »Lichtgestalt des Liberalismus«, indem er den blassen Kehlkopfkranken mit dem ergrauten Bart und den müden Augen zum heiß Ersehnten stilisierte. Mit dieser Berichterstattung und durch die engen Beziehungen zu Karl Schrader (1834–1913), dem linksliberalen Reichstagsmitglied und späteren Vorsitzenden der »Freisinnigen Vereinigung«, wurde das »BT« in den Augen des kritischen Publikums vorübergehend zu einem publizistischen »Hoforgan«. Theodor Wolff hatte aber mit der Serie über Friedrich III. journalistisch seinen ersten großen Erfolg. Er vermochte den diplomatisch verhaltenen Kranken-Bulletins Farbe zu geben, seine Leser an nachrichtenarmen Tagen gut mit Berichten über die Umgebung zu unterhalten, mit Geschichtchen über Personen am Rande des Geschehens zu interessieren und mit der selbstironischen Schilderung seiner vergeblichen, aber immer wieder erneuten Versuche, »dem Ersehnten« näher zu kommen, indem er die Zeiten der Rollstuhlfahrten in der frischen Luft abzupassen oder sogar einmal in einen Gesangschor zu schlüpfen suchte, der den Dahinsiechenden mit seinen Lieblingsliedern erfreuen sollte.

Zu den »Lehrjahren« müssen die ersten Reisen und wenigstens die ersten größeren literarischen Arbeiten gezählt werden. Theodor Wolff hat auch später, als ihm der Alltag des Chefredakteurs wenig Zeit ließ und Frau und Kinder allein an die Nord- oder Ostsee fuhren, immer wieder Reisen unternommen. Er brauchte den Wechsel im Gewohnten, die Änderung der Lokalität, Anregungen, andere Gesichter und Meinungen, den Abschied wie die Ankunft, das Neue und nicht Kalkulierbare neben dem Vertrauten. Deshalb hat er vielleicht so gern offiziöse, nicht jedoch offizielle und dann über eine Dienststelle abzurechnende Aufträge der Regierungen mit seinen Fahrten verbunden. Er bevorzugte den von Freunden und Bekannten vermittelten Typ der Sondierungen; bei derartigen Treffen kam es vorrangig auf das Atmosphärische an und beim Bericht in der Heimat hauptsächlich auf die persönliche Einschätzung. Doch 1888 war so etwas noch nicht möglich. Damals musste es ihm erst einmal darum gehen, einen Platz im gesellschaftlichen und politischen Leben zu finden.

Im Juli 1888 brach er in den Norden auf, reiste nach Kopenhagen und Bornholm, zur ersten Begegnung mit der nicht nur ihm, sondern in ganz

Deutschland fast völlig unbekannten modernen skandinavischen Literatur. Dieser Unternehmung sollten weitere Besuche in Dänemark, Norwegen und Schweden, von Dichtern und Künstlern folgen. Noch im selben Jahr startete er zur Erkundung entgegengesetzter Sphären. Jetzt führte die Reise nach Venedig, Florenz, Genua, Palermo, Syrakus, Amalfi, Capri und Rom, wohl auch zu ersten Liebeleien und erlaubte einen längeren Abstecher nach Tunis, wo ihn majestätisch in Schweigsamkeit und Tabakrauch eingehüllte Kaufleute nach Bismarcks Außenpolitik fragten, ihn wie auch den Reichskanzler aber nicht Frankreich liebten, weil er eben aus dem bewunderten und geschätzten Deutschland kam. Von allen Stationen telegraphierte Theodor Wolff der Redaktion seine Berichte. Das »BT« bezahlte ihn, den »freien Mitarbeiter«, in dieser Zeit noch auf »Honorarbasis«. Keineswegs alle Artikel aus der Welt rund ums Mittelmeer waren sensationell, aufschlussreich oder gar originell; die meisten sind vielmehr gelungene, aber auch ein wenig konventionell gefertigte, gut zu lesende Plaudereien, auch qualitativ nicht höher einzuschätzen als die damals gängiger Ware entsprechenden Standards auf dem Bücher-, Zeitschriften- und Zeitungsmarkt.

Den Auftakt zum wilhelminischen »Neuen Kurs« unter dem misstrauischen und den englisch-liberalen Ideen abgeneigten Sohn Friedrichs III. erlebte Theodor Wolff »in der ersten Minute«. Die misstrauische Haussuchung am Totenbett befahl der 29jährige, kaum dass der Tod seines Vaters eingetreten war. Im reckenhaften Ritt galoppierten seine Ulanen aus ihren vorbereiteten Stellungen vor das Palais, mit ihren Offizieren, hoch erhoben im Sattel, besetzten das Tor, umzingelten den Park, kontrollierten jede Bewegung, die Gemächer, die Schränke und Schreibtische. Noch größere Sensation machte der bald danach erfolgende Sturz Bismarcks, die Auflösung der deutschen Vertrags- und Bündnisverpflichtungen (1890) und die Rhetorik des »Neuen«, da sie eine bedrohliche Substanz enthielt. Wer schützte das Gleichgewicht in Europa vor der stürmischen und allzu unüberlegt anmutenden Parole Kaiser Wilhelms II. (1859–1941) »Mit Volldampf voraus«? Es wäre nicht überzeugend, jetzt rückblickend fatalistisch von einem Anfang vom Ende zu sprechen, aber neue Weichen wurden zweifellos gestellt, die reservierte Haltung Großbritanniens gegenüber dem Deutschen Reich verstärkte sich, Russland, Frankreich und Italien orientierten sich neu, so dass sich neue Knoten schürzten. Das herrschende Klima wurde außenpolitisch rauer, innenpolitisch und in der Gesellschaft der Künstler und Literaten unübersichtlicher, spannungsreicher, aber auch interessanter. Aufregung und Skandal in der Szene sowie Zensur- und Einschüchterungsmaßnahmen des »politisch-weltanschaulichen Establishments« beschäftigten nicht allein die Publizistik und besonders die liberale und sozialdemokratisch-sozialistische

Presse, sondern auch die Künstler in einem hohen Maß selbst. Wedekinds »Frühlings Erwachen« durfte erst nach Strichen inszeniert werden, und ganze Produktionen konnte das Publikum nur in geschlossenen Aufführungen sehen. Die erste Welle der Moderne war eine Intellektuellenbewegung. Sie richtete sich entschieden, polemisch und pathetisch, bohèmehaft und wild gegen alles Etablierte und Epigonenhafte, gegen die bürgerliche Wertordnung und den Realismus, gegen den Status quo und setzte sich für das neue Lebensgefühl des Lese- und Theaterpublikums ein. Das Zauberwort war »Naturalismus«, und Gerhart Hauptmann (1862–1946) sein begeistert gefeierter Prophet. Es ging um den Alltag, das Schmutzige, das Kranke, das Laster, die Außenseiter der Gesellschaft, das Genie, die Aufhebung der Grenzen des Schicklichen, den Bruch von Tabus. Anfang der neunziger Jahre – und darin spiegelt sich gleichzeitig das gesteigerte Tempo dieser Epoche – verkündete der Schriftsteller Hermann Bahr (1863–1934) in der Wochenschrift »Die Zeit« bereits die »Überwindung des Naturalismus«.

Theodor Wolff saß in jenen Tagen mit dem Schauspieler und späteren Herausgeber der Zeitschrift »Die Zukunft«, Maximilian Harden (1821–1921), und dem Übersetzer und Monokelträger Georg Stockhausen im Café Schiller am Gendarmenmarkt und schwärmte für ein Projekt, eine Sensation, ein Fanal, das einen faszinierenden Namen, ein Programm in Umrissen, aber noch keine feste Substanz hatte: »Théâtre Libre« – »Freie Bühne Berlin«. André Antoine (1858–1943) hatte zwei Jahre zuvor das »Théâtre Libre« in Paris geschaffen und mit der Aufführung bislang ungespielter Stücke in gewagten Inszenierungen Aufsehen erregt. Seine Prägnanz sollte es bekommen, als man in das Keller-Weinlokal »Carraciola« in der Markgrafenstraße, nahe der Behrenstraße, umzog. Geburtsstunde, Datum und das Gründungspersonal bleiben in den Erzählungen und Memoiren etwas im Halbdunkel des Ortes, denn jeder erzählte verständlicherweise ein wenig so, wie es seine Vaterschaft legitimierte. Wir folgen Theodor Wolffs Rückblick (La Terrasse), denn in der Fachliteratur finden sich die anderen Versionen und die zeichnen seine Spuren bis jetzt nicht deutlich genug nach. Am ersten Auftritt auf jener »Freien Bühne« waren seine neuen, unzertrennlichen Hauptgesprächspartner Paul Schlenther (1854–1916) und Otto Brahm (1856–1912); der letztere war Journalist und neben Fontane (1819–1890) der wichtigste Theaterkritiker der »Vossischen Zeitung«, Theaterleiter und seit 1890 der Herausgeber der »Freien Bühne für modernes Leben«, die er vier Jahre später als »Neue deutsche Rundschau« fortführte und zu einer der bedeutendsten deutschen Zeitschriften machen sollte. Der Publizist und Theaterleiter Schlenther gab 1913/15 die nachgelassenen Schriften seines Freundes Brahm heraus, arbeitete ebenfalls für die »Tante Voss« und führte zwölf Jahre das Wiener Burgtheater. Kahl- und dickschädlig-mokant und in seines Fleisches Fülle ruhend, stritt Schlenther vereint mit dem zerknittert von vieler Nachtarbeit und schmalschulterig, aber genauso mokant dahockenden Brahm gegen den 21-jährigen, dem sie leicht die Sache aus der Hand zu winden vermochten. Bei der zweiten Begegnung kamen der seit einem halben Jahrhundert bereits erfolgreich moderne Literatur betreuende Verleger Samuel Fischer (1859–1934), der »Cotta des Naturalismus«, und ein Justitiar hinzu.

»Harden war weniger geduldig als ich, in seiner überempfindlichen Eitelkeit fühlte er sich durch die Miene der beiden verletzt, von Anfang an war er heftig, die Antipathien stießen gegeneinander, die Atmosphäre war mehr als kühl. Immerhin verlief dieser erste Schöpfungstag erträglich, die Idee der »Freien Bühne« kam auf festes Land. (...) Brahm und Schlenther erklärten, daß wir nun einen Schriftführer brauchten, und zur zweiten Zusammenkunft brachten sie einen Buchhändler S. Fischer mit, der in der Friedrichstraße sein Geschäft mit geringer Literaturware betrieb. Dieser kleine Mann wurde später einer der ausgezeichnetsten Verleger, mit geringem Bildungsgepäck beginnend, aber mit klugem Instinkt, wohlwollend und zuverlässig, treu seinen Schriftstellern, er wurde der Verleger Hauptmanns, Ibsens, Björnsons, Hofmannsthals, Wassermanns und Schnitzlers, und auch für ihn war die Schaffung der »Freien Bühne« das Sprungbrett zum Erfolg. Dann wollten die Dioskuren auch einen tüchtigen Juristen haben und diesmal war der Freund, den sie uns zuführten, keine bequeme Erwerbung, der Rechtsanwalt Jonas, streitsüchtig bis zur Grobheit, trug in seiner Ledermappe, oder in seinem Temperament, einen hübschen Vorrat von Dynamit. Er brauste bei jeder mißtönenden Bemerkung Hardens auf, antwortete mit scharfer advokatischer Dialektik, als spräche er in einem Kriminalprozeß, und diese Zwischenfälle endeten sehr bald damit, daß Harden, nachdem auch er hochfahrend und wutgeschwollen sein Arsenik verspritzt hatte, das Lokal und den neuen Verein verließ. Stockhausen schloß sich ihm an. Der Jurist hatte wie ein stämmiger Hausknecht seine Pflicht, lästige Gäste hinaus zu schmeißen, erfüllt. Ich unternahm einen Vermittlungsversuch, beide Parteien sollten abrüsten, aber Brahm, inzwischen zum Direktor der ›Freien Bühne‹ befördert, schrieb mir, daß er keine Versöhnung für möglich halte, und nur Julius Hart war, wie ich, Anhänger jener Heilungsmethode, die nicht sofort auf alle milden Hausmittel sittsamer Schlichtung verzichten will. (...) Um diese Zeit schied ich, mich mit der Mitgliedschaft begnügend aus dem Vorstand aus. (...) In der deutschen Theatergeschichte ist aufgezeichnet, wie an dem größten Sonntag der ›Freien Bühne‹ ›Vor Sonnenaufgang‹ gespielt wurde und wie, zwischen demonstrativen Beifallsstürmen und Protestgeschrei, dieses aufregende Ereignis verlief. Jeder, der sich mit diesem literarischen Sonnenaufgang beschäftigt hatte, weiß noch, daß im Zuschauerraum mitten im Tumult, als in dem Stück die Wöchnerin in Wehen lag, der Doktor Kastan, der Frau auf der Bühne seine Hilfe anbietend, eine Geburtszange schwang.«

Stockhausen und Harden traten ebenfalls wie Wolff verärgert aus dem Vorstand aus. Als passives Vereinsmitglied blieb Theodor Wolff der »Freien Bühne Berlin« weniger stark verbunden als die Theaterdirektoren Anno, Barnay oder Blumenthal, als die Dichter Anzengruber, Fulda oder Sudermann, als die Kritiker Landau, Frenzel oder schließlich Gerhart Hauptmann. Zwischen ihm, seiner späteren Ehefrau und seinen Kindern sollte sich eine lange, zeitweise sogar tiefe Freundschaft zu Theodor Wolff entwickeln. Rundum beglückend dürfte bereits der Auftakt dazu gewesen sein, denn über Theodor Wolffs Theaterstück »Niemand weiß es« urteilte Hauptmann so enthusiastisch, dass der Gefeierte die Worte empfing wie einen Siegespreis im antiken Theater: »Ihr schönes Kunstwerk ist mir zum Wertbesitz geworden. Es ist voller Innigkeit, Glanz, Traum und Inbrunst – fein und reich. – Es ist seit langem keine so seltene Blume aus deutschem Boden gewachsen. Ich freue mich ihres Daseins und habe sie leidenschaftlich gern. Ich wollte, ich könnte mich Ihnen persönlich aussprechen. Es wird mir leichter als schreiben. Viel kommt zusammen, was Ihr Gebilde hoch hebt und wundervoll macht, es ist auch vor allem die Liebe darin. *Denn das ist die Liebe!* und zwar von der köstlichen Art. Und wie ist dies Juwel mit Kunstfleiß behandelt und in feines, lauteres Gold gefaßt! Wirklich, das geschaffen zu haben, muß Ihnen ein Glück sein und bleiben, wie es mir ein Glück und ein Stolz sein sollte, wenn ich sagen könnte: dies Stück ist *mir* gelungen« (Erlebnisse, 208).

Doch jetzt greifen wir zu weit vor. Vor diesem Lob aus der Feder des in Deutschland nach seiner »Freien Bühne«-Premiere (»Vor Sonnenaufgang«, 20.10.1889) bekannt gewordenen und durch seine »Weber« hoch gerühmten Dichters standen für Theodor Wolff andere Erfolge. Der alte Verleger Anton Philipp Reclam (1807–1896), seit 25 Jahren mit seiner wohlfeilen »Universal-Bibliothek« für »sämtliche classischen Werke« und den »besten Werken fremder und todter Literaturen in guten Übersetzungen« in aller Munde, ließ Theodor Wolff wissen (1889), dass er sich mit ihm über die Begeisterung freue, die der Roman »Niels Lyhne« des dänischen Dichters Jens Peter Jacobsen (1847–1885) in ganz Deutschland unter den Kritikern und Lesern hervorrufe. Theodor Wolff hatte mit seinem Angebot, für eine Einführung des bislang unbekannten Autors Jacobsen auf Honorar zu verzichten, den skeptischen Verleger erst zu einer Publikation bewegen können. In weniger als fünfzig Monaten verkaufte Reclam über 10.000 Exemplare, und dessen Nachfolger bietet unter der Nummer 2551 Theodor Wolffs Einleitung im Anhang heute noch an.

Theodor Wolffs Reisen in den Norden hatten ihm die Werke Henrik Ibsens (1828–1906) – Meyers Großes Konversationslexikon führt ihn 1893, also noch zu Lebzeiten, auf und feiert ihn als einen »der gewaltigsten Geister der neuern Zeit« –, Björnstjerne Björnsons (1832–1910) und Georg Brandes (1842–1912) näher gebracht. Er entdeckte für sich die Wahlverwandtschaft neu, die 1864 mit dem Krieg des Deutschen Bundes gegen Dänemark zerbrochen war. In der ersten Begeisterung über die Lebensphilosophie einer »lächelnden Ironie« lernte er Dänisch und wagte es schließlich, in seinem »himmlischen Rausch« Gedichte von Jacobsen ins Deutsche zu übersetzen. Über Ibsen sagte er einmal nicht minder hoch greifend, dass alle Menschen Ibsenianer seien, selbst diejenigen, die nichts von ihm gelesen hätten und es am wenigsten zu sein glaubten, denn wer das Blut der Generationen untersuchte, entdeckte »immer etwas von dieser Ibsensubstanz« (BT 2.3.1898). Vielleicht sah er letztlich nicht in ihm, sondern am stärksten in Jacobsen sein Lebensbild, denn in den letzten Jahren seines Lebens begegnet man wiederholt Bemerkungen, in denen Theodor Wolff wie der an Tuberkulose erkrankte Dichter das Ironische und Gelassene gegen Leiden, Ängste und das tägliche Gefühl des Bedrohtseins im Exil aufruft. Doch zu Beginn der neunziger Jahre wurde sein Denken und Schreiben stärker von Spielarten postnaturalistischer Gefühle und Stimmungen dirigiert. Otto Brahm und seit 1905 Max Reinhardt (1873–1943) entwickelten sie in ihren eigenständigen Inszenierungen am »Deutschen Theater«. Theodor Wolff ließ sich davon gefangen nehmen und dichtete selbst in einem Stil, der die seelischen und magischen, die gefühlsseligen und exotischen, die sinnlichen und mystischen Züge ausspielt. Es war ein Theater als Ausdruck der Schönheit, der Lebensüberhöhung, des Zeitlosen und Spielerischen. Theodor Wolffs eigene Werke bringen ihn mit vielen Dichtern und Schriftstellern wie Hugo von Hofmannsthal (1874–1929), Elisabeth Freifrau von Heyking (1861–1925), Jakob Wassermann (1873–1934), Gottfried Benn (1886–1956), Frank Wedekind (1864–1918), Carl Sternheim (1878–1942) oder Rainer Maria Rilke (1875–1926) in engere Verbindung, die sich aufs Schönste in seinen Briefen sowie in unkonventionellen Widmungen auf Photographien und Frontispizen der Wolffschen Bücher spiegelt.

Theodor Wolffs Theater-»Spiele« und lyrische Romane können den Leser heute noch faszinieren, wenn er sie als Dokumente eines Aufstands der Kunst gegen das alte, lange Jahrhundert und einer Befreiung der Kunst liest, die, wie alle Gegenbewegungen, die Wirklichkeit ganzheitlicher und damit tiefer erfassen möchte. Eine politische oder sogar revolutionäre Dimension zeigen sein Aufbruch in die Moderne, sein anschaulich-sinnlicher Ästhetizismus in den Romanen und Theaterstücken jedoch ebenso wenig, wie Ansätze zu einer originellen Gestaltung. Die Werke sind Zeitstücke, heute längst vergessen, aus den Bibliotheken so gut wie verschwunden und tauchen eher als Zufallsfunde in den verstaubten Beständen der Bouquinisten auf. Rückblickend neigte selbst der Verfasser dazu, seine Vaterschaften zu vergessen, oder kokettierte er bloß mit dieser Erinnerungslücke? Ihre Themen und besonders ihr Stil und ihre Erzählhaltung sind jedenfalls austauschbar, idyllisch, in den besseren Partien an Ibsen und Jacobsen erinnernd, mitunter reichen sie sogar bis an die Ränder zum Kitsch. Wünscht man es dagegen wie einer der freundlich gesinnten Rezensenten der »Sünder« im »Berliner Tageblatt« auszudrücken, dann bis zum »Voßisch-Verzopften«. Jener fügte sogleich hinzu, dass unter den Händen des Dichters selbst das Weißbier in Machnow zum prickelnden Champagner werde. Immerhin erschien diese Geschichte über das konfliktreiche Mit-, Neben- und Gegeneinander in der Ehe zwischen einer kultivierten Frau und einem unreflektierten, unsensiblen und ausschließlich auf äußere Eindrücke hin lebenden reichen Protz vier Jahre später (1909) in einer zweiten Auflage. Aber diesen Schritt hatte der Verlag Albert Ahn in Köln nur nach hartnäckigem Drängen des Autors getan. Andere hatten ihm den Wunsch abgelehnt, weil, wie die Grote'sche Verlagsbuchhandlung in Berlin am 27. Juli 1900 – dort wollte Theodor Wolff alle drei Romane ein zweites Mal publizieren – freundlich erläuterte, die Werke »doch sehr Kinder ihrer Zeit oder Jahre« seien, so dass sie vermutlich nicht einmal im Reise- oder Bahnhofsbuchhandel abgesetzt werden könnten.

Bislang suchte man erfolglos in ganz Deutschland den 1891 in Berlin im Verlag von Freund und Jeckel erschienenen Roman »Der Heide«. In der Bibliothek Rudolf Wolffs stieß ich schließlich auf ein Exemplar mit den am 24. April 1891 in einem Berliner Restaurant entstandenen Widmungszeilen seines Vaters: »Lieber Freund! Seit vierzehn Tagen / Habe ich in dieses Buch / Manche Widmung eingetragen, / Manchen Vers und manchen Spruch. / Schrieb mit hocherfreuten Mienen, / Wenn auch kühl von Kopf bis Zeh: / Dieses Büchlein widmet Ihnen / Ihr ergebenster T. W. / Aber solch' geschraubte Posse / Scheint mir schlecht am Platze hier, / Darf ich, lieber Zechgenosse, / Dieses Büchlein widmen *Dir*?«

Auch das vermisste Schauspiel in vier Akten, »Die stille Insel«, ließ sich schließlich als Widmungsexemplar finden (»ein Versuch – nicht mehr, nicht weniger«), ohne dass dieses 1894 im Verlag des Bibliographischen Bureaus in Berlin publizierte Werk jetzt zu seiner Uraufführung gebracht werden müsste. Hier und in den weiteren Fällen unterbleiben Zitate, weil sie in ihrer erzwungenen Kürze karikierend oder lächerlich wirken dürften. Die Situation stellt sich mit den Theaterstücken in drei Aufzügen »Niemand weiß es« von 1895, zum größten Teil auf den Italien- und Griechenland-Reisen geschrieben, und »Die Königin« von 1898 deutlich anders dar. Sie gehören inhaltlich stärker zum nächsten Lebensabschnitt, während dieser mit dem zweiten größeren Skandal schließen soll, in dem Theodor Wolff für »seine« skandinavische Herzenssache Partei ergriff, ihn in die Nähe von Edvard Munch (1863–1944) und August Strindberg (1849–1912) führte und wohl in eine kurze, aber in die tiefste Freundschaft seines Lebens. Sie verband ihn mit dem drei Jahre älteren und bereits mit 43 Jahren sterbenden Maler und Graphiker Walter Leistikow (1865–1908).

Den Anlass bildete für Theodor Wolff ein doppeltes Ärgernis. Am 5. November 1892 hatte der »Verein Berliner Künstler« eine Ausstellung mit Bildern des weitgehend unbekannten Edvard Munch eröffnet, die jedoch vorzeitig wieder geschlossen werden musste, weil eine knappe Mehrheit der 250 auf einer eiligst einberufenen Sondersitzung Anwesenden aus »Hochachtung vor Kunst und ehrlichem künstlerischen Streben« diese Brüskierung des Eingeladenen gefordert hatte. Theodor Wolff kannte Munch und seine Werke, tafelte wiederholt mit ihm und dem sensiblen, geistvollen und wegen seiner grenzenlosen Selbstironie geschätzten Strindberg in der Weinkneipe »Schwarzes Ferkel« an der Ecke Unter den Linden / Neue Wilhelmstraße, dem Treffpunkt der skandinavischen Bohème mit ihrer Muse »Aspasi«, einer Musikstudentin. »Man aß und trank zu leidlichen Preisen, in den winzigen kleinen Zimmern, rechts und links vom Büffetzimmer. Frische Austern waren auch zu haben. Der Wirt schien zum Herbergsvater fahrender Dichtersleute wie geschaffen und akzeptierte ohne Widerstand die neue Firma: ›Zum schwarzen Ferkel‹, die ihm aufoktroyiert wurde. Seine Frau war liebenswürdig, hübsch, schlank und blond. An allen Wänden lagerten, bis unter die Decke, Flaschen von den phantastischsten Formen und Farben. Selbst das Fenster wurde von Flaschen derartig blockiert, dass der Sonnenaufgang nur durch den Spiritus wahrgenommen werden konnte!« (Paul, 57). Der Wirt ließ es lächelnd zu, wenn der übermütige und rabulistische Krawallmacher Strindberg ihm mitunter ein dickfarbiges Bild zum Ausgleich der Zeche zurückließ, obwohl er schwerlich zu erkennen vermochte, ob sein Dauergast das Meer oder eine Wiese gemalt hatte. Zur Munch-Ausstellung hatte zu allem Überfluss der Kunstkritiker des »BT«, der an sich gutmütige 55-jährige Reinhold Schlingmann, auch noch einen Verriss geschrieben. Theodor Wolff durfte in zwei Artikeln darlegen, weshalb er das Urteil nicht teilte. Zum Bild »Verzweiflung«, das dem berühmten

»Schrei« vorausging, hatte der völlig verständnislos polemisierende Schlingmann notiert, dass hinter der Landschaft ein Himmel mit wirren Streifen auftauche, »als ob Eigelb und Tomatensauce« durcheinander fluteten. Auf anderen Gemälden seien bestenfalls noch Nase, Ohren oder Schweineaugen im Stil des »Kunstproletariats« erkennbar. Theodor Wolff verteidigte die melancholische überzarte Stimmung bei Munch, sah seine Nähe zu Ibsen und kam dann schnell auf Grundsätzliches. Er plädierte für die Freiheit der Kunst, einen Platz für das Moderne, das Experimentelle und für die Provokation. Er höhnte, die zornigen Kritiker unter den Herren Kollegen sollten sich lieber darauf konzentrieren, bessere Bilder zu malen (BT 12.XI.1892).

Walter Leistikow antwortete den zahlreichen Kritikern ebenfalls sogleich mit zwei Beiträgen unter dem Pseudonym »Walter Selber« in der »Freien Bühne« und in einer norwegischen Zeitung. Er forderte zu einem Sehen mit nicht »ganz blöden oder gehässigen Augen« auf: »Alles drängt zur Entfaltung, zur Entwicklung des rein Persönlichen, zum Individualismus. Dies ist heute das einzige Gesetz, das dem Kunstjünger leuchtet in goldenen Lettern: Lebe dich selbst.« In jenen Tagen kannten sich Wolff und Leistikow bereits. Im Eilzug von Bamberg nach Berlin waren sie sich schnell näher gekommen, weil sie im gemeinsam genutzten Coupé über die Lektüre eines Romans des Norwegers Arne Gaborg (1851–1924) ins Gespräch geraten waren. Später hatten sie sich zwischen den von Heideflächen, Föhrenwäldern und Abendwinden flüsternden Bildern im kleinen Oberlicht-Atelier Leistikows getroffen und waren sich im Lauf der Jahre so vertraut geworden, dass der Maler den Journalisten nach einigen guten Flaschen in einem launigen Brief fragen musste, ob sie sich noch siezten. »Darf ich nun ferner Du zu Ihnen sagen? Ich bin im Zweifel: Sag ich: Du – Sie? Sagt er: Sie? – Du? Nu, Sie! Was denken Sie nu?«

In seinem Nachruf schrieb Theodor Wolff am 26. Juli 1908 im »BT«: »In diesem so liebenswerten Leistikow, dem alle Herzen sich zuwandten, wohnte noch eine zweite Seele: die Seele eines heißblütigen Kämpfers, der bisweilen zum fanatischen Draufgänger werden konnte. Leistikow hatte zusammen mit Max Liebermann (1847–1935) und anderen Modernen die Berliner ›Sezession‹ gegründet, und es gab in dieser Künstlerschar keinen Zweiten, der sich mit ähnlichem Feuereifer in die Bewegung gestürzt hätte. Leistikow war die eigentliche treibende, vorwärtsdrängende Kraft der Sezession, er riss die Phlegmatischen mit fort und spornte unablässig die Lauen. Wie alles an ihm erfrischend gesund und natürlich war und aus warmem Herzen, nicht aus grämlichem Geiste kam, so auch die Abneigung, die er den ›Akademikern‹ zollte.« Freundliche und herzliche Briefe, Einladungen und Grüße finden sich im Nachlass, aber nichts, was die Freundschaft lebendig werden lässt. Von den geschenkten Bildern ist nur eines, »(Mein) Grünheide« betitelt, das Patengeschenk für Rudolf Wolff, aus dem vorletzten Lebensjahr des Malers, der Vernichtung und der Räuberei in nationalsozialistischer Zeit entgangen. Zusammen mit Max Liebermann gründete Theodor Wolff ein Komitee, das einen Gedenkstein für Leistikow errichten ließ und drei Gemälde aus dem Nachlass des Malers für die Stadt Berlin erwarb – sie wurden im Rathaus und im Märkischen Museum aufgehängt –, weil die Mäzene es erreichen wollten, dass die späteren Generationen den historischen Grunewald wenigstens in Leistikows Bildern noch entdecken und staunend bewundern können: ausgedehnter, vielgestaltiger, wilder, an Kiefern reicher und an Laubbäumen ärmer.

Am 1. Oktober 1890 hat Theodor Wolff seinen Dienst in der Kaserne antreten müssen. Das kaiserliche Wehrpflichtgesetz sah für die Infanterie eine zweijährige, für alle anderen Waffengattungen eine dreijährige Dienstzeit vor, für ihn aber auf Grund seiner höheren Bildung nur eine zwölfmonatige, falls man nicht Berufssoldat werden wollte. Diese »Einjährigen«-Freiwilligen hatten sich selbst auszurüsten, zu bekleiden und zu verpflegen; sie bildeten den Ersatz für die Offiziere der Reserve und der Landwehr. Theodor Wolff diente bei der 4. Eskadron des I. Garde-Dragoner-Regiments »Königin Viktoria von Großbritannien und Irland«, in der Nähe von Potsdam. »Der Volksmund hatte die zweiten Garde-Dragoner das ›Regiment Cohn‹ getauft wegen der israelitischen Einjährigen, die das Regiment bevorzugten«, weiß Adolf von Wilke in seinen »Alt-Berliner Erinnerungen« zu erzählen. »So geschah es, daß eines Tages ein junger Redakteur des ›Berliner Tageblattes‹ als Einjähriger höflich abgewiesen wurde, da alle Eskadrons schon mit Einjährigen versehen wären. Der Abgewiesene war Theodor Wolff, und es soll eingestanden werden, dass die Begründung seiner Abweisung nur ein Vorwand war. Der stellvertretende Regimentsadjutant unterhielt zarte Bande zu einer jungen Dame des Adolph Ernst-Theaters, das in seiner Blüte stand. Theodor Wolff, der damals im Tageblatt mit Kritiken kleiner Bühnen debütierte, schrieb, man ginge nur ins Adolph Ernst-Theater, um zu sehen, was die Damen anhätten und was sie *nicht* anhätten! Diese Bosheit ward nun an ihrem Urheber gerächt. Theodor Wolff wurde mit der Versicherung lebhaftesten Bedauerns als Einjähriger abgelehnt – und ging ›ein Häuschen weiter‹ nach der Bellealliance-Straße, zu den ersten Garde-Dragonern (Berlin 1930, 59).

Die Dragoner waren wie die übrige Kavallerie mit Degen, Karabiner und Lanze bewaffnet. Theodor Wolffs Militärpass hielt die Ausbildung mit der Lanze ausdrücklich fest und vermerkte unter »Führung« das erste Mal »sehr gut« und das nächste Mal »vorzüglich«. Am 6. September 1891 wurde er Unteroffizier, kehrte am 30.9. ins Zivilleben zurück und gehörte seitdem der militärischen Reserve an, so dass er in den Spätsommern der folgenden Jahre 56-tägige Übungen zu absolvieren und sich im Herbst 1894, als er seine Auslandskorrespondenz in Paris antrat, offiziell aus dem Deutschen Reich abzumelden hatte. Mit dem 1. April 1903 verlieh man ihm, dem Unteroffizier der Garde-Kavallerie, die 2. Klasse der Landwehr-Dienstauszeichnung. Als Jude konnte er trotz seiner guten Bewertungen nicht Offizier werden. Die Militärzeit stellte für ihn eine lästige, jedoch nicht beklagte Unterbrechung seiner Interessen dar. Die dienstfreien Stunden nutzte er für die abschließenden Arbeiten an seinem Roman »Der Heide« und für kleinere Beiträge fürs »BT«. Er hat aus jenen Monaten des Soldatentums keine Dokumente aufbewahrt und auch nicht über Einzelheiten berichtet. In seinem Buch »Der Krieg des Pontius Pilatus« führte wohl seine eigene Erfahrung die Feder, als er urteilte: »Wenn man sagt, eine Armee sei kriegerisch gesinnt, so meint man damit niemals und nirgends den auf dem Kasernenhof Schritte und Griffe übenden, mit Kreide an allen Wänden die Dauer der Dienstzeit abzählenden gemeinen Mann. Der Soldat, der die herannahende Erlösungsstunde jubilierend, nur etwas rauher als die Lerche, begrüßt und nach Hause will, wünscht sich keinen Krieg, und Kriegslust fängt, soweit sie vorhanden ist, im allgemeinen erst beim Leutnant an« (Pilatus, 211 f.).

KAPITEL 2

JOURNALISTISCHE SPAZIERGÄNGE IN EUROPA

Die Begegnung mit der Literatur Skandinaviens und die zusätzlichen Anregungen auf den Reisen im Mittelmeerraum haben Theodor Wolff fasziniert. Er suchte die Auseinandersetzungen mit den Künstlern der anderen Länder, aber auch mit der national geprägten Kultur des Kaiserreichs. Er dachte dabei vom Theater her, sah die Bühne als das Zentrum eines wunderbaren Rituals, als den Bezugspunkt eines tieferen Erlebens und Erkennens, zu dem das Spiel in seinem stärksten Moment führen könne. Ihn beglückte es, dass er ehrliche Begeisterung in der Familie hervorrief, bei seinen Freunden, renommierten Dichtern und Schauspielern, als sie seine beiden Schauspiele »Niemand weiß es« und »Die Königin« lasen. Ein zeitloses Japan und das Frankreich der Großen Revolution bilden das Szenarium. Die Handlungen sind klar und unkompliziert gebaut; die Darstellung der beiden traurigen Geschichten nicht tragisch gestaltet, sondern eher melancholisch und nicht einmal in ihren bedrückenden Momenten allzu gemütsbelastend. In den neunziger Jahren des vergangenen Jahrhunderts hatte die von Frankreich über ganz Europa sich ausdehnende Japan-Faszination, der Japonismus, auch das Deutsche Reich erfasst. Wir wissen, dass Theodor Wolff die 1891 von Edmond de Goncourt verfasste Broschüre über den Maler Kitagawa Outamaro (1754–1806), ein Bestseller, zur Vorbereitung gelesen hat. In »Niemand weiß es« liebt ein armer Maler ein reiches Mädchen aus vornehmem Hause – es ist mit einem

Fürsten verlobt, den sie gegen ihren Willen heiraten muss. Der Ehemann-Fürst ertappt die beiden Liebenden im Garten – der Maler ersticht den Fürsten. »Ihr könnt mich foltern und töten. Aber niemand wird es wissen. – So führt ihn weg!«, heißt es am Schluß. Edelmut, zarte Liebe und tiefe Treue beherrschen das Stück, geben weder Gewalt, Härte oder Bösartigkeit eine Chance.

Theodor Wolff hatte durch die fremdartige Umkleidung der modernen Thematik eine bewusste Sparsamkeit im gestischen, mimischen und verbalen Ausdruck angestrebt, die das Zögernde der hervortretenden Empfindungen unterstreichen und verstärken sollte. Die Leidenschaft sollte dadurch im Spiel umso stärker hervorbrechen und wirken können, wenn die »Fesseln des Schweigens« die Leidenschaften nicht mehr zurückzuhalten vermögen. Hauptmann sprach lobend von der Innigkeit und Inbrunst. Die bekannte Schauspielerin Agnes Sorma (1865–1927) vom Deutschen Theater in Berlin schrieb ihrem »Wölffchen« und Otto Brahm von ihrer Begeisterung – sie habe »schon lange nichts Poetischeres gelesen«, und der damals berühmteste deutsche Charakterdarsteller, Josef Kainz (1858–1910), las während einer Vorstellung das Werk und feierte den Autor spontan mit dem großartigen Angebot, er werde die Rolle spielen. Sorma und Kainz, Brahm und Wolff gemeinsam als leuchtende Namen am Berliner, vielleicht sogar am deutschen Theaterhimmel! Als Brahm zögerte und vorschlug, in einer Sonntagvormittag-Vorstellung die Wirkung zu erproben, zeigte sich Paul Schlenther bereit, wenn man einen geschickteren Titel nähme, das Stück an der »Freien Bühne« uraufzuführen. Das junge, ungeduldige, mit frühem Lorbeer bekränzte Genie verlor die Geduld, stürzte sich in »die größte Eselei« und gab dem »Königlichen Schauspielhaus« mit Max Grube (1854–1934), ehemals der große Jago- und Mephisto-Darsteller, jetzt Oberregisseur, den Zuschlag. Die Hauptrollen besetzte Grube nicht mit wahrhaft großen, aber keineswegs schlechten Kräften: Lotte Witt (1870–1938) und Adalbert Matkowsky (1857–1909), der in Shakespeare-Rollen zu beeindrucken wusste. Matkowsky war zwar trinkfest und hat nicht selten ausgesprochen »heiter« auf den Brettern gestanden, aber bei dieser Premiere war das »ideale Bierfaß« doch zu stark außer Gefecht gesetzt. »Leider ließ ich mich beschwatzen und wurde der Sorma und Kainz untreu«, erzählte Theodor Wolff dem Theaterkritiker und Herausgeber der »Dramatischen Blätter«, Julius Bab (1880–1955), die Geschichte des Reinfalls, der auch dazu führte, dass das ursprünglich interessierte Wiener Burgtheater sich zurückzog: »Bei der Generalprobe, zu der ich nach Berlin gekommen war, fand ich die Aufführung entsetzlich. Alles war vergröbert, im Stile eines Heldendramas. Matkowsky konnte seine Rolle nicht und war, da er wie gewöhnlich vorher zu viel getrunken hatte, nicht ganz im Gleichgewicht. Ich erklärte Grube, dass ich das Stück zurückzöge und ging nach der Probe mit Matkowsky frühstücken. Dabei schlief er ein und dazwischen lallte er: ›Was hast Du Dir eigentlich bei dem Stück gedacht?‹ Grube schrieb mir einen Rohrpostbrief, in dem er mir einen vollen Erfolg versprach, und ich gab wieder nach. Am Abend der Premiere war es kein Riesenerfolg, sondern ein totaler Abfall. Einige Jahre später wurde das Stück bei Reinhardt in den Kammerspielen gegeben unter Felix Holländers Regie, mit hübschen Dekorationen von Orlik und mit der Eysoldt und Moissi. Diesmal war es kein Durchfall« (Brief, 25.8.1931).

Die erfolgreicheren zehn Aufführungen fanden also dreizehn Jahre später an den Berliner »Kammerspielen« statt. Regie führte vom 5. Dezember 1908 bis zum 14. Januar 1909 Emil Milan (1859–1917), das Bühnenbild und die Kostüme stammten von Emil Orlik (1870–1932), dem Maler und Mitglied der Wiener Secession, der seit 1905 in der Graphikklasse an der Kunstgewerbeschule in Berlin lehrte und für Reinhardt Dekorationen entwarf. Gertrud Eysoldt (1870–1955) spielte die liebende Tajo, Oscar Beregi (1876–1965) ihren Geliebten, Rudolf Schildkraut (1862–1930) den Fürsten und Alexander Moissi (1880–1935) verkörperte den »Kreuzweg-Märchen-Erzähler«, der nicht nur im ersten Akt vorzulesen, sondern auch in die Handlung einzugreifen hatte. Die Eysoldt – seit dem sensationellen Erfolg in Gorkis »Nachtasyl« (1903) – als gefeierter Star und der Moissi – seit der Kreon-Rolle in Hugo von Hofmannsthals »Ödipus und die Sphinx« (1906) – als der große Mime Berlins, bildeten die Glanzpunkte der Aufführungen. Rundum glücklich wurde Theodor Wolff aber auch mit dieser Inszenierung nicht. Am Tag nach der Uraufführung schrieb er Hauptmann (6.12.1908), dass es eben nur ein »leidliches Gelingen« gewesen sei und er sich bei ihm noch einmal ausdrücklich für die »ermutigenden und zustimmenden Zeilen« aus dem Jahr 1895 bedanken möchte, die ihn »nach der ersten gänzlich mißglückten Aufführung« erreicht hätten. Die »Münchener Litterarische Gesellschaft« unter dem Vorsitz ihres Gründers Ludwig Ganghofer (1855–1920), einem der meistgelesenen Schriftsteller Deutschlands, führte »Niemand weiß es« im »Theater am Gärtnerplatz« mit einem »sehr hübschen Erfolg« auf. Es erschienen Übersetzungen ins Französische und Dänische, das »Dagmar-Theater« in Kopenhagen spielte es in der Hauptstadt und auf seiner Tournee durchs Land. Theodor Wolff hat das Stück später völlig umgearbeitet und ihm als Titel den Namen der Liebenden »Tajo« gegeben; eine Karriere hat es nicht gemacht.

Auch sein zweites Schauspiel »Die Königin« beendete Theodor Wolff während seiner Korrespondententätigkeit in Paris. Es wurde sein größter Erfolg. Zwei Buchausgaben erschienen (1898 und 1904), das »Deutsche Volkstheater« in Wien bot seinem Publikum die Uraufführung unter Richard Fellner (1861–1910) am 15. April 1899, nachdem das ursprüngliche Angebot von Schlenther an der Besetzung der Hauptrolle gescheitert war, weil die von Theodor Wolff favorisierte Sorma in den USA gastierte. Karl Kraus (1874–1935), der scharfzüngig und sprachgewandte Herausgeber der »Fackel« erwähnte kurz Helene Odilon (1865–1939), die die Königin spielte, überging die weiteren Darsteller und lobte ausschließlich die von ihm verehrte Annie Kalmar (1877–1901) als Zweite Hofdame. Mit Rücksicht auf die österreichische Zensur mussten Passagen gestrichen, die Königin von Ähnlichkeiten mit Marie Antoinette befreit – das Stück spielt während der Zeit der Französischen Revolution und handelt von einem Favoriten der Monarchin, der von ihr verlassen wird – und das Schauspiel durch die Wandlung in ein Märchenspiel in drei Akten seiner allzu direkten historischen Bezüge beraubt werden. »Ein einzigartiges, durch einen knappen, fein ausgearbeiteten, geistreichen Dialog, sowie durch eine nicht gewöhnliche Charakterisierungskunst ausgezeichnetes Werk«, lobte der Kritiker der »Vossischen Zeitung« ohne jegliche Einschränkung (19.IV.1899). Theodor Wolff reiste zur Aufführung an, speiste mit der nicht unattraktiven Hauptdarstellerin und las die Kritiken – mit allem konnte er insgesamt zufrieden sein, obwohl der Eindruck des Werkes, wie sein Kollege Hugo Klein (BT 18.4.1899) einschränkend schrieb, nur »im Ganzen« groß gewesen sei und es im Premieren-Publikum auch ablehnende Stimmen und Pfiffe gegeben habe. Karl Kraus nannte die Ablehnung Krawall, bedachte auch bei diesem Anlass Theodor Wolff mit heftiger Kritik und Verriss das Werk des »dilettierenden Neffen (sic!) Mosses« in seiner »Fackel« mit den Sätzen, »Die Königin« scheine »dem Gefühlskreise des Berliner Banquierviertels entsprossen« zu sein, sie entwickle ihre Geschichte umständlich und in einer romantisierenden Weise, verhöhne das notleidende Volk auf eine schnodderige Weise und komme in allen Szenen so abgrundtief gedankenarm daher, dass mit ihr ein neuer Tiefstand der Wiener Spielstätte erreicht worden sei (1899/1900, Nr. 3, 27 f.).

Die Berliner konnten »Die Königin« erst am 20. April 1911 sehen, als sie Reinhardt für die Kammerspiele am Deutschen Theater eingerichtet hatte. Theodor Wolff hatte das Stück inzwischen intensiv durchkorrigiert, die Dialoge und den szenischen Aufbau verbessert. In einem zweiten oder sogar dritten Durchgang strich er größere Teile, ergänzte einige Passagen und gab schließlich ein »Schauspiel in vier Aufzügen« frei (1904). Zu dem »zweifellos schönen Erfolg« bei »trefflich« gutem Besuch trotz der sommerlichen Wärme, zu dem Ludwig Fulda (1862–1939), Schriftsteller und zweiter Präsident der »Freien Bühne«, am 21. April Wolff gratulierte, habe die Tilla Durieux (1880–1971) am stärksten beigetragen, da sie sich »der Delikatesse dieses

Dialogs« gewachsen gezeigt habe. In der von dem Theaterkritiker und Publizisten Siegfried Jacobsohn (1881–1926) gegründeten Wochenschrift »Die Schaubühne«, der späteren »Weltbühne«, wird jedoch wenig Gutes über das Bühnenwerk gesagt. Kein einziger Akt sei wirksam, alles geschwätzig, schwächlich, abgenutzt, ohne Motivierung oder Gestaltung, ein kärgliches Spiel. »Wenn hier irgendetwas dramatisch ist, dann sind es die Anstrengungen, die das maßvoll abgewogene, geschmäcklerische, unkühne Feuilletonistenwort macht, sich dichterisch zu beflügeln. Sie sind vergeblich« (1908, 567 f.). Wie sehr Theodor Wolff an dem Text seiner »Königin« immer wieder gefeilt hat, zeigt die Abbildung einer Seite (1. Aufzug, 3. Auftritt).

Nach der Jahrhundertwende verlieren sich alle Spuren dramatischen Schaffens. Das gleiche gilt für die Entwürfe zu mindestens drei weiteren Dramen. Im Nachlass fand sich lediglich der Durchschlag eines handschriftlich durchkorrigierten Typoskripts »Das Thal der Riesen, Schauspiel in drei Akten, von Theodor Wolff«, auf den letzten Blättern von ihm am Ende handschriftlich geführt, in kurzen und Kürzest-Dialogen abgefasst, zur »Lösung« eines unerhörten Falles hin drängend, ohne jedoch zu provozieren oder anzuklagen: Das Stück kreist um die Themen eheliche Untreue, uneheliches Kind, »Fehltritt« auch in der zweiten Generation. Gesellschaftskritische Momente lassen sich in allen seinen Werken erkennen, und über dem Ganzen weht auch ein moderater liberaler Geist, doch zum Schreiben haben ihn zwischen 1888 und 1895 weniger politische noch soziale Themen gedrängt, sondern die dramatische Gestaltung von Leidenschaften jenseits des Pathos' des klassischen Heldenstückes, von individuellen Wahrheiten, von sinnlichen Situationen und unbedingter Liebe in den Grenzsituationen des Lebens. Zeigen aber die Spiel- und Dialogführung über die handwerkliche Routine und das sprachlich Geschickte hinaus Glanzlichter? Nach der Lektüre dieses Werkes neigt man dazu, Theodor Wolffs nüchterne Selbstbescheidung für tiefere Einsicht und nicht für ein vorrangig von Resignation getragenes Urteil zu halten. Deutlich tritt dabei gleichzeitig hervor, in welchem Ausmaß Theodor Wolff offensichtlich die Abkehr vom Theater und die Hinwendung zum Journalismus als ein Scheitern, zumindest jedoch als ein Ausweichen und Zurückziehen empfunden hat: »Gewissermaßen mit einem Trostpreis, mit dem, was man bei den Prüfungen im Pariser Konservatorium ein Accessit nennt, nahm ich Abschied von der Muse Thalia, die mir zuerst hatte so hold sein wollen. (…) Die Leidenschaft des ehrgeizigen Strebens hatte sich im kalten Wasser vermindert, ich zog mich für lange Zeit in den Journalismus zurück und unternahm, übrigens nicht mit froher Überstürzung, den Ritt in die Politik. Daraus ergab sich gewiß kein Verlust für die Bühnenliteratur« (Erlebnisse, 215).

Sieben der Briefe, die Theodor Wolff in den neunziger Jahren von Theodor Fontane (1819–1890) erhielt, hat er wie einen Schatz gehütet und aufbewahrt. In ihnen sind mehrere und lange Passagen für die Literaturgeschichte von Bedeutung. Nachdem Fontane seinen Roman »Stine« geschrieben hatte, korrespondierte er mit Theodor Wolff über diese Thematik und die Gestaltung, über die Literatur der Zeit, über die charakteristischen Eigenheiten von Realismus und Romantik sowie die Schwierigkeiten, beides deutlich zu erfassen und voneinander abzugrenzen. »Heute abend erst bringt mir mein Sohn Ihre schon vor 4 Tagen erschienene, überaus freundliche Besprechung meiner ›Stine‹. Ich eile nun, Ihnen zu danken. Es ist gewiß alles so, wie Sie sagen: es ist so hinsichtlich der Mischung von Romantischem und Realistischem, und es ist so hinsichtlich der Parallele zwischen Lene und Stine. Lene ist berlinischer, gesünder, sympathischer und schließlich auch die besser gezeichnete Figur. Auf die Frage ›Lene‹ oder ›Stine‹ hin angesehen, kann Stine nicht bestehen, darüber habe ich mir selber keine Illusionen gemacht, das Beiwerk aber – die Hauptsache – hat in ›Stine‹ vielleicht noch mehr Kolorit. Mir sind die Pittelkow und der alte Graf die Hauptpersonen, und ihre Portraitierung war mir wichtiger als die Geschichte. Das soll gewiß nicht sein, und der eigentliche Fabulist muß der Erzählung als solcher gerechter werden, aber das steckt nun mal nicht in mir; in meinen ganzen Schreibereien suche ich mich mit den sogenannten Hauptsachen immer schnell abzufinden, um bei den Nebensachen liebevoll, vielleicht zu liebevoll, verweilen zu können. Große Geschichten interessieren mich in der Geschichte; sonst ist mir das Kleinste das Liebste. Daraus entstehen Vorzüge, aber auch erhebliche Mängel, und diese so nachsichtig berührt zu haben, dafür Ihnen nochmals schönen Dank« (24.5.1890).

Theodor Wolff hat seine Korrespondenz mit Fontane bereits früh der Forschung und den Herausgebern der Briefbände zur Abschrift überlassen. Nach dem Glückwunschartikel im »BT« zum 30. Dezember 1889, dem siebzigsten Geburtstag, erhielt der junge Journalist eine freundliche Einladung ins Haus des alten langjährigen Journalisten und Kritikers, jetzt aber berühmten Schriftstellers, den Theodor Wolff als Dichter und politischen, im Alter zunehmend »liberal-demokratischer« orientierten Kopf am höchsten schätzte. Denn mit der wilhelminischen Zeit hatten sich Fontanes kritische Worte zum dröhnend auftretenden Neu-Preußentum des Kaisers deutlich vermehrt und die anekdotisch oder ironisch pointierten Erzählungen an Schärfe gewonnen. Ein Kontakt zwischen den beiden bestand aber bereits seit Monaten, denn Fontane hatte lobende Wort über den Essay zu »Niels Lyhne« und kritische zum »Untergang« gefunden. Die Bemerkungen zu dem 1892 erschienenen Werk trafen Theodor Wolff härter als Fontane es wohl gemeint hatte, denn wenn das Werk überhaupt rezensiert wurde, dann im gleichen Tenor wie in der Zeitschrift »Die Gesellschaft« von 1892, in der es zusammenfassend hieß »Nehmt alles nur in allem, Wolff bietet in seinem Roman eine Ausgeburt abgeschmackter Zeitungspoesie schlimmster Art« (1643).

Der liebenswürdige Empfang, die Feinheit, Anmut und Ironie im Gespräch nahmen den fünfzig Jahre jüngeren Gesprächspartner von dem Grandseigneur so sehr ein, dass er ihn rückblickend in die Nähe seines Freundes Leistikow stellt und nahezu alle Äußerungen über ihre Begegnungen wie Liebeserklärungen geraten sind. »Er war ganz so, wie man ihn in seinen Dichtungen empfindet, eine größere Einheit von Persönlichkeit und schriftstellerischer Schöpfung ist nicht denkbar, sein Gesicht hatte eine außerordentliche, helle Klarheit, kein Winkel für Versteckheit war darin. Der Kopf mit dem von der Schädelhöhe lockig rückwärts fallenden weißen Haar, dem die Lippen verdeckenden Schnurrbart, den klugen und schönen Augen und die hohe, aufrechte, durch kein Embonpoint beschwerte Gestalt hatten eine liebenswürdige Vornehmheit. Sein ganzes Wesen war durchwoben von einer feinen Anmut und wie in so vielem, was er dichtete und schrieb, hatte auch in seinem Umgang die Ironie diese Feinheit und Anmut, dieses leichte Antupfen, dieses verstehende Lächeln, diesen Widerschein eines Herzens, ohne Verhärtung und Bitterkeit« (Erlebnisse, 174). Theodor Wolff suchte Fontane in seiner altmodisch einfachen, aber behaglichen Wohnung häufiger auf. Der Morgenspaziergang, der in jener Zeit um die frühe Mittagszeit stattzufinden pflegte, brachte die erwünschte Gelegenheit zu ausführlichen Zwiegesprächen über literarische und politische Themen, über die Veränderungen im städtischen und im gesellschaftlichen Leben, über Theater, Malerei und seltener über Musik. Häufiger gab es etwas zum Niederschreiben. Ein Taschen-Notizblock musste mitunter weiterhelfen, wenn sie, wie eines Tages, sich auf dem Promenadenweg befanden, »gegenüber der Häuserreihe der Tiergartenstraße, damals der Millionärsstraße, dort, wo jetzt, mit entschieden zu langen Beinen, sein marmornes Denkmal steht. Er nahm aus der Tasche ein Notizbuch und sagte: ›Ich habe mir die Namen der Villenbesitzer aufgeschrieben, es ist doch hübsch, zu wissen, wer die reichen Leute dort drüben sind.‹ Wir schritten an dem Paradespalier der Millionäre entlang, und er nannte belustigt die Eigentümer der schönen Villen und der in den Gartenbeeten bunt leuchtenden Blumenpracht. Ein Fünkchen boshaften Spottes war in seinem Amüsement, aber es war eine sehr milde, gutmütige und völlig neidlose Boshaftigkeit« (Erlebnisse, 175).

In dieser Sphäre brachte für Theodor Wolff die Übersiedlung nach Paris keine Einbußen mit sich. Das gesellschaftliche und künstlerische Leben in der »Ville lumière« hatte er schon auf seinen früheren Reisen schätzen gelernt, so dass er an den Abenden in seinem Stammlokal »Schwarzes Ferkel« in Vorfreude auf das Kommende von der modernen, anregenden, lebendigen und anstrengenden Stadt geschwärmt haben dürfte. Dort im dunklen Gewölbe erhielt er das Angebot, die ersten Tage nach der Ankunft im Haus von Willy Grétor (1868–1923), gleichaltrig und ein engerer Freund von Albert Langen, und somit in der Nähe des Bois de Boulogne wohnen zu können. Der gastfreundliche dänische Maler, Kunstsammler und Mäzen der Künste hatte 1892 seinen eigentlichen Namen, Wilhelm Petersen, aufgegeben, wenige Jahre zuvor zusammen mit der Malerin Maria Slavona (1865–1931) seinen Wohnsitz von Berlin über München nach Paris verlegt und dort eine nicht leicht zu handhabende Gesellschaft illustrer, aber auch entsprechend eigenwilliger Geister um sich versammelt. Derartige Kreise taten sich Theodor Wolff relativ leicht auf, weil ihn seine journalistischen Verpflichtungen nicht stundenlang an irgendeinen Schreibtisch oder an ein Telegraphenamt fesselten. Verliefen die Tage normal, dann genügten ein vormittägliches und ein abendliches Brief-Telegramm, also der regelmäßige Korrespondenten-Bericht und als gelegentliche Beigabe höheren Ranges ein Feuilleton. Denn eine solche literarische Beilage durfte der Redaktion wie dem Publikum nicht in Fülle angeboten werden, sollten daraus der rechte Genuss und eine ansprechende materielle und geistige Honorierung erwachsen.

Der flutende Verkehr der Metropole, ihr helles Licht und ihre schönen Frauen in der Variante der Kameliendame, in den parfümierten Kissen ihrer Wagen liegend, haben ihn mehrmals zu kleinen literarischen und erotischen Ausflügen zu verleiten vermocht. Der Mosse-Verlag zahlte Theodor Wolff jetzt ein festes Gehalt; außerdem hatte der 1893 verstorbene Vater ihm ein kleines Vermögen von mehr als 10.000 Reichsmark hinterlassen. Er leistete sich eine eigene Wohnung in dem Eckhaus am Boulevard Haussmann Nr. 53, gegenüber dem damals schon ungewöhnlich großen Kaufhaus »Printemps«, also im achten Arrondissement. Sie lag in der oberen, einer lichtdurchfluteten Etage und verfügte über einen ausreichend großen Salon, so dass ihn nach und nach wenigstens einige der Gesprächspartner aufsuchen konnten, denen er zuvor in den Gesellschaften, Salons und Zirkeln oder in Cabarets und Cafés an der Place Pigalle auf Montmartre begegnet war. Dazu zählten neben Albert Langen die Schriftsteller und Publizisten Frank Wedekind, Knut Hamsun, Anatole France, Emile Zola, Alfred Capus, Henry Becque, Georges Porto-Riche, Georges Courteline, Paul Bourget, Ernest Lavisse, George Clemenceau oder Pierre Louys; und – ebenso unvollständig in dieser Aufzählung – die Maler, Graphiker und Karikaturisten Auguste Renoir, Camille Pissarro, Eugène Carrière, Charles Léandre, Frits

Thaulow oder Théophile Alexandre Steinlen; die Bildhauer Rupert Carabin und Auguste Rodin, die journalistischen Kollegen Paul Goldmann, Gustave Rouanet oder auch André Tardieu, der spätere Minister und Ministerpräsident, und schließlich Schauspielerinnen wie Sarah Bernhardt, Yvette Guilbert oder Gabrielle Réjane. Sie besuchte er in ihren Villen, Wohnungen, Ateliers, Mansarden oder Buden. Von Rodin erhielt er statt des kostbaren Originals »Éternel Idole« eine Photographie mit Unterschrift, von Picasso und Léandre Bilder, Widmungen auf Photographien oder in Roman- und Gedichtausgaben; mit ihnen fuhr er zum Picknick in den Bois de Vincennes, ins Landhaus oder zog mit ihnen durch die Nacht. Ein Album der Großen, der Karrieren, der Persönlichkeiten und derjenigen, die sich gerade auf den Weg nach oben begaben, entstand von denen, die in dieser Phase Theodor Wolff besonders anregend und genial anmuten mussten.

In dieser Atmosphäre entstand auch die Ansicht, in Deutschland fehle es trotz seines beeindruckend großen Zeitschriftenmarktes an einem thematisch bunten und journalistisch provozierend gestalteten Wochenblatt, denn der seit 1848 existierende »Kladderadatsch« und die nur ein Jahr jüngeren »Fliegenden Blätter« sorgten längst nicht mehr für einen ausreichend frischen Luftzug. Langen hatte das Geld, vielleicht auch den originellen Gedanken, andere sahen Vorbilder im französischen »Gil Blas Illustré« oder im englischen »Punch«, hatten Visionen, und in immer neuen Anläufen kreiste man um diese Idee beim Wein und Cognac – alles wird wohl ähnlich turbulent, aber sicher nicht so steif wie bei der »Freien Bühne Berlin« abgelaufen sein, denn keiner wusste im Nachhinein mehr zu sagen, wer überhaupt die zündende Idee geboren hatte. In der ersten Begeisterung entwarf Steinlen (1859–1923) bereits die Titelseite des ersten Heftes und alle schworen, rechtzeitig einen Beitrag zu liefern. Theodor Wolff sagte zu, die Sparte Lyrik mit zu bedenken, und damit war zwar der Anlass für das Gedicht »Lied« gegeben, aber nicht für den Beginn einer längeren Zusammenarbeit. Unter dem Einfluss des Zeichners Thomas Theodor Heine (1867–1948), des Schriftstellers Ludwig Thoma (1867–1921) und später noch des Zeichners Olaf Gulbransson (1873–1958) wurde der »Simplicissimus« schnell nicht nur in München, sondern im ganzen Reich zu einer in bald hunderttausend Exemplaren (1908) verbreiteten, weithin beachteten und gefürchteten satirischen Zeitschrift. Sie büßte ihre Qualität ein, als sie nach dem Juli 1914 ins nationalistische Fahrwasser und mit den Weimarer Präsidialkabinetten nach 1931/32 sogar in völkisch-nationalsozialistische Untiefen geriet.

Das eigene literarische Werk erweiterte Theodor Wolff in einem solchen Umfang, dass man ein deutliches Bild davon erhält, wie sehr er in den zwölf Jahren das Journalistische »nebenher« mit erledigt haben muss. Seine Arbeitsfähigkeit, sein Fleiß und seine publizistischen Tagesleistungen beeindrucken in ihrer Breite und Qualität. Mit gutem Grund kann er am Lebensende von seinen »schönsten Jahren« sprechen. Die materielle Lage war deutlich besser, die berufliche sicherer geworden, literarisch und privat erlebte er viel Schönes und Glückliches. Die Höhe seines Verdienstes ist unbekannt, doch dürfte ihn sein Cousin wohl nicht schlechter als seine Korrespondenten-Kollegen bezahlt haben, so dass das Gehalt zwischen sieben- bis zehntausend Mark gelegen haben dürfte. Mit seinem Schauspiel »Die Königin« errang er die größten Erfolge seiner Theaterlaufbahn trotz der Unmutskundgebungen in Wien; er organisierte erfolgreich eine Ausstellung französischer Maler in Berlin (Frühjahr 1895) und bemühte sich intensiv um eine Leipziger und Dresdner Theatergruppe, die schließlich, ohne sein Verschulden, allein auf Grund eines Winks des Reichskanzlers Bernhard von Bülow (1849–1929), doch nicht am Theater »Porte St. Martin« in Paris mit den »Räubern« auftreten durfte (1901/02). Dieses Verbot hat Theodor Wolff betroffen gemacht, weil er bei allen Gelegenheiten eine bessere Verständigung zwischen den beiden Staaten anstrebte, indem er nicht nur seine Berichterstattung auf diese Idee hin ausrichtete, sondern sich besonders auch darum bemühte, auf eine möglichst unspektakuläre Weise persönliche Kontakte zu knüpfen und sie für wirkungsvolle Aktionen in der Öffentlichkeit zu nutzen.

Sein programmatisch zu verstehender Beitrag »Geistige und künstlerische Beziehungen zwischen Deutschland und Frankreich seit fünfundzwanzig Jahren« ist diesem Ziel der bilateralen Völkerverständigung verpflichtet. Er erschien am 4. Januar 1897 in der »BT«-Beilage »Der Zeitgeist« und war einer von vier Berichten zur Erhellung der damaligen Situation. Otto Brandes schrieb dort über den »Einfluß Deutschlands auf England 1872–1896«, Hans Barth (Rom) über »Deutsch-Italienische Kulturbeziehungen in den letzten fünfundzwanzig Jahren« und Wilhelm Hermann (Wien) über »Die zwei deutschen Kaiserstädte«. Einsetzend mit einem knappen historischen Rückblick auf die erste Jahrhunderthälfte konzentriert sich Theodor Wolff auf die Jahre nach dem deutsch-französischen Krieg von 1870/71. Hatte es in Frankreich vor dem Krieg mit den Mystikern und den Romantikern noch zwei große und einflussreiche Gruppen gegeben, die Deutschland bewunderten, so wagte sich danach kaum eine Person mit einer offen geäußerten Anerkennung einer deutschen Leistung hervor. Dünkelhaft und selbstgefällig einte die Franzosen die Ansicht, Deutschland habe sie auf dem Schlachtfeld, nicht jedoch auf den Kampfplätzen des Geistes besiegt. Der deutschen Musik – und dabei besonders der Wagnerschen – sei in den letzten Jahren eine Vorreiterrolle bei den Versuchen der Besten zugewachsen, die gegen Deutschland hochbrandende chauvinistische Welle einzudämmen.

In der Pariser Zeit fertigte Theodor Wolff Übersetzungen aus dem Französischen an, die vorwiegend zum Genre des Boulevard-Theaters zu zählen sind. Es sind von Alfred Capus (1858–1922) »Die beiden Schulen«, »Der Gegner«, »Das Glück (La Veine)«, »Die Schloßherrin«, »Der Spielpächter (Monsieur Piégois)« und »Unsere Jugend« . Von Anatole France (1844–1924), Georges Porto-Riche (1849–1930), George Clemenceau (1841–1929) und von Henri Bernstein (1876–1953) überträgt er jeweils ein Schauspiel ins Deutsche, nämlich »Crainqueville«, »Verliebt (Amoureuse)«, »Schleier des Glücks (Voiles de Bonheur)« und »Die Kralle«. Des Weiteren übersetzte er einen Roman von Paul Bourget (1852–1935) – der Titel war ihm nicht mehr erinnerlich. 1898 reiste er nach Spanien, um aus Madrid besser informiert über den spanisch-nordamerikanischen Krieg berichten zu können. 1902 fuhr er zum Kongress des »National Liberal Club« nach London. Er verliebte sich in Paris in Marie Hickethier, heiratete sie im Oktober 1902, und zu seiner großen Freude wurde ihm zum Abschluss schöner Jahre ein Sohn geboren, Richard (1906–1991), als dessen Taufpate ein Bruder George Clemenceaus, Anwalt im Dreyfus-Prozess, gewählt wurde. Statt einer Hochzeitsphotographie haben wir die kurze Beschreibung von Elisabeth Castonier (Muster, 29) aus jenen Tagen. Sie traf das junge Paar im Kunstgeschäft des Schriftstellers und Kunsthistorikers Julius Alfred Meier-Graefe (1867–1935) und notierte: »er schlank, schmalschultrig, auffallend häßlich mit schwerer Unterlippe, großer Nase, sie auffallend hübsch, rundlich, blond und blauäugig.«

Theodor Wolff hat in seinen autobiographischen Manuskripten und in den memoirenhaften Publikationen äußerst selten persönliche oder familiäre Einzelheiten mitgeteilt oder auch nur Anspielungen untergebracht. Über die privaten Umstände informieren die Korrespondenz zwischen den Eheleuten, Erzählungen anderer, die zeitgenössische Literatur und Tagebücher oder Memoiren dritter. Die Schauspielerin Marie Louise Anna Hickethier (1872–1956) lebte schon vor der Jahrhundertwende in Paris. Ob sie dort 1898 den dreiunddreißigjährigen und damit dreieinhalb Jahre älteren Theodor Wolff kennengelernt hat oder ob sie ihm bereits früher, möglicherweise während seiner Aufenthalte in Wien, begegnet ist, wissen wir nicht. Leistikow bat ihn im Sommer 1898 brieflich um die besten Grüße an seine »Freundin«, ohne dass aus den näheren Umständen und anderen Korrespondenzen hervorgeht, ob diese Person identisch ist mit »Aenne«, so nannte Theodor Wolff seine Marie Louise, wie später übrigens alle guten Freunde und auch die eigenen Kinder. Dagegen steht inzwischen fest, dass Marie Louise Anna Hickethier am 20. Januar 1872 geboren wurde und protestantischer Konfession war; ihr Vater war Johann Friedrich Hickethier, ihre Mutter Adelgunde Wutschke, Witwe des Victor Carl Grünberger. Unsicher ist, ob sie weitere Geschwister hatte und ihre Eltern ein Gut im Brandenburgischen bewirtschafteten. Über ihre frühe Karriere als Schauspielerin ist wenig bekannt. Es scheint relativ sicher, dass sie zuerst in Wien aufgetreten ist, doch geben die einschlägigen Verzeichnisse in der Theatersammlung der Österreichischen Nationalbibliothek keine Auskunft über eine im deutschen Sprachraum vor 1895 angemeldete Schauspielerin namens Hickethier.

Festen Boden betreten wir, wenn es sich um Marie Anna (Aenne) Wolffs Theaterspiel in Berlin handelt. Die als bildschön beschriebene junge Frau trat damals am Deutschen Theater und an den Kammerspielen des Deutschen Theaters vom Oktober 1911 bis zum Dezember 1915 auf, aber vermutlich noch nicht, wie es heißt, in den Jahren Otto Brahms – jener war 1905 zum Lessingtheater gewechselt und dort bis zu seinem Tod geblieben–, sondern unter der Leitung von Max Reinhardt. Aenne Wolff spielte in der Premiere der Wedekind-Inszenierung seines »Marquis von Keith« am 15. Juni 1912 die Frau Krenzl. Das »BT« (16.VI.1912) erwähnt sie in der Kritik nicht namentlich: »Man sieht, wie der Dichter sich als Darsteller gewaltsam aufzupulvern sucht. Die anspruchsvolle Rolle der Gräfin Werdenfels ist auch nichts für Tilly Wedekind. Umso besser waren die anderen weiblichen Rollen besetzt. Ellen Neustädter, die, wenn ich mich nicht irre, schon in der ersten Keithaufführung vor Jahren mitgewirkt, gab die Molly Griefinger mit ihrer demütigen, opferfreudigen Hingebung. Margarete Kupfer war wirkungsvoll als freche, dralle Simba. Die übrigen Münchener Gestalten unterstützten mit Gelingen das Spiel, das sich nicht gerade in besonders glänzendem szenischen Rahmen bewegte.«

Am Theater oder wenigstens im Umfeld der Bühne hat Theodor Wolff seine Frau kennengelernt. Mit ihr teilte er die Liebe zu den Brettern und zu Künsten überhaupt. Ihre musikalische Begabung – ihr Ehemann hörte gern zu, spielte aber kein Instrument – prägte das Familienleben und die Erziehung der drei Kinder. Die Ehe währte bis zum bitteren Ende im Exil, obwohl Theodor Wolff es seiner Frau, der er liebevoll und zärtlich zugewandt war, in den gut vier Jahrzehnten nicht immer leicht gemacht haben dürfte, ihm kleinere und größere Eskapaden nachzusehen. Wen wundert es, dass sich meistens Gelegenheiten für Bekanntschaften und Flirts, Liebeleien und auch wohl für stärkere Beziehungen für Theodor Wolff am Theater und in seinem weiteren Umfeld, dem Film, ergeben haben, wie es aus den Gesprächen mit Rudolf Wolff und aus der Korrespondenz mit Agnes Sorma oder Elisabeth Bergner (1897–1986) herauszulesen ist oder wie es über Theodor Wolffs Redaktionssekretärin Ilse Stöbe (1911–1942) und in seinem

Roman »Die Schwimmerin« nur leicht verschlüsselt erzählt wird. Klingt davon nicht etwas in den Zeilen des Dreiundsiebzigjährigen an, wenn er über seine fluchtartige Reise nach dem 10. Mai im Sommer 1940 von Nizza nach Montauban erzählt? »Warum sollte jemand, der, wie aus anderen Weltgegenden, so auch aus dem Paradies der Jugend längst vertrieben ist, nicht die hübschen Mädchen bemerken dürfen, die in Montauban spazieren gehen? Sie haben nicht den charakteristischen Stolz, die besondere Schönheit der Mädchen in Arles und rund um Arles, sie haben nichts auffällig Typisches, sie sind nur hübsch, ohne verbindende Eigenart, jede für sich. Es ist sehr unlogisch, daß der Mann, der über eine gewisse, undeutlich markierte, nicht näher bestimmte Altersgrenze hinaus ist, zwar eine steinerne Alpenjungfrau bewundern und sich zu den Blumen sogar hinunterbücken darf, wenn ihm der Zustand seines Rückens das gestattet, daß er aber nicht das Recht haben soll, sich an jugendlicher Grazie zu erfreuen.« (Erlebnisse, 128).

Sogleich nach seiner offiziellen Abmeldung in Berlin reiste der 26-jährige Theodor Wolff Ende November 1894 nach Paris. Er trat noch im Dezember die Nachfolge von Otto Brandes als Frankreichkorrespondent an, der im Jahr zuvor von der französischen Regierung und Presse mit aufsehenerregenden Verdächtigungen attackiert worden war. Seine angebliche Verwicklung in Spionage- oder Bestechungsaffären blieb zwar ungeklärt, doch Arthur Levysohn musste ihn wegen der ungünstigen Stimmungslage für das »BT« von dieser Aufgabe entbinden; wenig später wurde er nach London entsandt. Im Dezember schickte Theodor Wolff bereits seine ersten Berichte – täglich mindestens zwei – an das »Berliner Tageblatt«, unter ihnen ein kleines Feuilleton über die Pariser Frauen als die eigentlichen Regenten, das zu seiner Überraschung nicht nur in Berlin, sondern auch in der Tagespresse vor Ort beachtet wurde. »Le successeur«, wie er anfangs gelegentlich noch in distanziertem Ton tituliert wurde, konnte die freundliche Aufmerksamkeit gegenüber seiner Person im Januar 1895 steigern, als er bei dem Frauen-Thema geschickt zu replizieren wusste.

Hochachtung errang er, als er beim unerwarteten Ableben des französischen Präsidenten seine Meldung als schnellster der deutschen Korrespondenten expedierte. Er bediente sich dabei um 0.45 Uhr des damals einzigen rund um die Uhr geöffneten Telegraphenamts in dem Gebäude der Börse. Stolz teilte das »BT« am nächsten Morgen seinen Lesern mit, dass es bereits um 4.15 Uhr das erste Privattelegramm von insgesamt vier Benachrichtigungen erhalten habe. Da es in jenen Tagen noch keine regelmäßigen offiziellen Informationen von Ministerien – mit Ausnahme des Auswärtigen – oder sonstigen öffentlichen Einrichtungen für die in- und ausländische Presse gab, konnte ein fleißiger ausländischer Journalist Details nur aus der systematischen Auswertung der französischen Hauptstadtpresse schöpfen oder von Zuträgern und Bekannten erhalten. Wollte die Regierung eine Nachricht lancieren, bediente sie sich der Presseagentur »Agence Havas«. Während seiner gesamten Korrespondentenzeit in Paris beeindruckte Theodor Wolff die Redaktion und die Zeitungsleser mit der schnellen Übermittlung seiner Berichte per Börsen-Technik und mit seiner Eigenart, bereits erste Informationen und sämtliche Zwischenergebnisse seiner Recherchen zu telegraphieren. Auf der Titelseite des »BT« finden sich deshalb in Krisenzeiten bis zu acht Telegrammen: sorgfältig in der Chronologie ihres Eintreffens gereiht und mit der Angabe »Von unserem Pariser Korrespondenten« versehen oder unter der Sigle eines Dreiecks abgedruckt. Während der Prozesse gegen Dreyfus und Zola stieg das Interesse auf bisher unbekannte Höhen an, so dass damals die Telegramm-Texte Theodor Wolffs etliche der Innenseiten füllten. Über den aktuellen Informationsstand verfügte der Leser dann zwar erst auf der letzten Seite, doch vermittelte diese Methode ihm den Eindruck, sein Blatt sei schnell, aktuell, genau, umfassend, differenziert und somit das Beste.

Das inhaltliche Spektrum der Frankreich-Berichterstattung war fast so breit wie das Leben, zeigte dabei jedoch thematische Schwerpunkte und Vorlieben, aber auch Leerstellen und Mängel. So widmete Theodor Wolff finanziellen, handelspolitischen, wirtschaftlichen, sportlichen und technischen Ereignissen und Fragen nicht einmal gelegentlich einen Beitrag. Er berührte sie nur, wenn sie nicht zu übersehen oder zu übergehen waren: langfristige Auswirkungen der Weltausstellungen, außenpolitische Verträge auf Wirtschaftsebene oder dramatische Börsenbewegungen, defizitäre Handelsbilanzen, Finanzierung von Kultur, Bildungsreformen und des Metro-Baus. Da Theodor Wolff seine Leidenschaft für das Reisen und Theater nicht zu zügeln brauchte, war er selbst in seiner freien Zeit im Dienst. Seinen Verleger Albert Ahn (1867–1935), den Kölner Buchdrucker und Herausgeber des »Kölner Tageblatts«, informierte er über die neuen Werke, die auch in Deutschland interessieren könnten. Nicht selten findet sich mehr als eine Aufführungskritik im »BT«, so dass die Redaktion bald die ständige Rubrik »Notizen über Pariser Theater« einrichtete.

Die Leser konnten »Heimfahrten« und seine Reiseroute durch französische Regionen zeitweise täglich an Hand der Essays »unterm Strich« mit verfolgen; einmal hieß die vorübergehende Sammelüberschrift »Bummelbrief aus dem Westen«, ein andermal »Tagebuchblätter von der Reise«. Den Berlinern zeichnete er ein kritisches Bild ihrer Stadt im Vergleich zu der französischen Metropole, ohne dabei die liebenswürdigen Züge zu übersehen, die der Stadt an der Spree auf dem Weg zur Reichshauptstadt nicht fehlten. »Denn auf den Sportplätzen, die jetzt in Berlin und rund um Berlin so zahlreich sich aufgethan haben, scheint es Mode zu werden, daß man ohne Hosen fährt, oder doch mit Hosen, die kaum diesen Namen verdienen und das muskulöse Bein sehen lassen – nackt wie die Potsdamer Straße, der man ihren grünen Jungfernkranz abgenommen hat. Ich finde nicht, daß die an sonstigen natürlichen Reizen dort meist armen Gegenden durch die Zurschaustellung dieses Stückes Natur sonderlich gewonnen haben. (...) Die Beine dieser Radfahrer mögen krumm oder gerade, lilienzart oder rosig derb sein, sie haben fast alle eines gemein: sie sind mit vielen Pflasterstreifen verklebt und erinnern in diesem bedauerlichen Zustand nur wenig an die edlen Gliedmaßen der Läufer und Diskuswerfer, welche die griechischen Bildhauer in Marmor gemeißelt haben. Nicht wenige dieser Beine sprechen zudem – soweit Beine irgend sprechen können – von einer großen Mäßigkeit im Badegenuß. Ich bitte, mir zu glauben, daß keine grämliche Prüderie und keine übertriebene Schamhaftigkeit mich zu diesen Bemerkungen veranlaßt hat. Ich fürchte im Gegentheil, daß der Anblick dieser gepflasterten Beine in den vielen zuschauenden jungen Mädchen eine allgemeine Männerfeindschaft erzeugen möchte, und daß diese Töchter des Landes ganz ungerechte Schlüsse von dem ›Professional‹ auf den ›Amateur‹ – zu deutsch: von dem berufsmäßigen Fahrer auf den Liebhaber – ziehen könnten. Und dergleichen sollte man nicht einreißen lassen. Mögen darum, wenigstens auf den nicht ›professionsmäßigen‹ Bahnen, die Radfahrer zu den Hosen ihrer Väter zurückkehren!« (BT 1.11.1897).

Mit der gleichen Aufmerksamkeit verfolgte er Ausstellungen, am liebsten die der Maler und Bildhauer, etwas weniger intensiv beachtete er die Literaturszene. Seine ausführliche Berichterstattung über die Konzeption, Exponate und Ablauf der Pariser Weltausstellung von 1900 begleitenden Attraktionen begründete die eigenständige Rubrik »Tagebuchblätter von der Weltausstellung«. 1889 hatte die deutsche Regierung an der Weltausstellung nicht teilgenommen, weil sie Sicherheitsbedenken gehabt hatte. Den verheerenden Eindruck in der französischen Öffentlichkeit und die Irritation der 32 Millionen Besucher hatte damals die von Liebermann organisierte Präsentation deutscher Malerei wenigstens etwas abzumildern vermocht. Drei Jahrzehnte nach dem verhängnisvollen Kriegsbeginn erlebten auf dieser fünften Weltausstellung 51 Millionen Menschen den auf dem Marsfeld errichteten »Elektrizitätspalast« – in den ersten drei Wochen konnte er nur als Baustelle bewundert werden –, die erste Metro und den dritten oder auch den größten »Clou« des Ganzen, die deutsche Abteilung. Denn die Deutschen hatten auf jegliches Säbelrasseln, auf neue Geschütze, U-Boote oder Schnellfeuerwaffen verzichtet; sie errangen dafür insgesamt die meisten

Preise und Auszeichnungen. Die Kunst, nicht die deutsche moderne, sondern vielmehr die vielfältigen positiven Einflüsse der französischen Kunst auf das Deutschland des 18. Jahrhunderts, demonstrierte man geschickt und mit kostbaren Exponaten. Es ging zwar den Deutschen nicht um die Kunst allein, aber sie stellte man in den Mittelpunkt. Eine weitere ständige Rubrik heißt »Pariser Tagebuch«. In ihr veröffentlichte Theodor Wolff die vielfältigsten Themen des Alltags. Porträts von Persönlichkeiten der politischen und gesellschaftlichen Führungsschicht und Zufallsbegegnungen stehen in bunter Reihe mit Klatsch – seltener – und Gesprächen im Käsegeschäft. Clochards und Künstler finden sich in der Folge mit Verbrechern und Prozessen, Affären, Epidemien. Außerdem beteiligte sich Theodor Wolff an der »BT«-Rubrik »Der Zeitgeist«, die allen Redakteuren und Korrespondenten offen stand, den bedeutenden kulturellen, geistigen, gesellschaftlichen und politischen Tendenzen reserviert war und sich bemühte, dabei europäische Perspektiven vorrangig zu berücksichtigen.

Eine Auswahl seiner Feuilletons der Pariser Jahre veröffentlichte Theodor Wolff in Buchform. Als Titel wählte er die bekannte Überschrift der ständigen Rubrik des »BT«s »Pariser Tagebuch«. Dieser Sammelband wurde von der zeitgenössischen Kritik lebhaft begrüßt. Der Absatz ermunterte den Verleger zu einer zweiten Auflage im selben Jahr; eine dritte erschien 1927. Da Kurt Pinthus (1886–1975) in seiner Besprechung die allgemein gerühmten Vorzüge ebenfalls erwähnt, wird sie auszugsweise zitiert: »Es gibt Bücher, die in Hinblick und Hoffnung auf die Ewigkeit abgefaßt wurden und schon nach knapper Frist als gänzlich veraltet wirkten, weil sie vielleicht niemals jung waren. Und es gibt Bücher, die schnurstracks auf die Gegenwart abzielten, ja, die überhaupt nicht einmal als Bücher geschrieben wurden, sondern aus Artikeln für den Tag, für die Tageszeitung sich zusammenfügten, – und doch nach Jahrzehnten noch frisch sind, weil das Wie und das Was des Dargestellten ebenso wenig veraltet ist wie die Gesinnung und Kunst des Darstellers. So die Zeitungsartikelbücher Börnes und Heines, oder nun Theodor Wolffs. (…) Sie liegen aber nicht trocken da, sondern die harten Tatsachen gehen uns vermittels der Butter der Kultur geschmeidig ein, und sie sind lockend und erquickend belegt mit den Kaviarköchen der Ironie und mit der Pastete der Lebensweisheit, die mit Menschenkenntnis getrüffelt ist. Theodor Wolffs Stil, trotz seiner Anmut, verlebendigt schnellstens und schärfstens Atmosphäre, Milieu und Menschen und erhebt unter seiner schimmernden Liebenswürdigkeit bereits die Lanzenspitze der Agressivität!« (8 Uhr-Abendblatt, 15.12.1927).

Theodor Wolff hatte seine Kontakte zu dem Pressesprecher des französischen Außenministeriums, zu den Mitgliedern im Senat und in der Deputiertenkammer, zu Verbänden und Parteien zielstrebig und schnell ausbauen können, weil er das parteipolitisch verminte Gelände zuvor sorgsam erkundete. Bereits nach wenigen Tagen schrieb ihm sein Chefredakteur Levysohn einen mehr als dreiseitigen handschriftlichen Brief (9.1.1895), in dem er den jungen Korrespondenten wegen seiner mit leichter Hand erreichten Resonanz in den französischen Blättern lobt, zu bedenken gibt, dass beim Schreiben die geringen Kenntnisse des deutschen Publikums über die französische Innenpolitik beachtet sein wollen und ihm anbietet, im Einzelfall seine Verfasserschaft zu anonymisieren, wenn es aus pressetaktischen Erwägungen nützlich sein könne. Der aktuelle Anlass wird im Brief ersichtlich, als Levysohn erwähnt, die Dreyfus-Depeschen hätten »ganz vorzüglich« gewirkt und »sehr gefallen«, und seien allen anderen Blättern überlegen gewesen. Damit sollte nach einmonatiger Anlaufzeit das bedeutendste Thema der folgenden zwölf Jahre angesprochen sein: die Geschichte eines Spionagefalls, der zur Affäre Dreyfus, schließlich zum Fall Dreyfus-Zola und damit zu einem der größten Skandale der französischen Politik und des Militärs auswuchs. Das alles sollte sich zeitlich fast auf den Monat genau parallel zum Aufenthalt Theodor Wolffs in Paris entwickeln.

Wenige Wochen vor Theodor Wolffs Amtsantritt, Mitte Oktober 1894, wurde der jüdische Hauptmann Alfred Dreyfus (1859–1935), Angehöriger des französischen Generalstabs, wegen des Verdachts der Spionage für das Deutsche Reich verhaftet. Das Hauptbeweisstück war ein Mitteilungszettel im Papierkorb der deutschen Botschaft. Im Dezember sprach ein nichtöffentlich tagendes Kriegsgericht Dreyfus schuldig; er wurde degradiert und deportiert, obwohl er unablässig seine Unschuld beteuert hatte. Im Sommer 1896 mehrten sich die Beweise für einen Justizirrtum und für die Unschuld des Verurteilten. Oberstleutnant Georges Picquart (1854–1914) vom Nachrichtendienst führte den entscheidenden, Dreyfus entlastenden Indizienbeweis und wurde daraufhin durch Major Henry (1846–1898) abgelöst. Eine stark kontrovers geführte Pressekampagne begleitete die Revisionsbemühungen der Familie Dreyfus und einzelner Politiker; sie erzwang einen Kriegsgerichtsprozess gegen den eigentlich Schuldigen, Major Marie Esterhazy (1847–1923). Esterhazy wurde jedoch von dem Vorwurf, das Hauptbeweisstück gegen Dreyfus hergestellt, also gefälscht zu haben, freigesprochen; er floh dennoch nach Großbritannien (Februar 1898). Emile Zola (1840–1902) publizierte seine abweichende Überzeugung in einem Offenen Brief an den Präsidenten der Republik und ging so weit, den Generalstab und die Kriegsgerichtsbarkeit zu beschuldigen, wissentlich das Recht gebeugt zu haben. Als ihn ein Schwurgericht in erster und zweiter Instanz verurteilte, floh auch er nach Großbritannien. Frankreich spaltete sich in zwei

Lager. Nachdem die Fälschung von weiteren Dokumenten aufgedeckt worden war, leitete die Regierung einen Kassationsprozess ein. In Paris und im Land kam es zu Massendemonstrationen und Straßenschlachten. Am 3. Juni 1899 wurde zwar das Dreyfus-Urteil endlich annulliert. Aber der Revisionsprozess führte zu einem erneuten Schuldspruch am 9. September und zu einem weiteren Ansteigen der öffentlichen Unruhen. Deshalb begnadigte der Staatspräsident zehn Tage später Dreyfus. Im Dezember 1900 erklärte ein Amnestiegesetz alle Rechtsverletzungen in der gesamten Affäre für straffrei. Ein erneutes Revisionsverfahren schloss erst 1906 mit der endgültigen Aufhebung der Verurteilung von Dreyfus; er wurde zum Major und Ritter der Ehrenlegion, Picquart zum General ernannt.

Theodor Wolff stimmte 1895 seine Leser mit einer erschütternden Erzählung über die von ihm miterlebte Degradierung des Hauptmanns auf dem Kasernenhof am Marsfeld ein, meldete in Artikeln vom 10. bis zum 12. Januar bereits seine grundlegenden Zweifel an der offiziellen Darstellung der Vorgänge an und formulierte mit dem Zeitungsbericht vom 14. März seine während des gesamten Verfahrens eingenommene Grundposition: alles deute auf die Unschuld von Dreyfus hin, das Kriegsgerichtsverfahren sei formal und inhaltlich höchst bedenklich verlaufen, und die Regierung müsse »mit aller Deutlichkeit und Schärfe erklären«, dass die Verurteilung sich nicht auf den ominösen Papierkorb-Zettel aus der deutschen Botschaft stütze, denn sonst könnte »niemals (…) der Zweifel an diesem Urteil (…) zum Schweigen gebracht werden«.

Keineswegs polemisch oder verbissen, sondern sachlich und auf der Suche nach Belegen, Beweisen und neuen Argumenten beharrte Theodor Wolff im »BT« auf seinen entschiedenen Ansichten in den Debatten mit seinen Kollegen im aufgeregten Lärm der Cafés, in der arroganten Kühle der gouvernementalen Verlautbarungsveranstaltungen oder in der heißen Atmosphäre der Gerichtssäle. Die führenden deutschen Blätter und der größte Teil der französischen und britischen Presse teilten seine Ansichten nicht, lehnten Beweisführung und Schlussfolgerungen ab. Die antisemitischen Unter- und Obertöne nahm er wahr. Selbst bei flüchtiger Durchsicht erschließen sich mehrere Spitzenartikel auf der ersten Seite mit der Überschrift »Der Antisemitismus in Frankreich« (BT 21.2.1898): »Es ist keine Frage, daß der Antisemitismus in Frankreich nicht ohne Geschick versucht hat, die Dreyfusaffäre für seine Zwecke auszubeuten. Um seines Erfolges ganz sicher zu sein, hing er sich, wie er das auch anderwärts zu thun pflegt, dem Chauvinismus an die Rockschöße. Die niedrigsten Instinkte der Volksseele wurden alarmiert, und wie unter einer Zauberruthe wuchsen in den französischen Städten die dunklen Massen der Hinterhäuser und Vorstädte aus dem Boden, und in die Rufe: ›Es lebe die Armee!‹ mischte sich der noch lautere: ›Tod den Juden. Plündert die Juden!‹«

Die innerfranzösischen Auseinandersetzungen spitzten sich 1898 dramatisch zu. Theodor Wolff verglich den Anklagebrief »J'accuse« von Emile Zola, den die Zeitschrift »Aurore« am 13. Januar veröffentlichte, mit einem Erdbeben. Von nun an gebe es einen »Fall Dreyfus-Zola«, denn der bevorstehende Prozess werde nicht nur die von ihm formulierten Vorwürfe behandeln, sondern auch dazu beitragen, die verbrecherische Energie der Militärs und die nationalistischen und klerikalen Machenschaften des korrupten politischen Systems aufzudecken und damit die Grundlagen für eine Revision des Dreyfus-Falles zu legen. Eine der acht Anklagen lautete: »Ich klage das Kriegsministerium an, in der Presse (…) eine ungeheuerliche Propaganda unternommen zu haben, um die öffentliche Meinung irrezuführen und einen schuldhaften Irrtum zu verdecken.« Die Vorwürfe der Inkompetenz, Rechtsbeugung, Schurkerei und Erfolgsversessenheit gipfeln in drei Sätzen: »Ich kenne kein größeres Verbrechen gegen die Gesellschaft. (…) die Tat, die ich vollbringe, ist nur ein revolutionäres Mittel, um den Durchbruch der Wahrheit und der Gerechtigkeit zu beschleunigen. Ich habe nur eine Leidenschaft, die der Aufklärung im Namen der Menschheit, die so viel gelitten hat und ein Recht auf Glück besitzt.« Zolas acht Seiten langer Text erschien in kürzester Zeit in mehr als 300.000 Exemplaren in ganz Frankreich, wurde zusätzlich noch plakatiert und im Ausland in auflagenstarken Übersetzungen verkauft. Die nationalistische Presse Frankreichs läutete die Sturmglocken, in einer Flut von Postkarten, Bilderserien und Karikaturen der übelsten Gestalt artikulierten sich Ressentiments, Hass, Gewalttätigkeit, Judenhetze und Antisemitismus in der Tradition des 1886 Bestseller-Pamphlets »La France juive« von Edouard Drumont (1844–1917). Auch in der deutschen Presse kam es zu Hassausbrüchen, zu Invektiven und Anspielungen. Sogar die »Germania« verstärkte jetzt nochmals ihre antisemitischen Kommentare und nannte Zola einen »pornographischen Schriftsteller« (26.1.1898).

Theodor Wolff gehörte zu den drei Dutzend, später zu den nur noch zwölf zugelassenen ausländischen Journalisten, die den Gerichtsverhandlungen beiwohnen durften; er fungierte als Vertreter der gesamten norddeutschen Region. Seine Telegramme erreichten die »BT«-Redaktion zeitweise in stündlichen Intervallen. Den Prozessverlauf schilderten die einen, die anderen enthielten Stenogramme, Porträts der Beteiligten, Kommentare, Schilderungen der Atmosphäre innerhalb des Saales und vor den Toren des Palastes. Zola wurde von Theodor Wolff als überragende moralische Größe apostrophiert; bei der Schilderung des Obersten Picquart, eines »tragischen Helden« voller Intelligenz und von »ungespielter Vornehmheit«, geriet er sogar ins Schwärmen. Die Berliner Redaktion sah in der Zola-Prozessphase zwar ebenfalls einen »Triumph des öffentlichen Gewissens von Europa« (BT 13.12.1898), doch nach der Verurteilung des Dichters ergab sich ein deutlicher und für die Position Theodor Wolffs wichtiger Dissens zwischen Paris und Berlin, denn dort kommentierte man: »Für uns Deutsche enthält aber der Prozeß noch eine ganz besondere Nutzanwendung. Zola prügelt man, Deutschland meint man. Gestern haben wir die Hoffnung, mit den Franzosen je zu einem ehrlichen Frieden zu gelangen, endgültig zu Grabe tragen müssen. Die Revision des Prozesses Dreyfus hat man abgelehnt. Ob man die Revision des Frankfurter Friedens erreichen wird?« (BT 24.2.1898). Theodor Wolff befürchtete zwar auch eine erhebliche Verschlechterung der Situation, doch sah er sie in der Innenpolitik drohen, weil dort nunmehr die Voraussetzungen für einen Bürgerkrieg gegeben seien, nachdem die unselige »Allianz von Säbel und Weihwedel« triumphiert habe. Dagegen gebe es außenpolitisch für Deutschland und Frankreich weiterhin die Chance einer friedlichen Annäherung, denn die deutsche Regierung werde »schwerlich eine besondere Empfindlichkeit an den Tag legen«, wenn sich »vorerst auch die Beziehungen (…) vielleicht um einen Grad kühler und formeller gestalten als bisher« (BT 10.9.1899).

Theodor Wolff hat sich über seine journalistischen und politischen Strategien nie systematisch geäußert oder die ihm öfters angebotenen Gelegenheiten genutzt, sich über effektive Formen und Techniken des Zeitungsmetiers zu verbreiten. Deshalb kennen wir die Motive seines Vorgehens im Einzelnen nicht. Aber von einer Tatsache dürfen wir ausgehen: In der Dreyfus-Affäre und in allen Phasen der konservativen – zumindest eines Teils –, der nationalistischen, chauvinistischen und der nationalsozialistischen Agitation nahmen seine Person, das »Berliner Tageblatt« und dessen Verleger in den Augen der Antisemiten durchweg eine Schlüsselfunktion ein. Jede Darstellung und noch viel mehr jede ihrer öffentlichen Stellungnahmen interpretierten diese Kreise als »typisch jüdisch«. Wie intensiv Person und Name Theodor Wolffs mit der Behauptung von der jüdischen Unterwanderung der deutschen Presse verknüpft waren und in welchem Maß Polemik und Propaganda von diesem hohen Bekanntheitsgrad ausgingen, zeigt sich auch daran, dass die Nationalsozialisten 1940 davon überzeugt waren, es genüge, in ihren antisemitischen Hetzfilm »Der ewige Jude« von Fritz Hippler (1909–2002) lediglich eine kurze historische Filmsequenz mit Theodor Wolff einzufügen, um damit dem Publikum das Thema verständlich gemacht und einprägsam veranschaulicht zu haben.

Wenn Theodor Wolff die Judenfeindschaft auch in seinen Hunderten von Artikeln bewusst nur am Rande erwähnt, so hat er damit dennoch den

Antisemitismus der Dreyfus-Zola-Epoche nicht auf eine Randerscheinung harmloser Art reduziert. Der Antisemitismus in Frankreich sei, schrieb er, »mehr noch als anderswo ein Schlagwort, in dem sich, weit über die Grenzen einer Religionsgemeinschaft hinaus, die Abneigung gegen eine ganze Kaste, gegen eine ganze Gesellschaft ausdrückt« (BT 15.1.1898-A). Dreyfus wird durch dieses weit gespannte Verständnis von »Antisemitismus« zweifach bedeutend: als Jude und außerdem noch als Mitglied einer privilegierten sozialen Gruppe, der militärischen Elite. Deshalb idealisiert Theodor Wolff den jüdischen Hauptmann in keiner Phase des Prozesses. Immer wieder erinnerte er seine Leser daran, dass der Kampf für den unschuldig Verurteilten sich nicht aus dessen beeindruckender Persönlichkeit und aus einem hehren Charakter herleite. Dreyfus sei vielmehr ein »muffle«, ein Streber von der hässlichsten Sorte, der nach oben gebuckelt und seine Untergebenen miserabel behandelt habe (BT 3.6.1899-A). Am schärfsten formulierte Theodor Wolff seine Antipathie Dreyfus gegenüber während der Vorbereitungen des Revisionsprozesses (BT 12.1.1898): »Unerfreulich, fast abstoßend, erscheint uns sein Äußeres. In seinen häßlichen Zügen, seinem scheuen, unklaren Blick glauben wir die äußeren Anzeichen eines im Grunde tristen Charakters zu besitzen. Er scheint zu denen zu gehören, von denen man zu sagen pflegt, es sei ihnen alles zuzutrauen.« Hier erleben wir einen der seltenen Momente, in denen Theodor Wolff sein Taktgefühl verlassen hat. Diese Kritik an Dreyfus' Charakter lässt überraschend viel Respekt und journalistische Fairness vermissen und ist auch nicht damit zu rechtfertigen, dass Dreyfus vermutlich mit auf der Seite seiner Gegner gestanden hätte, wenn er nicht selbst das Opfer gewesen wäre.

Theodor Wolff ging es mit Alfred Dreyfus nicht um eine Person oder lediglich um einen Justizskandal, sondern vorrangig darum, mit seiner Berichterstattung über den Fall und die Reaktionen in der französischen Öffentlichkeit auf grundsätzliche Themen und Probleme in modernen Gesellschaften zu verweisen. Er wollte für bürgerlich-liberale Werte werben, für mehr Rechtsstaatlichkeit und Toleranz, für ein größeres Maß an Rationalität in den öffentlichen Geschäften und ein höheres Verantwortungsbewusstsein in den politischen Eliten. Diese Methode des publizistischen Vorgehens behielt er in der späteren Zeit bei. Seine Kritik an antisemitischen Äußerungen oder Ereignissen wurde zum Ausgangspunkt einer Argumentation, die auf grundsätzliche Missstände hinwies und die Symptome benannte, an denen antisemitische Einstellungen der politisch Verantwortlichen oder eine Duldung durch die Regierung abzulesen war: die Doppelzüngigkeit der Politiker und eine schleichende Diskriminierung der Juden von der Staatsspitze her; die Scheinheiligkeit gegenüber der öffentlichen

Debatte mit ihrem antisemitischen Unterton. Bei aller Schärfe in der Kritik bemüht sich Theodor Wolff jedoch auch hier um einen positiven Grundton, um sich nicht der Wirkungsmöglichkeiten zu berauben: »Wir haben dem Faktum, das vorn den Antisemitismus abwehrt und ihn hinten umschmeichelt, auch deshalb weniger Beachtung geschenkt, weil wir an diese kleinen Kniffe gewöhnt sind, weil wir Ähnliches täglich in nächster Nähe sehen, und weil jeder Minister, der zu solchen Fragen sprechen muß, sich hinter derlei zweideutigen und unwahrhaftigen Wendungen versteckt. (...) Die antisemitische Tendenz ist indessen nicht der schlimmste Bestandteil in diesem Dokument (Erklärung des »Wandervogels e.V.«). Erst die arme und durchsichtige Schlaubergerei, die daraus hervorblinzelt, hat die allgemeine Übelkeit erregt« (BT 4.5.1914).

Aus diesen Forderungen mussten letztlich größere Gefahren für die Privilegierten entstehen als aus dem inhaltlich begrenzteren und daher ungleich leichter abzuwehrenden allgemeinen Vorwurf des Antisemitismus. Die Elite und mit ihr die Kreise der Öffentlichkeit, in denen ein latent bestehender Antisemitismus leicht funktionalisiert und instrumentalisiert werden konnte, erhofften sich geradezu ein direktes Vorgehen von jüdischen Intellektuellen jeglicher Profession. Sie nutzten gern Proteste und Manifeste von jüdischen Journalisten, Schriftstellern, Verlegern oder Abgeordneten, denn mit Hilfe ihrer Presse ließ sich dann gegen diese jüdischen »Wühler« leichter öffentlich Hass entfachen. Ein derartiges Vorgehen war besonders in Frankreich erfolgversprechend, weil dort der Antisemitismus großen Auftrieb erhalten hatte, als in dem Panamaskandal Ende der achtziger und Anfang der neunziger Jahre die Aufdeckung von Korruptions- und Bestechungshandlungen im Dreieck Parlament, Banken und Regierung die Exekutive schwer kompromittiert hatte. Dieses Potential sollte nicht durch die Publizistik aktiviert werden, meinte Theodor Wolff. Seine politischen Gegner, die konservativ-katholischen »Autoritäten«, sahen deshalb zu Recht in seinen umfassend aufbereiteten Themen und in der von ihm bevorzugten subtileren publizistischen Präsentation eine gefährlichere Attacke auf ihre privilegierten Positionen in Verwaltung, Justiz und Militär als in der direkten Konfrontation und reagierten deshalb mit heftigen Ausfällen. »Die klerikalen Reaktionäre erfanden den französischen Antisemitismus, in der Absicht, das republikanische Bürgerthum zu entzweien, um es dann leichter zu besiegen. Die nationalistischen Säbelschwärmer wünschten, die ›parlamentarische Republik‹ zu stürzen. Den Antisemiten fehlte es seit Panama an Stoff; die Nationalisten waren seit dem ruhmlosen Ende Boulangers bankrott; für beide Gruppen wurde die Affäre Dreyfus die Fahne, um die sie sich schaarten, das Instrument, an dem sie sich wieder aufrichteten.«

Theodor Wolff versuchte mit seinen journalistischen Beiträgen vier Hauptziele zu erreichen. Er wollte liberale und demokratische Grundsätze gegen einen religiösen Fanatismus verteidigen (Klerikalismus und Antisemitismus), wandte sich gegen die Übertragung militärischer Denk- und Verhaltenskategorien auf das zivile Leben (Militarismus), gegen die sozial- und wirtschaftspolitische Reformunfähigkeit (Arroganz der politischen Macht) und gegen die »terroristische Macht der Skandalpresse« (Diskreditierung und Intoleranz). Den Kollegen gegenüber übte er die geringste Nachsicht. »Man sah die terroristische Macht der Skandalpresse. Sie ist hervorgegangen aus dieser Diskreditierung und diesem Sündenfall der opportunistischen Bourgeoisie. Von jeher hat Frankreich diese Erpresser- und Verleumderblätter gekannt – sie denunzirten unter Marats Leitung die ›Feinde des Vaterlandes‹, sie wühlten unter dem Julikönigthum allen Schmutz der Gossen auf, sie waren, wie ein republikanischer Geschichtsschreiber sagt, unter der zweiten Republik ›von wahren Kannibalen redigirt‹. Aber sie waren nie zahlreicher und nie mächtiger als heute. (…) Ein journalistisches Zuhälterthum rast johlend, berauscht durch den Schrecken, den es verbreitet, über den öffentlichen Markt. Und während die Bedrohten zittern, reibt sich das große Publikum schadenfroh die Hände und sagt: ›Es geschieht ihnen ganz recht!‹«

In der Pariser Zeit entschied sich Theodor Wolff nicht nur für den Journalismus und gegen seine Zukunft als Bühnenautor, als Literat und als Dramatiker. Es klärten sich darüber hinaus sein allgemeines Verhältnis zum Judentum, sowie seine persönliche Einstellung und Selbsteinschätzung. Die Dreyfus-Zola-Berichterstattung wurde dadurch auch in einem tieferen Sinn zu einem Wendepunkt in seiner Biographie. Die Erfahrungen in Frankreich prägten ihn also in beruflicher und in politischer Hinsicht in einem hohen Maß, sie schärften sein ideologisches, sein partei- und gesellschaftspolitisches Urteil und sie verfeinerten seine journalistischen Möglichkeiten. Gleichzeitig stieß das Miterleben der demagogisch-brutalen antisemitischen Agitationskampagnen einen Prozess der Selbstvergewisserung an. Die Auseinandersetzung mit seinem Judentum hatte eine persönliche Dimension und eine äußere. Die nach außen gewandte war nötig, wenn er als Jude in einem großen jüdischen Verlag weiterhin in exponierter Stellung tätig sein wollte – gleichgültig, ob damit der längere Aufenthalt in Frankreich oder eine Rückkehr nach Deutschland verbunden war –, denn die Öffentlichkeit und das Schreiben in der Öffentlichkeit würden ihm immer wieder Stellungnahmen abverlangen. Ohne eine derartige Positionsbestimmung waren antisemitische Anfeindungen von der gravierenden Art und ideologischen Geschlossenheit wie in dem Dreyfus-Zola-Fall kaum zu überstehen, weil sie vom konservativen Lager in Regierung, Militär, Verwaltung und Parteien, der katholischen Kirche und einer Skandalpresse mit getragen wurden.

In Theodor Wolffs nachgelassenem Manuskript »Die Juden« findet sich kein separater Abschnitt zur Dreyfus-Affäre, doch lässt ihre häufigere Erwähnung erkennen, wie bewusst sich der Autor im Alter noch seiner eigenen Erfahrungen aus der vier Jahrzehnte zurückliegenden Zeit war. Die erzwungene Flucht aus Deutschland und die Ausbürgerung regten ihn im Exil dazu an, sich mit dem »jüdischen Problem« und dem eigenen Verhältnis zum Judentum zu befassen. Theodor Wolff wählte zum Umgang mit den Quellen des Glaubens und den heiligsten Gütern eine deutliche persönliche Distanz und eine ironische Tonlage: »Und wie und wo stehst denn Du?«, fragt er und antwortet, er liebe »mit Herz und Geist das Alte Testament«, an dem er sich bei der Lektüre »erfrische und erfreue«, ohne dabei jedoch zu verstehen, weshalb es nötig sei, dass Jahve in den Büchern Mose die rituellen Gebräuche, die Küche und den Tagesdienst bis ins winzigste Detail regle, die »Aufgabe des Innenarchitekten«, die Gewänder, Gestaltung und Schmuck der Räumlichkeiten beschreibe. Mit der Lektüre steige die Erinnerung an die Wärme seines alt-jüdischen Familienlebens herauf, »mir fühlbar mit seiner Innigkeit (...) und seinen Gerichten, ob orthodox oder freidenkerisch gekocht. Und in wenig anderen Bethäusern habe ich die nur in frühen Knabenjahren gekannte Atmosphäre der Synagoge wiedergefunden, in der man zärtlich wie eine Geliebte die geschmückte, mit Silberglöckchen gekrönte Thora herumtrug, und der Vorbeter mit tiefdunkler Sammetstimme die feierlichen Melodien sang. (...) Wenn hinter den Fenstern einer benachbarten Wohnung ein frommes Ehepaar die Sabbathlichter anzündet, so sind das zwar nicht meine Kerzen, aber ihr Licht ist warm« (Juden, 37).

Der Selbsterkundungsversuch wird hier nicht weitergeführt, sondern zu Gunsten anderer Überlegungen und Assoziationen abgebrochen. Den Rest des Kapitels füllen Berichte über die nationalsozialistischen Verfolgungen, die Lage der jüdischen Flüchtlinge im Exil und die spezielle Situation in dem nach dem Waffenstillstand vom 22. Juni 1940 entstandenen Vichy-Frankreich, in der von deutschen Truppen nicht besetzten Südzone. Die folgenden drei Kapitel sind methodisch und inhaltlich grundsätzlicher angelegt. In ihnen schildert Theodor Wolff Grundlagen und Entstehung, Arten und Formen von Judenfeindschaft und antisemitischen Aktionen. In dem sechsten Kapitel, es ist das abschließende, geht er wieder auf seine persönliche Lage ein, erzählt von seinen Erlebnissen im Exil und erläutert den größeren thematischen Zusammenhang. Das Manuskript bildet den ersten und allein ausgeführten Teil einer geplanten Trilogie, deren fehlende Bände unter den Titeln »Die Franzosen« und »Die Deutschen« stehen sollten. Die Achtung vor dem Lebensrecht und der Freiheit aller, ein klares Rechtsgefühl und eine unabhängige Justiz bildeten dafür die wichtigsten Bedingungen. Theodor Wolff suchte nach Wegen für einen jüdisch-deutschen Neuanfang auf den Trümmern der »Symbiose des Judentums und des Deutschtums«. Über die zionistische Alternative, den Aufbau eines eigenen jüdischen Staates, sprach er, der seine Kinder in der Konfession seiner Frau, also evangelisch hatte taufen und von einem katholischen Hauslehrer erziehen lassen, zwar im Exil differenzierter und anerkennend, aber letztlich konnte er diesen Weg aus Deutschland hinaus nicht annehmen.

»Der Zionismus breitet die weitgeöffneten Arme aus und ladet nach Palästina ein. Sein idealistisches Wollen ist unbestritten, und das, was er schon erreicht hat, überlebt die einfache, negierende, kritische Nörgelei. (…) Keiner dieser Juden hat geahnt, daß man ihn eines Tages wieder aus dem Vaterland hinauswerfen oder in die Ghetto-Finsternis zurückstoßen oder dem Henker überliefern werde und daß er gezwungen sein werde, den gelben Lappen auf seine Kleider zu nähen. Der liberale Jude war Deutscher, Österreicher, Tscheche, Franzose, er wollte von einer jüdischen Nation, einem jüdischen Staat nichts wissen und nichts hören, und er fühlte sich durch eine Bewegung, die ihn von der westlichen Kulturgemeinschaft trennen, ihn wieder nach Jerusalem zurückführen wollte, in den Augen seiner arischen Mitbürger kompromittiert und beschämt. Er sprach von Goethe und von Descartes, auch wenn er nur sehr oberflächliche Schulkenntnisse besaß« (Juden, 188 f.).

Weder die Begegnung mit Theodor Herzl (1860–1904) in Paris und auch nicht der Basler Zionistenkongress von 1897, auf dem eine jüdische Heimstätte in Palästina gefordert worden war, haben Theodor Wolff veranlasst, sich mit dem Thema »Zionismus« im »BT« zu beschäftigen. Die Zeitung sparte es in den folgenden Jahrzehnten jedoch nicht aus, und er achtete darauf, in welcher Form berichtet wurde. Die Tagebücher des innenpolitischen Redakteurs und guten Bekannten Ernst Feder (1881–1964) zeigen, wie aufmerksam man in der Redaktion die Artikel zu den Themen Judentum, Antisemitismus und Zionismus bedacht hat: Formulierungen wurden als »doch in einigen Punkten zu scharf« abgelehnt, religiöse Anspielungen gestrichen und selbst die Fragen intensiv diskutiert, ob man in jüdischen Verbänden in führender Position mitwirken könne oder öffentliche Deklarationen mit unterzeichnen solle. Theodor Wolff erklärte am 7. November 1929 Ernst Feder, die Situation der Zionisten sei zwar politisch aussichtslos, »aber gleichzeitig müsse man doch die Bedeutung des kolonisatorischen Aufbaus und des dort entwickelten Idealismus würdigen. Erwähnt hierbei (zum ersten Mal), er habe es nicht richtig gefunden, dass ich jene Erklärung der deutschen Juden unterschrieben (habe), sei ein Protest der fetten Kommerzienräte gegen die zionistischen Idealisten« (Feder, 229). Theodor Wolff hat also nicht erst auf Grund der Erfahrungen seit 1933 sein Nein zum Zionismus zu einem »freilich zögernden und verklausulierten halben Ja« werden lassen. Aber er blieb bei seiner Skepsis. Ein zionistischer Staat könne, wie immer er im Einzelnen auch aussehen möge, nur eine Teillösung sein. Selbst die vorzüglichste Idee werde nur einer Minderheit der über die Welt verstreut lebenden Juden etwas bringen, denn man könne »ein Meer nicht mit dem Löffel ausschöpfen« (Juden, 206).

Mit der Trilogie wollte Theodor Wolff die Grundlagen und die Möglichkeiten eines neuen Dialogs zwischen Juden und Deutschen beschreiben. Er hielt den Abgrund für überbrückbar. Der verschüttete Weg zur Emanzipation und Assimilation könne, wenn man dazu bereit sei, freigeräumt werden. War er ein unverbesserlicher Träumer? Gehörte er zu den naiven deutschen Juden, die unerschütterlich dem »Mythos vom deutsch-jüdischen Gespräch« (Gershom Scholem) anhingen? Theodor Wolffs Denken war von der Idee geprägt, dass die überlebenden Juden in einem freien Deutschland wieder und weiterhin leben könnten. In dieser Idee spiegelt sich das Weltbild eines liberalen Juden, der die Kultur und die Politik des vor-nationalsozialistischen deutschen Staates mit geprägt hatte. Die Vorstellungen Theodor Wolffs waren bestimmt von der parlamentarischen Demokratie, deren Verfassung und Rechtsordnung die Gleichstellung und die Freiheiten sämtlicher Staatsbürger in einem bisher nicht gekannten Umfang absicherte, deren Parteisystem er mit aufgebaut und für das er sich mit verantwortlich gefühlt hatte. In dieser Weimarer Republik wollte er keineswegs einen Staat und eine Gesellschaft sehen, die ihn lediglich geduldet haben könnten. Theodor Wolff war in der deutschen Sprache und Kultur verwurzelt, in ihnen dachte, schrieb und lebte er, der Frankophile, nicht nationalistisch verengt, sondern in liberaler Offenheit und das selbstverständlich auch noch im Exil. Seine antisemitischen Gegner versuchten, ihm permanent zu suggerieren, er habe als »Vertreter jüdischer Interessen« und nicht als Deutscher gehandelt, er sei das Mitglied einer »jüdischen Weltverschwörung« und nicht ein deutscher Liberaler.

Eine generelle Schuld der Deutschen an jenen Verbrechen gab es für ihn nicht; von einer Kollektivschuld sprach er nicht, denn sie hielt er für eine »leichtherzige und rachsüchtige Verallgemeinerung«. Allein die der Schuld überführten Personen seien juristisch verantwortlich zu machen. Es könne immer nur eine individuelle Verantwortung geben, da das Verbergen hinter einer »allgemeinen Schuld« eines Volkes, einer Rasse, einer Partei, einer Klasse oder eines Führers die wenigen fest gegründeten Pfeiler der Gerechtigkeit würden umstürzen lassen. Gewiss sei der Mut der meisten Deutschen nicht so groß gewesen wie der Widerstandsgeist in Norwegen oder den Niederlanden, »aber sehr viele haben ihr Leben gewagt und sind unter dem Beil gestorben, sehr viele unbekannte Soldaten haben in Lagern und Kerkern, die Marterung auf sich genommen, und es ist allzu leicht, vom gesicherten Platz aus nach der Bürgertugend zu rufen, die das eiserne Netz nicht abschütteln kann. (...) Die Gerechtigkeit könnte nicht, wie die Statue der Themis, in der einen Hand das Schwert und in der anderen die Waage halten, sie müßte der indischen Göttin Quanon ähnlich sein, die hundert Arme hat« (Juden, 282).

Theodor Wolffs Darstellung wirkt heute nicht irritierend wegen der ironisch gebrochenen Distanz zu dem Thema und auch nicht wegen des Selbstbewusstseins, sondern eher durch die Milde, mit der er insgesamt über die nationalsozialistischen Täter und ihre Handlanger spricht, und durch seine negativen Äußerungen über die Juden aus Osteuropa. Einige seiner Bilder und einzelne Worte sind zwar »anrüchig«, also heute als antisemitisch zu charakterisieren, doch sie gewannen diesen neuen Klang und Sinn erst in der Zeit nach Auschwitz. Denn das Antisemitische besteht nicht als zeitloses Phänomen; es ist nicht ohne seine Diskontinuitäten zu verstehen und ohne den Bezug zum sozialen und mentalen Wandel. Theodor Wolffs Wortwahl unterscheidet sich in Einzelfällen nicht von der anderer Zeitgenossen, die ebenfalls unverdächtig sind, in der Nachbarschaft von Vordenkern der Nationalsozialisten gestanden zu haben. Ein Blick in Harry Graf Kesslers (1868–1937) Tagebücher führt zu einer beträchtlichen Anzahl von antisemitischen Bemerkungen. Dieser Sprachgebrauch hinderte den Schriftsteller und Diplomaten jedoch nicht daran, ebenso wie Theodor Wolff die Hetze der Nationalsozialisten öffentlich unzweideutig zu verurteilen. Selbst ein halbes Jahrhundert nach dem Ende der nationalsozialistischen Diktatur und mit den heutigen Kenntnissen über die Brutalität und den Perfektionismus, die Intensität und das Ausmaß der Mordtaten bedarf es immer wieder des erneuten Anstoßes, die Vorgänge jener Jahre nicht lediglich aus der Retrospektive verstehen zu wollen. Die deutsch-jüdische Geschichte musste für Theodor Wolff nicht mit tödlicher Konsequenz in den Vernichtungslagern enden.

Theodor Wolff fürchtete, dass die in der Weimarer Republik erreichte, aber trotz ihrer zahlenmäßigen Größe noch nicht ausreichend stabile Assimilation und Akzeptanz durch eine starke Zuwanderung aus Polen bedroht sei, die Kleidung, Sitten und das wenig einnehmende Äußere eines nicht geringen Teils der polnischen Juden Vorurteile wecken und die Dummheit an rachsüchtige Geheimlehren oder an Wahnsinnsideen wie Ritualmorde erinnern würden. 1925 waren ungefähr 80 % und 1933 knapp 90 % aller fremden Juden in Deutschland »Ostjuden«, von denen rund die Hälfte aus Polen eingewandert war. Sie lebten hauptsächlich im Ruhrgebiet, in Mitteldeutschland und in Berlin (etwa 20.000). Der »Ostjude« galt als das genaue Gegenteil des anderen Stereotyps »Jude«. Er sei faul, schmutzig, kränkelnd, neige zum Verbrechertum, betrüge und schachere; unter den Revolutionären seien die meisten »Ostjuden«. Anfang der zwanziger Jahre gab es Vorschläge, sie in Lagern zusammenzufassen; Bayern konnte 1920 etliche ausweisen, ohne dass eine jüdische Gemeinde öffentlich dagegen protestierte. Die alteingesessenen Juden zeigten selbst eine deutliche Distanzierung.

»Wozu diese ›Pajes‹«, fragt Theodor Wolff, »diese symbolischen Stirnlöckchen vor den Ohren, und welche dunkle Seele verbirgt der lange schwarze Rock? Wenn ich offen meine Meinung äußere, werde ich von manchen sehr getadelt werden, aber das ist mir gleichgültig, ich habe vieles dergleichen erlebt und bin, wie Thiers von sich sagte, ein alter Schirm, auf den es viel herunter geregnet hat. (...) Aus dem Osten, auch aus den hintersten polnischen Judenvierteln, sind ungemein wertvolle Menschen gekommen, geistig hervorragende, künstlerisch hochbegabte, besonders Musiker, deren Geigentöne die Welt entzückten, und Wirtschaftstalente, die ihrem erwählten Vaterlande Großartiges leisteten, weitblickend neue Wege entdeckten und tatkräftig neue Unternehmungen aufbauten, aber es kamen auch unerfreuliche Schacherfiguren und auch die unter der westlichen Sonne lichtfeindlich wirkenden Gestalten, an deren langen Rockschleppen sich die Sage von der Unveränderlichkeit und der Gefährlichkeit einer jüdischen Rasse anklammert, und die man, samt den ›Pajes‹, bösartig als jüdischen Typ zu bezeichnen beliebt« (Juden, 103f.). Entscheidend für Theodor Wolff und das assimilierte liberale Judentum, also für die Mehrheit der deutschen Juden bis 1933, war die Überzeugung, es sei das Beste, sich gegen die modernitätsfeindlichen Einstellungen der Ostjuden zu wenden und der christlichen Gesellschaft anzugleichen. Man hegte die Befürchtung, mit den Zuwanderern könne das »Mittelalter« mit den traditionell antijüdischen Haltungen und Vorurteilen ebenso zurückkehren wie in der Öffentlichkeit das abwegige Gerede vom »ewigen Judenhaß«. Nicht Resignation, sondern Nüchternheit lässt wohl Theodor Wolff resümieren: »Wie auch die Welt sich verändern und wie sie sich bessern mag, ein jüdisches Problem wird weiter bestehen. Es wird nach dem Krieg nur ein Problem geben, das noch schwerer zu lösen sein wird, und das ist das deutsche Problem. (...) Das deutsche Problem, das ich meine, ist das Moralproblem, und dieses läßt sich nicht umgehen. Und wenn man in einem weiten Umweg, unzählige Meilen weit, darum herumkreisen wollte, man wäre doch sofort wieder mitten darin« (Juden, 264).

Mit diesen zu seinen Lebzeiten unveröffentlicht gebliebenen Überlegungen korrespondieren keine Artikel oder Bemerkungen von Theodor Wolff im »BT«, wie eine gründliche Untersuchung (Maurer) ergeben hat. Die vielfach genannte Behauptung, der »Antagonismus zwischen West- und Ostjuden« sei typisch für die Ängste des deutschen Bürgertums, das rechtliche Einbußen und eine Minderung seiner staatsbürgerlichen Stellung befürchtet habe, nennt zwei nicht unbedeutende Motive, erfasst aber keineswegs die tiefer liegenden Ursachen der weit verbreiteten und nicht nur auf dem rechten Flügel, sondern selbst unter Sozialdemokraten oder Sozialisten nachzuweisenden Einstellung. Das Problem ist älter und damit nicht für die deutsche Situation in den zwanziger Jahren eigentümlich, wie ähnliche Erscheinungen in der Öffentlichkeit und Publizistik zeigen, die mit den Einwanderungswellen in die Vereinigten Staaten von Amerika verknüpft waren oder mit Haltungen, die sich in Theodor Wolffs Reflexionen über die Situation im Exil offenbaren, die er zwar klar benennt, aber auch nur vorsichtig in der Form von Fragen stellt. »Ist deshalb, weil die Urahnen angeblich Schulter an Schulter durch das Rote Meer marschierten, jeder für jeden ein Nebenmann in Reih und Glied? (…) Die Verschiedenartigkeit des Geistes, der Kultur und vor allem der Moral ist das, was die einen von den andern entfernt. Soll der kultivierte, vornehm empfindende, in Geist und Herz seine hohen Ideale tragende Jude sich zu dem zynischen, mit Unmoral bekleksten, ideallosen und überzeugungslosen Geschäftemacher, dem unanständigen Schieber, dem kleinen schlecht zivilisierten Emporkömmling oder zu dem Großmogul hingezogen fühlen, der unbekümmert, inmitten des hungernden Elends, mit seinem aus dem Schiffbruch geretteten Gelde protzt? Er hat sie auch nicht in Berlin, Posen und auch nicht in Wien geachtet, nicht gekannt und nicht gegrüßt. Nein, man ist nicht ›solidarisch‹ mit dem ganzen unübersehbaren, unübersichtlichen Menschengemisch, das in der Emigration durch die Länder irrt, hie und da festen Fuß gefaßt hat, oder doch glaubte, festen Fuß fassen zu können« (Juden, 50 f.).

Die Emigranten fühlten sich demnach nicht bereits wegen der gleichen äußeren Lage und der Gleichheit der Sitten verbunden, auf Grund der Lebensgewohnheiten oder »sogar der Bärte und Kleidung« wegen. Man unterscheide sich vielmehr in Herkunft, Geist und Idealen, sei »eine wirr zusammengewürfelte Masse auf der Flucht«, stamme aus unterschiedlichen Milieus wie »die großen und niederen Geschöpfe, die in Hast vor einem Prärebrande fliehen« (Juden, 51).

KAPITEL 3

EINE GROSSTADTZEITUNG AUF WELTNIVEAU

Theodor Wolff fiel der Abschied aus Paris schwer. Aenne erlebte wochenlang die Zweifel ihres Mann mit, ob der Karrieresprung den Verlust aufwiegen könne, den der Schritt aus der Weltstadt in die Hauptstadt bedeutete. Berlin hatte nach den kurzen Besuchen einen wenig verlockenden Gesamteindruck hinterlassen, anscheinend nur wenige charmante provinzielle Züge aufzuweisen, dafür aber viel Kleinkariertes und Spießiges. Rudolf Wolff wusste aus den Erzählungen seiner Mutter, sein Vater habe nur einmal in seinem Leben, beim Fortgang aus Paris, geweint. Der Sohn, ebenfalls Journalist, neigte dazu, seinen Erzählungen über die Familie und besonders, wenn er von seinem Über-Vater sprach, zumeist jenes Entschiedene oder leicht Dramatische zu geben, mit dem wir unsere Geschichten gern unterstreichen, wenn kleine Glanzlichter sie zum Strahlen bringen sollen.

Es kann jedoch nicht bezweifelt werden, dass das junge Ehepaar sich ungern an den Gedanken gewöhnen wollte, von der faszinierenden Stadt Paris Abschied zu nehmen, die zahlreichen Freunde zurückzulassen, auf die Anregungen eines anstrengend-schönen Lebens zu verzichten – ganz zu schweigen von den kleinen Gärten und großen Parks, den rumpelnden Karren auf dem holprigen Steinpflaster der Gassen und den eleganten Omnibussen, den bescheidenen, aber an jeder Ecke gelegenen Cafés und den mondänen Restaurants an den Boulevards.

Die freudige Erwartung der in Berlin lebenden Mutter und jetzt Großmutter trug dagegen zur Verschönerung des Berlin-Bilds bei. Sie war Witwe – Adolph Wolff war vor mehr als anderthalb Jahren gestorben –, doch nicht einsam geworden, denn sie zählte immer noch zu einem der Mittelpunkte in der großen und verzweigten Familie. Besonders die ältesten Söhne von Markus Mosse, die Neffen aus Graetz, zeigten der Tante, wie sehr sie sie schätzten. Die alte Dame freute sich jetzt auf ihr Enkelkind Richard, das kaum mehr als ein Vierteljahr alt war. Ein Lichtblick für das Ehepaar Wolff waren die auch von Paris aus und bei den häufigeren Besuchen in Berlin weiter gepflegten alten Freundschaften zu Schauspielern und Künstlern, Kritikern und Literaten. Im Jahr zuvor hatte Max Reinhardt (1873–1943) – sein »Sommernachtstraum« hatte eine Sensation hervorgerufen – die Nachfolge von Otto Brahm angetreten, um jetzt zur Begeisterung von Theodor Wolff zusätzlich die Direktion des Deutschen Theaters in Berlin zu übernehmen. Seine erste Aufführung galt Ibsens »Gespenster« mit einem Bühnenbild von Munch. Reinhardt schwelgte in Masseninszenierungen mit Hunderten von Schauspielern, doch in den ersten anderthalb Jahrzehnten, in denen auch Aenne bei ihm auftreten sollte, hat dieser in den zwanziger Jahren als »Zirkus Reinhardt« bezeichnete Stil die Zuschauer angezogen. Rudolf Mosse bemerkte die Zurückhaltung seines Cousins, als die endgültige Antwort auf seine Offerte, die Leitung des »Berliner Tageblatts« zu übernehmen, längere Zeit auf sich warten ließ. Der engere Freundeskreis erfuhr von dem Ringen in Briefen und Gesprächen, die Theodor Wolff so häufig in Berlin führte, dass ihn ein Kollege in Paris vertreten musste. Die ausschlaggebende Rolle für die schließlich Ende November 1906 erfolgte Übersiedlung in die Hohenzollernstraße 23, nahe dem Lützowkanal im Bezirk Tiergarten, scheint Friedrich Dernburg (1833–1911) gespielt zu haben, bis 1890 Chefredakteur der Berliner »National-Zeitung« und danach Feuilleton-Redakteur am »BT«. Er sprach damals den für Theodor Wolff offensichtlich entscheidenden Gesichtspunkt an: die Zeitung vertrockne allmählich geistig, wenn er sich nicht zur Annahme der Leitung entschlösse. Levysohn hatte nach einen Schlaganfall die Redaktion seit Monaten nicht mehr wie bisher führen können und zeigte sich 1906 noch weniger geneigt, dem Wunsch von Rudolf Mosse nachzukommen, das »BT« organisatorisch umzubauen und politisch auf einen entschiedeneren liberalen Kurs zu bringen. Er soll vielmehr auf seinem Krankenlager, wie Theodor Wolff wohl leicht übertreibend erzählt, vor einer »Demokratisierung« mit Tränen in den Augen lebhaft gewarnt haben, weil sie das Blatt zugrunde richten würde (Erlebnisse, 164). Levysohns Erkrankung war in einer Zeit erfolgt, in der Rudolf Mosse sich gerade gut vorbereitete ökonomische, redaktionelle und konzeptionelle Voraussetzungen für eine Offensive gegen seine Konkurrenten Scherl und Ullstein geschaffen hatte. Die damit verbundenen Herausforderungen reizten Theodor Wolff, denn sein Cousin hatte ihm, falls er dazu bereit wäre, nicht nur freie Hand in der Personalpolitik zugesichert, sondern auch angedeutet, eine kräftigere politische Profilierung zu wünschen. Theodor Wolff meinte die fehlende Redaktionserfahrung durch Menschenkenntnis und eine geschickte Personalpolitik sowie die Bereitschaft kompensieren zu können, eigenwilligen, selbstbewussten und ehrgeizigen Persönlichkeiten die nötigen Entfaltungsmöglichkeiten zu geben. Die Zusammenarbeit in der Leitung regelte der Nachfolger innerhalb der Redaktion und nach außen mit Taktgefühl gegenüber dem Älteren selbst dann, wenn die Differenzen deutlich hervortraten. Im Kopf der Zeitung berücksichtigte man bis zum Ableben Levysohns Theodor Wolffs Namen nicht. Wie schon in der Frühgeschichte der Zeitung unterschied man zwischen Arthur Levysohn als Chefredakteur und Theodor Wolff als Leiter.

Dem Rat Dernburgs, die Geschäfte in Berlin zu übernehmen, folgte Theodor Wolff wohl schließlich auch deshalb gern, weil er dessen politische Grundüberzeugungen teilte, für den etwas skurrilen Kauz Sympathien hegte und es sich gut vorstellen konnte, mit ihm zusammen politisch zu agieren. »Er bestand eigentlich nur aus Haut und Knochen, aus soliden Knochen und aus einer von der Luft angeröteten Lederhaut. Unter einer ziemlich langen, sehr geraden Nase saß ein borstiger Schnurrbart; dessen beide Endzipfeln neben den Mundwinkeln lose herunterwehten, und das Kinn verdeckte, von der Unterlippe ausgehend, ein Satyrbart mit gestumpfter Spitze, an dem er mit zwei Fingern zu zupfen pflegte, wenn er hinter der hohen Stirnwölbung die Gedanken sich formen ließ« (Erlebnisse, 228). Dernburg riet nicht zuletzt aus partei- und pressepolitischen Gründen zur Annahme, weil er mit dem »BT« zukünftig eine noch entschiedenere nationalliberale Stimme in der Presselandschaft des Kaiserreichs platzieren wollte. Er war der Vater des Bankiers und ersten Kolonialstaatssekretärs Bernhard Dernburg (1865–1937), und in der Zweiten Hessischen Kammer als einer der Führer der Fortschrittspartei und im Reichstag als Mitglied der nationalliberalen Fraktion politisch hervorgetreten. Die liberalen Allgemeinheiten seines Vorgängers wollte Theodor Wolff ebenfalls durch entschiedene Stellungnahmen ersetzen. Über die Inhalte und die Kursrichtung konnten keine Zweifel entstehen, wohl aber Meinungsverschiedenheiten über die Form und das Tempo der Umgestaltungen.

Mit seiner Wahl hatte Mosse den Weg zu einer entschiedeneren politischen Akzentuierung seines »Flaggschiffes« eingeschlagen, zu einer Verjüngung in der Leitung und – als wünschenswerte Folge – der einzelnen

Ressorts. Er rechnete sicherlich auch mit einer Literarisierung des journalistischen Schreibens, denn Theodor Wolffs starke Wirkung ging von der sprachlich disziplinierten, aber lichten und leichten Form aus, die nichts mehr von den Anstrengungen des Schreibens verriet. Klar und anschaulich und nie in türmenden Fügungen oder in verspielten Wirbeln fließen seine Sätze dahin.

Nach der Begegnung mit Jens Peter Jacobsen und der skandinavischen Art eines Schwelgens in Stimmungen haben drei Franzosen ihn fasziniert und seine Gedanken über Sprache, sein Verständnis von Literatur und Journalismus mitbestimmt. Es handelte sich zuerst um das publizistische Dreigestirn der Dreyfus-Ära Emile Zola, Georges Clemenceau und Anatole France und später um einen Deutschen französischer Herkunft, den Journalisten und Theaterkritiker Victor Auburtin (1870–1928). 1911 konnte Theodor Wolff ihn, den Enkel des Hofkochs von König Friedrich Wilhelm IV. (1795–1861) und promovierten Germanisten, bei der »Berliner Börsen-Zeitung« abwerben und nach einer kurzen Zeit in der Berliner Redaktion für den Pariser Korrespondentenposten gewinnen. Dafür kursiert eine Begründung, die vermutlich erfunden ist, aber wie viele derartige Geschichten Person und Situation besser ausleuchtet als manche Dokumente. Es heißt, Theodor Wolff soll anfangs Auburtin nur als »Schlußredakteur« beschäftigt haben. Eines Tages habe dieser die Entdeckung des Südpols unter »Letzte vermischte Nachrichten« platziert und sich, als die Konkurrenz mindestens dreispaltig auf den Titelseiten berichtete, mit der als zynisch empfundenen Bemerkung gerechtfertigt, unter Gebildeten sei die Existenz des Südpols immer schon bekannt gewesen und dem Aufrichten einer Fahne im Eis könne man doch schwer einen hohen Stellenwert zubilligen.

Zeitlich gesehen begeisterte Auburtin Theodor Wolff später als die drei Franzosen, aber es geschah in einer ähnlichen Weise und auf Grund derselben Mittel: mit der feinen, eindringlichen, aber nie verletzenden Sicht, der eleganten Darstellung und dem ironisch-melancholischen Ton, mit dem Auburtins Texte auf eine unangestrengte Weise ihren gesellschaftspolitischen Akzent erhielten und nicht das Unverbindliche der meisten feuilletonistischen Causerien zeigten. Sofort nach Kriegsbeginn internierte das geliebte Frankreich den vom Ernst der Lage überraschten Auburtin drei Jahre auf Korsika. Geschunden an Körper und Seele, kehrte er krank zurück. Theodor Wolff erleichterte ihm finanziell und in persönlicher Zuwendung – Reisen ohne feste Verpflichtungen, Aufenthalte in Spanien und Wien – das sich früh ankündigende Ende, das ihn, der in den letzten Wochen in Rom unter der Atmosphäre des Faschismus' litt, in geistige Umnachtung stürzte. »Ein paar ernste Worte, ich will aushalten solange es geht. (...) Sowohl dem Arzt wie auch einigen Kollegen sind an mir Anwandlungen von Paranoya aufgefallen. Dagegen läßt sich nichts machen«, schrieb Auburtin drei Wochen vor seinem Tod und bat um Geld für Urlaubstage (Brief, 3.6.1928).

Von den »J'accuse«-Dreyfusards erwähnte Theodor Wolff im Zusammenhang mit Auburtin nur Anatole France als sein stilistisches Vorbild; in seinen »Erlebnissen« rücken dagegen Clemenceau und Zola gleichrangig neben France. Den ausgebildeten Arzt Georges Clemenceau hat Theodor Wolff als Vollblut-Politiker erlebt, als angefeindeten und geehrten anarchistisch-konservativen Führer der nichtmarxistischen Linken, als Gründer und kämpferischen Herausgeber der Zeitschrift »L' Aurore«. Sehr viel weniger hat er den späteren »Tiger« geschätzt, der als Ministerpräsident (1917–1920) Deutschland 1919 den Vertrag von Versailles hasserfüllt zudiktierte. Clemenceau verfüge über die Verfolgungssucht einer Bulldogge, »die von dem zerbissenen Gegner den letzten Fetzen herunterreißt« und sei ein »demokratischer Tyrann« urteilt Theodor Wolff im Exil. Gleichzeitig spricht er davon, dass es wie in allen Fällen so auch hier bei Clemenceau besser sei, auf jedes grundsätzlich formulierte Urteil zu verzichten, denn ein so hoher Anspruch müsse wie eine Schnürbrust wirken, in die eine lebendige, verschiedenartige und zumeist höchst widerspruchsvolle Wirklichkeit hinein gezwungen werde (Erlebnisse, 246, 254). Clemenceau weckte bei ihm also widerstreitende Gefühle. Nach der radikalsozialistischen Dreyfus-Ära blieben sie dem Politiker gegenüber nicht positiv; negativ wurden sie jedoch erst im Frühjahr 1919, als in Versailles über den Friedensvertrag verhandelt und Clemenceau jeden Weg der Verständigung zwischen Marianne und Michel ausschloss. Theodor Wolff nannte ihn jetzt den »größten Feind Frankreichs« und Deutschlands (Chronist, 13.V.1919), den großen Hasser, der alle Gebote der Vernunft verdränge (BT 8.5.1919).

Völlig anders sah Theodor Wolff den jungen Clemenceau, den Journalisten, Philhellenen und Freund der klassischen Literatur, dessen Theaterstück er übersetzte und bei dem er häufiger verkehrte. Damals zeigte er sich tief beeindruckt von der Bildung, Kunstliebe und Vielseitigkeit des Salonlöwen. Er erlebte die Sprachgewalt, den wachen politischen Sinn und die Entschlossenheit des rigorosen Liberalen sowie die Unkonventionalität und die Polemik des Journalisten, der die Brisanz des »J'accuse« sogleich erkannt und im Text zu der achtmaligen Wiederholung der verbalen Attacke geraten, der die Auflage seiner Zeitschrift verzehnfacht und die larmoyanten Methoden der Verteidigung scharf zurechtwiesen hatte. Einen Sieg hielt er nur im Bündnis mit der öffentlichen Meinung für möglich hielt. »Kümmern Sie sich um das Publikum«, verlangte er 1899, »denn es ist der höchste Richter. (...) wir brauchen den Kampf ohne Gnade und ohne Schonung, wer auch immer der Feind ist« (Brief, 11.8.1899). In Emile Zolas Engagement für Dreyfus imponierte Theodor Wolff die ähnlich zähe Willenskraft und polemische Wortgewalt des leidenschaftlichen »Arbeiters der Kunst« und des unbedingten Kämpfers für die Gerechtigkeit. Bewundert hatte er ihn schon vorher, ihn, den von vielen seiner Landsleute Ungeliebten, den er als einen der größten französischen Schriftsteller ansah, weil er erfolgreich das Naturalistische auf eigensinnige Art zu gestalten suchte, rücksichts- und kompromisslos, eitel und arrogant.

Zuerst mit Unverständnis, dann mitgerissen von dem Temperament und der harten Konsequenz im Verhalten des gefeierten Romanciers hat Theodor Wolff die einschneidendste Entscheidung Zolas wahrgenommen, die kurzentschlossene Trennung von seiner schöngeistigen Welt zu Gunsten des politischen Tagesgeschäfts. Doch Zolas hoch schäumende Vitalität und sein dann einsetzender publikumswirksamer Sturmlauf für die Revision mobilisierte nicht allein die Anti-Dreyfusards zu Massenaufläufen, sondern verschärfte die antisemitische Agitation und weckte Mordgelüste im chauvinistischen Mob, der in wieder aufgelebter revolutionärer Manier für Zola »die Laterne« als passende öffentliche Hinrichtungsart forderte. Theodor Wolff erkannte im Verlauf der Jahre bei Zola zunehmend schärfer, in welchem Umfang jener bereit war, die Fakten und Wahrheit zu verzerren. Eine bewusst einseitige, im Detail sogar irrende, aber dennoch in sicherem Ton vorgetragene Argumentation gestattete er diesem Wahrheitsfanatiker nicht. Das Pathos der staatsanwaltlichen Gesten Zolas beeindruckte ihn nur so lange, wie es nicht rhetorisch aufgesetzt und entliehen wirkte oder den Talmiglanz des Spektakels zeigte.

Am meisten irritierten Theodor Wolff die Haltungen und Verfahrensweisen Zolas, die denen seiner Gegner ähnelten oder ihnen mitunter sogar entsprachen: die Hochmütigkeit, die selbst Freunden gegenüber bis zur Unausstehlichkeit gehen konnte, die Simplifizierung und Polarisierung bis zur Verzerrung und die Emotionalisierung bis zur Demagogie. Hinzu kamen bei Zola der Verzicht auf jegliche selbstkritische Überlegungen in Situationen, wenn ein Zögern oder der Anflug von Unsicherheit die eigene Darlegung geschwächt hätten. Der Wille zur Wahrheit könne zum Unrechtem führen, gab Theodor Wolff nicht erst im Nachruf zu bedenken, wenn er »gnadenlos wahr und immer nur wahr sein wollte. Er war der größte Fanatiker der Wahrheit, der je gelebt hat mitten in einem Volke, das unter allen Völkern am wenigsten fähig ist, die Wahrheit zu ertragen« (BT 2.10.1902). Aus diesem Unbedingten waren Theodor Wolffs Kritik und Zweifel erwachsen.

Befürchtete Theodor Wolff bei Clemenceau und Zola, ihr Handeln könne langfristig die moralischen und gesellschaftlichen Positionen eines Journalisten oder Publizisten unterminieren, so sah er bei dem Dritten im Bunde, bei Anatole France (1844–1924), diese Gefahr nicht. Dem Dramatiker und Romancier war er erstmals in seinem vollgestopften »Museumszimmer« begegnet, wo er mit seinen Freunden und Schülern in einem Stil zu parlieren pflegte, der dem Selbstgespräch näher als dem Dialog stand. Mit einem rotseidenen Käppchen auf dem Haupt thronte er auf einem florentinischen Kirchenstuhl und empfing den Neuling aus Deutschland vermutlich so höflich in der gleichen Weise wie jeden, doch vermittelte France ihm dabei den Eindruck, er habe diese Situation herbeigesehnt, um ihn endlich belehren und bekehren zu können. Theodor Wolff durchschaute zwar die Inszenierung, ließ sich aber nichts anmerken. Nicht zuletzt die Ironie und der Skeptizismus von France hätten ihn gegen die Kirche und das Militär zu Felde ziehen lassen, aber auch gegen die Akademie, die sein Bonmot nicht bedacht habe, Greise hielten zu sehr an ihren Ideen fest, so dass ihm dennoch die Mitgliedschaft angetragen worden sei. Mit Ibsen könne sein Wahlspruch lauten, die Minorität habe immer recht, denn sie sei mit der Zukunft am innigsten im Bunde. France vertauschte wie Zola die Studierstube mit dem rauchigen Versammlungslokal, als es galt, für Dreyfus und gegen Klerikalismus und Militarismus einzutreten. Er sprach am Grab Zolas eindringlich, aber er war kein Rhetor, beeindruckte Theodor Wolff stärker mit seinen Schriften. »(Er) arbeitet sorgfältig und behutsam, wie ein Amsterdamer Diamantenschleifer, und dieser mühelos schöpfende Plauderer überläßt beim Niederschreiben nichts dem Zufall« (Tagebuch, 135). In der »Grazie der Formgebung« sei France unübertroffen. Leben und Klarheit verbänden sich bei ihm mit Ironie und Heiterkeit; seine Vorurteilslosigkeit und Skepsis ließen ihn nationalistische, klerikale, militaristische oder andere doktrinäre Glaubenssätze ablehnen.

In seinem Nachruf hat Theodor Wolff in zwei weiteren Sätzen die Maximen formuliert, die für ihn neben den sprachlichen Schönheiten – »die göttliche Anmut« – als moralische und sachliche Kategorien seitdem verbindlich geworden seien: »Ja, er war ein äußerst zersetzendes Element, denn die Dogmen des Bonzentums und die Hoheit der Mandarine behandelte er ohne Ehrfurcht und Respekt.« Und die zweite Feststellung lautet: »Er hat gesagt, die Ironie, die er meine, sei nicht grausam, sondern mildtätig, denn sie treffe weder die Liebe noch die Schönheit, sondern nur die Dummen und die Bösen, und wo sie walte, sei kein Haß«. Theodor Wolff hat die enge Verbindung von nicht verletzender Ironie und herzlicher Güte anhaltend stark beeindruckt. Einigen vertrauten Freunden und der Familie gegenüber erzählte er wiederholt Einzelheiten der Begegnungen mit Anatole France und wie sehr ihm dessen Haltung imponiert habe, weil sie trotz der entschieden und mitunter rigoros formulierten Auffassung, den Zweifel und die Sehnsucht immer mit eingeschlossen habe. Die Achtung und Verehrung von Anatole France spiegelten sich darin, dass er seinen Nachruf und einen Porträt-Holzschnitt von Walter Preisser im Oktober 1924 in fünfhundert Exemplaren in einem bibliophilen Privatdruck, von Gotthard Laske (1882–1936) herausgegeben, publizieren ließ:

> »(...) und er gehörte zu der Linie der Montaigne und Voltaire, zu den Skeptikern, den Zerbrechern der ehernen Tafeln, den Zerstörern der Vorurteile, zu den hellen, lächelnden Ungläubigen, denen mit dem Ballast der doktrinären Glaubenssätze, mit nationalistischen und klerikalen Ketten, die Familie der stirnrunzelnden Eiferer, der in Engigkeit und Dunkel lebenden Höhlenbewohner gegenübersteht. Er war Franzose und zugleich der letzte jener Hellenisten, die in der Sonne der Schönheit sich badeten und ihre alten Götter mit heiterer Überlegenheit beiseite schoben, ohne in den pedantischen, fauchenden Fanatismus der Bilderstürmer zu verfallen. (...) Er respektierte keine Grenzpfähle und stieß Altbewährtes, offiziell Beglaubigtes, mit dem Zeigefinger um.« (France, o. S.).

Theodor Wolff hat in seinen Zeitungsartikeln oder Büchern weder Clemenceau noch Zola, nicht einmal France nachzuahmen versucht. Alle drei haben ihn aber angeregt und ließen ihn ebenfalls nur allzu häufig, aber keinesfalls zügellos ins freie Spiel der Assoziation verfallen. Das Reglement für einen gegliederten Aufbau seiner »lundis« – zumeist unterteilte er sie in vier Abschnitte – übernahm er von Gustav Freytag: »Und ebenso wie ich es liebte, daß in seiner ›Technik des Dramas‹ Gustav Freytag an Exposition, Peripetie und Katastrophe streng und konsequent festhält, bin ich der Meinung, daß ein anständiger Zeitungsartikel nicht ohne überlegte Einteilung und klare Dispositionen entsteht. Als ich einmal den Fürsten Bülow fragte, ob er in seinen improvisierten Reden sich von der augenblicklichen Eingebung habe treiben lassen, antwortete er mir: ›Ich habe immer ein paar Schlagworte bereit gehabt, und ich habe immer, wenn ich zu sprechen begann, den Schluß, den letzten Satz, das letzte Wort gewußt.‹ Das erschien auch mir als die richtige Methode, der Autor soll nicht – manche Romandichter wagen sich so ins Ungewisse hinaus – ohne Kompaß und ohne Ziel herumirrend« (Erlebnisse, 120).

Die Feuilletons Auburtins bestärkten ihn darin, so lange über seinen Texten »zu schwitzen«, bis ein spröder Sachverhalt »melodisch« wurde, ein politischer Vorgang seine historischen Bezüge und die nüchternen Fakten seiner Recherche literarischen Glanz erhalten hatten. Die Verständlichkeit opferte er nie einer »spielerischen Wirkungshascherei«, und den politischen Artikel behängte er nie mit zu viel Schmuck (BT 3.VII.1916). Als der konservative Abgeordnete Albrecht von Graefe (1868–1933) 1917 im Reichstag meinte, die Bestechlichkeit der deutschen Presse geißeln zu sollen, konterte Theodor Wolff ironisch, der Abgeordnete habe etwas gegen die deutsche Sprache und er etwas gegen die Wiedergabe seiner siebzehn- bis zwanzigzeiligen Sätze (BT 26.II.1917). Den scharfen Spott und die geistvollen oder auch nur überraschenden Wortspiele setzte er gern in der Weise ein, wie es Clemenceau und Zola in ihren wirkungsvollen Attacken getan hatten, wenn sie den Gegner einmal nicht beleidigten oder sogar diffamierten, sondern ihn im gut gewählten Bonmot bloßstellten. Hugenbergs Machtstreben und die Machenschaften seiner »Allgemeinen Anzeigen-Gesellschaft«, mit der er die Pressefreiheit bedrohte, enthüllte der Schlusssatz von Theodor Wolffs Leitartikel mit dem Satz »Ala ist groß, und Hugenberg ist ihr Prophet« (BT 4.III.1918), der unter seinen Zeitgenossen zum geflügelten Wort wurde.

Bessere und weniger gelungene Artikel lassen sich unter den Beiträgen selbstverständlich auch finden – schließlich schrieb Theodor Wolff Tausende –, aber wenig völlig Missratenes. Selbst das journalistische Hauptstück, der »lundi«, konnte sich gelegentlich zu einem überladenen, prunk- und zitatsüchtigen Essay entwickeln, in dem das politische Thema unter einem opulenten Rankenwerk zu verkümmern drohte. Muss man nach überladenen Texten längere Zeit suchen, so entdeckt man dagegen unschwer schnell sehr viel Gelungenes in der idealen Mischung von präziser Mitteilung, klarer Kommentierung und ironischer Pointierung. Theodor Wolffs gesellschaftspolitisches Denken bestimmte seinen Schreibstil. Seine liberale Haltung und seine freiheitlichen Ansichten wirkten sich auf Argumentationsweise und Darstellungsform aus. Sie beeinflussten seine Wortwahl und Diktion, ließen ihn spezifische Beispiele und historischen Analogien wählen, prägten seine Bilder und Metaphern. In Memoiren, Tagebüchern, Autobiographien und Korrespondenzen seiner Zeitgenossen stoßen wir auf seinen Namen oder auf Bemerkungen über seine Leitartikel. Nahezu ausnahmslos beeindruckten der Kenntnisreichtum und die differenzierte Argumentation. Seine Leser hoben es nicht hervor, weil es ihnen selbstverständlich erschien, dass die ihnen mitgeteilten Fakten ausnahmslos stimmten. Selbst die überraschenden Exempla schienen nicht aus entfernten Schultagen herbeigezerrt zu sein oder aus oberflächlicher Schnelllektüre zu stammen, sondern dem Autor leicht zugänglich gewesen zu sein.

In der Zeit seines Weges von Paris nach Berlin änderte sich für Theodor Wolff viel, für das »BT« zuerst einmal wenig. Das kleine Berliner Format der Zeitung (31 mal 44,5 cm) behielt man ebenso bei wie den Gesamtumfang und den Fraktur-Satz. Der Hauptteil bestand aus bis zu sechs Seiten, in der Abendausgabe aus bis zu drei, die Handelszeitung aus maximal zwei Seiten. Das Anzeigen-Text-Verhältnis blieb über die Jahre mit 1:1 nahezu konstant; abends zeigte es zumeist ein Verhältnis von 1:2 und sonntags von 1:3. Auch sprachlich-stilistisch schien sich ebenfalls insgesamt nichts geändert zu haben. Über das notwendige historische und literarische Wissen verfügte der belesene »T. W.« trotz seiner verkürzten Schulzeit; zusätzlich bewies er den Berlinern seine Weltläufigkeit noch durch Vergleiche aus der von ihm bereisten europäischen Welt. Auf der ersten Seite und im Innern des Blattes änderte sich zu Lebzeiten Levysohns nur wenig und langsam. Alles geschah eher unspektakulär, aber doch zielstrebig und in eine Richtung, die ein halbes Jahrzehnt später deutlichere Konturen aufweisen sollte. Ein zuvor nur gelegentlich erscheinender umfangreicher Hauptartikel – zumeist links oben mit dem der Leserschaft längst vertrauten Kürzel »T. W.« platziert und sehr selten namentlich gezeichnet – trat nunmehr zunehmend häufiger auf und wurde schließlich zur ständigen Einrichtung. Die Titelseite verlor die Vielzahl der kleinen und Kleinstmeldungen und wirkte mit einem großen Artikel und selten mehr als drei, vier mittleren Beiträgen aufgeräumter. Dem Leser wurde der Überblick durch eine Hauptüberschrift anstelle mehrerer kleinkarierter Stichwort-Titel erleichtert. Der Leitartikel erhielt nur gelegentlich eine eigene kurze Überschrift, oftmals bestand sie aus einem Stichwort oder Personennamen. Zur klaren Präsentation der ersten Seite trug des Weiteren die schrittweise Reduzierung der in Petitdruck wiedergegebenen Meldungen aus aller Welt bei, die den Eindruck des Beliebigen, manchmal sogar den des Chaotischen hervorgerufen hatten. Ein deutliches persönliches Zeichen setzte Theodor Wolff, als er auf dem unteren Drittel der Titelseite dem Feuilleton einen erstklassigen Platz für eine kleine Erzählung oder Glosse und Kurzberichte einräumte. Diese Auszeichnung musste in der Weimarer Zeit zu Gunsten einer verstärkten Akzentuierung des »Politischen« auf den ersten drei Seiten des »BT« zurückgenommen werden. Das Feuilleton erhielt damals seinen ersten Auftritt auf Seite drei.

Theodor Wolffs Markenzeichen wurde der lange, ja der auch unter damaligen Verhältnissen überlange Leitartikel, die journalistische »Parole der Woche« wie es in der Redaktion nicht despektierlich hieß, aber doch mit einer Spur Ironie in dem Lob über die Leistung. Der »lundi« entstand am »lundi«-Tag und zumeist erst in der letzten Nacht vor dem Erscheinungstermin und wurde, wie die meisten Texte am Stehpult, mit weichen Bleistiften und auf liniertem Papier verfasst. Selten schloss er mit der Spalte auf der Titelseite rechts unten ab, sondern meistens beanspruchte er eine weitere auf der Rückseite. Derartige Ausschweifungen sind als Leitartikel oder Leitkommentar in unserer Zeit der Kurzmeldungen, der schmalen Meinungs-Spalten oder in Kästchen eingeklemmten Stellungnahmen nicht einmal mehr in der »Frankfurter Allgemeinen« oder »Süddeutschen Zeitung« vorstellbar. Theodor Wolffs Eingriffe ins äußere Erscheinungsbild des »BT« und seine sukzessiven Veränderungen im Inhaltlichen überforderten also den älteren, zunehmend aufs Hergebrachte und Bewährte achtenden Verleger ebenso wenig wie seine Stammleser. Die programmatischen Erwägungen, die seine Handlungen und Entscheidungen bestimmten, verkündete er weder auf Versammlungen noch in einem Grundsatzpapier oder in Bewerbungs- und Einstellungsgesprächen. Sie lassen sich in fünf Gesichtspunkten zusammenfassen, die sich aus der Lektüre seiner Artikel ergeben, denn dort hatte er am eindringlichsten für seine Ideen anschaulich und direkt werben können.

Es ging Theodor Wolff um eine deutliche politische Orientierung des Redaktionsschiffes in der täglich anbrandenden stürmischen See, ohne es damit in ein enges und klippenreiches parteipolitisches Fahrwasser zu steuern. Er wünschte als Grundlage aller Artikel klare liberale Vorstellungen unabhängig von Vor- und Unterstellungen von außen, Angriffen von allen Seiten und einer kurzatmigen Taktiererei, aber verbunden mit der Bereitschaft, verschiedene Wege zum gemeinsamen Ziel zu akzeptieren. Weltläufigkeit erstrebte Theodor Wolff mit seiner Zeitung bei einer von nationalistischen Anwandlungen freien Vertretung deutscher Interessen. Er suchte die Zusammenarbeit mit einer journalistischen Elite, für die der Verleger seinem Chefredakteur die nötige Freiheit lässt. Den höchsten Grad an Genauigkeit und Zuverlässigkeit sowie Informationen aus erster Hand verlangte Theodor Wolff als Grundlage eines jeden Berichts und Kommentars, geschrieben in dem Bewusstsein, gemeinsam eine der besten Zeitungen herstellen zu wollen, also auch eine sprachlich-stilistisch glänzende – für die schlichteren Bedürfnisse gab es im Konzern »unsere ›Berliner Volks-Zeitung‹«.

Der finanzielle Erfolg stärkte die Position des »Berliner Tageblatts« und seines Chefredakteurs im Mosse-Konzern. Die Auflagenzahlen stiegen vorerst weiterhin fast kontinuierlich ihrem Maximum entgegen, das im Weltkrieg mit mehr als 300.000 Exemplaren erreicht werden sollte. Das Renommee des »Berliner Tageblatts« erhöhte sich in der Stadt, in nahezu allen Teilen Deutschlands – diese Entwicklung lässt sich gut an der Berücksichtigung des »BT« in den »Zeitungsschauen« der Konkurrenzblätter ablesen – und in schnellen Schritten auch im europäischen Ausland. In den deutschen Gesandtschaften und Botschaften verfügte man seit dem Ende der neunziger Jahre, seit der intensivierten Frankreich-Berichterstattung über Abonnements. Die heutigen Aktenpublikationen der europäischen Mächte zeigen, in welchem Umfang ihre diplomatischen Vertretungen in Berlin auf Nachrichten und Kommentare des »BT« zurückgriffen, wenn sie über die deutschen Verhältnisse informieren und neben der offiziösen »Norddeutschen Allgemeinen Zeitung« bewusst eine gut unterrichtete, regierungskritische und parteipolitisch weitgehend unabhängige Ansicht berücksichtigen wollten. Die in diesen Jahren entstehende zeitungswissenschaftliche Literatur rechnete am Ende des Deutschen Kaiserreichs das »Berliner Tageblatt« zu den im Ausland am stärksten verbreiteten freisinnigen Organen neben der »Kölnischen Zeitung«, der »Frankfurter Zeitung« und den »Münchner Neuesten Nachrichten«.

Das Mosse-Hauptblatt lasen vorwiegend Geschäftsleute, Unternehmer und in größerer Zahl die Handel treibende Welt neben Intellektuellen; unter ihnen befanden sich zwischen fünfzig und sechzig Prozent jüdische Bezieher. Das »BT« warb mit dem Hinweis »erste Kreise, besonders Handel und Industrie« gehörten zu seinen Lesern: Handeltreibende aller Art, Bankiers, Export und Großhandel, verarbeitende Industrie, Gewerbetreibende, Ärzte, Schriftsteller, höhere und mittlere Beamte in Berlin und seiner weiteren Umgebung, überdurchschnittlich auch in den östlichen preußischen Provinzen, in Schlesien, Westpreußen und Posen. Rudolf Mosse ließ beim Amtsantritt Theodor Wolffs in seinen Werbeanzeigen und auf Plakaten stolz die Zahl von 105.000 Abonnenten hervorheben, die sechs Beilagen und die ebenfalls in dichter Folge erscheinende Juristische, die Literarische und die Familienrundschau, das Sportblatt, die Reise-, Bäder- und Touristen-Zeitung sowie die Parlamentsausgabe.

Theodor Wolff führte die Redaktionsgeschäfte straff und großzügiglässig zugleich. Das meiste erledigte er außerhalb der seltenen Redaktionskonferenzen dergestalt, dass er täglich im Hause präsent und ansprechbar war, viele Stunden am Schreibtisch verbrachte und damit zu den Chefredakteuren zählte, die jede Gelegenheit nutzen, um selbst zu schreiben. Außerdem gewährte er bewusst den Geistern, die er gerufen hatte, nicht lediglich die Räumlichkeit, die sie beanspruchen durften, sondern großzügig ihren Anteil an dem hart umkämpften Freiraum in einer Gemeinschaft von Originalen, der nötig ist, damit sich Kreativität überhaupt entfalten kann. Nicht selten litt er unter den sprachlichen Extravaganzen seiner Stars oder den journalistischen Eigenheiten der Gelegenheitsarbeiter aus Politik und Wirtschaft, denn als »Leiter einer Tageszeitung muß ich«, klagte er einmal, »wenn ich das Blatt nicht verdorren und versanden lassen will, manchem

Sprachkünstler oder Sprachverkünstler Raum geben, dessen Schreibweise meinem eigenen Stilgefühl widerspricht. Ich muß das tun, wenn sich in der gewählten oder gequälten Form eine geistige Kraft ausdrückt. Aber allen jungen Menschen suche ich einzuschärfen: ›Zurück zum reinen, klaren Deutsch!‹ (...) daß die deutsche Sprache ein Juwel ist, das durch moderne Verzierungen und Verzerrungen und durch kokette Spielereien nicht gewinnt« (Brief an Harnack, 29.XI.1924).

Theodor Wolff führte seine Redaktion nach Prinzipien, die man patriarchalisch und liberal, großzügig im Geistigen und genau im Handwerklichen sowie humanitär und verständnisvoll nennen kann. »Das Ideal ist, viele verschiedenartige Individualitäten zu sammeln, niemand in der Betonung seiner Persönlichkeit zu behindern und doch aus all den Eigenwilligen und Eigenartigen eine Einheit zu bilden, indem man sie zu einem bestimmten Ziele führt. – Ich glaube, daß eine Zeitung nicht gut ist, wenn die in ihr wirkenden Geister in einem Nivellierungsverfahren gleichmäßig abgeplattet sind und einander zum Verwechseln ähnlich sehen, und ich glaube, daß eine Zeitung schlecht ist, wenn sie nicht einen festen einheitlichen Willen erkennen läßt. Sie ist reizlos ohne die Vielfältigkeit der Temperamente, aber sie ist nur ein Papierlappen, wenn ihr der klar ausgeprägte Charakter fehlt. Auch jene Pädagogik, die alles *auf einen* Stil bringen möchte, erscheint mir falsch, jedes Sprachtalent kann seinen Platz finden, und meine Abneigung beginnt erst, wenn qualvolle Sprachmanier nur Gedankendürre überrankt. Schließlich wird aus all den Künsten die deutsche Sprache, gekräftigt und bereichert, wieder zu ihrer wahren Natur zurückgelangen. Es empfiehlt sich, in einer Zeitung Schweres und Nüchternes gefällig vorzutragen, wenn man hurtig vorbeieilende, zerstreute Leser für eine Idee gewinnen will. Aber fürchterlich ist die wässerige, plätschernde Anmut gewisser Plauderkünstler, und an die Wand der Redaktionszimmer sollte man das Goethesche Wort schreiben, daß getretener Quark breit wird, nicht stark. (...) Es ist und war immer ein gemeinsamer Zug der Jüngeren, daß sie die Tradition verachten, und diese berechtigte Eigentümlichkeit äußert sich heute nur leider sehr häufig auf besondere Art. Auch wir haben über die Literatur, die unsere Väter entzückt hatte, ironisch gelächelt, aber wir haben sie gekannt« (Journalist, 223 f.).

»Wolff leitete nicht etwa«, schrieb Hermann Sinsheimer (1883–1950) in seinen Erinnerungen, »sondern er *war* das Berliner Tageblatt« (Gelebt, 260). Sein Kollege in der Außenpolitik war von 1923 bis 1932 Victor Klages (1889–1978). Als Chefkommentator des RIAS schrieb er für die Schulfunksendung »Wissen und Wahrheit« den Dialog zweier Zeitungsjungen, in dem sich die hier in Andeutungen geschilderte und von seinen Mitarbeitern erlebte

Persönlichkeit und Zeitung mit einigen ihrer Eigenheiten und Schwächen spiegelt: »Wat meenste, Willi, wen ick jestern jesehn hab! -- Seine Majestät persönlich, wa, wie ick dir kenne? -- Nee, unsern neuen Chef, den Theodor Wolff. -- Den haste jesehn? -- Du, Mensch, Willi, det is keen Zeitungsfritze, wenn ick dir das sahre. Det is – weeßte, wat det is? – 'n Lord is det, der Theodor Wolff. Leute wie der, du, die soll'n unsere Zeitung *lesen,* det hebt unser Ansehn, wa? Aber se soll'n die Zeitung nich *machen,* denn liest se nämlich keener mehr, verstehste?« (Sendung am 25.IV.1963).

In Spannungszeiten konnte es Theodor Wolff für nötig halten, je einen Artikel für die Morgen- und Abendausgabe zu verfassen. Dazu durfte er dann aber nicht wie sonst das Mosse-Haus zu einem seiner fast täglichen Besuche in den Ministerien des Reiches oder bei den Staatssekretären Preußens verlassen oder sich in der Nähe eines Telephons aufhalten. Er schätzte dieses schnelle Verständigungsmittel und nutzte es, wie sein Tagebuch zeigt, auch intensiv, aber ebenso eindrucksvoll klagte über das moderne Medium – es war ihm eine notierens- und berichtenswerte Wohltat, klingelte es »in jeder Viertelstunde nur zweimal« (Erlebnisse, 229).

Einen originellen Kopf hatte Levysohn mit Maximilian Harden bereits gewonnen. Er war auf den empfindsamen, unter einer angespannt gerunzelten Stirn zumeist zornig blickenden Sechsundzwanzigjährigen 1887 durch eine Empfehlung des Theaterleiters Luwig Barnay (1842–1924), aufmerksam geworden. Harden hatte ursprünglich eine Karriere als Schauspieler angestrebt, nachdem er sich von der ihm auferlegten kaufmännischen Lehre und der väterlichen Autorität befreit hatte. Auf seinen Tourneen mit Wanderbühnen und Auftritten in Provinztheatern erkannte er alsbald selbstkritisch seine geringen mimischen Talente und wollte sich deshalb zukünftig publizistisch betätigen. Der ewig wachsame Talentsucher Levysohn empfing und crmuntcrte ihn, sich journalistisch zu versuchen. Harden publizierte seitdem häufiger im »BT«, in der »Nation« und seit 1889 unter dem Pseudonym Theophil Zolling auch in der »Gegenwart«. Einer von Hardens Brüdern, der Jurist Richard Witting (1856–1923) – ursprünglich ebenfalls Witkowski –, Mitglied des Zentralvorstands der Nationalliberalen und von 1903 bis 1910 Direktor der Nationalbank für Deutschland, schrieb schon seit längerem wirtschafts- und sozialpolitische Artikel für das »BT«.

Doch diese auf den ersten Blick persönlich allseits befriedigende, fast familiäre Situation änderte sich nach wenigen Monaten durch einen Coup von der Dramatik einer mittelmäßigen Theaterszene. Griffe man auf Theodor Wolffs spätere Schilderung seiner Begegnungen mit Harden zurück, gestaltete sich der inszenierte Abtritt noch spektakulärer. Die Aufzeichnungen des Exils scheinen hier also weniger zuverlässig als in den übrigen Fällen zu sein, als dass sie zur Erhellung herangezogen werden könnten, da sie von den zahlreichen heftigen persönlichen und politischen Auseinandersetzungen und dem schließlichen Zerwürfnis zwischen den beiden geprägt sind. Harden stellte jedenfalls im Dezember 1899 sein Mitarbeit am »BT« mit der Begründung wieder ein, er wolle publizistisch selbständiger leben und nicht als ein unter dem Joch eines Verlegers oder Chefredakteurs kriechender Schreiberling existieren. Von nun an bekämpfte der Wandlungsfähige die linksliberalen Zeitungen und polemisierte besonders häufig gegen Theodor Wolff, den er in zahlreichen Varianten als einen der »geschmeidigen Herren« zu charakterisieren pflegte, die dem Kapital in dienender Funktion zugetan seien. Solche schwachen Kreaturen seien in den großen Zeitungen übrig geblieben.

Theodor Wolff nahm dem »friend-enemy« (Young, 143) gegenüber dennoch immer wieder eine versöhnliche Haltung ein, weil er dessen Intellekt und Artikel schätzte und das ungezügelte Temperament, des zwar selbstbewusst auftretenden, aber doch verunsicherten Menschen früh hat kennen lernen können, als sie den Weg zur »Freien Bühne« gemeinsam hatten ebnen wollen. Der Briefwechsel beider ist voller Gereiztheiten. Theodor Wolff nahm ihm den gerichtsnotorisch gewordenen Bruch der Privatsphäre in einer Phase seiner Eulenburg-Moltke-Prozesse besonders übel, »was mir sozusagen wider die Natur ging«, wie er Harden schrieb und scharf, fast beleidigend hinzufügte, »obgleich es Ihnen vielleicht als etwas Selbstverständliches erscheint.« »Eine im höflichen Ton geführte, sachliche und aufrichtige Auseinandersetzung«, fuhr Theodor Wolff fort, »könne von ihm offensichtlich kein Mensch« erwarten. Er verstehe die Zeitungen und Kritiker, »die sich jeder Erwähnung Ihrer Person und Ihres Wirkens zu enthalten suchen. Denn während Sie selbst ungeniert und rücksichtslos über jeden sagen, was Ihnen richtig scheint, ertragen Sie auch nicht (korrigiert aus: »sind Sie unfähig«) nur den leisesten kritischen Einwand, und wenn er mit noch so viel Lob verknüpft (ist), und wer solchen Einwand anbringt, sieht sich zum mindesten einem persönlichen Angriff (gestrichen: »in Ihrer ›Zukunft‹ oder«) einer brieflichen Beschimpfung (...) ausgesetzt« (Briefentwurf, 9.X.1910). Theodor Wolff akzeptierte auch nicht die opportunistischen Wenden in der Politik – vom Siegfrieden-Apologeten der Jahre 1914/15 zum Pazifisten von 1918/19 –, die fanatische Oppositionswut und die allzeit vorhandene Bereitschaft, das Enthusiastische zum Pathetischen zu steigern, die ihn unangenehm an die Dreyfus-Zeit erinnerten, und den aufgesetzten »Liberalismus« bei einer entschieden nationalkonservativen Grundeinstellung.

Theodor Wolff behielt eine ungewöhnliche außer-redaktionelle Einrichtung bei, das »Lesecomitee«. Rudolf Mosse und Frau Emilie (1851–1924), geb. Loewenstein, führten einen großen Salon; zu bestimmten Tagen luden sie einige ihrer Gäste zu einem »literarischen Cercle« ein. Er hatte ausschließlich die an das »BT« eingesandten Romane daraufhin zu prüfen, ob sie zum Abdruck als Fortsetzungsroman im Feuilleton geeignet seien. Erst drei Jahre nach der Übernahme der »BT«-Leitung und ein Jahr nach dem Tod Levysohns erfolgte die Kündigung eines verantwortlichen Redakteurs, die viel früher erwartet worden war. Theodor Wolff ersetzte den Leiter des Feuilletons, den Schriftsteller Hans Fischer (1869–1934), der unter dem Pseudonym Kurt Aram publizierte und dessen zahlreiche populäre Romane als mittelmäßig aufgeputzte Unterhaltungsliteratur galten. Zu den verdienten Journalisten, die er unbedingt weiter um sich sehen wollte, zählte Theodor Wolff den Leiter des bis 1932 amtierenden außenpolitischen Ressorts, Josef Schwab (1865–1942). Rudolf Mosse hatte ihn 1905 beim »Wolffschen Telegraphen-Büro« abgeworben, als er die Offensive des Konzerns gegen Scherl und Ullstein vorbereitete. Außerdem den Schriftsteller Fritz Engel (1867–1935), der seit 1890 als Theater- und Literaturkritiker für das Feuilleton unter der Leitung von Paul Block (1862–1934) schrieb, dem unbestrittenen Glanzlicht des »BT«. Engel trat darüber hinaus als Schriftsteller, Vorsitzender des Bezirksehrengerichts im Reichsverband der deutschen Presse, Gründer und Vorsitzender der Heinrich von Kleist-Gesellschaft gesellschaftlich und wissenschaftlich eindrucksvoll hervor. »Von Geburt an unverheiratet«, wie er in einer Autobiographie witzelte, war Engel der zuverlässige, solide und gediegene Arbeiter im Weinberg des Chefredakteurs und zeitweise für den bemühten und deshalb reichlich angestrengt wirkenden, biederen Witz des »Ulk« mit zuständig.

Der gelernte Buchhändler Block dagegen trat ungleich souveräner als Engel oder Aram auf, hatte früh Erfolg als geistreicher Dramatiker, Übersetzer und Schriftsteller. Rudolf Mosse holte ihn, der an der »Königsberger Allgemeinen Zeitung« das redaktionelle Handwerk erlernt und vorübergehend (1894/95) als Dramaturg am Berliner Residenz-Theater gearbeitet hatte, 1899 ins Berliner Tageblatt. Ob er bereits damals mit dieser Tat den ersten Schritt einer größeren Karriere im »BT« plante, ist nicht bekannt. Als Mosse jedoch 1905/06 über den Wechsel in der Chefredaktion nachdachte, fiel der Name Block nicht als Alternative zu dem sechs Jahre jüngeren Theodor Wolff, dessen offensichtlicher Vorzug darin bestand, bereits über ein Jahrzehnt in das »BT« eingebunden zu sein und über Auslandserfahrung zu verfügen. Im Übrigen sind die Parallelen zu Theodor Wolffs privatem und beruflichem Werdegang auffallend groß. Block schrieb zwischen 1885 und 1890 mehrere Novellen, fünf Schauspiele und zwei Romane. Die Zeit als Frankreich-Korrespondent (1906–1911) nutzte er ebenfalls für literarische

Arbeiten; zum Abschluss erschienen 1911 seine Pariser Skizzen unter dem Titel »Unsere lieben Feinde«. »Es ist gar nicht so schwer, die Völker einander näherzubringen, wie die Politiker das behaupten; nur muß man bei solchen Versuchen etwas Rücksicht auf die menschlichen Schwächen nehmen, die den Nationen nicht weniger eigen sind, als den Individuen. Man wird auch gut tun, eher der zufälligen Entwicklung zu trauen als der hohen Diplomatie. Endlich ist es ratsam, als Bindemittel nicht etwa Tinte und Druckerschwärze zu nehmen, wohl aber Rotwein: je besser er ist, desto weniger wird er seine Wirkung verfehlen« (181 f.) .

Die Redaktion vermutete wohl zu Recht, dass Theodor Wolff zusammen mit seinem Cousin die Entscheidung, Block den Korrespondentenposten in Paris noch einmal anzuvertrauen (1920–1933), mit der langfristigen Perspektive verbunden hatte, ihn sich dort in einer Warteposition für einen nicht fern liegenden Termin als Chefredakteur weiter qualifizieren zu lassen.

Diese Signale waren für den bisher als »Kronprinzen« angesehenen Erich Dombrowski (1882–1972) deutlich genug, um sich außerhalb des Mosse-Konzerns nach einer neuen Position umzusehen. Seit 1916 füllte er den begehrten Posten des stellvertretenden Chefredakteurs aus. Er war zuvor zwei Jahre Chefredakteur des »Geraer Tageblatts« gewesen und hatte als junger Redakteur in Danzig, Kiel und Breslau gearbeitet. Am »BT« errang Dombrowski schnell hohe Achtung; sein thematischer Schwerpunkt lag auf innen- und wirtschaftspolitischen Themen. Er wurde nach dem Kriegsende Mitglied der von Theodor Wolff mit gegründeten Deutschen Demokratischen Partei und sorgte in Zeiten der Verärgerung Theodor Wolffs über Entscheidungen von DDP-Ministern für die Verbesserung der Stimmung zwischen ihm und der Parteiführung. Eine weitere Öffentlichkeit lernte Dombrowski durch seine pseudonymen Beiträge in der »Weltbühne«, in der »Neuen Rundschau« und in anderen liberalen und gemäßigt linken Zeitschriften kennen, denn seine Vorliebe für Pseudonyme aus der Barock-Dichtung verheimlichte er nicht und die Mehrheit der Leser hatte deshalb keine Mühe mit der Entschlüsselung von Johannes Fischart, Sebastian Brant, Andreas Gryphius oder Heinrich Opitz. Warum Theodor Wolff Anfang der zwanziger Jahre von Dombrowski abrückte, ist unklar. War es die zu große, ihm also unkritisch erscheinende Nähe zur »Deutschen Demokratischen Partei«? Dombrowski schrieb jedenfalls nach seinem Wechsel auf den Chefredakteurssessel des »Frankfurter Generalanzeigers« schon im ersten Jahr seines Weggangs, im Sommer 1926, an Theodor Wolff einen »sehnsüchtigen Brief, den dieser zurückhaltend beantwortete« (Feder, 14.VI.1926). Zwei Jahre später mehrten sich besonders in der Partei und den

Redaktionen die Gerüchte, Theodor Wolff wolle zurücktreten und Dombrowski verhandle bereits mit der Verlagsführung über seine Rückkehr (Feder, 14.VII.1928).

Theodor Wolff setzte mit seinen Bemühungen, den Anteil der Berichterstattung über Europa und die Welt weiterhin zu stärken, dort an, wo die Voraussetzungen am günstigsten waren. Er begann damit in den Finanz- und Handelsteilen und bereitete gleichzeitig das Politik-Ressort dafür vor. Mit einem zunehmend dichteren Korrespondentennetz in Europa und Übersee schuf er günstigere Möglichkeiten für eine kontinuierliche Berichterstattung und die Abkehr von der konventionellen über Haupt- und Staatsaktionen. Die »Handelszeitung im Berliner Tageblatt« bestand seit 1886. Zu ihrem ersten Chefredakteur hatte Rudolf Mosse Jacob Wiener (1815–1899) bestellt, 1904 Arthur Norden und zuletzt in enger Absprache mit Theodor Wolff den promovierten Juristen Felix Pinner (1880–1942), der das Blatt am stärksten präge sollte (1917–1934). Felix Pinner hatte sich durch ein Studium der Rechtswissenschaften und der Nationalökonomie in Berlin und Rostock qualifiziert. Vor seinem Eintritt in das »Berliner Tageblatt« im Jahr 1917 schrieb er für die Berliner Fachzeitschrift »Die Bank«. Theodor Wolff konnte sich nicht nur in fachlicher Hinsicht unbedingt auf ihn verlassen, sondern auch, wenn es galt, Interessen der Anzeigenabteilung zurückzuweisen. Hier mussten die eisernen ethischen Grundsätze eines unabhängigen Journalismus etwas deutlicher vorgetragen werden, denn aus der Abteilung wurde an Pinner häufiger die Bitte herangetragen, bestimmte Themen, Banken oder Wirtschaftszweige stärker zu berücksichtigen, um über diesen lockenden Pfad ein größeres Inseratenaufkommen verbuchen zu können. Pinner baute ein leistungsstarkes Wirtschaftsarchiv auf, den Börsendienst und die Beilagen »Grundstück«, »Hypotheken«, »Geldverkehr« aus. Er formulierte seine Beiträge zu allgemein bedeutsamen Themen trotz der ihnen zu Grunde liegenden komplizierten Sachverhalte verständlich, griff dabei auf eingängige Beispiele aus der Erfahrungswelt des Laien zurück. Er bemühte sich um klare Schlussfolgerungen, ohne die Fachleute zu irritieren und bei dem notwendigen Simplifizieren die Grenzen zu Verzerrungen zu überschreiten. 1934 aus der Redaktion entlassen, musste er in die USA emigrieren; dort nahm er sich 1942 das Leben.

Die personellen Veränderungen und die inhaltliche Umwandlung des »Berliner Tageblatts« wurden für den Stammleser nach 1910 zunehmend deutlicher erkennbar. Die große Schar der neuen Abonnenten dürfte Theodor Wolff ähnlich befriedigt haben wie seinen Verleger und die Buchhaltung. Offensichtlich »ist die Zeitung von Jahr zu Jahr besser geworden«, bemerkte er nicht ohne Stolz bereits 1910 Harden gegenüber (Briefentwurf,

9.X.1910). Aber andererseits war ihm klar, »daß nicht alle die zugeströmten Leser infolge eines demokratischen Herzensbedürfnisses zu uns gekommen waren, für viele war unsere Entschiedenheit nur amüsant, oder eine appetitreizende, gaumenkitzelnde Beilage wie Mix Pickles, und manche waren, nachdem sie uns immer noch zu lau gefunden und verlangt hatten, wir sollten den Stier noch energischer bei den Hörnern packen, sofort bereit, uns böse vorzuwerfen, daß wir den Stier zu sehr gereizt hätten, sobald er, auch sie bedrohend, über die Barriere sprang.« (Erlebnisse, 230). Aber wie sollten auch so schnell in einer breiten Öffentlichkeit eine selbständige Meinung und höhere Urteilsfähigkeit entstehen können? Seine Erfahrung mit den Verhältnissen in Frankreich ließ ihn auf die erzieherische Wirkung hoffen, denn wer die Zweifler besiegen und die Lauen gewinnen wolle, hat er in dem Vorwort zu einer seiner aus diesen Erwägungen veranstalteten Sammlungen mit Leitartikeln formuliert, müsse seine Melodie den ungeübten Ohren oftmals vortragen (Tatsachen, 6). Die Umwandlung wirkte sich auch auf das innere Leben der Redaktion aus. Selbst dort, wo es keine volle politische Übereinstimmung zwischen dem neuen Chefredakteur und den Redakteuren aus der Zeit Levysohns gegeben haben sollte, trat sie in der Zeitung nicht hervor. Der Weltkrieg von 1914/18 behinderte zwar den kontinuierlichen Fortgang dieses behutsamen und mit Augenmaß vorgenommenen Umbaus, konnte ihn aber – wie die Berufung von Dombrowski im Jahr 1916 zeigte – nicht völlig verhindern. Erst der Zusammenbruch der Monarchie und die Gründung der Republik veränderten die politischen und gesellschaftlichen Rahmenbedingungen und damit auch die inhaltlichen Grundlagen einer Tageszeitung und ihre Rezeptionsbedingungen so stark, dass eine weitere Umsetzung des um 1908 entstandenen Konzeptes nicht mehr sinnvoll war. Deshalb hatte zu Beginn der Weimarer Republik eine zweite Reform zu stehen.

KAPITEL 4

KEINE ROSEN FÜR WILHELM II.

Theodor Wolff überreichte Kaiser Wilhelm II. nie die viel zitierten Rosen »aus den Gärten von Byzanz«. Diese Blumen erhielt der Monarch in vollen Bouquets von seinen Paladinen, glückstrahlenden Trägern des Roten Adlerordens Vierter Klasse und von »schweifwedelnden Spalierenthusiasten« (BT 9.I.1918-A). Zu dieser Gruppe gehörten aber auch Professoren wie Adolph Harnack (1851–1930), einer der großen Gelehrten, Mitglied der Preußischen Akademie der Wissenschaften und Präsident der »Kaiser-Wilhelm-Gesellschaft zur Förderung der Wissenschaften«, nach dessen Audienzen der kaiserliche Flügeladjutant Scholl um einen Schnaps gegen seine aufsteigende Übelkeit mit den Worten gebeten haben soll: »Heute abend treibt es der Hofpfaffe Seiner Majestät wirklich zu arg!«. Bereits die mit »T. W.« gezeichneten journalistischen Importe aus Frankreich garantierten eine prinzipiell kritische Sicht auf den Kaiser als den höchsten Repräsentanten der deutschen Politik. Unter der Chefredaktion von Levysohn war das »Berliner Tageblatt« in seiner Gesamtberichterstattung eher schonend mit Wilhelm II. verfahren. Die Zeitung galt in Hofkreisen zwar als reichlich unbequem, schien aber doch berechenbar wegen ihres insgesamt eher liberal-konservativen Akzents. Mit Rudolf Mosses Entscheidung für Theodor Wolff verbanden die Verantwortlichen in der Reichsregierung zu Recht eine relativ klare Vorstellung von den zu befürchtenden Kursänderungen. Die Wilhelmstraße sah in ihm einen »Französling«, abhängig von Einflüsterungen des Quai d'Orsay und einen »Anhänger eines freundschaftlichen deutsch-französischen Verhältnisses um jeden Preis«. Sie hielt ihn für den »Moniteur officiel Frankreichs in Berlin« und begegnete ihm auf Grund dieser Fehlbeurteilung von der ersten Stunde an mit großer Distanz – allein die Botschaft in Paris bildete eine Ausnahme, denn aus der Amtszeit des Botschafters Georg Fürst Münster von Derneburg (1820–1902) bestanden sehr gute Kontakte.

Die Erkenntnis der Regierung, dass sich in Frankreich Theodor Wolffs politische Standpunkte schärfer herausgebildet hätten, war richtig, ihr Urteil über die Persönlichkeit jedoch falsch. Theodor Wolff hatte zwar in seinen Korrespondentenberichten politische Strukturen in Frankreich mit denen in Deutschland wiederholt zum Nachteil der autoritären konstitutionellen Monarchie verglichen, jedoch nie die Republik distanzlos verherrlicht. Er wollte den Ausgleich mit Frankreich befördern, aber nicht ohne Augenmaß oder »um jeden Preis«. Wie konnten die irrigen Ansichten in der deutschen Regierung entstehen? Zwei »dates capitales« hatten sich den Kritikern und Gegnern Theodor Wolffs zusammen mit den publizierten Kommentaren tief eingeprägt: der 26. Juni 1899 und die Erste Marokkokrise von 1905 bzw. die Verhandlungen, die zu diesem Ereignis führten. Das Tagesdatum erinnert an ein für Theodor Wolff unvergessliches Erlebnis, es war die Vorstellung des Kabinetts von Pierre-Marie Waldeck-Rousseau (1846–1904) in der Kammer. Die Jahreszahl weist auf die Ausdehnung der französischen Vormachtstellung in Marokko nach dem Abschluss der Entente cordiale zwischen Frankreich und Großbritannien (8.IV.1904) hin und signalisiert den Beginn der außenpolitischen Selbstisolierung des Deutschen Reiches.

Nach 1899 verfügte Frankreich zum ersten Mal seit vielen Jahren wieder über eine handlungsfähige und stabile Regierung und mit Waldeck-Rousseau über einen liberalen Ministerpräsidenten, der mit Autorität und Integrität, politischem Geschick und Integrationsvermögen disparate politische Kräfte zu vereinen vermochte. Er brachte Radikalsozialisten und Sozialisten dazu, sich nicht mehr an den revolutionären Ideen von Karl Marx zu orientieren und auf die sozialistische Umgestaltung von Staat und Gesellschaft zu verzichten. Die Wähler entschieden in der Folgezeit nach der »tendance« und nicht nach Programmen; die Abgeordneten orientierten sich stärker an Individuen, an persönlichen Beziehungen und schufen eine Atmosphäre der »république des camarades«.

Unter diesen günstigen Voraussetzungen hatte um die Jahrhundertwende selbst der Revanchegedanke in den allgemeinen französisch-deutschen Beziehungen und sogar in der Elsaß-Lothringen-Frage deutlich an Kraft eingebüßt. Theodor Wolff berichtete über diese Entwicklung und die aufbrechenden französisch-britischen Rivalitäten in Afrika ausführlich und gab seinen deutschen Lesern zu erkennen, welche Chancen sich einer aktiveren deutschen Außenpolitik böten, wenn sie danach strebe, das Verhältnis zwischen Paris und Berlin zu verbessern. Die Franzosen, meinte er, hegten den Deutschen gegenüber nicht jene »instinktive«, niemals zu überwindende Abneigung wie gegenüber den Engländern. Ihr Zorn gegen die Deutschen sei eher eine Verstandes- mitunter auch eine Herzenssache, von der anzunehmen sei, sie lasse sich eines Tages überwinden. Dabei hat er seinen Lesern nie seine gleichzeitig bestehenden Befürchtungen vorenthalten, die ihm die deutsche Außenpolitik und Öffentlichkeit einflößten, die teils einer Anglophobie huldigten und Frankreich eine Sicherheit unterstellten, über die es als potentieller Bündnispartner noch nicht verfüge. Die Deutschen bewegten sich seiner Meinung nach auf der diplomatischen Bühne zu undifferenziert und bedächten Folgendes zu wenig: »(...) in dem Augenblick, wo wir den Franzosen dazu verholfen haben würden, ihre Forderungen an England durchzusetzen, würde zugleich der Grund, die Engländer zu hassen, und der Grund, die Deutschen zu lieben, verschwunden sein« (BT 25.I.1900).

Diese abgewogene und vorsichtige Position führte Theodor Wolff zur scharfen Kritik an der »Politik der freien Hand« und besonders an der Behandlung der Marokko-Frage durch den »weltscheuen Scharfmacher« im Auswärtigen Amt, Geheimrat Friedrich von Holstein (1837–1909), der die Beunruhigung der europäischen Mächte über das Vorgehen Deutschlands seit dem Regierungsantritt Wilhelms II. unterschätze. Die selbstherrliche und zugleich unberechenbare Politik der Widersprüche, Destruktion und Instinktlosigkeiten habe französische Empfindlichkeiten verletzt: ein deutscher General befehligte französische Truppen im Boxeraufstand; die in Frankreich begeistert gefeierte Buren-Delegation wurde in Deutschland nicht empfangen, um England zu schonen; über Spanien initiierte außenpolitische Sondierungen Frankreichs wurden nicht genutzt; rhetorische Kraftmeierei und Säbelrasseln statt Rücksichtnahme auf Stimmungen und Mentalitäten in Frankreich erzeugten Misstrauen und führten zu Situationen, in denen die deutsche Diplomatie mit zwei Händen zurücknahm, was sie mit einer gegeben hatte (BT 8.XI.1901). Deshalb musste Theodor Wolffs abschließendes Urteil über die Entente cordiale schonungslos negativ für den verantwortlichen Staatsmann ausfallen, Bernhard Fürst von Bülow (1849–1929), seit 1897 verantwortlich als Staatssekretär des Auswärtigen Amtes und seit 1900 Reichskanzler und preußischer Ministerpräsident. Der »BT«-Leitartikel steht im scharfen Kontrast zu Bülows schönfärberischen Reichstagsreden, er benennt das Ergebnis illusionslos (»friedliche Eroberung Marokkos«) und zeigt die geistige Unabhängigkeit des Autors, seinen hohen Kenntnisstand, das Analyse- und Darstellungsniveau seiner Kritik (BT 13.IV.1904).

In der Folgezeit hat Theodor Wolff wiederholt Unwahrheiten und Entstellungen der deutschen Politik entlarvt und nach der außenpolitischen Selbstisolierung des Deutschen Reiches auf der Konferenz von Algeciras (Januar-April 1906), dem Abschluss der Ersten Marokko-Krise, eine entschiedene Reform der politischen Verhältnisse in Deutschland gefordert. Denn er ging von der Existenz struktureller und sachlicher Zusammenhänge aus zwischen den diplomatischen Misserfolgen, der Ideenarmut, der Konzeptionslosigkeit in der Außenpolitik und den innenpolitischen Mängeln, die sich aus der zu schwachen parlamentarischen Kontrolle ergäben, aus der fehlenden Durchsichtigkeit der Entscheidungen, der viel zu geringen öffentlichen Diskussion politischer Themen. Es müssten die Geheimniskrämerei und die Orientierung der Diplomaten an persönlichem Ehrgeiz, an Dünkel, Kurzsichtigkeit und Vorlieben ausgeschaltet und das Auswärtige Amt von dem Geruch befreit werden, es habe sich zu einer »Zufluchtsstätte aristokratischer Mittelmäßigkeit« entwickelt (BT 10.X.1906).

Vor diesem Hintergrund wird verständlich, weshalb die Reichsregierung eine möglichst große Distanz zu dem neuen Leiter des »Berliner Tageblatts« einnahm, als er Ende 1906 in Berlin eintraf, über dessen »unbotmäßige Berichterstattung« sich das Auswärtige Amt seinem Botschafter in Paris gegenüber erst kurz zuvor wieder einmal (29.VI.1906) beschwert hatte. Dennoch bleibt unklar, weshalb die deutschen Politiker in Theodor Wolff kaum mehr als einen etwas naiven frankophilen Idealisten sahen. Dabei kann weitgehend unbedacht bleiben, ob der Journalist nicht vielleicht die französischen Verständigungssignale auf der Weltausstellung von 1900 oder kurz danach überschätzte, als er damals wie auch später meinte, die deutsche Politik habe ihre Möglichkeiten nicht flexibel, konsequent und systematisch genutzt. Sie habe stattdessen über risikoreiche koloniale Unternehmungen phantasiert oder darauf spekuliert, die europäischen Mächte würden dem Deutschen Reich die »Rolle des Beschützers aller Muselmänner« überlassen.

Der deutschen Politik gewährte Theodor Wolff im Winter 1906 keine Atempause. Wie bereits zwölf Jahre zuvor bei seinem Arbeitsbeginn in Paris lief auch jetzt der Übergang zwischen zwei Lebensstationen schnell ab. Als politischen Apéritif hatte er von der Seine zwei Artikel an die Spree telegraphiert, die großes öffentliches Aufsehen erregten: das Feuilleton »Clemenceau zu Hause« (Tagebuch, 138–145) und ein Interview mit ihm, »Deutschland und Frankreich«. Beide erfreuten die deutsche Regierung nicht, da sie Kritik am gesamten verfassungsrechtlichen und politischen

System in Deutschland übten. Kaum in der Berliner Redaktion eingetroffen, deckte Theodor Wolff zusätzlich noch eine gravierende Täuschung des Parlaments durch den Kolonialstaatssekretär Bernhard Dernburg auf. Doch zuerst wirkte der Clemenceau-Artikel, in dem es hieß, der große Chauvinist sei zwar im Lauf der abflauenden Kämpfe milder und ruhiger geworden, doch liebe er das heutige Deutschland immer noch nicht. Es könne auch nie dazu kommen, weil er 1870 die deutschen Divisionen gegen die Pariser Wälle habe anstürmen sehen und »weil ein alter, in demokratischen und liberalen Anschauungen erzogener Republikaner für das kulturwidrige Treiben preußischer Minister und für die byzantinische Schweifwedelei mancher ›Untertanen‹ naturgemäß einen tiefen Widerwillen empfinden muß. Die Sympathien der politisch selbständigen Völker können uns durch keine Bankettreden und durch keine künstlichen Mittel für die Dauer gewonnen werden. An dem Tage, an dem das deutsche Bürgertum erwachen, an dem Tage, an dem es an die Stelle eines Scheinkonstitutionalismus ein wirklich modernes Verfassungsrecht setzen wird, an dem Tage – aber nicht früher – werden die demokratischen Bürger Westeuropas und Amerikas sich wahrhaft verwandt fühlen« (Tagebuch, 143).

Im zweiten Artikel (BT 19.XI.1906-A) erklärt Clemenceau nachdrücklich, er sehe wirklich nicht, weshalb die beiden Staaten nicht gute Beziehungen zueinander haben könnten. An Krieg zu denken, sei »einfach lächerlich«. Theodor Wolff fügte kommentierend hinzu: »Die deutsche Regierung und das deutsche Volk sind heute – das unterliegt keinem Zweifel – nicht weniger friedlich als Herr Clemenceau und Frankreich. Wenn wir aber mit den selbständig denkenden und freiheitlich erzogenen Völkern Westeuropas wieder herzlicher verkehren wollen, so muß dem Auslande erst das entschwundene Vertrauen zurückgegeben werden. Diejenigen, die fortwährend erzählen, daß die ganze Welt uns aus Neid und Eifersucht anklage, sagen nur einen geringen Teil der Wahrheit, und jeder vernünftige Mensch kann sich ausmalen, daß ein Militärstaat, wie der deutsche mit seiner enormen Machtkonzentration, seinem Mangel an wirksamer Kontrolle und kräftigem Einspruch, mitunter beunruhigend wirken muß.«

Bereits in den ersten Stunden seiner Tätigkeit in der Leitung des »BT« konnte Theodor Wolff den Vorwurf des »Scheinkonstitutionalismus« im Feuilleton-Beitrag beweisen, die Missachtung der parlamentarischen Gremien und der politischen Moral durch die verantwortlichen deutschen Politiker, die Arroganz der leitenden Ministerialbeamten gegenüber den Parteien und der Öffentlichkeit. Das Parlament war nämlich bei der Ausübung seines vornehmsten Rechtes der Etatfestsetzung vom Reichskanzler und Staatssekretär bewusst falsch oder zumindest nicht frühzeitig und vollständig informiert worden. Im Winter 1906 hatte der Reichstag den Nachtragshaushalt für Südwestafrika beraten und die Forderungen der Regierung mit knappen Mehrheiten abgelehnt, obwohl sie mit den dramatisch geschilderten Kämpfen der Kolonialtruppe gegen die aufständischen Bondelzwarts begründet worden waren. Gleichzeitig hatten die Parlamentarier das Beamtenregime, Unterschleif, mangelnde Transparenz und eine anhaltende Tendenz zur »Nebenregierung« scharf moniert. Der Kaiser ließ den widerspenstigen Reichstag auflösen. In die erregten Auseinandersetzungen platzte am Tag der Reichstagsauflösung (13.XII.1906) die offizielle Nachricht, die Bondelzwarts seien bereits unterworfen und die Andeutung des »BT«, die Regierung habe diese keineswegs aktuelle Mitteilung den Parlamentariern in der Hoffnung vorenthalten, um sie den finanziellen Forderungen gegenüber gefügiger machen zu können. Obwohl diese Taktik misslungen war, rief ihre Aufdeckung große Empörung hervor. Das Parlament konnte jedoch als Institution nicht mehr aktiv werden, weil es offiziell bereits aufgelöst worden war, wohl aber einige liberale und alle linken Parteiführer. Bülow trat zusammen mit dem konservativ-nationalliberalen Kartell und erstmals mit den Freisinnigen (»Bülow-Block«) in den folgenden »Hottentotten-Wahlkampf« mit dem Schlachtruf ein »Für Ehr und Gut der Nation gegen Sozialdemokraten, Polen, Welfen und Zentrum!«.

Die unmittelbare Reaktion der politisch Verantwortlichen auf Theodor Wolffs Enthüllung fiel unmissverständlich aus. Sie ist in der Antwort des Reichskanzlers auf die Bitte Theodor Wolffs nachzulesen, ihn zu einem Gespräch zu empfangen, damit er das Interview mit Clemenceau »hier zum Debut mit einer Auffassung Euer Durchlaucht« ergänzen könne. Die von der Reichskanzlei vorgelegte Stellungnahme empfahl oberlehrerhaft, den »Herr Theodor Wolff, der intimer persönlicher Gegner des Herrn Reichskanzlers ist«, übrigens mit der Randbemerkung neben dieser Stelle: »warum denn?« – weder zu empfangen noch ihn einer Antwort zu würdigen, denn das allein könne auf ihn »erzieherisch wirken«. Außerdem wurde behauptet, die Unterredung solle natürlich lediglich der Eitelkeit dienen und nebenher Informationen für spätere Angriffe liefern, sowie auf Theodor Wolffs enge persönlichen Beziehungen zu Maximilian Harden hingewiesen. In jener Zeit führte Harden zusammen mit dem am 5. April 1906 entlassenen Holstein eine Rache-Kampagne mit den Vorwürfen der Homosexualität und des Meineids gegen den kaiserlichen Freund Philipp Fürst zu Eulenburg (1847–1921). Sie sollte das »persönliche Regiment« des Kaisers und seine »Kamarilla« treffen, also die Günstlingswirtschaft unverantwortlicher Ratgeber in den drei Kabinetten des Kaisers für den militärischen, den zivilen und zusätzlich noch für den Marine-Bereich. Anschließend wurde in der Empfehlung für den Reichskanzler auf Theodor Wolffs Artikel zu der Bondelzwarts-Frage verwiesen und resümiert: »Das ›Berliner Tageblatt‹ ist in der Wahlfrage wie in Dingen der auswärtigen Politik unbelehrbar« (Brief, 28.XII.1906). Eine Marginalie fragt noch: »Läßt sich nicht durch Dernburg auf Th. Wolff einwirken?« Derartige Versuche einer Einflussnahme waren in der Vergangenheit gescheitert und Theodor Wolff blieb auch in Zukunft solchen Ansinnen gegenüber harthörig, wie aus einer sach- und zeitaufwendigen diplomatischen Aktion des Reichskanzlers zur Zeit der Zweiten Marokko-Krise hervorgeht. Die Regierung musste fünf Jahre später einen vertraulichen Runderlass »in Sachen Theodor Wolff« weltweit verschicken. Er ging an alle Kaiserlichen und Königlichen Missionen des Deutschen Reiches im Ausland, wurde den Gesandten und Botschaftern »unter persönlichen Adresse«, »Eigenhändig, Sicher!« am 1. Februar 1911 zugestellt; sein Empfang musste ausdrücklich bestätigt werden. Die entscheidenden Sätze der Warnung lauteten: »Die Haltung des ›Berliner Tageblattes‹ schliesst jeden Zweifel darüber aus, dass diese Zeitung nicht bloss aus Ungeschick sondern mit bewusster Absicht der Politik der Kaiserlichen Regierung in inneren und in äusseren Fragen Schwierigkeiten bereitet. Ich bestimme daher, dass alle Beziehungen der Stellen des auswärtigen Dienstes zu der Redaktion des ›Berliner Tageblattes‹ wie zu dessen auswärtigen Vertretern und Mitarbeitern allmählich in nicht zu schroffer Weise so zu lösen sind, dass weder Nachrichten noch orientierende Winke mehr erteilt werden« (PAAA R 1593).

Es gehört schon eine gewisse politische Blindheit und eine hohe Unkenntnis des zeitgenössischen Journalismus dazu, Theodor Wolff und Maximilian Harden programmatisch dicht nebeneinander zu rücken, wie es in dem Brief von 1906 geschehen ist, um die Differenzen zwischen den beiden übersehen zu können. Theodor Wolff hat seinen Kontrahenten zwar gelegentlich zur Mitarbeit am »BT« aufgefordert (Brief, 3.XII.1905), aber gleichzeitig eine eigene in Hardens Zeitschrift »Zukunft« abgelehnt, da er sie seinen Freunden nicht zumuten wolle, die von Harden öfter angegriffen würden. Der Briefwechsel zwischen den beiden aus den Jahren von 1905 bis 1907 bestätigt, was sich auch den Veröffentlichungen entnehmen lässt: Harden folgte weitgehend den Ansichten Holsteins, hielt die Behandlung der Dreyfus-Zola-Affäre im »BT« für falsch – dahinter stecke das jüdische Kapital –, klagte eine stärkere Unterstützung in der Eulenburg-Affäre ein, rechnete nicht mit einem Eingreifen Großbritanniens an der Seite Frankreichs und hielt einen deutsch-französischen Krieg keineswegs für ein Unglück. »Wer da meint, die Dinge würden wieder ganz so glatt gehen wie 1870, der täuscht sich«, schrieb ihm dagegen Theodor Wolff, »die Franzosen haben sehr viel gelernt, ihr Material ist sehr viel besser geworden, ihre Gefechtsweise ist (wie sich in China gezeigt hat) dem Schnellfeuer besser angepasst, als die unsrige, und wir haben schwerlich einen Moltke, und in unserer Armeeleitung dürfte der ›Zick-Zack-Kurs‹ dann wohl auch ein wenig zu Tage treten. Die zeitweiligen Schwäche-Anfälle der Franzosen, ihr Hang zur Selbstverkleinerung, ihre Angewohnheit, aus innerpolitischen Motiven die Zukunft möglichst schwarz zu malen, dürfen uns nicht irre führen. Es ist ja sehr wahrscheinlich, daß sie schließlich wieder geschlagen werden würden. Aber die Sache würde sehr lange dauern, solche lange Dauer wäre, wenn England inzwischen unsere Schiffe abfinge, sehr gefährlich, und die großen Resultate, die mancher sich phantasievoll ausmalt – dauernde Unschädlichmachung Frankreichs, zahllose Milliarden – könnten uns leicht aus den Fingern gleiten. Dagegen gehöre ich ganz zu denjenigen, von denen Sie schreiben, daß sie die Offenhaltung der ›nordwestafrikanischen Wunde‹« wünschen (Brief, 27.X.1905).

Der Wechsel der Verantwortung von Levysohn zu Theodor Wolff in den Jahren von 1906 bis 1908 erfolgte insgesamt unspektakulär. Doch in einem Fall, bei einem außenpolitischen Thema, dürften den Lesern Änderungen in der Darstellung und Bewertung aufgefallen sein. Damit sind der gesamte Komplex der deutsch-britischen Beziehungen im europäischen Bündnissystem und besonders die bilateralen Flottenverhandlungen gemeint. An der Jahrhundertwende hatte das »BT« die Bestrebungen der englischen Diplomaten, mit dem Deutschen Reich zu einer Annäherung und langfristig zu klaren vertraglichen Abmachungen kommen zu wollen, distanziert bis ablehnend kommentiert, weil es nicht von der sachlichen und politischen Entschiedenheit der Avancen überzeugt gewesen war. Noch vor dem Ableben Levysohns, Anfang 1908, eröffnete Theodor Wolff eine neue Argumentationslinie, in der er den Engländern eine größere Bereitschaft unterstellte, grundlegende Vereinbarungen mit Deutschland ernsthaft anzustreben.

Die Einschätzung, dass Deutschland Großbritannien gegenüber in der Position des Hofierten sei, London also nichts anderes übrigbleibe, als seine Versuche fortzusetzen, das Deutsche Reich zu umwerben, teilte Theodor Wolff nicht. Er sah darin ebenso ein Wunschdenken wie in der Annahme eines unversöhnlichen Gegensatzes zwischen Großbritannien und Frankreich. Die Devise eines »Alles oder nichts« der deutschen Diplomatie hielt Theodor Wolff für wenig geeignet und favorisierte eine Strategie der schrittweisen Annäherung an Großbritannien über Teilabkommen. Zu seiner vorsichtig-abwägenden Perspektive gehört auch die Ablehnung der agitatorischen Züge der Flotten-Propaganda.

Innenpolitisch stellte sich die Lage in den Artikeln Theodor Wolffs keineswegs günstiger dar. Trotz eines Zuwachses um 400.000 Stimmen in den

Reichstagswahlen von 1907, empörte sich das »BT«, büßte die SPD auf Grund des sie benachteiligenden absoluten Mehrheitswahlrechts und einer realitätsverzerrenden Wahlkreiseinteilung mehr als ein Drittel ihrer Mandate ein. Deshalb plädierte Theodor Wolff nicht allein für Reformen, sondern beteiligte das »BT« mit einer Kundgebung für »eine der wichtigsten Aufgaben der Gegenwart« an einer großen Kampagne für ein revidiertes Wahlrecht in Preußen und im Reich. Ende 1909 versandte er dazu im Namen der Zeitungsredaktion und unter Berufung auf die Thronrede vom 20. Oktober 1908 an Bekannte und Freunde in Industrie und Handel, Ärzte- und Anwaltschaft, an Universitätskreise und an Literaten wie Gerhart Hauptmann Aufrufe, die er inhaltlich bewusst zurückhaltend abgefasst habe, damit »jeder, auch ein Rechtsstehender, sie unterzeichnen« könne (Brief, 1.XII.1909). »Ein Volk von 60 Millionen, das in Handel und Industrie, in Gewerbe und Technik, in Wissenschaft und Kunst rastlos der Vollkommenheit zustrebt, darf die Richtlinie seiner Politik nicht ausschließlich bestimmen lassen nach den Bedürfnissen jener kleinen Oberschicht, die sich in den östlichen Provinzen Preußens dem Eindringen modernen Geistes erfolgreich entgegenstemmt. Darum ist es eine Lebensfrage für Preußen nicht nur, sondern auch für das gesamte Deutsche Reich, daß den aufstrebenden Erwerbsständen der Weg freigemacht werde zur preußischen Volksvertretung. (...) Es gilt zu zeigen, daß die preußische Krone sich bei dieser Forderung in Uebereinstimmung befindet mit den berufenen Vertretern deutscher Geistesbildung und deutschen Wirtschaftslebens.«

Die Zeitung veröffentlichte zwar eindrucksvolle Stellungnahmen, doch blieben sie ohne die erhoffte Resonanz in den politischen Verhandlungen, denn das Gesetz fiel kläglich aus. Aus der schmachvollen Vorlage spreche, und das müsse er in aller Höflichkeit sagen, kommentierte Theodor Wolff, ein »unanständiger«, ein frivoler, herausfordernd übermütiger Geist, weil er einen Mangel an Patriotismus und Nationalgefühl offenbare und das Volk spalte. Die Entwicklung zur Demokratie müsse weitergehen und werde auch schwerlich gänzlich aufzuhalten sein. »Der Historiker weiß, daß man nicht ungestraft ein Volk auseinanderreißt und daß der Hochmut der herrschenden Kaste uns schon einmal an den Abgrund geführt hat. Der Jurist empfindet neben der Sinnwidrigkeit der Vorlage ihre schreiende Unbilligkeit und sieht die Verantwortung, die man mit der Aufhetzung der verfehmten Bevölkerungsklassen übernimmt. Der ethische Denker findet, daß die Entrechtung einzelner Teile nichts ist als eine Versündigung am ganzen Menschentum; und daß auf der Wage der höheren Gerechtigkeit ein tüchtiger Tischler nicht leichter als ein unzulänglicher Reichskanzler wiegt« (BT 7.X.1910).

Der kaum für möglich gehaltene Wahlsieg der Sozialdemokraten im Reich am 12. Januar 1912 und die Stichwahlen in der zweiten Monatshälfte waren epochale Ereignisse, weil mit ihnen die Ära des bürgerlichen Verfassungsstaates zu Ende ging. Die SPD war zur stärksten Reichstagsfraktion aufgestiegen, hatte zu ihren 3,3 Millionen Wählern fast eine Million hinzugewonnen und verfügte jetzt mit einem Stimmenanteil von 35 % über 110 Mandate. Die Liberalen sollten nunmehr dahin streben, in zehn Jahren die rechte Mehrheit in einem Parlament zu stellen, dessen linken Flügel dann die Sozialdemokraten bildeten. Zum Wunschdenken, aber auch zu Theodor Wolffs politischen Zielvorstellungen gehörte das folgende Szenarium: »Nicht die Sozialdemokratie wird das Terrain beherrschen, und wäre sie noch so stark, sondern der Liberalismus allein, der das vielzitierte ›Zünglein an der Waage‹ wird, und zum ersten Male wird in allen großen Fragen des Reiches das Wort des Liberalismus entscheidend sein« (BT 15.I.1912).

Am 19. Juli 1909 erklärte Theodor Wolff, »kein anderes Staatswesen ist so von Lüge, Heuchelei und Sophismen durchsetzt«; eine Gleichberechtigung der Bürger existiere nicht, und die Regierung, die behaupte, über den Parteien zu stehen, sei »ein Kastenregiment«. Die Beibehaltung des Dreiklassenwahlrechts in Preußen und die mangelnde Bereitschaft, aus der Daily-Telegraph-Affäre prinzipielle verfassungsrechtliche Konsequenzen zu ziehen, bestärkten Theodor Wolff in dieser Ansicht zusätzlich. Wilhelm II. hatte in der englischen Zeitung am 28. Oktober 1908 ausgeführt, es gebe nur eine kleine englandfreundliche Minderheit in Deutschland, er habe vor Jahren London einen antibritischen französisch-russischen Plan offenbart und persönlich den Feldzugsplan für den siegreichen Burenkrieg entworfen (1899–1902), die deutsche Flotte stelle keine Bedrohung dar, sondern werde vielmehr im Fernen Osten die britische unterstützen.

Die taktlosen, überheblich-naiven und das »persönliche Regiment« kompromittierenden Äußerungen des Kaisers schätzte Theodor Wolff als den vielleicht größten Fehler der zwanzigjährigen Regierungszeit ein, für den der Reichskanzler die volle Verantwortung trage. Er nahm zu Bülows Gunsten an, er werde nicht »die Respektlosigkeit so weit treiben, zu erklären, er habe bisher von den Äußerungen des Kaisers keine Kenntnis genommen« (BT 29.X.1908). Doch Bülow wählte nachdrücklich diese Schutzbehauptung und versuchte den Eindruck zu erwecken, er sei über die Gedanken und Pläne des Kaisers in den letzten Monaten nicht informiert gewesen. Er lenkte erfolgreich die öffentliche Empörung auf den Monarchen, wodurch er sein mehrfaches Versagen verschleiern, das Parlament täuschen und seine Position vorübergehend stärken konnte. Dennoch sah Theodor Wolff über Bülow bereits eine Art Götterdämmerung heraufziehen (BT 9.XI.1908) und wies detailliert nach, dass sämtliche dem Kaiser zugerechneten Fehler in Wahrheit nur die bekannten Unzulänglichkeiten der Diplomaten in den letzten Jahren spiegelten. Sie hätten eine irrlichternde England- und Buren-Politik betrieben, sich nicht als vertrauenswürdige und auf Diskretion bedachte Verhandlungspartner erwiesen, nicht auf eine feste Verankerung ihrer Politik in Parlament und Volk verweisen können und hätten es für eine überzeugende Idee gehalten, in Bündnis-, Flotten- und militärischen Fragen der weitgehend inhaltslosen Bülowschen Idee zu folgen, das Reich müsse sich wie eine Sphinx verhalten.

Wie so viele Zeitgenossen erlag schließlich sogar auch Theodor Wolff der geschickten Strategie Bülows und täuschte sich zusätzlich noch in der Annahme, der aus unterschiedlichen Motiven gespeiste Unmut der Parteien würde sie verfassungspolitisch zusammenführen. Alles lief anders als im »BT« angenommen ab. Der Kanzler entschwand durch seine geschickt zu Ungunsten des Kaisers abgefassten Erklärungen aus der Schusslinie der öffentlichen und parlamentarischen Kritik. Die Diskussion im Parlament beschränkte und zersplitterte sich im Verlangen nach neuen Formen verfassungsmäßiger Garantien, ohne sich zu vergegenwärtigen, dass auf dieser Ebene nicht das Staatsoberhaupt, sondern ausschließlich die Kanzlerverantwortlichkeit verstärkt würde. »Man predigt in der Wüste, aber man muss doch immer wieder auf diese elende Bülowsche Auslandspolitik hinweisen«, klagte Theodor Wolff häufiger in seiner privaten Korrespondenz (Brief, 9.IX.1908). Hinter den Fehlern der Reichskanzler und der Staatssekretäre sah er ebenso wie hinter den rhetorischen Fehlleistungen des Kaisers vorrangig nicht individuelles Unvermögen oder persönliche Hybris, sondern vielmehr die Konsequenzen aus den strukturellen Rückständigkeiten im deutschen Verfassungs- und Regierungssystem. Er empörte sich also nicht einmal über die »Hunnenrede« des Kaisers mit der Aufforderung an das deutsche Expeditionskorps für China »Pardon wird nicht gegeben; Gefangene werden nicht gemacht. Wer in Eure Hand fällt, sei in Eurer Hand. Wie vor tausend Jahren die Hunnen unter ihrem König Etzel sich einen Namen gemacht, der sie noch jetzt in der Überlieferung gewaltig erscheinen läßt, so möge der Name Deutschland in China in einer solchen Weise bekannt werden, daß niemals wieder ein Chinese es wagt, etwa einen Deutschen auch nur scheel anzusehen« (27.VII.1900). Theodor Wolff klagte ebenfalls nicht ausschließlich den Kaiser an, als er gefordert hatte, ein Soldat müsse »bereit sein, auf die eigenen Verwandten, auf die Brüder, ja auch auf die Eltern zu schießen« (23.XI.1891). Er hielt es selbst 1906 nach der »Schwarzseher«-Rede – der Kaiser empfahl darin seinen kritischen Untertanen, nicht weiter zu räsonieren, sondern lieber auszuwandern – für unergiebig, nach dem korrekten

Wortlaut zu fahnden, um Wilhelm II. attackieren zu können, da die höchsten Stellen das System mittrugen. Und er tat gut daran, der unendlichen Geschichte der Vertuschungen nicht ein Kapitelchen hinzuzufügen, wenn sich nicht einmal hundert Jahre später renommierte Verfassungsgeschichten (Ernst Rudolf Huber, Band 4) oder universitäre Handbücher (Theodor Schieders Handbuch der europäischen Geschichte, Band 6) um den korrekten Wortlaut der »Hunnenrede« bemühen.

Theodor Wolff suchte in den folgenden Jahrzehnten die Aufmerksamkeit seiner Leser auf die gravierenden Mängel des politischen Systems zu lenken. Hauptsächlich verstand er darunter die Notwendigkeit, die öffentlichen Auseinandersetzungen in Parlament und Presse zu erweitern und zu intensivieren, um die überzogene monarchische Gesinnung und das unter Bismarcks starkem Regiment gezüchtete Untertanenvertrauen allmählich abbauen zu können. In Zukunft werde sich alles um die Frage drehen, ob es in Deutschland »ein volkstümlich-parlamentarisches oder ein absolutistisch-bureaukratisches Regime« gebe (BT 1.1.1907). Das Dreiklassenwahlrecht in Preußen sei abzuschaffen und das absolute Mehrheitswahlrecht im Reich zu reformieren, die Freiheiten der Presse und die Kontrollfunktionen des Parlaments rechtlich höher abzusichern und den Reichskanzler der parlamentarischen Verantwortlichkeit zu unterwerfen. Auf diese Kritik hat Bülow reagiert, als Theodor Wolff sie in seinem Buch »Vorspiel« wiederholte: »Gerade, weil ich vieles bei uns reformbedürftig fand, u. a. das preussische Wahlrecht, habe ich während der Blockzeit gehofft, allmählich durch die Aufnahme von Parlamentariern und andere Massnahmen reformatorisch zu wirken. Wo fand ich den heftigsten Widerstand? Bei Ihnen, lieber Herr Wolf(f)! Noch sehr jung (welch reizender Fehler), Idealist (beinahe noch reizender), von keiner Sorge noch gezügelt, traten Sie in des öffentlichen Lebens Bahn. Und nichts war so hoch, und nichts war so ferne, wohin Ihrer Entwürfe Flügel Sie nicht trug. Sie machten meiner damaligen Politik schärfste Opposition mit der echt deutschen Parole: Alles oder nichts!« (Brief, 7.II.1925).

Zu den weiteren Konsequenzen, meinte Theodor Wolff, gehöre es, eine Informationspflicht der Exekutive einzuführen, die selbstherrlichen Eigenmächtigkeiten des Kaisers (»persönlichen Regiment«) durch die Stärkung des Systems der konstitutionellen Kooperation von monarchischer und ministerieller Gewalt zu verhindern und die Mitwirkung unverantwortlicher Personen – »Kamarilla« – und der kaiserlichen Institutionen – Zivilkabinett, Militärkabinett und Marinekabinett – auszuschließen. Am schwierigsten schien es ihm, den Chauvinismus und die Hochschätzung des Militärs in der Öffentlichkeit abzubauen, den Rekurs der Politiker auf eine falsch verstandene Staatsräson ebenso zu verhindern wie die Dominanz militärischen Denkens (»Militarismus«) in der Gesellschaft, das es den Politikern in schwierigen Situationen erlaube, sich mit dem Hinweis auf die »Waffenehre«, das »Ansehen in der Welt« und die »nationalen Aufgaben« der parlamentarischen Kontrolle weitgehend zu entziehen. Sogleich in der ersten Phase seiner neuen leitenden Funktion im »Berliner Tageblatt« hat Theodor Wolff einen weiteren öffentlich stark beachteten Fall, die Anklage gegen den Hauptmann von Köpenick, genutzt, um einen tieferen Eindruck von der Reformbedürftigkeit der Wilhelminischen Gesellschaft, ihres Polizeiwesens, eines Systems der Schikane und der bürokratischen Einmischung in private Verhältnisse zu vermitteln und um die Uniformgläubigkeit seiner Mitbürger zu karikieren. »Schon als die ersten Nachrichten über die Verhaftung des falschen Hauptmanns von Köpenick in die Oeffentlichkeit kamen, schlug die Stimmung des Publikums langsam um. Bis dahin hatte man die Eroberung des Köpenicker Rathauses ausschließlich von der humoristischen und satirischen Seite gewürdigt; man hatte über die glänzende Verspottung der Uniformvergötterung gelacht wie kaum je zuvor, und gleichzeitig den geschickten Akteur bewundert, der die preußischen Schwächen mit genialer Sicherheit in seinen Dienst zu zwingen gewußt hatte« (3.XII.1906).

Im Einzelnen gehörten zu Theodor Wolffs politisch-journalistischer Strategie nicht nur die Zusammenfassung liberaler Positionen in einer programmatisch sich nicht zu eng definierenden Partei, sowie die gleichberechtigte Einbindung von Sozialdemokraten, Polen und Katholiken in den allgemeinen politischen Willensbildungsprozess. Das letzte Friedensjahr in der Ära des Wilhelminismus war offiziell als »Jubeljahr« zur Erinnerung an das Vierteljahrhundert der Regierung Wilhelms II. und an das Säkularereignis der »großartigsten Volkserhebung der neuen Zeit« geplant worden. In seinem Leitartikel vermochte Theodor Wolff jedoch kein strahlendes Fazit zu ziehen.

Der ursprünglich gute Ruf des Jahres sei nicht mehr zu retten, schrieb er in der Silvester-Ausgabe des »BT«, denn es könne nicht mit den Klängen des Erfolgs an sein Ende gebracht, sondern müsse negativ bilanziert und sogar unter einem Leichentuch begraben werden. Mit diesen Bildern und Metaphern wollte er auf innenpolitische Misserfolge und Konflikte wie den in Zabern, auf auswärtige Krisen und kriegerische Vorgänge wie die auf dem Balkan hinweisen. Diese Ereignisse erstickten dem loyalsten und optimistischsten deutschen Untertanen das von seiner Regierung erhoffte »Hurrah« im Halse. Die kriegerischen Auseinandersetzungen auf dem Balkan im Sommer 1912 hatten mit dem Frieden von Lausanne nicht ihr Ende gefunden, sondern waren erneut aufgeflammt, weil Bulgarien, unzufrieden mit dem territorialen Gewinn, im Juni 1913 Serbien und Griechenland angegriffen hatte. Der Friede von Bukarest schuf auf dem Balkan einen fragilen Zustand. Deshalb sei zu befürchten, dass sich bereits lokale Konflikte, befördert durch den russisch-österreichischen Interessengegensatz in dieser Region, zu allgemeinen Konflikten entwickeln könnten.

Innerhalb des Deutschen Reiches drohten zu dieser Zeit die Monarchie und das Beamtenregime zunehmend an Ansehen und Integrationskraft zu verlieren. Die Nachkommen von 1813 könnten nicht den Sinn der rauschend gefeierten »großen« Zeit verstehen, denn zur Erinnerung an die Befreiungs- oder Freiheitskriege, die Reform- und Aufbruchszeit in Preußen, habe die Regierung dem Volk eine unhistorische Betrachtungsweise verordnet, »bei der alles Licht auf die zum großen Teil sehr schwachen Vertreter der Autorität, und aller Schatten auf den glühenden Freiheitswillen des Volkes« gefallen sei. Doch diese Geschichtsklitterung müsse erfolglos bleiben, weil sie dem aktuellen Freiheitswillen nicht entgegengekommen sei. Die Verweigerung von aktuell notwendigen Reformen wiege umso schwerer, weil dadurch auch jetzt ein Königswort nicht gehalten werde. Nach 1813 habe es die zugesagte preußische Verfassung nicht gegeben und nach 1910 nicht ein neues Wahlrecht. Die Verteuerung der Lebensmittel, die Ablehnung einer Arbeitslosenversicherung oder die Ankündigung von verschärften Strafgesetzen gegen Streikende hätten eine bisher nie gekannte »Krisenstimmung« erzeugt und die Ansicht befördert, die Regierung werde die Opfer für die Erhöhung der Militärausgaben – zwei neue Armeekorps und ein Flottenbauprogramm bis 1920 – nicht mit einem stärkeren Selbstbestimmungsrecht im Innern honorieren. Theodor Wolff Schloss mit den Sätzen: »Diese kleine Auslese ließe sich beliebig erweitern. Sie genügt bereits zum Beweise für die vollendete Ahnungslosigkeit, mit der die heutigen Machthaber den Erwartungen des Volkes gegenüberstehen. (...) Und die regierenden Kreise sind miserabel beraten, wenn sie an dieser wirklichen Volksstimmung, die mit Jubelfanfaren nichts zu tun hat, achtlos und hochmütig vorübergehen« (BT 31.XII.1913). Es sei zwar keine Revolution von unten zu befürchten, ergänzte Wolff in den nächsten Monaten, denn die Zeiten solcher Volkserhebungen seien vorbei: »Nur die Revolution von oben, die Revolution, mit der man Forderungen und Mahnungen für einen Augenblick erstickt und die Entwicklung zu hemmen meint, liegt noch im Bereiche der Möglichkeit« (BT 12.I.1914), und »In keinem anderen Lande ist man vom Verständnis für wirklichen Parlamentarismus so weit entfernt wie hier, aber dafür ist nirgends in der Welt die parlamentarische Spielerei so beliebt« (BT 4.V.1914).

KAPITEL 5

DER GROSSE KRIEG

Sogleich am Ende des Schuljahrs, in den ersten Tagen des Juli 1914, war auch Theodor Wolff zu dem seit längerem geplanten Familienurlaub aufgebrochen. In jenem Jahr hatten seine Frau Aenne und die drei Kinder ihn bewegen können, einmal mit ihnen den größten Teil der Sommerferien zu verbringen. Richard war gerade acht Jahre alt geworden und hatte inzwischen einen siebenjährigen Bruder – Rudolf, geboren am 9. Mai 1907 – und eine Schwester Lilly, die mindestens bis zum 7. August im »Hotel d'Orange« bleiben wollte, um dort, am Strand von Scheveningen, ihren fünften Geburtstag feiern zu können. Die Familie hatte sich für den holländischen Badeort entschieden, weil die nicht sehr zahlreichen schönen deutschen Seebäder an der Ost- und Nordseeküste überlaufen und viele auch nur umständlich zu erreichen waren.

In den vorangegangenen Jahren war Aenne Wolff allein mit den beiden Jungen und gelegentlich mit allen drei Kindern in die Ferien gefahren. Das »vielgeliebte Herzblatt« erhielt in solchen Wochen bestenfalls telegraphische Küsse von ihrem Theo aus Berlin, jeden dritten Tag zusätzlich einen Brief mit der Versicherung, er denke sogar am »lundi-Tag« an sie alle und mit zumeist etwas angestrengt wirkenden Witzchen über die feriengerechte Rechtschreibung von Rudi oder die Wildheit von Butzi (Richard). Zumeist wählte Aenne Heringsdorf, denn von Berlin ließ sich Usedom in drei bis vier Stunden erreichen.

Die Familie befand sich am 13. Juli 1914 mitten in der Sommeridylle von Scheveningen, als ein Brief des Direktors der Politischen Abteilung im Auswärtigen Amt, Wilhelm August von Stumm (1869–1935), dort eintraf, der Theodor Wolff bat, einen Leitartikel zu den englisch-russischen Flottenverhandlungen zu schreiben. Der Wunsch wurde ihm erfüllt. »T. W.« nannte als Informanten natürlich nicht das deutsche Außenministerium, sondern eine »Pariser Persönlichkeit«, und das »BT« publizierte unter dem Datum des 16. Juli einen auf »Scheveningen, den 14. Juli« datierten Beitrag seines Chefredakteurs. Die entscheidende Passage lautet: Während des Besuches von Raymond Poincaré (1860–1934), des Präsidenten der Republik und mehrmaligen Außenministers, in St. Petersburg werde, entgegen der offiziellen Erklärungen, ein Bündnis zwischen den beiden Staaten angestrebt: »Die Verhandlungen gehen fort, und man findet auf der russischen Seite nur, daß sie zu langsam gehen, und drängt zu einem baldigen Abschluß. Die militärischen Stellen in Rußland wünschen nicht nur eine Kooperation der beiden Flotten, sondern auch eine weitgehende Unterstützung ihrer militärischen Maßnahmen zu Lande durch England im Falle eines Krieges mit Deutschland. Sie wünschen etwas ähnliches wie in den Zusagen lag, die Frankreich von England während der Marokkokrisis erhalten hat.« Theodor Wolff schloss mit der von der Regierung ebenfalls inspirierten Einschätzung, diesen Abmachungen käme zwar aus deutscher Sicht keine hohe Bedeutung zu, aber sie könnten den Befürwortern einer friedlichen Verständigung und Gegnern des Wettrüstens eine Niederlage bereiten »zur lächelnden Genugtuung einer Welt, die im Trüben fischt« (BT 16.VII.1914).

Anrufe aus dem Sekretariat der Chefredaktion oder Telegramme aus der »BT«-Redaktion gehörten ebenso zum familiären Alltag der Wolffs wie gelegentliche Anfragen aus einem Ministerium oder die häufigeren Bitten von Personen und Organisationen um einen Beitrag. Die Familie war es längst gewöhnt, denn ihr Vater führte ein Leben mit der Zeitung. Doch als der deutsche Gesandte im Haag, Felix von Müller (1857–1918), binnen Wochenfrist einen zweiten Brief desselben hohen Absenders persönlich überbrachte, sah die im Umgang mit derartig exklusiven Kommunikationsformen erfahrene Aenne Wolff die Fortsetzung ihres gemeinsamen Urlaubs zu Recht gefährdet. Dazu sollte das Schreiben auch führen, denn Stumm sprach in ihm die serbisch-österreichische Auseinandersetzung und die erregte öffentliche Meinung an, die es wünschenswert erscheinen ließen, »in der Sache möglichst Fühlung zu halten« (Tagebücher, 27). Hinter den etwas verklausulierten Worten verbarg sich die Absicht der deutschen Regierung, in einer konzertierten Presseaktion künftig stärkeren Einfluss auf die Öffentlichkeit in Deutschland und auf das Ausland nehmen zu wollen. Den unmittelbaren Anlass zu diesem Schritt bildete das von Österreich-Ungarn am 23. Juli an Serbien gerichtete scharf formulierte Ultimatum. Diese diplomatische Aktion erinnerte selbst wenig informierte Strandurlauber an das Ereignis vom 28. Juni 1914 in Sarajewo. Dort hatte der Student Gavrilo Princip (1894–1918) dreieinhalb Wochen zuvor den Erzherzog Franz Ferdinand von Österreich-Este (1863–1914), den Thronfolger, zusammen mit seiner Gemahlin, Sophie Herzogin von Hohenberg (1868–1914), erschossen. Für die österreichisch-ungarischen Untersuchungsbeamten führten die Spuren der Hintermänner nach Belgrad. Damals war noch nicht bekannt, dass die serbische Regierung an der Vorbereitung des Doppelmordes nicht beteiligt gewesen war und auch die Attentäter aktiv nicht unterstützt, aber sich selbst als zu schwach erwiesen hatte, die Planung des Attentats in ihrem Land zu unterbinden.

Alle Verantwortlichen hatten eine Reaktion Österreich-Ungarns unmittelbar nach dem Attentat erwartet, und sie wäre in der allgemeinen Empörung und Erregung von ihnen auch geduldet worden: eine Strafaktion gegen Serbien, kurz und begrenzt, entschlossen begonnen und ebenso schnell wieder beendet.

Auch der Großteil der europäischen Presse hegte diese Erwartung. Ihre ersten Meldungen in groß aufgemachten Beiträgen oder sogar in Sonderausgaben waren heftig ablehnend und in der überwiegenden Zahl der Blätter von einer eindeutigen Verurteilung der Täter, ihrer Hintermänner und Sympathisanten geprägt. Als aber eine unverzügliche österreichisch-ungarische Strafaktion ausblieb, verringerte sich die Detailfindigkeit, Dichte und Intensität der Berichterstattung bereits nach wenigen Tagen.

Erst dreieinhalb Wochen nach der Ermordung setzte eine dritte Phase ein, die ebenfalls in der europäischen Presse übereinstimmend erkennbar ist. Ihre markanten Anfänge bildeten Artikel in der Wiener »Neuen Freien Presse« am 18. Juli und am Tag danach in der offiziösen »Norddeutschen Allgemeinen Zeitung«. Die Zeitungen betonten, örtliche Zusammenstöße wie in Sarajewo dürften »nicht zu Weltkriegen sich ausbreiten« und man hoffe, dass Serbien rechtzeitig einlenke, damit eine ernste Krise vermieden werden könne. Die Befürchtung nahm in der europäischen Öffentlichkeit zu, ob nicht doch ein Krieg, ein größerer oder sogar ein Weltkrieg, in Sicht sei. Das »Berliner Tageblatt« rückte das österreichisch-serbische Thema nach langer Abstinenz am 23. Juli, am Tage des Ultimatums, wieder ins Blatt. Zwei Tage später tauchte das Wort »Kriegsbefürchtung« erstmals auf. An jenem 25. Juli erklärte Wien, Serbien habe auf die Vorstellungen Österreich-Ungarns in einer unbefriedigenden Weise reagiert, mobilisierte Serbien seine Armee und titelten fast alle großen Zeitungen ähnlich wie die »Neue Freie Presse«:

»Der Ausbruch des Krieges zwischen Österreich-Ungarn und Serbien bevorstehend«. Bis zu diesem Datum hat es in Europa keine Kriegseuphorie gegeben und keine anhaltende, allgemein verbreitete Furcht vor einem großen Krieg. Es führte also für die Öffentlichkeit keinesfalls ein direkter Weg von dem 28. Juni zu einer Politik des gewagten Handelns, der Risikobereitschaft und des Präventivkriegs, wie sie jetzt in der »Julikrise«, fast vier Wochen später, formuliert wurde.

Der Holland-Urlauber Theodor Wolff musste über den redaktionellen »BT«-Artikel vom 24. Juli zum diplomatisch plumpen und provozierend kurzfristig gesetzten Ultimatum der Österreicher verärgert sein, denn er widersprach bereits im Ton seinen Empfindungen und legte sich inhaltlich zu sehr fest: »Niemand (...) wird auch nur einen Augenblick bestreiten können, daß Oesterreich-Ungarn zu seinen Beschwerden vollauf berechtigt und ebenso, daß es seiner Würde, seiner ganzen Existenz ein solches Hervortreten schuldig war« (BT 24.VII.1914-A). Am Abend jenes Tages kam Theodor Wolff der Bitte des Auswärtigen Amtes nach, ließ seine Familie vorerst in Scheveningen zurück und reiste allein nach Berlin. Am Vormittag des nächsten Tages ging er ins Ministerium in die Wilhelmstraße und traf mit Stumm zusammen, fragte aber zuerst den Staatssekretär Gottlieb von Jagow (1863–1935), »ob wir aber nicht in einen Weltkrieg verwickelt werden könnten? Wenn Rußland nun nicht zurückweiche ... Jagow: Er glaube das nicht, die diplomatische Situation sei sehr günstig. Weder Rußland, noch Frankreich, noch England wollten den Krieg. Und wenn es sein müsse (lächelnd) – einmal werde der Krieg ja doch kommen, wenn wir die Dinge gehen ließen, und in zwei Jahren sei Rußland stärker als jetzt. Beim Abschied: ›Ich halte die Situation nicht für kritisch.‹ Wie Jagow sagt er (Stumm), daß der Krieg in zwei Jahren unvermeidlich sei, wenn wir uns jetzt nicht aus dieser Situation befreien. Es handele sich darum, festzustellen, ob Oesterreich bei uns noch als Bundesgenosse etwas wert sei. Es dürfe nicht zurückweichen. Die Russen würden laut herumschreien und es könnten heiße Tage kommen. Vielleicht werde Rußland mobilisieren und dann werde es natürlich nötig sein, unsere Militärs zurückzuhalten. Aber Rußland werde es sich zweimal überlegen, ehe es losschlage. (...) Eine so gute Situation komme nicht wieder. Nur Durchhalten und Festigkeit!« (Tagebücher, 28).

Theodor Wolff griff mit seinem sorgfältig vorbereiteten Leitartikel vom 27. Juli erstmals in die veränderte öffentliche Debatte ein, in der eine ungute Stimmung herrschte. Sie bestand aus einer brisanten Mischung, die seit längerem aus den Eindrücken einer weitgehenden Unregierbarkeit erwachsen war. Zu den wichtigsten Ursachen gehörten innenpolitisch die Blockierung der Parteien im Reichstag und die schwache Position des in seinen politischen Zielvorstellungen schwankenden Reichskanzlers Bethmann Hollweg (1856–1921) gegenüber dem Kaiser, den Militärs und dem Parlament sowie die Stärke der borussisch-agrarisch-militaristisch-höfisch geprägten konservativen Fraktion. Hinzu kamen die ausweglos erscheinende Wahlrechtsfrage in Preußen und die fehlende Bereitschaft der Liberalen und Sozialdemokraten, eine Mitte-Links-Koalition einzugehen, die sich mit neuen Ideen der blockierten Reformen hätte annehmen können sowie – für Theodor Wolff besonders bedeutsam – der selbst bei den Linksliberalen in der »Fortschrittlichen Volkspartei« um Friedrich Naumann (1860–1919) fehlende Willen, Macht und Verantwortung im Staat mit zu übernehmen. Nach dem »erfreulichen Weckruf« Naumanns vom 31. Juli 1907 auf der Titelseite des »Berliner Tageblatts« sei es den Liberalen nicht gelungen, meinte Theodor Wolff, das »Vertrauen der Menge« mit Naumanns Idee eines sozialen Kaisertums zu gewinnen. Der Liberalismus sei vielmehr insgesamt uninteressant geworden, weil er die jüngere Generation nicht erreicht und weil er kaum etwas unternommen habe, um interessant zu werden; er sei also den großen Problemen ausgewichen, statt sie konsequent aufzusuchen und politisch zu nutzen (BT 5.VIII.1907).

Entschieden wandte sich Theodor Wolff Ende Juli 1914 gegen die Auffassung, ausschließlich ein Krieg könne die innenpolitische Festung, die Blockadepolitik der Parteien und die Stagnation in der Gesellschaft aufbrechen und gleichzeitig den Rüstungswettlauf beenden sowie die als »Einkreisungspolitik« empfundenen Vertragsabschlüsse Großbritanniens, Russlands und Frankreichs in ihrer Bedeutung mindern. Sein Artikel widersetzte sich ungezügelten patriotischen Gefühlen und aggressiven Kreuzzuggedanken. Er polemisierte gegen die Bierbankpolitiker mit ihren teils kämpferischen, teils fatalistischen Ansichten, einmal werde der Krieg ja doch kommen, doch später werde er schwieriger zu gewinnen sein, und man dürfe jetzt den einzig verbliebenen Bundesgenossen nicht im Stich lassen. Theodor Wolff verwarf auch die Hoffnung, ein kurzer, aber entschlossen geführter Krieg werde alle Probleme lösen, dem Werteverfall in der Gesellschaft Einhalt gebieten und aus einem kühn begonnenen Feldzug könnten belebende, heilsame Kräfte erwachsen. In einem »Sprung ins Dunkle« sah er nicht eine Chance, sondern die Selbstaufgabe der Diplomatie und eine verantwortungslose Handlungsweise der politischen Führung. Gleichzeitig wies er auf bedenkliche abendliche oder nächtliche Kundgebungen, Manifestationen und Demonstrationen Tausender hin, die von der Regierung nicht mit der nötigen Aufmerksamkeit verfolgt und verhindert würden.

In den Zeitungsartikeln der letzten Tage vor den Kriegserklärungen zeigten sich die widersprüchlichsten Reaktionen zwischen Erregung, Begeisterung und Besorgnis. Die Publizistik und die Öffentlichkeit in Stadt und Land beherrschte keineswegs eine rauschhafte Stimmung. Am 29. Juli fassten das »BT« und der sozialdemokratische »Vorwärts« ihre Berichterstattung über die Demonstrationen gegen den Krieg, über diplomatische Vermittlungs- und Verhandlungsbemühungen sowie die unterschiedlichsten öffentlichen Appelle zur Vernunft in die Worte zusammen, es sei ein »absurder Schwindel« zu behaupten, das ganze Volk sei kriegsbegeistert. Mit Gefühlen dürfe kein Staatsmann Politik machen. Geradezu beschwörend formulierte Theodor Wolff am nächsten Tag an die Adresse der verantwortlichen Staatsmänner, es dürfe kein »zu spät« geben, denn vor der Welt und der Geschichte werde derjenige seine Stellung gewiss nicht verschlechtert haben, der etwas unternehme und aktiv für den Frieden eintrete: »Noch niemals ist ein Krieg ausgebrochen, den diejenigen, die ihn auskämpfen sollen, so wenig herbeirufen, und doch ist, gegen den Wunsch der Nationen und ihrer leitenden Persönlichkeiten, die Weltkatastrophe nahe gerückt. Ob das unvermeidlich war, ob das alles so kommen mußte, darf jetzt nicht erörtert werden – die öffentliche Meinung Deutschlands ist, wie wir wiederholt gesagt haben, vor fertige Tatsachen gestellt worden, und sie kann bis zuletzt die Bemühungen zur Erhaltung des Friedens nur unterstützen, indem sie eine kaltblütige Ruhe zeigt. Aber die Frage muß aufgeworfen werden, ob es kein *Mittel* mehr gibt, auch noch in der ernstesten Stunde die Gefahr zu bannen, und ob es nicht ein befreiendes Wort wäre und von ganz Europa so aufgenommen würde, wenn man heute *öffentlich,* nicht in der Heimlichkeit der Kabinette, erklärte, daß das kriegerische Unternehmen Oesterreich-Ungarns in Serbien seine *örtliche* Begrenzung haben, daß es zunächst, bis zur diplomatischen Entscheidung über die weitere Gestaltung des serbischen Problems, sich auf die Besetzung bestimmter strategischer *Punkte* beschränken, und daß es den Charakter einer Strafexpedition behalten werde« (BT 30.VII.1914). Die leichtfertig verbreitete Überzeugung, man werde auch einen größeren Krieg in kürzerer Zeit zu beenden wissen, wenn sich der Balkankonflikt nicht lokalisieren lassen sollte, trug mit dazu bei, die Akzeptanz von Mobilisierungsmaßnahmen zu erhöhen. Wenn außerdem die Staatsführungen ihrer Bevölkerung den Eindruck vermittelten, sie führten nicht allein einen gerechten, sondern sogar einen aufgezwungenen Krieg – die Gegner hätten sich verschworen und planten einen rücksichtslosen Überfall –, dann konnten die geistigen Mobilisierungen parallel zu den militärischen leichter erzielt werden.

Leider ist Theodor Wolff wegen der sich zunehmend überstürzenden Ereignisse nicht dazu gekommen, sein am 23. Juli 1914 begonnenes und bis zum 22. Juni 1919 überliefertes Tagebuch zwischen dem 26. Juli und dem 10. August täglich weiterzuführen. Dieses hochrangige Selbstzeugnis ergänzt die Leitartikel und Korrespondenzen und vermittelt Aufschlüsse über Einzelheiten, Beweggründe und Absichten, die uns für die übrigen Jahre weitgehend unbekannt bleiben. Im Juli 1914 beauftragte er außerdem das »BT«-Redaktionsarchiv, vom 25. Juli 1914 an ein Exemplar jeder Ausgabe des Hauptteils des »Berliner Tageblatts« für ihn privat zu sammeln und binden zu lassen. Theodor Wolff hatte zwar schon früher tagebuchartige Notizen auf einzelnen Blättern, in Merkheften und Kalendern verzeichnet, doch alles spricht dafür, dass er jetzt erstmals, im Zustand der akuten Kriegsgefahr, regelmäßig und systematisch tägliche Eintragungen vorgenommen hat. Er verfasste sie spontan im Verlauf des Tages oder zusammenhängend am Abend. Die schmalen Tagebuchhefte, im Format traditioneller Vokabelhefte, lagen im Schreibtisch seiner Privatwohnung Sie wurden für ihn zu einem »Repertorium von Materialien« für seine späteren schriftstellerischen Arbeiten. Er hat in den Aufzeichnungen wiederholt gelesen, ohne sie umzuarbeiten; er hat in ihnen Anstreichungen vorgenommen, ohne in ihnen etwas zu tilgen. Im Durchschnitt verfasste er häufiger als jeden zweiten Tag eine Notiz. Etwas Beschreibbares, seien es nun Heft, Block oder Zettel, und einen Bleistift trug er immer bei sich, und grundsätzlich notierte er sich überall etwas. Es konnte auf dem Weg von der Zeitung zur Wohnung sein, an der Straßenbahnhaltestelle oder an seinem Stehpult in der Redaktion. Auffallend bleibt dabei, wie wenig Persönliches er festhält, in welchem Umfang er alles Private weglässt und an welchen Tagen er geneigt ist, die Familie oder persönliche Empfindungen zu erwähnen. Er schrieb viel, aber offenkundig nahezu alles mit Blick auf seine journalistische und schriftstellerische Profession. Der größte Teil aller Tagesaufzeichnungen entstand diszipliniert selbst noch nach spätabendlichen Empfängen, nach Theater- oder Konzertbesuchen kurz vor oder nach Mitternacht, aber wohl nie in Champagnerlaune oder mit einer Flasche Rotwein an der Seite.

Einem zufälligen Aktenfund im Bundesarchiv ist es zu verdanken, dass wir über Theodor Wolffs Arbeitsweise Einzelheiten berichten können. Am 13. März 1916 fand eine einstündige Besprechung zwischen dem Reichskanzler Bethmann Hollweg und Pressevertretern statt; ein Beamter des Auswärtigen Amtes protokollierte den Verlauf. Auch Theodor Wolff hatte man eingeladen; er hielt die Vorgänge in seinem Tagebuch fest. Aus der Gegenüberstellung des offiziellen Protokolls und des Tagebuchs ergeben sich Aufschlüsse über die inhaltliche Genauigkeit der von Theodor Wolff im Anschluss gefertigten Niederschrift, über sein methodisches Vorgehen – er dürfte die Tagebuchnotizen an Hand eines Stichwortzettels geschrieben haben – und über die sprachliche Präzision bei der Wiedergabe der Unterredung.

In zwei Fällen hat Theodor Wolff sich selbst kritisch kommentiert. Dem ersten Tagebuchheft stellte er eine nachträgliche Notiz voran, aus der seine später gewandelte Ansicht über die Nützlichkeit eines Separatfriedens mit Russland hervorgeht: »Zu streichen sind in allen Heften meine Ansichten über – d. h. gegen – Separatfrieden mit Rußland, da sie so mißverständlich sind – wirr – Es ist alles anders«. Er hat sich nicht an seine Anweisung gehalten. Aus dem mit Tinte ausgeführten dritten Tagebucheintrag über das Gespräch Theodor Wolffs mit dem Staatssekretär Jagow lassen sich zwei mit einem Bleistift in zurückhaltender Form durchgestrichene Sätze entziffern. Vermutlich bei einer späteren Durchsicht und möglicherweise unter dem Eindruck der Kriegsschulddebatte stehend, erschienen Theodor Wolff die Worte Jagows vom 25. Juli zumindest mißverständlich: »Und wenn es sein müsse (lächelnd) – einmal werde der Krieg ja doch kommen, wenn wir die Dinge gehen ließen, und in zwei Jahren sei Rußland stärker als jetzt. Beim Abschied: ›Ich halte die Situation nicht für kritisch‹.«

Die Tagebücher sparen kaum ein allgemein bedeutsames Thema der Kriegszeit aus. Die Reichhaltigkeit und Aspektvielfalt dieser Quelle lässt sich deshalb hier nur andeuten. Das Gesamtspektrum wird zeitlich durch die Epoche des »Wilhelminismus« und inhaltlich durch die Berücksichtigung einer beeindruckenden Fülle politischer, wirtschaftlicher, sozialer und kultureller Ereignisse gebildet. Die außenpolitischen Entwicklungen der Vorkriegszeit, speziell die Analyse von Möglichkeitsmomenten in den deutsch-englischen Beziehungen und die Fragen nach der Verantwortung für den Kriegsausbruch, nehmen im Tagebuch einen großen Raum ein. In den Eintragungen zur »Julikrise« fällt auf, wie unmittelbar und intensiv die Regierung die Bevölkerung, die Zeitungen, die Öffentlichkeit und wie wenig sie dagegen das Parlament in den Entscheidungsprozess einbezogen hat. Sie suchte zwar in jenen Tagen die Abstimmung mit den Parteiführern, rief aber die Volksvertreter erst zusammen, als es nichts mehr zu entscheiden gab, sondern nur noch Akklamationen erwünscht waren. Außerdem werden die Ziele der deutschen Politik bzw. die Aussichten, einen Frieden zu schließen, im Diarium detailliert erörtert. Das geschieht am intensivsten in Gesprächen mit dem Reichskanzler Bethmann Hollweg und mit Diplomaten des inneren Kreises. Sie fallen mit Fürst von Bülow, Graf Monts (1852–1930), Staatssekretär Solf (1862–1936) und mit dem ehemaligen deutschen Botschafter in London (1901–12) und in Konstantinopel (1915/16), Paul Graf von Wolff-Metternich zur Gracht (1853–1934), besonders ausführlich aus.

Auf innenpolitischem Gebiet zeigt sich im gesamten Tagebuch, ebenso wie in den Leitartikeln und in vielen der Briefe, ein entschiedenes Eintreten für eine Fortsetzung, ja mehr noch, für eine erheblich verstärkte Fortführung der Parlamentarisierung im Reich und für die Abschaffung des Dreiklassenwahlrechts in Preußen. Einer Kooperation zwischen der SPD und dem linken Parteiflügel der Liberalen räumte er gute Chancen ein. Die »Schützengraben-Generation« werde einen demokratischen Parlamentarismus verlangen und sich nicht mit einer fortdauernden Regierung durch eine überständige politische Elite abfinden (Chronist, 9.II.1915). Theodor Wolff beschreibt den Alltag in der Großstadt, die redaktionelle Arbeit und die Durchdringung des zivilen Lebens mit den militärischen Ansprüchen und Notwendigkeiten in den ersten Jahren intensiver, später erwähnt er diese Einzelheiten nur noch, wenn sie deutlich hervortraten oder sich außergewöhnlich stark auswirkten. Dazu gehören Beobachtungen über das anhaltend geschäftige Leben in den Straßen von Berlin, die anfangs noch friedensmäßigen Weihnachtstage mit dem zunehmend martialischer werdenden Kinderspielzeug, das Schieber- und Agentenunwesen, die langen Reihen der Tausenden von Hausfrauen vor Verkaufsstellen mit Gemüse, Milch und Brot im Mai 1916, die von Schutzleuten überwacht und kontrolliert wurden (Chronik, 157). Nicht zu übersehen sind die häufigen und langwierigen persönlichen und redaktionellen Auseinandersetzungen mit den Zensurbehörden während der gesamten Kriegszeit.

Zu den Zensurbestimmungen sind Erläuterungen nötig, wenn man bedenkt, dass am 16. November 1914 offensichtlich bereits das Höchstmaß an öffentlicher Kritik mit Theodor Wolffs Leitartikel erreicht zu sein scheint, in der »Julikrise« sei den diplomatischen Beratungen eine zu kurze Frist gelassen worden: »Die öffentliche Meinung wurde erst am 23. Juli (...) mit dem Ernst der Dinge bekanntgemacht, und schon acht Tage später hatten wir den Kriegszustand«. Seit dem 9. November galten verschärfte Leitsätze des preußischen Kriegsministeriums, gegen die sich Theodor Wolff auf einer Sitzung im Großen Generalstab zusammen mit den Verlagsdirektoren von Scherl, Ullstein und der »Deutschen Tageszeitung« scharf, aber vergeblich gewandt hatte (Tagebücher, 23.XI.1914). Im Einzelnen ergriffen die Militär- und Zivilbehörden die folgenden Schutzmaßnahmen. Am 31. Juli nachmittags erschien die »Verordnung betreffend die Erklärung des Kriegszustandes im Reichsgebiet«. Damit ging die vollziehende Gewalt an 62 Militärbefehlshaber über. Sie erhielten zusätzlich zu den militärischen noch die gesetzlichen Zuständigkeiten der Zivilbehörden, so dass sich nunmehr ihre außerordentliche Verordnungsgewalt auf die »Sicherungsaufgaben in allen Lebensbereichen« erstreckte. Das Kriegszustandsrecht suspendierte auf Grund des preußischen Gesetzes über den Belagerungszustand von 1851 und des Reichspressegesetzes von 1874 die Grundrechte, schränkte die Freiheit der Meinungsäußerung sowie die Vereins- und Versammlungsfreiheit ein, gestattete die Vor- und Nachzensur und sogar Eingriffe in die Freiheit der Person, indem es Schutzhaft, Aufenthaltsbeschränkungen und Briefzensur erlaubte. Das Parlament schaltete sich mit diesen Maßnahmen, die als »Ermächtigungsgesetz« (4.VIII. 1914) verstanden werden, selbst aus dem allgemeinen und sogar aus dem außerordentlichen Rechtsetzungsverfahren aus.

Die Militärbefehlshaber konnten daher mit Verfügungen, also mit Einzelakten – individuelle Festnahmen, Beschlagnahmung etc. – oder mit allgemein gültigen Verordnungen in den Alltag eingreifen. Das Recht zur Zensur gaben sie an die Presseabteilungen der stellvertretenden Generalkommandos weiter; diese wiederum setzten in der Praxis die örtlichen Polizeibehörden als Hilfsorgane ein. Im Verlauf des Krieges schwollen die Zensuranordnungen zu einer alsbald nicht mehr übersehbaren Flut von Reglementierungen an. Die Rechtsunsicherheit war eklatant, weil es nicht gelang, ein geregeltes Beschwerdeverfahren einzuführen. Nur das Reichsmarineamt, nicht einmal die Reichsregierung verfügte über eine einheitliche Pressestelle. Deshalb waren alle Bemühungen der Nachrichtenabteilung IIIb beim Generalstab des Heeres unter Major Walther Nicolai (1873–1945) erfolglos, die fehlende Einheitlichkeit, die sich in der Praxis störend bemerkbar machte, nachträglich herstellen zu wollen. Im Auswärtigen Amt führte seit 1893 der Journalist und promovierte Jurist Otto Hammann (1852–1928) lediglich eine Presseabteilung und amtierte gleichzeitig noch als persönlicher Referent des jeweiligen Reichskanzlers. Hektische Umorganisierungsversuche führten im Frühjahr 1915 zur Gründung einer »Oberzensurstelle«, die jedoch bereits im Oktober als selbständige Institution wieder aufgelöst und in ein neu gegründetes »Kriegspresseamt« integriert wurde. Das »Berliner Tageblatt« litt wie alle Zeitungen und Zeitschriften unter dem Kompetenzwirrwarr, unter der mangelhaften Qualifikation vieler Zensuroffiziere und den inhaltsarmen Pressekonferenzen, die zu selten, nämlich dreimal, zeitweise auch nur zweimal wöchentlich stattfanden.

Ausgehend von dem Wort des Kaisers vom 4. August 1914, »Ich kenne keine Parteien mehr. Ich kenne nur Deutsche!«, ergab sich eine zusätzliche Einengung der politischen Informations- und Kommunikationsmöglichkeiten während des Krieges. Eine Konsequenz der zitierten kaiserlichen Maxime reichte über die moralisch-ideelle Dimension hinaus. Sie diente dazu, die Politik des »Burgfriedens« zu begründen, die sich aus dem patriotischen »August-Erlebnis« von 1914 herleitete. Im Zeichen der äußeren Bedrohung hatte sich damals eine nationale Solidarität quer durch alle Schichten und Parteiungen der Gesellschaft gezeigt. Alles Trennende und Kontroverse trat in den Hintergrund, so dass nahezu sämtliche partei-, konfessions- und verbandspolitischen Konflikte aufgehoben schienen. »Als gestern nachmittag«, so meldete das »BT« am 1. August 1914, »um 5 Uhr die Bekanntmachungen und Warnungen über den Kriegszustand an die Litfaßsäulen geklebt wurden, als der erste Schritt zum Kriege der deutschen Regierung den Einwohnern Berlins mitgeteilt wurde, von diesem Augenblick ab senkte sich die Schwere der Zeit auf alle denkenden und fühlenden Menschen (...). Der laut lärmende Rausch der letzten Woche ist vergessen. Eine drückende Schwere lastet auf allen, denen das Wohl des Volkes und des Landes am Herzen liegt.«

Der offiziell verkündete Reichsbelagerungszustand erlaubte im Frühjahr und Sommer 1915 ausdrücklich nicht die Diskussion der öffentlich heftig umstrittenen Themen. Zum einen ging es um die Frage der Kriegs- und Friedensziele, zum anderen um die Haltung der Reichsregierung zu innenpolitischen Reformen. Erschwerend kam in der Praxis die Tendenz der Zensurbehörden hinzu, Äußerungen über Haushalts-, Verkehrs- oder Ernährungsfragen – und seien sie auch noch so banal gewesen – der Nachzensur zu unterwerfen, die Zeitungen zu rügen respektive tageweise zu verbieten. Vor einer »totalen« Zensur bewahrte die Journalisten und Publizisten lediglich die Unübersichtlichkeit, das Konkurrenzdenken und die sich daraus ergebende Unproduktivität der mitunter sogar gegeneinander arbeitenden Institutionen. In der zweiten Kriegswoche sah sich Theodor Wolff bereits zu dem Tagebucheintrag veranlasst, »die Militärzensur wird immer unmöglicher. *Nichts* darf gebracht werden; von fünfzig Nachrichten und Ausschnitten aus fremdländischen Zeitungen, die man verlangt, kommen 45 mit dem Stempel: ›Veröffentlichung nicht gestattet‹ zurück« (Chronist, 35). Als die Behörde einen »in sehr behutsamer u. gemäßigter Form« verfassten Artikel über die Bombardierung von Paris dennoch rigoros zusammenstrich, verzichtete er darauf, das Fragment zu publizieren (Chronist, 57). Aber nicht nur die Verbote behinderten die redaktionelle Arbeit, sondern auch die Auflagenachrichten, die Empfehlungen und Anregungen, da die Verantwortlichen mit ihnen versuchten, Journalisten zu Erfüllungsgehilfen der Regierung und Militärs zu machen. Als Walther Rathenau (1867–1922) dem »BT« eine zu große Willfährigkeit vorwarf, stöhnte Theodor Wolff, »als ob das Tageblatt unter der Zensur *gegen* den Krieg schreiben könnte!« (Tagebücher, 17.X.1914) und schrieb zwei Tage später, einige Personen hätten immer noch nicht bemerkt, wie sinnlos es sei, im Krieg bestimmte Themen erörtern zu wollen.

Unter dem Damoklesschwert der Zensur stehend, muss alles, was gesagt werden soll, in den Zeilen und hat – entgegen dem schönen Bonmot –nicht zwischen ihnen zu stehen. Es muss dem mit dem Stil des Autors vertrauten, dem sprachlich sensiblen Leser noch verständlich sein, während es dem Zensurbeamten wegen der geschickten Verhüllung nicht auffallen sollte. Theodor Wolff bezeichnete diese Methode als einen »Tanz zwischen Dornenspitzen« (BT 3.VII.1916). Dem Eintrag vom 6. November 1915 ist zu entnehmen, auf welche Weise und in welcher Form er durch sein verdecktes Schreiben Wahrheiten öffentlich aussprechen und Themen behandeln konnte, deren Erwähnung verboten war. »Schreibe einen ›lundi‹, in dem ich in verhüllten Worten, aber deutlich genug, Bethmann dränge, den Verzicht auf ›überspannte Ideen‹ – d.h. auf die Annexion Belgiens – offen auszusprechen, damit man nicht hinterher sagen könne, wir hätten den Krieg verloren, weil wir Belgien nicht erhalten hätten« (Tagebücher, 6.XI.1915). In dem Leitartikel lautet die Passage: »Die bestehenden Vorschriften hindern uns, öffentlich eine Zurückweisung zu üben, die gewiss dem Interesse der deutschen Politik nicht widerspräche, und auf diese wie auf einige andere Gesprächthemata des Auslandes einzugehen. Aber zeigt sich nicht immer klarer die Wirkung jener weitschweifenden Wunschzettel, denen keine abwehrende Aufklärung folgt? Man benutzt sie dort draußen, um den Widerstand aufzustacheln, und vor allem, um noch beim glanzvollsten Endsiege Deutschlands giftig sagen zu können: ›Oh – ihr hattet die Welt gewollt!‹ (…) Wenn dieselben Elemente, die den Krieg herbeischwätzten, auch über den Frieden entscheiden sollen, dann ist kein Ende abzusehen. Briand und Asquith beugen sich noch vor dem Willen dieser Leute, sie haben noch nicht umgelernt. In Paris und in London hat man die Stimme dieser Ministerpräsidenten, die ›überspannten Ideen nachjagen‹, gehört« (BT 8.XI.1915).

Die Grenze des Erträglichen war für das zuständige Oberkommando in den Marken am 6. März 1916 erreicht, als es von Theodor Wolff wissen wollte, weshalb er seinen Artikel gegen die Befürworter eines entschiedeneren U-Bootkriegs nicht vorgelegt habe. Er antworte ihnen sophistisch, dass der »lundi« sich nicht auf den U-Bootkrieg, sondern nur auf den Bau von U-Booten bezogen habe. Zehn Tage später wiederholte sich die Situation in verschärfter Form, als Theodor Wolff die Entlassung von Tirpitz nutzte, um über die »frischfröhliche Uebereilung« derjenigen zu schreiben, die für den U-Bootkrieg einträten. Wiederum legte er seinen Artikel nicht vor, erneut fragte das Oberkommando nach, und noch einmal replizierte er selbstbewusst »ein Artikel, der für die Regierung eintrete u. das Volk zum Vertrauen mahne«, sei ihm nicht zensurbedürftig erschienen (Tagebücher, 16.III.1916).

Gut zwei Monate darauf erklärte er anhaltend unbekümmert einem Diplomaten, der sich über die »Offenherzigkeiten zwischen den Zeilen« im Leitartikel gewundert hatte, er lege der Zensur inzwischen nichts mehr vor (Tagebücher, 22.V.1916).

Es überrascht nicht, dass die Militärs, durch Theodor Wolffs geschicktes Ausspielen gereizt und der Taktiererei müde, auf eine günstige Gelegenheit warteten, ihm ihre Macht zu zeigen und das »Berliner Tageblatt« zu maßregeln. Im Sommer 1916, auf dem Gipfel der Debatte um die deutschen Kriegs- und Friedensziele, um Annexionen und Reformen war es so weit. Theodor Wolff hatte gerade in Bad Harzburg seinen vierzehntägigen Erholungsurlaub angetreten (26.VI.), als er dort im Wald »mit besonderem Vergnügen (…) einen sehr scharfen ›lundi‹ gegen die Hetzpresse aller Länder mit Zitaten aus dem – inzwischen verbotenen – Buch Annette Kolbs« (1870–1967) verfasste. Er legte seinem Artikel also eine Veröffentlichung der mit ihm befreundeten deutsch-französischen Dichterin zu Grunde, die wenig später wegen ihres Pazifismus in die Schweiz emigrieren musste. Ihr schrieb er nach einer Begegnung in jenen Tagen bitter, die Freundschaft mit ihr sei ihm »in dieser Zeit des Ekels eine ungewöhnliche Freude« (24.VII.1916). Theodor Wolffs ungezeichnete Artikel aus Bad Harzburg richteten sich in nur mäßig verhüllter Form auch gegen die Zensur, indem er die alldeutsche Denkschrift von sechs großen Wirtschaftsverbänden, die für umfassende Annexionen plädierten, erwähnte, um somit die Freigabe der Kriegszieldiskussion zu fordern.

Die harte Sanktion durch die Militärzensur erfolgte umgehend, die »BT«-Redaktion verhandelte sogleich mit dem Oberkommando und erreichte die Aufhebung des Verbots, noch bevor Theodor Wolff aus dem Harz nach Berlin zurückgeeilt war, mit einer »unglaublichen Strafpredigt« der Militärs. Mit Rücksicht auf das Quartalsende – die Abonnenten durften nicht verunsichert werden – akzeptierte Theodor Wolff die Unterwerfung und ließ sie, wie verlangt, zusammen mit der Rüge auf der Titelseite drucken. Gleichzeitig trat er, wie zuvor angedroht, aus dem Zensur-Vermittlungs-Ausschuss des Kriegspresseamts aus, brach alle Verbindungen zur Reichskanzlei und zu Hammanns Pressestelle ab und beschwerte sich bei Bethmann Hollweg über die bewusste Schikane des Oberkommandos (Tagebücher, 395–398). Der Reichskanzler vermochte oder wollte gegen die Militärs nichts ausrichten.

Vier Wochen später triumphierten die Militärs noch stärker über die zivile Reichsleitung, als Theodor Wolff in seinem Leitartikel zum zweiten Jahrestag seine Siegeszuversicht angeblich zu lau formuliert und wieder die sechs Verbände erwähnt habe. Außerdem habe er von der »großen Zeit«

– damit waren die ersten August-Tage gemeint – »in Gänsefüßchen« gesprochen, die Vorherrschaft wenig qualifizierter Adeliger im Herrenhaus ironisiert und dem Heer ruhmvolle Taten »unter allen Umständen« zuerkannt (BT 31.VII.1916), und das müsse doch heißen: auch im Fall einer Niederlage. Zusammen mit einem fünf Tage zuvor publizierten Artikel, in dem jedoch das Theodor Wolff zugeschriebene diffamierende Zitat – ein »Haufen heiserer Schreier« hätte vaterländische Kundgebungen besucht – nicht einmal vorgekommen war, musste der Jahrestag-Artikel die Grundlage für ein unbefristetes Verbot abgeben. Die Militärs fungierten als Sprecher jener machtvollen nationalistisch-annexionistisch-antisemitischen Elite, die erfolgreich nach einem Vorwand gesucht hatte, um die kritische Stimme des Mosse-Verlags endgültig unterdrücken zu können.

Die Besprechungen und Verhandlungen Theodor Wolffs im Oberkommando verliefen anfangs in sachlicher, schließlich aber nur noch in eisiger Atmosphäre und gipfelten in dem zynischen, offiziellen Eingeständnis, die inkriminierten Kommentare seien nicht ausschlaggebend, sondern lediglich der willkommene Anlass gewesen. »Ich sage, das Verbot beruhe auf einer irrtümlichen Auslegung des Artikels, lege das kurz an den einzelnen Sätzen dar. Lettow sagt: ›Einen gewandt geschriebenen Artikel wird man immer auf jede Weise, wie es gerade paßt, auslegen können. Es ist der Gesamteindruck, auf den es ankommt. Und der Artikel ist es auch nicht allein – es ist der Geist, von dem das Blatt träuft, und der eben geeignet ist, die Stimmung der Bevölkerung zu verderben.‹ Ich werfe noch ein: ›Es giebt ausgezeichnete Patrioten, die wesentlich anders denken als Sie‹ (…) Lettow sagt: ›Ich glaube durchaus, daß Sie auch Personen finden, die Ihnen zustimmen. Es giebt immer solche, für alles.‹ Ich sagte: ›Unter solchen Umständen hat es wohl keinen Zweck, daß ich noch weiter spreche.‹ L(ettow): ›Wir haben keine Veranlassung, das Verbot zurückzunehmen. Das Berliner Tageblatt bleibt bis auf weiteres verboten‹« (Chronist, 178 f.).

Um seinem Verleger nicht erhebliche finanzielle Verluste zuzufügen und den Kollegen nicht die Existenzgrundlage zu entziehen, bat Theodor Wolff schließlich Bethmann Hollweg um Vermittlung und regte an, um nicht eine erneute Entschuldigung formulieren und ertragen zu müssen, ein weitergehendes Angebot des »BT« zu akzeptieren: »Ich ersuche ihn dahin zu wirken, daß wir am Sonntag wieder erscheinen können, u. betone, daß ich allerdings für eine Entschuldigung oder gar für eine öffentliche Erklärung nicht zu haben wäre. Dagegen sei ich freiwillig entschlossen, vorläufig nicht zu schreiben – unter den gegenwärtigen Umständen sei mir das Schreiben eine Qual, gegen meine Ueberzeugung könnte ich nicht schreiben – vielleicht gingen meine Wünsche u. die des Oberkommandos also Hand in Hand« (Chronist, 181). Die Militärs handelten mit Theodor Wolff die Bedingungen für den Schreibverzicht aus, und nach sechstägigem Verbot durfte das »BT« wieder erscheinen. Er hielt sich formal weitgehend an seine Selbstverpflichtung; mindestens drei, vier Beiträge publizierte er dennoch. Die Militärs hatten ihm nicht untersagen können, weiterhin die politische Linie des »BT« zu bestimmen, so dass für ihn »Ersatzleute« eintraten. An einige Reichstagsabgeordnete verteilte Theodor Wolff im Oktober 1916 eine gedruckte Denkschrift über die »BT«-Verbote (Chronist, 211). Die Abgeordneten Matthias Erzberger (1875–1921), Zentrum, und Oskar Geck (1867–1928), SPD, beide Journalisten, setzten sich für Theodor Wolff ein, deutsche Diplomaten meldeten aus dem Ausland negative Stellungnahmen zum Verstummen des Chefredakteurs, und auch im Innern wurde die Permanenz der journalistischen Unterdrückung allmählich zu einer Belastung der Regierung.

Im November 1916 signalisierte das Oberkommando Bereitschaft, über eine Aufhebung des Verbots zu verhandeln. Innerhalb einer Woche erzielte man einen Ausgleich, der nicht den Anschein erweckte, als habe sich Theodor Wolff unterworfen. Sein erster »lundi« nach einer knapp viermonatigen Pause konnte am 20. November erscheinen. Er zeigte darin keine Zurückhaltung, begann mit drei Punkten und den Worten »Inzwischen ist die Welt nicht glücklicher geworden«, und knüpfte bewusst an zentrale Begriffe und Redewendungen wie an die von den »vollendeten Tatsachen« aus den Juli-Artikeln an. Das Verhältnis zur militärischen Führung, der Obersten Heeresleitung, verschlechterte sich sogar noch, als die Militärs versuchten, nachdem im November 1916 das Verbot der Kriegsziel-Diskussion aufgehoben worden war, den Bezug linker Zeitungen an der Front zu verhindern. Der Kronprinz Wilhelm wollte die Lektüre des »BT«, der »Frankfurter Zeitung« und des »Vorwärts« an der Westfront gänzlich unterbinden lassen (Tagebücher, 587). Offiziere im Kriegspresseamt hielten Theodor Wolff für »ein Nationalunglück« und die politischen »BT«-Redakteure »wegen ihrer Friedensliebe (für) Schurken« (Feder, 15.VIII.1917). In die Reichskanzlei ging Theodor Wolff in dieser Zeit nur noch selten, wie er Annette Kolb schrieb (5.II.1917).

Anfang 1918 kam es zum erneuten Eklat. Das »BT« wurde am 22. Januar wegen eines Kommentars aus Wien verboten, der von Arbeiterunruhen in Wien berichtete und in dem es hieß, die sozialdemokratische Parteileitung verlange rascheste Herbeiführung des Friedens, eine Einflußnahme der Volksvertretung auf die Friedensverhandlungen und eine sofortige Demokratisierung des Wahlrechts. Es entstehe nun die Frage, wie weit die sozialdemokratische Parteileitung die Massen beherrsche, denn es sei unverkennbar, »daß namentlich die große Masse der jugendlichen Arbeiter für ein weit radikaleres Vorgehen eintritt, als es in dem Aufruf der Parteileitung zum Ausdruck kommt. (...) Aber unter allen Umständen wird eine außerordentliche delikate Lage zurückbleiben, der man auch in Deutschland wird Rechnung tragen müssen« (BT 22.I.1918). Auf einem »BT«-Flugblatt vom 23. Januar hieß es, die Zeitung sei »zunächst auf die Dauer von drei Tagen verboten«. Doch den Sozialdemokraten und »Unabhängigen« – seit 1917 als Abspaltung von der SPD im Reichstag vertreten (USPD) – gelang es, unter der Federführung des guten Bekannten Theodor Wolffs, des Reichstagsabgeordneten und »BT«-Redakteurs Wolfgang Heine (1861–1944) und des späteren Unterstaatssekretärs im Reichsjustizamt, Oscar Cohn (1869–1934), umgehend die Aufhebung der Anordnung durchzusetzen.

Theodor Wolff hat während der Zeit des Großen Krieges trotz der ungünstigen äußeren und journalistischen Verhältnisse hauptsächlich drei Ziele verfolgt: das liberale und das journalistische Profil, und damit das Selbstverständnis des »Berliner Tageblatts« so weit wie möglich zu bewahren, die Grundlagen der wilhelminischen Außenpolitik und insbesondere der Kriegsursachen durch die Befragung aller Beteiligten und die Sammlung von Dokumenten zu klären sowie mit dazu beizutragen, die Voraussetzungen für eine entschiedenere Parlamentarisierung und Reformpolitik zu verbessern.

Es gibt keinen Hinweis dafür, dass Rudolf Mosse den politischen und redaktionellen Kurs seines Cousins in irgendeiner kritischen Phase nicht gestützt hätte. Diese Feststellung gilt auch für Theodor Wolffs unablässige Bemühungen, Licht in die »Kriegsschuldfrage« zu bringen und für die scharfen Angriffe gegen den wachsenden Einfluss der Militärs vor und nach dem Sturz des Reichskanzlers Bethmann Hollweg im Juli 1917, gegenüber dessen Nachfolgern Georg Michaelis (1857–1936) und vom November 1917 an Georg Graf von Hertling (1843–1919). Im Sommer 1915 schrieb Theodor Wolff dazu an Wolfgang Heine, er habe bei dem Verhalten der SPD Ende Juli / Anfang August 1914 »nicht alles begriffen«, doch verstehe er, dass die Partei die Kriegskredite in der hoch emotionalisierten Lage habe gewähren, sich als national und staatstragend habe erweisen müssen. Er sehe jedoch ein Versäumnis darin, dieses Entgegenkommen politisch nicht stärker zur Einflussnahme auf den Kurs der Reichsleitung genutzt zu haben. »Mitgehen, da der Feind an den Grenzen stand, war selbstverständlich. Aber sie müßte sich (wie selbst ich es im B. T. fortwährend tue) unbedingt die freie Prüfung der Kriegsursachen vorbehalten, und müßte zu diesem feierlichen Vorbehalt den anderen bezügl. der Neutralität Belgiens fügen. Hätte sie das getan, so hätte sie heute ungleich mehr Einfluß bei der Arbeiterschaft im Auslande, würde sie dem Friedensziel weit besser dienen können«. Die Einheit der Partei könne vielleicht, regte er an, eine gemeinsame Offensive gegen die Annexionisten wiederherstellen (Brief, 25.VI.1915). Theodor Wolff sah grundsätzlich einen nicht geringen Teil seiner journalistischen Arbeit unter dieser doppelten Fragestellung: Wie lässt sich das Vergangene aufklären und welche Lehren und sachlichen Konsequenzen ergeben sich daraus für die Gestaltung der Zukunft?

Sogleich nach dem Kriegsbeginn hat Theodor Wolff jede Gelegenheit zur persönlichen Befragung der Beteiligten über die unmittelbaren Kriegsursachen und die Verantwortung für das Versagen der Politik und der Diplomatie sowie über die Rolle der Militärs im Entscheidungsprozess genutzt – sei es mit dem Reeder Albert Ballin (1857–1918) oder mit Diplomaten und Politikern wie Bethmann Hollweg, Jagow, Stumm, Mumm von Schwarzenstein, Montgelas, Lichnowsky, Metternich, Bülow, Hatzfeldt, Wedel, Riezler und Flotow. Nur kurze Zeit schien er davon überzeugt gewesen zu sein, das Deutsche Reich sei in den Krieg hineingeglitten. Bereits in einem Gespräch mit dem ehemaligen Reichskanzler Bülow am 11. Dezember 1914 traten bei ihm erste Bedenken auf, die sich in den folgenden Monaten immer stärker zu der Ansicht verdichteten, Jagow und Stumm hätten wie Moltke den Krieg nicht zu verhindern gesucht, sondern gewollt oder ihn zumindest zugelassen, weil ihnen die Situation Ende Juli 1914 geeigneter erschienen sei als eine spätere. Oft genug haben die beiden Diplomaten ihm fatalistisch versichert, der Krieg sei nicht zu verhindern, er werde einmal kommen, und je später es dazu käme, umso ungünstiger würde Deutschlands militärische, verkehrspolitische und politische Lage sein. »Wir haben nicht geblufft. Wir waren darauf gefaßt, daß wir den Krieg mit Rußland haben würden. Aber Oesterreich mußte seine Sache mit Serbien doch endlich einmal austragen. Wenn der Krieg nicht jetzt gekommen wäre, hätten wir ihn unter schlechteren Bedingungen in zwei Jahren gehabt. (…) niemand habe voraussehen können, daß militärisch nicht alles so klappen werde, wie man geglaubt« (Tagebücher, 17.II.1915). Gut ein Jahr später, am 7. Mai 1916, ergänzte Stumm noch: »Es ist gar nicht wahr, daß unsere Politik damals falsch war. (…) Wir haben seither immer neue Beweise dafür erhalten, daß Rußland alles aufbot, um die andern Mächte gegen uns zusammenzubringen und uns anzugreifen. Wir können das jetzt nur nicht alles veröffentlichen. Und wenn wir damals nicht losgegangen wären, hätte Rußland uns in zwei Jahren überfallen und dann wäre es anders gerüstet gewesen u. hätte die Eisenbahnlinien in Polen gehabt – halb Preußen wäre verwüstet worden. Der Krieg hätte sich ganz anders abgespielt« (Chronist, 159). Gegenüber Graf Kessler verhielt er sich noch vertraulicher und erklärte im Herbst 1916 offen und eindeutig: »›Ich sage es Niemandem, ja, ich habe es mir selber nicht gesagt. Ihnen aber sage ich es; wir werden den Krieg nicht gewinnen‹. Vor der Geschichte aber werden wir mit der Schuld dieses Krieges belastet dastehen. Denn es *sei* ein Präventivkrieg gewesen. Wir hätten ihn herbeigeführt, indem wir Österreich vorschoben oder losliessen.« Bethmann Hollweg habe »richtig gehandelt, indem er den Krieg herbeiführte; aber die Schuld werde doch an ihm haften bleiben« (Nachlass Kessler, Tagebuch VII, 22.IX.1916).

Theodor Wolff hatte zuvor bereits selbst mehrmals erfahren müssen, welche unvollständigen und zum Teil falschen Vorstellungen bei den deutschen Militärs über die Wehrfähigkeit Frankreichs zumindest vor dem Krieg bestanden haben. Kurt Riezler (1882–1955), der vertraute Mitarbeiter Bethmann Hollwegs, berichtete ihm am 24. Mai 1916, man habe in der »Julikrise« nicht mit Sicherheit wissen können, ob Russland und England in den Krieg einträten, ob der Generalstab nicht doch mit seiner Einschätzung Recht gehabt hätte, »der Krieg gegen Frankreich werde 40 Tage dauern«. Der Reichskanzler sei das Risiko keinesfalls ungeprüft eingegangen und sei keineswegs von anderen geschoben oder bedrängt worden (Tagebücher, 385). Der ehemalige deutsche Botschafter in Großbritannien, Karl Max Fürst von Lichnowsky (1860–1926), bestärkte Theodor Wolff in der Ansicht, die Berliner und der deutsche Botschafter in Wien, Heinrich von Tschirschky und Bögendorf (1858–1916), hätten Wien dazu gedrängt, es müsse als Großmacht eine unnachgiebige Position gegenüber Serbien einnehmen. Ballin berichtete ihm darüber hinaus, Jagow habe Österreich dazu ermuntert, den Vorschlag des britischen Ministerpräsidenten, Sir Edward Grey (1862–1933), zu einer internationalen Konferenz nicht aufzunehmen.

Von einem Gespräch mit Bodo Graf von Wedel (1862–1943), 1914 als Vortragender Rat in der Politischen Abteilung des Auswärtigen Amtes tätig und seit 1916 Botschafter in Wien, zeigt sich Theodor Wolff in seinem Tagebuch tief beeindruckt, wenn er auch vorsichtig meint, es sei vielleicht noch nicht »die letzte Wahrheit«, die er hier vernehme. Demnach habe sich nach der gescheiterten Vermittlungsaktion der Engländer von 1912 in London die Meinung durchgesetzt,« daß eine Verständigung nicht möglich sei, und von nun ab war man entschlossen, fest zu Frankreich u. Rußland zu halten, um dem Streben Deutschlands nach der Weltherrschaft einen Damm entgegenzustellen. Wie nun die Dinge lagen, gewann die Theorie derjenigen, die im Juli 1914 u. vorher sagten: ›Der Krieg mit Rußland kommt doch, besser jetzt, als in zwei Jahren, wo Rußland seine strategischen Eisenbahnen gebaut haben wird, etc.‹ eine gewisse Richtigkeit. Die Theorie wäre unrichtig gewesen, wenn Aussicht bestanden hätte, daß die Weltlage sich zu Gunsten Deutschlands bessern würde. Das wäre aber nur durch einen völligen

Wechsel unserer Politik noch möglich gewesen – durch Aufgabe des System Tirpitz und damit Verständigung mit England« (Chronist, 213 f.).

Diese Erzählungen und Befragungen sowie seine begleitende Korrespondenz mit den Gesprächspartnern hat Theodor Wolff gut verwahrt. Sie nutzte er zusammen mit seinem Tagebuch und den gebundenen Jahrgängen des »BT« für seine Bücher zur Vorgeschichte und zur Geschichte des Großen Krieges. Einen Teil der Unterhaltungen führte er in den Klubräumen der »Deutschen Gesellschaft 1914«. Sie bot ihm eine der wichtigsten Gelegenheiten, Kontakte zu knüpfen und Verabredungen zu treffen für das dritte seiner großen Ziele, die Weiterführung der innenpolitischen Reformen. Was hat man unter dieser bis heute noch nicht systematisch erforschten Gesellschaft zu verstehen? Sie versammelte sich an einer ersten Adresse Berlins, in der Wilhelmstraße, in dem vom Industriellen Robert Bosch (1861–1942) zur Verfügung gestellten »Pringsheimschen Palais«. Sie verstand sich selbst als exklusiver Treffpunkt für »Männer aus allen Teilen des Reiches, die sich gegenseitig etwas zu sagen und zu geben haben, mögen sie nun den Regierungen oder den Parlamenten, dem Handel, der Landwirtschaft, der Industrie und der Arbeit, Heer und Flotte, der Kunst und Wissenschaft angehören, zusammenkommen, Gedanken austauschen und in persönlicher Wechselwirkung an den Aufgaben der Weiterentwicklung unseres Volkes jeder in seiner Art mitarbeiten können«. Die Deutsche Gesellschaft könne deshalb »kein politischer Klub« sein und wolle »noch weniger der Klub einer politischen Partei oder einer abgegrenzten politischen oder sozialen Gruppe« werden.

Die Gründungs- und Eröffnungsrede des Präsidenten (1915–1920), des ehemaligen Staatssekretärs im Reichskolonialamt und Gouverneurs von Westsamoa, Wilhelm Solf (1862–1936), am 28. November 1915, knüpfte bewusst an das August-Erlebnis an. »Hier hat der Krieg wahrhaft wohltätig gewirkt, haben wir doch alle staunend erlebt, wie in eben jenen Augusttagen der Geist schwerer, dumpfer Verdrossenheit von uns wich, das Leben von Millionen Menschen einen höheren Sinn, einen tieferen Gehalt bekam.« Er beschwor in immer erneuten Wendungen den »Geist von 1914«, die »Einheit im Denken und Fühlen, ein Bewußtsein der inneren Verbundenheit in Freud und Leid«, also die innere Geschlossenheit der Nation und den Patriotismus, wie er sich in den ersten Wochen des Krieges gezeigt hatte. Pathetisch und metaphernreich schloss er mit der programmatischen Erklärung: »Die Deutsche Gesellschaft aber will den Acker, auf dem die Einheit erwachsen ist, weiter bestellen, damit er, auch ohne daß der Kriegspflug ihn zu durchfurchen braucht, für das Land segensreich Frucht trage«.

Die Reichsregierung hatte sich an den Vorüberlegungen, die zu der Gründung der Gesellschaft führten, beteiligt, da sie ihre »Politik der Diagonale« auf hohem Niveau, nicht parteipolitisch verengt diskutiert und in der Öffentlichkeit verbreitet sehen wollte, ohne in den Geruch zu kommen, Propagandistisches zu verkünden. Nicht Amt und Titel, sondern Persönlichkeit, Leistung und Können sollten über die Zugehörigkeit zum Klub entscheiden. Die Satzung sah ursprünglich eine Begrenzung der Mitgliederzahl auf 1.000 vor; doch wurde dieses Soll bereits nach einigen Wochen überschritten und die Limitierung alsbald gestrichen. Im Frühjahr 1916 hatte der Klub 1.200 Mitglieder, ein Jahr später 1.800, im Jahr 1921 waren es 2.800; im Sommer 1925 sank die Mitgliederzahl erstmals ab und blieb auf dem Stand von gut 2.000 Personen. Im Jahr 1933 soll es jedoch nur noch 600 Mitglieder gegeben haben. Ein Jahr später löste sich die Deutsche Gesellschaft 1914 auf, weil sie sich nicht von den Nationalsozialisten instrumentalisieren und missbrauchen lassen wollte. Etwa ein Drittel der Mitglieder – jeder musste vorgeschlagen, empfohlen und von dem Präsidium akzeptiert werden – kam 1925 aus mehr als 250 Städten des Deutschen Reichs und ein gutes Zehntel aus dem Ausland. Eine statistische Aufnahme in jenem Jahr erfasste 707 Berufe. Die stärksten Gruppen bildeten die höhere Beamtenschaft (14%) – zumeist Angehörige des Auswärtigen Amtes (insgesamt: 10%) –, Repräsentanten von Banken, Handel und Wirtschaft (17%), Militärs (7%), Professoren (5%) und Journalisten und Publizisten (10%). Das personelle Reservoir der Gesellschaft lag im konservativ-nationalliberalen Feld, doch nahm sie bewusst auch Linksliberale, Sozialdemokraten und Gewerkschaftler auf. Diese ungewöhnliche Verfahrensweise und die positive Haltung gegenüber der SPD provozierten Negativurteile bei den Konservativen.

Einmal wöchentlich versammelte man sich zur Diskussion eines Vortrags. Die meisten Vorträge behandelten Themen aus der deutschen Innenpolitik, Wirtschaft, Währung, Justiz, Kultur und aus dem Bereich der Finanzen. In der ersten Nachkriegszeit diskutierte man auch über Räteverfassung und Sozialisierungskonzepte. In der zweiten Hälfte der Weimarer Republik verdrängten Vorträge über Bolschewismus, Zionismus, Faschismus und Reparationspläne die historischen Themen und die zuvor häufiger behandelte Kriegsschuldfrage. Einen Tag nach der Regierungsübergabe an Hitler – er war als Redner früher einmal entschieden abgelehnt worden – stand die abendliche Veranstaltung zufällig, aber es klang kritischen Ohren wie ein Omen, unter dem Thema »Annexionsgedanken als Schicksalsfrage des Weltkrieges«.

Theodor Wolff hatte etwa zur gleichen Zeit die Idee gehabt, mit entschiedenen Anhängern politischer Reformen unter den Journalisten eine Gruppe zu bilden, »die ein nützliches Instrument« werden könne, um in Zeiten der Zensur, des öffentlichen Diskussionsverbots über Kriegs- und

Friedensziele vertraulich Ideen und Vorschläge in Regierungs- und Parlamentskreisen lancieren zu können. Der »Deutschen Gesellschaft 1914« stand Theodor Wolff in der Gründungsphase ablehnend und in den Anfangsmonaten distanziert gegenüber. Selbst die persönlichen Bemühungen Solfs, ihn zum Eintritt zu bewegen, scheiterten zunächst. Denn es waren nach Theodor Wolffs Geschmack im Klub zu viele Annexionisten und Alldeutsche wie Hugenberg (1865–1951), der Historiker Dietrich Schäfer (1845–1929), der konservative Präsident des preußischen Abgeordnetenhauses, Hans Graf von Schwerin-Löwitz (1847–1918) oder der Altphilologe Ulrich von Wilamowitz-Moellendorff (1848–1931) vertreten. Schwerin-Löwitz hatte sich übrigens bemüht, seinen Eintritt in das Klub-Präsidium von dem vertraulichen, aber förmlich zu fassenden positiven Beschluss abhängig zu machen, es sei nicht die Aufgabe des Klubs, »Friedensstimmung zu verbreiten« und die vom Kaiser »ausgegebene Parole des unbedingten ›Durchhaltens‹ noch immer die allein maßgebende«. Der Klub ging über dieses Ansinnen hinweg.

Theodor Wolff gab sein Sträuben erst auf und wurde zu einem regelmäßigen Besucher unter der Mitgliedsnummer 1195, als im Winter und Frühjahr 1916 wiederholte Einladungen und die Unterhaltungen mit Deutelmoser (1873–1956), Naumann, Hugo Elsas, Brentano, Rathenau (17.I., 28.II.1916), Solf, Friedrich von Rosen, Wolfgang Heine und Conrad Haußmann (1857–1922) ihn hatten erkennen lassen, dass er sich mit einem größeren Mitgliederkreis in weitgehender Übereinstimmung über wichtige innen- und außenpolitische Fragen befand. Rathenaus Vortrag über Deutschlands Rohstoffversorgung hatte Wolff zwar zum ersten Mal als Gast in den Klub gelockt, doch ohne in seinem Tagebuch vom Redner und von den Zuhörern einen besonders positiven Eindruck zu notieren (20.XII.1915): »Walther Rathenau hält dort einen Vortrag über Rohstoffe – in Wahrheit über seine Tätigkeit als Gründer u. Leiter der Rohstoffabteilung im Kriegsministerium. Verdirbt sich den Eindruck seiner sehr interessanten Rede durch den fortwährenden Hinweis darauf, dass ohne ihn der Krieg nicht hätte länger als 6 Monate geführt werden können.« Doch gerade mit Rathenau hat Wolff, dem die »selbstbewußte Ueberlegenheit« seines Gesprächspartners gefiel (9.X.1916), zumeist kontrovers diskutiert. Es fällt auf, dass er jeweils ausdrücklich festhielt, ob Rathenau der gleichen oder einer abweichenden Meinung (17.I.1916) gewesen war. Bei den Auseinandersetzungen über eine Friedensresolution, über einen Verständigungsfrieden und über entschiedene Reformen in der zweiten Hälfte des Jahres 1917 ergab sich zwischen den beiden selten Einvernehmen. Bislang war unbekannt, wie eng die personellen Beziehungen zwischen der Entstehung der Delbrück-Wolff-Dernburg-Denkschrift im Sommer 1915 und dem ein halbes Jahr später gegründeten Klub waren.

Mindestens fünfundvierzig der Unterzeichner dieser gegen die alldeutsche Annexionspolitik gerichteten Denkschrift vom 27. Juli 1915, also ein knappes Drittel, sollten später Klubmitglieder werden. Die Vorgeschichte der Denkschrift reichte bis in die ersten Wochen nach dem Kriegsbeginn zurück. Im Oktober 1914 hatten Vertreter der Wissenschaft und Kunst einen »Aufruf an die Kulturwelt« formuliert, den Theodor Wolff wegen der politischen Ungeschicklichkeit, der sachlichen Fehler, der Kritiklosigkeit und Überheblichkeit für ein »geschmackloses Kraftgetue« (Chronist, 57) hielt, das Deutschlands Ansehen im Ausland herabsetzen werde. Im Mai 1915 überreichten sechs einflussreiche Wirtschaftsverbände dem Reichskanzler ebenfalls eine Denkschrift, deren Forderungen weitgehend mit denen der »Intellektuellen-Eingabe« übereinstimmten, die rund vier Wochen später an denselben Adressaten ging. Die Verfasser plädierten dafür, Deutschlands Macht auszudehnen, im Osten und Westen Europas Territorien zu annektieren, denn nur ein politisch und wirtschaftlich gesichertes Reich könne seinem »geistigen Berufe (…) in Freiheit nachgehen«. Theodor Wolff war über diese Vorstöße empört und schlug Dernburg am 28. Juni 1915 vor, eine Gegen-Erklärung oder selbständige Eingabe mit den Unterschriften hervorragender Persönlichkeiten zusammenzubringen und auf dieses Vorhaben auch Hermann Fürst von Hatzfeldt-Trachenberg (1848–1933) anzusprechen, freikonservatives Mitglied des Herrenhauses und ehemaliger Oberpräsident von Schlesien. Außerdem schrieb er an Ballin und sprach am nächsten Tag über die Vorstellung mit Holtzendorff und Wolff-Metternich, zu diesem Anlass eine »Deutsche Gesellschaft 1915« zu begründen, die eine anti-annexionistische Politik offensiv vertreten solle. Es ist unbekannt, wie Theodor Wolff auf diesen Namensvorschlag gekommen ist. Es kann jedoch nicht ausgeschlossen werden, dass er über die gleichzeitig laufenden Vorbereitungen zur Gründung der »Deutschen Gesellschaft 1914« informiert war. Theodor Wolff meinte, der Leitsatz für die Eingabe müsse lauten: »Wir sind grundsätzlich gegen die Annexion politisch unabhängiger u. selbständiger Völker« (Chronist, 114).

In den kommenden zwei Tagen fanden die Diskussionen in einem größeren Kreis von rund fünfzig Gleichgesinnten im Zimmer 17 des preußischen Abgeordnetenhauses statt. Unter ihnen befanden sich Anschütz, Ballin, Brentano, Delbrück, Dernburg, Dove, Harnack, Holtzendorff, Kahl und Stein. Die Vorstellungen gingen anfangs relativ weit auseinander, mehrere Textentwürfe mussten angefertigt, beraten, gekürzt und in mehreren Abstimmungsvorgängen präzisiert und dann beschlossen werden. Theodor Wolff erzählte seinem »geliebtem Herzblatt«, die mit den »geliebten Bälgern« in jenem Sommer wieder einmal allein Ferien in Heringsdorf machte, von den Besprechungen, erwähnte seinen trotz der Hektik »fast an allen Nachmittagen« gehaltenen Mittagsschlaf und triumphierte, es sei in der Eingabe »alles dringeblieben, was ich drin haben wollte – eine klare Ablehnung aller Annexionen im Westen« (Brief, 11.VII.1917). Er konnte zwar seine ursprüngliche zentrale Formulierung durchsetzen, musste aber zwei Bemerkungen zu den Friedensbedingungen akzeptieren, ohne die kein Kompromiss möglich gewesen wäre: »Der höchste Siegespreis wird immer in der stolz errungenen Gewissheit bestehen, dass Deutschland auch eine Welt von Feinden nicht zu fürchten braucht, und in dem beispiellosen Kraftbeweis, den unser Volk den andern Völkern der Erde und den kommenden Generationen gegeben hat. Das deutsche Volk kann aber nur einen Frieden schließen, der den strategischen Bedürfnissen, den politischen und wirtschaftlichen Interessen des Landes und der ungehemmten Betätigung seiner Kraft und seines Unternehmungsgeistes in der Heimat und auf dem freien Meere gesicherte Grundlagen gibt« (Tagebücher, 253 f.).

Theodor Wolff übernahm es, die nötigen Exemplare für die Werbekampagne drucken zu lassen. Er und Stein verzichteten aus taktischen Gründen darauf, zu den Erst-Unterzeichnern zu gehören, damit das »BT« und die »Frankfurter« nicht abschreckend wirkten. Es unterschrieben schließlich 144 Personen unter dem Datum des 27. Juli. Bereits am 22. überreichte man diese »vorläufige« Liste Bethmann Hollweg mit 81 Unterzeichnern (Chronist, 120) und hatte die Genugtuung, in der Kundgebung des Kaisers zum ersten Jahrestag des Krieges an drei Stellen deutliche Ähnlichkeiten mit der Erklärung zu erkennen (Chronist, 125) und in den folgenden Wochen in den Niederlanden, Großbritannien und Frankreich ihre Veröffentlichung zu erleben. Alldeutsch-konservative Blätter wie die »Rheinisch-Westfälische Zeitung« protestierten selbstverständlich gegen diese Variante einer »Verzichtpolitik«.

In den Jahren 1916 bis 1918 arbeitete eine kleine Gruppe innerhalb der »Deutschen Gesellschaft 1914« entschieden politisch, ja sie betätigte sich sogar parteipolitisch. In dieser informellen Gruppe fühlte sich Theodor Wolff am wohlsten, hier dominierten Journalisten neben Abgeordneten der Sozialdemokratie und der Fortschrittlichen Volkspartei. Sie verstanden unter »parteipolitisch« erstens eine über Bethmann Hollwegs »Politik der Diagonale« hinausgehende »Neuorientierung« in der Innenpolitik, d. h. eine entschlossen weitergetriebene Parlamentarisierung, die zu einer Stärkung des Reichstags gegenüber dem Kaiser, dem Reichskanzler und den Militärs führen sollte; zweitens die Stärkung der Parteien im Parlament, die dort durch eine interfraktionelle Zusammenarbeit ausgebaut werden und in der Sammlung einer linken Mehrheit kulminieren sollte. Für das politische Selbstverständnis dieser Gruppe innerhalb der Gesellschaft ist bezeichnend, dass sie ursprünglich einen anderen Namen favorisierte. Sie wollte statt »Deutsche Gesellschaft 1914« – dies erinnerte zu sehr an die »Ideen von 1914« – den inhaltlich anders definierenden und stärker akzentuierenden Namen »Politische Gesellschaft von 1915« annehmen, der uns an eine ähnliche Anregung Theodor Wolffs erinnert. Nicht die Euphorie vom August 1914, sondern die nüchterne »Neuorientierung« von 1915 sollte die politische Perspektive markieren. Der nationalen Versöhnungsrhetorik sollten Taten der Regierung folgen – doch blieben die Bemühungen, den Namen zu ändern, erfolglos.

Zu dieser politisch aktiven Gruppe sind die Professoren Hans Delbrück (1848–1929), Harnack, Troeltsch, Gerhard Anschütz (1867–1948), Otto Baumgarten (1858–1934), Lujo Brentano (1844–1931), Wilhelm Kahl (1849–1932), Gustav Schmoller (1836–1917) oder Ferdinand Tönnies (1855–1936) zu zählen, mit Theodor Wolff die Kollegen Heuss (1884–1963), Peter Reinhold (1887–1955), Paul Lensch (1873–1926), Georg Bernhard (1875–1944), August Stein (1851–1920) oder Ulrich Rauscher (1884–1930); die Sozialdemokraten Eduard David (1863–1930), Georg Gradnauer (1866–1946) oder Albert Südekum (1871–1943); die Abgeordneten der Fortschrittlichen Volkspartei Haußmann, Naumann, Heinrich Dove (1853–1932), Otto Fischbeck (1865–1939), Georg Gothein (1857–1940), Friedrich von Payer (1847–1931) oder Felix Waldstein (1865–1943); vom Zentrum Erzberger, Konstantin Fehrenbach (1852–1926), Richard Müller-Fulda (1851–1931) oder Albrecht Freiherr von Rechenberg (1861–1935); von den Nationalliberalen Stresemann (1878–1929), Robert Friedberg (1851–1920), Johannes Junck (1861–1940), Otto Keinath (1879–1948) oder Eugen Schiffer (1860–1954), der in der Nachfolge von Solf von 1921 bis 1932 die Präsidentschaft innehatte. Außerdem zeigten sich Ludwig Dernburg, Rathenau, Naumann, Bosch und Großadmiral Henning von Holtzendorff (1853–1919) im Sinn der Gruppe engagiert. Der Journalisten-Cercle verstärkte sich besonders durch Gäste wie Ernst Feder, die mit einer gewissen Regelmäßigkeit erschienen; Rudolf Mosse war Mitglied, trat aber hier nicht hervor.

Die Gruppe der Reformer wollte eigene Pläne zur Neugestaltung des Reichs, des Verhältnisses zu Preußen, zur Einbeziehung der Linken und zu einem Verständigungsfrieden entwickeln. Der Reichstag sei gegenüber dem Kaiser, dem Reichskanzler und den Militärs zu stärken, die parlamentarische Position durch interfraktionelle Zusammenarbeit auszubauen. Haußmann brachte ihr politisches Konzept der »Neuorientierung« im April 1917 auf die Formel: »Was geschaffen werden muß, und von uns geschaffen werden muß, ist die Linke, die eine linksgerichtete Regierung stützen kann. (…).

Dem muß in der Fraktion, dem müssen Sie (gemeint war Theodor Wolff) in der Presse vor Allem dienen, wissend, daß Verfassungsprogrammsätze, die sich wohl oder übel längst bekannter Formen bedienen müssen, den Willen und die Phantasie des Volkes nach dem Weltkrieg weniger ergreifen, als die Erscheinung einer Fleisch und Blut gewordenen Linken, die Beweise volkstümlicher und staatsmännischer Zusammenarbeit gegeben hat« (Brief an Wolff, 14.IV.1917). Diese Gespräche und Überlegungen, die persönlichen Kontakte und institutionellen Beziehungen aus der Zeit der »Deutschen Gesellschaft 1914« sind als Voraussetzungen und Grundlagen für die parteipolitischen Aktivitäten Theodor Wolffs im Winter 1918/19 nicht zu überschätzen.

Der Verfall des Ansehens und der Autorität des Kaisers wurde im Klub zwar konstatiert, doch die Auswirkungen nicht in Hinblick auf die Nachkriegsordnung diskutiert. Dabei dachte nicht einmal einer der Sozialdemokraten an die Gründung einer Republik. In einem Gespräch mit Bülow im Herbst 1916 hat Theodor Wolff darauf verwiesen, die Parlamentarisierung müssten politisch intelligente Monarchisten eigentlich befürworten, da mit ihrer Einführung die Person des Kaisers gegen die zu erwartenden Angriffe gedeckt würde. Bestünde sie bereits, so wäre der Kaiser populärer und der Hass des Auslandes hätte sich nicht so stark gegen seine Person gerichtet (Chronist, 209). Nach dem uneingeschränkten U-Bootkrieg (1.II.1917), dem Kriegseintritt der USA (6.IV.) und dem Sturz Bethmann Hollwegs (13.VII.) wuchsen die Befürchtungen Theodor Wolffs, die politische Führung werde zukünftig in völliger Abhängigkeit von den Militärs handeln und der Reichstag weder die nötige Parlamentarisierung noch den Friedensprozess voranbringen können. Seine Erwartungen an die politische Durchsetzungskraft Bethmann Hollwegs waren zwar nie sehr hoch gewesen, doch hatte er ihn, den er für integer und guten Willens hielt, so häufig wie möglich gemahnt und gestützt. Das Tagebuch dokumentiert die langen Gespräche, in denen Theodor Wolff ihn für eine entschlossene Neuorientierung im Innern und zu einer Friedensinitiative, zu einem entschiedeneren Vorgehen gegen die Kriegsgewinnler, die Annexionisten, die Militärs und die konservative Fronde zu gewinnen suchte. Da der Reichskanzler im Reichstag auf Grund seines Zauderns wenig Rückhalt bekam, konnte die Oberste Heeresleitung, die »Totengräber« (Chronist, 253) Hindenburg und Ludendorff (1865–1937), im Zusammenwirken mit dem Kronprinzen Friedrich Wilhelm (1881–1951) die Entlassung Bethmann Hollwegs am 13. Juli 1917 erreichen.

Bereits knapp sechs Jahre zuvor hatte Theodor Wolff unter dem vielsagenden Titel »Das Fazit« hellsichtig die ersten zutreffenden Sätze über die Person und das System formuliert: »Einige liberale Männlein, deren

Auge sehr schnell den Himmel offen sieht, haben Herrn v. Bethmann Hollweg bereits wieder zugejauchzt, und doch hat kein Kanzler je zuvor soviel Nichtachtung für die Ideen der Demokratie und der Staatserneuerung gezeigt. (...) Ein Land, wo zufällige Hofgunst und Vorzimmerintrigen die höchsten Aemter verleihen und ein Familienkonsortium alles an sich reißt, kann inmitten der heutigen Welt nicht mehr gedeihen, und es muß allmählich zurückbleiben hinter jeder anderen Nation, wo im freien Wettkampf der Talente der Tüchtige und Geschickteste sich nach oben ringt« (BT 13.XI.1911). In seinem Nachruf am 13. August 1923 blieb Theodor Wolff bei dieser Einschätzung, wies aber wenigstens auf eine positive Tat hin, die in seinen eigenen Erwägungen während der Amtszeit des Verstorbenen zu Unrecht lediglich am Rand gestanden habe. Bethmann Hollweg sei auch angegriffen worden, »weil er sich zur Schaffung des polnischen Staates verleiten ließ. Die Idee hatte ihr Gutes, der Zeitpunkt war falsch gewählt und wurde nicht von dem Reichskanzler, sondern von den Generälen, die schon polnische Rekruten aufblühen sahen, bestimmt. Ein polnischer Staat aber wird immer nur Lebensfähigkeit haben, wenn er, der mit einem feindlichen Rußland rechnen muß, ein versöhntes Deutschland zur Seite hat« (Journalist, 164 f.).

Als der preußische Kommissar für Volksernährung, Michaelis, sein Nachfolger wurde, empfing er Theodor Wolff zu einem Gespräch, das die politischen Begrenztheiten von Michaelis offenbarte (Chronist, 262–264). Wolff traute ihm nicht einmal zu, sich in den anstehenden Reichstagsberatungen über den Frieden durchsetzen zu können. Für Theodor Wolff war »er ein Zahnarzt, der dem Patienten mit der verbundenen Backe sagte, Zahnschmerzen müßten sich natürlich entwickeln und über ihre Dauer entscheide nicht die ärztliche Kunst, sondern der erkrankte Nerv« (Epoche, 144). Eine große politische Hoffnung sah Theodor Wolff dagegen in Michaelis' neuem Staatssekretär im Auswärtigen Amt, dem ihm aus der Vorkriegszeit bekannten 45-jährigen Richard Kühlmann (1873–1948), von dem er sich einen harten Kurs gegen die Suprematieansprüche der Militärs und Annexionisten erhoffen durfte. Beide Seiten hegten Sympathien für einander. Theodor Wolff sah in dem »Sonntagskind der Diplomatie« den weltläufigen, gebildeten, liberal denkenden Politiker mit künstlerischen Ambitionen, den Gegner der Tirpitz'schen Flottenpolitik und den kühlen Rechner, mit dem er seine Grundansichten über Frankreich und Großbritannien teilte. Kühlmann schätzte »den am(ü)santen Juden«, einen »unsrer besten, wenn nicht unser bester, deutscher Zeitungsmann« (Bußmann). In den Auseinandersetzungen mit den Alldeutschen und während der Verhandlungen mit den Sowjets kühlte sich das Verhältnis zwischen den beiden ab, da Theodor Wolff die klare Ablehnung einer Annexion Belgiens und keine starre Haltung in der Elsaß-Lothringen-Frage wünschte, um den anzustrebenden Friedensverhandlungen überhaupt eine Chance zu geben. Außerdem vermisste er bei Kühlmann ein Konzept für die Gestaltung des künftigen Europas, klare Vorstellungen über die »Gesellschaft der Nationen« und die Abrüstungsfrage (BT 31.XII.1917).

Ende September 1918 mehrten sich die politischen Krisenzeichen. Als die Entlassung Hertlings sich ankündigte, wurden sogleich in traditioneller Manier, also in den politisch unverantwortlichen Kreisen, Kanzlerkandidaten gehandelt, doch Theodor Wolff strebte eine »Volksregierung u. (...) durchgreifende Parlamentarisierung u. völlige Umgestaltung« an (Tagebücher, 25.IX.1918). In der Zeitung lautete die Forderung: »Das Hinterland verliert nicht die Nerven, wenn es mit männlicher Entschlossenheit die Führung seines Schicksals selbst übernehmen will. Und es verliert nicht den Kopf, wenn es gern auf Köpfe verzichtete, in denen kein Raum für neue, freie Gedanken ist« (BT 25.IX.1918). Deshalb gab Theodor Wolff im »BT« für die Regierungszeit des neuen Kanzlers, des Prinzen Max von Baden (1867–1929), die Devise aus, spätestens jetzt, nach dem 3. Oktober, müsse die Führung zu einem entschiedenen Handeln bereit sein und die öffentlichen Diskussionen über frühere antiparlamentarische Äußerungen des Kanzlers beendet werden. Die Regierung habe sich auf das Wesentliche zu konzentrieren und damit auf das deutsche Waffenstillstandsgesuch an den amerikanischen Präsidenten Woodrow Wilson (1856–1924), die Entlassung Ludendorffs vom 26. Oktober und eine mögliche Abdankung des Kaisers zu Gunsten seines zwölfjährigen Enkels Wilhelm Friedrich (1906–1940).

Theodor Wolff nannte Max von Baden und Haußmann gegenüber eine konstitutionelle Monarchie nach dem von ihm favorisierten englischen Vorbild als die für Deutschland am besten geeignete Staatsform (Tagebücher, 22.X.1918). Am Tag zuvor hatte er bereits zugesagt, sich an Überlegungen zu beteiligen, wie man die Abdankung Wilhelms II. befördern und die bestehende Regierung stärken könne, an der erstmals Sozialdemokraten und Links- und Nationalliberale beteiligt waren. Am 1. November heißt der erste Eintrag im Tagebuch, »alles spricht von kommenden Unruhen. Große Besorgniß« und der letzte lautet, die Waffenstillstandsbedingungen seien, »wie man zu sagen pflegt, hahnebüchen, und übertreffen jede Erwartung« (Chronist, 300,302). Obwohl der Prinz seinen Vorgängern und den meisten derjenigen, die im »Almanach de Gotha« stehen, viel voraus hatte, hielt ihn Theodor Wolff nicht für das Genie, das Deutschland für diese Aufgabe brauchte. »Einfach, selbstsicher, innerlich vornehm, wirklich als ein Repräsentant des an den edlen, geistigen Traditionen festhaltenden

Deutschlands, verlas der neue Reichskanzler seine Rede und ein Wort des Bedauerns regte sich im Hörer, das sich manchmal im Spätherbst auf die Lippen drängt. Das Wort: warum haben wir uns nicht früher kennen gelernt!« (BT 6.X.1918).

KAPITEL 6

VON DER REVOLUTION ZUM FRIEDENSDIKTAT

Die Nachricht vom erbetenen Waffenstillstand am 3./4. November 1918 an den amerikanischen Präsidenten traf die Deutschen wie ein Schock. Hatten ihnen doch Ludendorff und Hindenburg die katastrophale militärische Lage des Deutschen Reiches systematisch verheimlicht: die völlig erschöpften Mannschaftsreserven nach den verlustreichen Materialschlachten im Stellungskrieg bei Verdun und an der Somme im Februar und im Juni 1916, der sich seit 1917 abzeichnende bedenkliche Ausbildungsstand an der Front oder der seit dem Frühjahr 1918 zunehmend hervortretende Mangel an Treibstoff für die motorisierten Truppenteile. Die negative Einschätzung der Gesamtlage – sie war den Hauptverantwortlichen seit dem »Schwarzen Tag« des deutschen Heeres, der Schlacht an der Somme bei Amiens (8.VIII.1918) klar – teilten die Militärs der politischen Führung erst Wochen später mit. Ein unverzeihliches Verfahren, denn sie verlangten von ihr die Übernahme der nunmehr höchst undankbaren politischen Verantwortung. Für alle Deutschen brachte also der 4. November 1918 eine Botschaft von niederschmetternder psychologischer Wirkung.

Theodor Wolff hat diese verheerenden Entwicklungen wenigstens ahnen können. Leser seines Tagebuchs hätte der militärische und der Zusammenbruch der Monarchie Anfang November 1918 weniger überrascht. Hätten sie doch bereits im Mai 1916 einen Eintrag über die schlechte Versorgungs- und Ernährungslage gefunden, der ihnen die zahllosen langen Schlangen an den Verkaufsstellen erklärt hätte, die fehlenden Kohlen – alle Vorzimmer und Nebenräume mussten ungeheizt bleiben –, den wachsenden Mangel an lebensnotwendigen Dingen und über die damit parallel gehende Demoralisierung der mittleren und der arbeitenden Schichten. Selbst über die Haltung der deutschen Soldaten in den vordersten Schützengräben hätten sie einiges erfahren können. Am deutlichsten am 12. Oktober 1916, als der liberale Abgeordnete und Rechtsanwalt Ludwig Haas (1865–1930), aus Warschau kommend, erzählte, es sei »die Stimmung an der Front miserabel (…), besonders gegen die Offiziere. Dasselbe hat Heine von verschiedenen Seiten (gehört) und gestern hat es mir der Leutnant W., der im Osten steht, erzählt. Man findet in den Schützengräben Plakate mit der Aufschrift: ›Wär' gleicher Lohn und gleiches Essen – Wär' der Krieg schon längst vergessen.‹ Versuche, Naumann zu überzeugen, daß die Fortschrittliche Volkspartei jetzt das Programm des parlamentarischen Regimes aufstellen und sich mit all' denen, die im Reichstag dieses Ziel wollen, zusammentun müssen. Er antwortet, wie gewöhnlich, ausweichend, indem er sich hinter der Tatenunlust seiner Parteigenossen verschanzt« (Chronik, 211 f.).

Da Theodor Wolff sein Tagebuch vom November 1918 bis in den Sommer 1919 hinein weiterführte – mit einer Überlieferungslücke im Januar –, bildet es eine wichtige Ergänzung zu der wieder unreglementierten Presse. Besonders eindrucksvoll stellen sich darin die Tage nach den Oktoberreformen der Regierung des Prinzen Max von Baden, dem Ersuchen der deutschen Regierung um einen Waffenstillstand und der Annahme des Vertrags von Versailles dar. Dieser Abschnitt gewinnt zusätzlich einen außerordentlichen Quellenwert durch die Berichte über den Zusammenbruch des Kaiserreichs und über die revolutionären Ereignisse des Winters, durch die maßgebliche Beteiligung Theodor Wolffs an den Besprechungen über die Gründung einer liberalen Partei und die Auseinandersetzungen über die Mitglieder und das Programm der »Deutschen Demokratischen Partei«. In jene Monate fallen auch die politische und publizistische Unterstützung des ihm freundschaftlich verbundenen Diplomaten Ulrich Graf von Brockdorff-Rantzau (1869–1928) in seinem Kampf gegen die Unterzeichnung des Versailler Friedensvertrags und die Aktivitäten französischer und amerikanischer Delegationen. Sie sollten im Auftrag der alliierten Präsidenten die Stimmung in dem besiegten Land erforschen; auf ihren Listen fehlte der Interview-Partner Theodor Wolff nie. Der Deutschlandexperte im US-State Department, William C. Bullitt (1891–1967), rechnete bei seinen Vorbereitungen im Sommer 1918 mit einer Stärkung der liberalen Kräfte in Deutschland durch Wilsons Vierzehn-Punkte-Programm vom 8. Januar 1918, das als Richtlinie für den Weltfrieden dienen sollte: von den Sozialdemokraten nannte er in seinem offiziellen Bericht Philipp Scheidemann (1865–1939), von der bürgerlichen Linken Theodor Wolff.

Ende Juli hatte Theodor Wolff in einem Leitartikel erklärt, es müssten »diejenigen das Werk vollenden«, die es begonnen hätten (BT 29.VII.1918). Denn die »Kriegsmacherpresse« könne dann erzählen, »daß die deutsche Armee nun zerstört, der Widerstandsgeist gebrochen sei, weil man das Heer in den Rahmen des Staates eingefügt (...) hat. Sie sagen den Truppen – die ihnen freilich nichts glauben – daß man ihnen verräterisch in den Rücken gefallen sei« (BT 28.X.1918). Die Inhalte und die Gefährlichkeit der späteren Dolchstoßlegende, die Methoden und die Wirkungsmacht ihrer Apologeten sind hier bereits formuliert. Es ist dabei bezeichnend für Theodor Wolffs Grundeinstellung und journalistische Darstellungsweise, die aufklären und belehren will, wenn er in optimistischer Beiläufigkeit behauptet, »die« Soldaten würden den Dolchstößlern »freilich nichts glauben«. Hier besiegt die politische Pädagogik die skeptische Vernunft. Bis heute werden in Krisensituationen nur allzu gern politische, moralische und sachliche Entlastungen genutzt und Erben mit dem Makel belastet, der eigentlich denjenigen anhaften müsste, die das Verhängnis verschuldet haben.

Das im November 1918 zu absolvierende Regierungsprogramm hätte kaum größer sein können: Waffenstillstand und Friedensverhandlungen, Abdankung des Monarchen und Nachfolgeregelung, Rückführung und Entwaffnung der Truppen, Versorgung und Wiedereingliederung der Soldaten in Wirtschaft und Gesellschaft, Umstellung von Wirtschaft und Finanzen auf Friedensbedingungen, volle Parlamentarisierung und umfassende Verfassungsänderungen, Organisation der Mitverantwortung in Politik und Wirtschaft, Entschädigungs- und Wiederaufbauprogramme, Ausbildungs- und Bildungswesen, Beamtenschaft und Justiz – womit keineswegs alle Aufgaben genannt wären. Wie sollte diese Mammutaufgabe bewältigt werden? Abdanken müsse der Kaiser in jedem Fall, davon war Theodor Wolff überzeugt, aber trotzdem sprach er von Erpressung, als die SPD am 7. November den Rücktritt ultimativ forderte, denn er fürchtete die Folgen eines überstürzten Vorgehens, das darauf verzichte, die Leerstelle zu füllen.

Für Theodor Wolffs Überlegungen schien es inzwischen zu spät geworden zu sein. Unter dem 4. und 6. November notierte er kurz, unvollständig und abgekürzt, die Matrosen seien »in Kiel völlig Herren der Stadt u. der Flotte. D. rote Fahne an allen Masten. Soldatenrat eingesetzt. D. Regierung, für die Noske u. Haußmann hingegangen sind, verhandelt mit d. Matrosen. Einige Offiziere sind erschossen. Aber keine Plünderungen etc. -- D. Bewegung hat sich von Kiel auf Hamburg, Lübeck, Eutin, Geestemünde,

Schwerin etc. ausgebreitet. Ueberall gehen d. Truppen über, überall Soldatenräte eingesetzt, überall das bürgerliche Eigentum geschützt. Man spricht von nichts anderem, obgleich die Zeitungen höchstens Andeutungen bringen dürfen. Alle Welt erwartet Ereignisse in Berlin, Villenbesitzer ziehen aus den Vororten herein etc.«. In Köln regierte am nächsten Tag ein Arbeiter- und Soldatenrat die Stadt, in München der Linkssozialist Kurt Eisner (1867–1919), das Reich drohte auseinander zu brechen. Prinz Max von Baden gab am Morgen des 9. November den Rücktritt seiner Regierung, Scheidemann am frühen Nachmittag die Abdankung Wilhelms II. bekannt. Die erste Erklärung war korrekt, die zweite verhüllte, dass der Monarch nichts dergleichen getan hatte und auch nicht zu tun beabsichtigte. Der Kaiser ignorierte seine Pflichten, verzichtete auf die Wahrung seiner Ehre, traf keinerlei dynastische Vereinbarungen, regelte nicht einmal das Interim oder seine Nachfolge, sondern floh ohne jegliche Erklärung nach Holland, verließ heimlich und verantwortungslos sein Volk und seine Truppen, die zu diesem Zeitpunkt noch auf fremdem Territorium standen.

Das Kabinett des Prinzen versäumte es, rechtzeitig eine pragmatische Kaiser-Debatte zu führen, obwohl es dazu eine Chance gehabt hätte, denn die Konservativen, die Liberalen und der größere Teil der Sozialdemokratie nutzten die publizistische Abdankungsdebatte nicht dazu, die verfassungsrechtlichen Grundlagen der Monarchie in Frage zu stellen. Wer wollte schon rechts eine Brücke abbrechen, wenn er links über keinen sicheren Weg verfügte? Wer wollte kämpfen, wenn es an einem inhaltsreichen Konzept, an einer mitreißenden Parole oder schlicht an einer überzeugenden Persönlichkeit mangelte? Als die Ereignisse im Reich sich überstürzten, überall Soldaten-, Arbeiter-, Bauern- und Bürgerräte allein oder in vielerlei gesellschafts- und parteipolitischen Kombinationen entstanden und insbesondere die Münchner Räterepublik vollendete Tatsachen schaffte, fehlten ein Konzept, ein tragfähiger Kaisergedanke oder eine Alternative. Deshalb musste die Abdankung direkt zu dem Untergang der Monarchie führen. Am 8. November schrieb Theodor Wolff im »BT«, die Lage des zögernden Kaisers sei inzwischen unhaltbar geworden, und im Tagebuch, es sei kostbare Zeit verloren gegangen, es gebe keine Krise mehr, jetzt sei auch in Berlin die Revolution zu gewärtigen.

Der Kaiser war in Theodor Wolffs Augen der kongeniale Repräsentant dieses Systems gewesen, umgeben von zu vielen servilen Höflingen, von zu wenigen charakterfesten Männern, heftiger umschmeichelt als beraten, stärker getrieben als selbst treibend und deshalb nie der Alleinschuldige. Theodor Wolff teilte in der Situation nach der kaiserlichen Flucht, genau auf der Schwelle vom abgelebten und kritisierten Alten zum noch ungestalteten hoffnungsfrohen Neuen, keine einzige Träne der Trauer mit den Monarchisten, aber genauso wenig tauchte er mit ein in die rauschhafte Begeisterung der radikalen Sozialisten. Er handelte überlegt und schnell, weil er die öffentliche Diskussion mit beeinflussen wollte. Wie könnte eine feste republikanische Grundlage in einem Staat geschaffen werden, dessen Bevölkerung nicht nur emotional völlig unvorbereitet, sondern mit tausend Fäden mit der Untertanengesellschaft verknüpft war? Theodor Wolffs »Abdankungsartikel« hatte zwar bereits im Konzept »in der Schublade« gelegen, doch stellte er ihn nun umgehend für die Abendausgabe des »BT« fertig und schrieb am selben Tag noch seinen »Revolutionsartikel« für die Morgenausgabe des 10. Novembers, damit seine Leser sie kurz nach den Extrablättern vorfanden.

»Wilhelm II. besitzt Fähigkeiten, Anlagen, Eigenschaften, die bei Monarchen wie bei anderen Menschen nicht alltäglich zu finden sind. Sein Gedächtnis bewahrt alles, was er gesehen und gehört hat, mit seltener Sicherheit auf, und er überrascht so durch vielartige Bemerkungen oft die Personen, zu denen er spricht. Er hat im Gespräch jene Leichtigkeit des Ausdruckes, die in Deutschland so vielen fehlt. Auf dem Gebiet der Technik hat er, wie alle, die auf einem Schiffe oder in einer Fabrikanlage seinen Erläuterungen zugehört haben, versichern, die wirkliche Begabung des Ingenieurs. Sehr viel weniger entwickelt, und besonders sehr viel weniger ausgeglichen, war immer sein politischer Sinn. Die große Politik behandelte er mit jener Sprunghaftigkeit, die sich schnell von einer Frage abwendet und ein neues Gewebe beginnt. Wie in seinen Worten fehlte ihm in seinen politischen Handlungen das richtige Maß. (...) Wilhelm II. war kein ›Alldeutscher‹, er ist von den Alldeutschen lange als ein friedliebender Schwächling angesehen worden, und er hat doch das alldeutsche Vokabular abwechselnd bereichert und ausgeschöpft. (...) Er war nie der ›Attila‹, dessen blutgieriges, grausames Bild die Ententepresse so rastlos malt. (...) Wilhelm II. war nicht der alleinige Urheber, aber der Repräsentant einer aberwitzig kurzsichtigen, die Kräfte und Ideen des Auslandes falsch einschätzenden Politik, und er war das Symbol einer Zeit und eines Geistes, der, in Machtbegehren und Selbstüberhebung, die Katastrophe herbeigeführt hat« (BT 9.XI.1918-A).

Den politischen Nachruf nutzte Theodor Wolff sogleich für die Skizzierung der von ihm verfolgten und in den kommenden Wochen ohne Abweichungen eingehaltenen Hauptlinien der Innenpolitik. Sie waren von dem Wunsch nach einer tiefgreifenden Veränderung der politischen und sozialen Verhältnisse bestimmt, aber betont antirevolutionär. Sie zielten auf einen gewaltfreien Austausch der Führungsschicht, wollten sich aber der überkommenen Organisationen bedienen und gingen dabei von dem

Kooperationswillen der Beamtenschaft aus. Sie akzeptierten die Auflösung der alten Herrschaftsverhältnisse und die lokale und regionale Machtübernahme durch Räte, behielten aber die Gesamtverantwortung der schnell zu wählenden Nationalversammlung vor, die souverän über die Grundlagen der Republik zu befinden habe. Theodor Wolff formulierte in der Zeitung auch in diesen Tagen seine Absichten nicht abstrakt, sondern direkt und anschaulich auf bestimmte Personen und die Notwendigkeiten der Situation bezogen. Er versuchte früh, das politische Profil und die Inhalte des neuen Kurses festzuschreiben, der kein Gegenkurs sein, aber eine deutliche und konstante Änderung der Fahrtrichtung darstellen sollte. Gleichzeitig benannte er die von ihm favorisierten leitenden Persönlichkeiten, um jene Politiker der ersten Stunde publizistisch zu stützen, die er für unkompromittiert hielt, denen er auf Grund seiner Erfahrungen aus der Vorkriegszeit vertraute und von denen er ein besonnenes, verantwortungsvolles Handeln und kein Zaudern erwarten durfte. Demnach gebühre der Sozialdemokratie das Recht, die kurze Übergangszeit führend zu gestalten, der »Sozialist« Friedrich Ebert (1871–1925) müsse Reichskanzler werden, eine konstituierende Versammlung für das ganze Reich sei sofort einzuberufen und das Wahlrecht zu beschließen. In dieser Nationalversammlung habe ein freies deutsches Volk darüber zu entscheiden, wie nach dem Abschluss der wilhelminischen Epoche das Reich aus den furchtbarsten Wirren zu einer neuen Ordnung geführt werden solle.

Gedanken über die Beendigung des Krieges und besonders über Parteien fehlen, obwohl Theodor Wolff in jenen Tagen intensiv über die Gründung einer Partei in der Erkenntnis verhandelte, Parteien müssten die Neuordnung tragen. Der 9. November war für Theodor Wolff der entscheidende Tag, an dem gehandelt, also für einen Journalisten Zeit für das Schreiben gefunden werden musste. Selbst der Tagebucheintrag fiel deshalb so umfangreich und detailliert wie kein anderer in diesen Monaten aus. In seinem ebenfalls am selben Tag verfassten umfangreichen Leitartikel zum »9. November«, an dem »die größte aller Revolutionen« stattgefunden habe, stellte er sein »Programm« am nächsten Tag, am 10. November, der Öffentlichkeit vor. In beiden Texten liegt die Erklärung für seine Motive und sein Handeln in den kommenden Wochen und Monaten. Der Tagebuchschreiber verzeichnet sorgfältig die einzelnen Tatzeiten jenes ereignisvollen Tages – an dem übrigens die spätmorgendliche Rasur keinesfalls ausfiel –, seine Informanten und die Quelle seiner Informationen, die Örtlichkeiten in Berlin, und er berücksichtigt in gewohnter Weise die Ansichten der Gesprächspartner stärker als die eigenen.

»Morgens erzählt mir mein Barbier, daß der Ausgang unserer Hohenzollernstraße zur Königin-Augusta-Straße, die Brücke davor, ebenso d. Bendlerstraßen-Ecke, d. Bendlerbrücke u. d. Herkulesbrücke mit Maschinengewehren u. Soldaten besetzt sind. (…) Höre in der Redaktion, daß alle ›strategischen Punkte‹ ähnlich besetzt sind, besonders auch d. Gegend um das Schloß etc. Um 12¾ kommt durch den Ferndruckerapparat des Wolffschen Telegraphenbureaus d. Nachricht, daß d. Kaiser abgedankt habe. Während meinen vorbereiteten Artikel (für die Abendausgabe) zurechtmache, wird mir nacheinander mitgeteilt, auf dem ›Vorwärts‹ wehe die rote Fahne, dann, daß d. Kaiser Alexander Regiment u. andere Regimenter zu der Revolution übergegangen seien, daß die ganze Verteidigung völlig zusammengebrochen sei, daß Liebknecht (1871–1919) vom Balkon des Schlosses zur Menge spreche etc. etc. (…)

Gehe um 4 zusammen mit Ulrich Rauscher und Dr. Kurt Hiller, und mit Dr. Carbe durch die Leipziger Straße nach Hause. Auf dem Damm endlose Züge von Soldaten, die ihre Gewehre auf d. Rücken gehängt, die Mützen schief gesetzt haben, rote Bänder im Knopfloch tragen, folglich ganz anders aussehen, u. Arbeiter, zum Teil mit Gewehren, dazwischen große rote Fahnen, voran und zur Seite Ordner mit Gewehren u. roten Armbinden. Mitten hindurch rollen ununterbrochen große, aus den Militärdepots genommene Lastautos, auf denen Soldaten u. auch Civilisten mit Gewehren hocken, sitzen, stehen u. knien, gewöhnlich ein (Gewehr) im Anschlag – am hinteren Ende ein Maschinengewehr, daneben wieder Soldaten in Schußstellung, über allem die rote Fahne. (…) Der ganze Eindruck stark unheimlich und nervenerregend, besonders auch wegen der vielen Halbwüchsigen und zweifelhaften Gewehrträger. Wir kommen beim Kriegsministerium vorbei, das von den Revolutionären besetzt ist und vor dem jetzt ihre Wachen stehen. Wo ein Soldat, Offiziersstellvertreter, Wachtmeister oder dergl. entdeckt wird – Offiziere sind völlig von der Straße verschwunden – der noch eine Kokarde trägt, wird er angehalten.

(…) Um 7 Uhr begebe ich mich wieder auf den Weg zur Redaktion. Zuerst geht es ziemlich glatt, die Elektrische fährt nicht, über die leeren Dämme rollen nur die immer gleichen Autos mit den schußbereiten Revolutionären und den Maschinengewehren, auf dem Bürgersteig heimwärts strebendes Publikum. Rund um den Potsdamerplatz eine schaulustige Menge, wie schon mittags statt durch Schutzleute durch einige wenige bewaffnete Ordner dirigirt. Als ich in der Leipziger Straße bei der Charlottenstraße anlange beginnt ein kolossales Geknatter von Geschossen, so laut und scharf, daß man immer glaubt, die Kugeln schlügen an die Wände, neben denen man geht. (…) Schreibe in der Redaktion meinen Artikel (Morgenausgabe des 10. Novembers), in dem ich vor allem zu Ordnung, zum Respekt vor fremdem Leben und Denken auffordere und jeden Kotau vermeide.

> Um ¾41 gehe (ich) nach Hause. Die Straßen jetzt ziemlich leer, wir begegnen nur Matrosen u. Soldaten mit umarmenden Mädchen etc. Als wir zum Leipziger Platz kommen ist die Straße durch eine Truppenlinie gesperrt. Davor etwa fünfzig oder sechzig Neugierige, besonders auch Venuspriesterinnen. Die Soldaten sagen: Sie können nicht durch, auf dem Potsdamer Platz wird geschossen.‹ Wir erklären, wir hätten keinen andern Weg und wollten heim. (…) Als wir drüben bei der dunklen Bellevuestraße anlangen, eilen uns dort Truppen mit vorgestrecktem Gewehr entgegen, hinter uns entsteht eine Art Panik mit Geschrei, Soldaten und Weiber – denn die an der Ecke postirten haben Weiber bei sich – stürzen uns nach, ein Führer auf einem Pferde trabt auf dem Asphalt und kommandirt, wir sind mitten in all' dem Wirrwarr und haben grade noch Zeit, uns in die Einfahrt des Palasthotels zu drücken, wo wir vergeblich – die klugen Leute hüten sich, zu öffnen – Einlaß begehren. Nachdem wir dort mit einigen Weibern im dunklen Torbogen gestanden haben, entwischen wir, im Geschwindgalopp, nach dem Tiergarten zu und gelangen in ruhigere Gegenden. Für diesen Tag hatte ich genug. Es ist dann die ganze Nacht hindurch auf dem Potsdamer Platz geschossen worden – welchen Sinn der Feuerkampf hatte, ist unbekannt« (Chronist, 306–309).

In der Nacht teilte die Redaktion Theodor Wolff mit, das Mitglied des preußischen Abgeordnetenhauses und der neuen »Unabhängigen Sozialdemokratischen Partei« (USPD), Adolph Hoffmann (1858–1930), sei mit sechs Bewaffneten ins Mosse-Haus eingedrungen, habe die »Berliner Volkszeitung« beschlagnahmt und werde sie als Organ der USPD und des Arbeiter- und Soldatenrates herausgeben. Am nächsten Tag erklärten die Zeitungsbesetzer mit ihren Gewehren in der Hand, sie wollten die »Volkszeitung« »kaufen« oder »pachten«, denn es herrschten eben Ausnahmeverhältnisse. Als Rudolf Mosse dieses Ansinnen ablehnte, und Theodor Wolff sich über die Eigentümlichkeit solcher Freiheitsideen mokierte, wurde ihnen die Unterredung peinlich und sie verließen anstandslos die Redaktion mit der Bemerkung, sie müssten über die Sache beraten. Zusammen mit Nuschke (1883–1957) und Carbe informierte Theodor Wolff im Reichskanzlerpalais Scheidemann über die Besetzung.

> »Wir werden im 1. Stock, von denselben alten, wohlerzogenen Dienern, die dieses Amt unter den Kanzlern der Wilhelminischen Epoche versahen, in den Salon, der Bethmanns Vorzimmer war, geführt. Dort erscheint erst Herr Kurt Baake (1864–1938), bisher Redakteur vom ›Vorwärts‹, jetzt Chef (Unterstaatssekretär) der Reichskanzlei. Dann kommt Scheidemann (Mitglied des von Ebert geleiteten sechsköpfigen »Rats der Volksbeauftragten«), der schmaler und kahlköpfiger aussieht und sich, während wir ihm den Vorfall erzählen, Notizen macht, wo-

bei er mehrfach den Kopf schüttelt und seine Mißbilligung zeigt. Baake sagt, er könne nur raten, der Gewalt zu weichen und abzuwarten. (...) Dann wird der Soldatenrat gemeldet, was eine deutliche Bewegung hervorruft. Baake schiebt uns schnell hinaus. Vor der Tür des Salons im Vestibül stehen die Mitglieder des Soldatenrates, lauter große, hübsche Menschen in der grauen Offiziersuniform, nur mit einer roten Armbinde als Schmuck, sehr kleidsam, alle sehr ernst und entschlossen. Erkenne (das Mitglied des »Vollzugsrats der Berliner Arbeiter- und Soldatenräte«) Cohen-Reuß (1876–1963), der auch dazu gehört und nun auch in Uniform ist, er giebt mir sehr zurückhaltend die Hand. Man ruft: ›Hauptmann v. Beerfelde‹ (1877–1960) – sehe Beerfelde aus einem anderen Wartesalon kommen, in Civil, hoch aufgerichtet, überernst, mit dem Schritt des jungen Napoleon. Er ist jetzt das Haupt des Soldatenrates (des »Vollzugsrats«)« (Chronist, 310–312).

Am 10. November schieden sich bereits ruhige Stadtteile von revolutionären. Sie ließen sich akustisch leicht auseinanderhalten, denn aus den aufrührerischen hörte man anhaltendes Schießen. Es war Theodor Wolff möglich, mittags mit Aenne und den Kindern, »die durchaus Revolution sehen wollen«, einen Spaziergang zu unternehmen, auf dem sie auffallend vielen Autos mit Soldaten, roten Fahnen und Maschinengewehren begegneten sowie weiteren Schaulustigen, die ihnen nervös und gedrückt vorkamen. Unter den Linden, erzählte man den Spaziergängern, sollen Tausende von Neugierigen sein, die einen besseren Schauplatz eingenommen hätten, denn sie könnten den Gefechten aus sicherer Entfernung beiwohnen. An diesem Tag erschien Theodor Wolffs »Revolutionsartikel« mit den vielzitierten, aber oftmals nicht richtig eingeschätzten ersten beiden Sätzen, die wie eine Fanfare klingen: »Die größte aller Revolutionen hat wie ein plötzlich losbrechender Sturmwind das kaiserliche Regime mit allem, was oben und unten dazu gehörte, gestürzt. Man kann sie die größte aller Revolutionen nennen, weil niemals eine so fest gebaute, mit soliden Mauern umgebene Bastille so in einem Anlauf genommen worden ist« (auch im folgenden: BT 10.XI.1918). Theodor Wolff wollte mit seiner Feststellung nicht der Französischen Revolution den Ruhm als größte der neuzeitlichen Revolutionen streitig machen, sondern den 9. November aus taktischen Erwägungen als »größte aller Revolutionen« in der deutschen Geschichte feiern. Er wollte seine Reputation und seine Interpretationskompetenz nutzen, um sofort der Gefahr entgegenzuwirken, dass sozialistische Gruppierungen die Revolution weiter vorantrügen und radikalisierten. Worte vermögen nur dann eine zweite Revolution zu verhindern, wenn sich zur Verteidigung des Errungenen die Kräfte der Bewahrung aktivieren lassen. Theodor Wolffs Appell richtete sich also an das Bürgertum, sich nicht zurückzuziehen, sondern das Machtvakuum zu füllen.

Deshalb betont er in den weiteren Zeilen des ersten Absatzes extensiv, welche außerordentlichen Eindrücke die vorangegangenen Tage im Bewusstsein der Zeitgenossen hervorgerufen hätten. Auf die überraschende und bestürzende Erfahrung des militärischen Zusammenbruchs seien die prägenden Bilder von den Auflösungserscheinungen in der militärischen und zivilen Verwaltung gefolgt, von der Herrschaft von Räten aller Art und von der Flucht des Kaisers. Vor diesem Hintergrund setzte er das symbolkräftige Bild der Bastille ein, der Pariser Zwingburg und des Gefängnisses. Er wählte es nicht, um die Assoziation eines Unrechtsregimes hervorzurufen, sondern um die Diskontinuität zu betonen und die Stabilität des gestürzten autoritären Kaisertums hervorzuheben, denn das erlaubte ihm, die machtvolle Veränderung, die Stärke und Tiefe des Eingriffs zu kennzeichnen, die weitere Gewaltmaßnahmen nicht erforderlich machten. »Es gab noch vor einer Woche einen militärischen und zivilen Verwaltungsapparat, der so verzweigt, so in einander verfädelt, so tief eingewurzelt war, daß er über den Wechsel der Zeit hinaus seine Herrschaft gesichert zu haben schien. Durch die Straßen von Berlin jagten die grauen Autos der Offiziere, auf den Plätzen standen wie Säulen der Macht die Schutzleute, eine riesige Militärorganisation schien alles zu umfassen, in den Aemtern und Ministerien thronte eine scheinbar unbesiegbare Bureaukratie. Gestern früh war, in Berlin wenigstens, das alles noch da. Gestern nachmittag existierte nichts mehr davon.«

Das Ministerium des Prinzen Max von Baden wird von ihm als Negativerscheinung erwähnt. Es sei zu schwach gegenüber den »Naturgewalten« gewesen, habe nicht rechtzeitig den Kaiser zur Abdankung zu nötigen vermocht, die alten Machthaber in ihren Ämtern belassen und der Öffentlichkeit kein Programm vorgestellt, das Interesse und Vertrauen hätte schaffen können. Dann feiert er Ebert als einen klugen und ehrlichen Politiker der Mäßigung, der Volksnähe, des versöhnlichen, aber kritischen Umgangs mit Vertretern des alten Regimes und des ruhenden Poles im »durcheinander wogenden Chaos«. Eberts Haltung empfiehlt Theodor Wolff seinen Lesern zur Nachahmung in diesen unruhigen Tagen und beschwört die Werte Toleranz, Gewaltlosigkeit und Sicherheit des Eigentums: »Ein zur Selbständigkeit gelangendes Volk ehrt sich selber, indem es auch in denjenigen, über deren Vorrechte es hinwegschreitet, die aufrichtige Gesinnung ehrt. Gestern haben, im Jubelrausch des Erfolges, Personen, die weder zum Arbeiterstande, noch zu den Soldaten gehörten, diese Achtung nicht immer genügend gewahrt. Ebert fühlt und weiß, daß eine Revolution, die fleckenlos dastehen will, dem besiegten Gegner mit Schonung und Menschlichkeit zu begegnen hat.«

Im Schlussteil lobt er ausdrücklich die organisatorischen Verdienste der Soldaten- und Arbeiterräte, betont aber ihren Interimscharakter und verweist deshalb zuerst und nachdrücklich auf die Notwendigkeit, alle wichtigen Entscheidungen einer konstituierenden Versammlung zu überlassen, damit der Übergang zur neuen Staatsform – er erwähnt hier nicht die Republik – in rechtlichen und gesetzlichen Bahnen verlaufen könne. »Die Nationalversammlung wird, frei und souverän, über die Frage entscheiden, ob Deutschland eine Republik werden oder in welcher Form es in Zukunft seine neuen Wege beschreiten soll. (…) Nach der Verkündung des Waffenstillstandes werden die Millionen von Kriegern, die noch an der Front und in den Etappen stehen, heimzuleiten, unterzubringen, im Lande zu verteilen, mit guter Arbeitsgelegenheit zu versehen sein. Die Einrichtung der Arbeiter- und Soldatenräte ist heute die einzige, die diese Probleme noch lösen kann.«

Am nächsten Morgen kam der Heidelberger Professor für Nationalökonomie Alfred Weber (1868–1958), der Begründer der Kultursoziologie, zu Theodor Wolff, den er im März 1916 kennengelernt hatte, als er ihm reichlich nervös, völlig niedergeschlagen und sehr wenig optimistisch von seinen Kriegserfahrungen erzählt und gemeint hatte, nach dem Krieg werde die Zeit für eine starke Linke kommen. Für Theodor Wolffs Idee einer Parteigründung begeisterte er sich und zählte in den nächsten Tagen zu den aktivsten Verhandlungspartnern über die personelle Zusammensetzung eines Gründungskomitees, einen Gründungsaufruf und das Programm der »Deutschen Demokratischen Partei« (DDP) sowie über die Vorbereitungen des Wahlkampfes für die Nationalversammlung. Die »Tageblatt-Gruppe« um Theodor Wolff und Alfred Weber als Vorsitzenden tagte in den Räumen der »Deutschen Gesellschaft 1914«, in der »BT«-Redaktion oder im Amtsgebäude des Reichstagspräsidenten.

Wolff fand für sein jetzt schärfer linksliberales Programm Mitstreiter in seinem Verleger, in Dernburg, Nuschke, Hugo Preuß (1860–1925), Albert Einstein (1879–1955), dem Direktor des Hansabunds, Kurt Kleefeld (1881 geb.), Max Wießner (1885–1945), Bernhard Guttmann (1869–1959) und Arthur Feiler (1879–1942) von der »Frankfurter Zeitung«, dem Chefredakteur der »Welt am Morgen«, Hellmuth von Gerlach (1866–1935), unter den Fortschrittlern Dove, Fischbeck, Georg Gothein (1857–1940), Franz von Liszt (1851–1919), Naumann, dem Direktor der Nationalbank, Hjalmar Schacht (1877–1970) und später in Rathenau.

Eines der führenden nationalliberalen Reichstagsmitglieder, der Syndikus der Verbände sächsischer Industrieller, Gustav Stresemann (1878–1929), gab seine Bemühungen um eine Mitbeteiligung seiner Gruppe auf und gründete die »Deutsche Volkspartei« (DVP), mit der er das Nationale zu betonen und stärker als die DDP sozialdemokratische Sozialisierungsvorhaben abzuwehren trachtete. Stresemanns Bereitschaft, im Verein mit Friedberg, Junck und Hartmann Freiherr von Richthofen (1878–1953), in die DDP eintreten zu wollen, verwarfen Alfred Weber und Theodor Wolff entschieden, weil sie ihn während des Krieges zusammen mit dem Parteiführer Ernst Bassermann (1854–1917) als Annexionisten und mit alldeutschen Parolen in den Kriegszieldebatten erlebt hatten und seitdem für kompromittiert und diskreditiert hielten. Theodor Wolff hatte einmal Bethmann Hollweg gegenüber unverblümt erklärt: »Stresemann ist mir ebenso unsympathisch wie Ihnen« (Chronist, 258). Besonders Alfred Weber hat sich in der entscheidenden Sitzung am 18. November mit außergewöhnlicher Schärfe, wiederholt und in verletzender Form gegen die Aufnahme »belasteter Persönlichkeiten« ausgesprochen und erklärt, Änderungen am Namen und Programm der Partei seien nicht mehr möglich. Die Stimmung wurde so gereizt, dass Theodor Wolff eine Pause vorschlug, in der die Stresemann-Gruppe das Gebäude verlassen konnte. Andere Nationalliberale wie Junck, Keinath, Richthofen, Bruno Marwitz und Paul Liepmann (1856–1932), die Theodor Wolff aus dem Klub kannte, fanden Aufnahme in der DDP. Trotz des starken Einflusses von Theodor Wolff in den Gründungswochen – die Verhandlungen mit den Nationalliberalen reichten bis in den Dezember hinein – verloren seine »Tageblatt-Gruppe« und besonders er selbst schnell an Einfluss. Hatte Theodor Wolff noch hoffnungsfroh und erwartungsvoll an Maximilian Harden 1910 geschrieben, es sei am überzeugendsten, wenn man ins politische Geschäft direkt eingriffe, sah er die Chancen dafür sicherlich ernüchtert: »Aber mit solchem artigen Spiegel des Geistes und mit der bloßen Kritik rückt man keinen Schritt weiter vor« (Briefentwurf, 9.X.1910). An Harden sandte er deshalb eine Aufforderung, sich ebenfalls in der Politik zu betätigen. An den Rand eines Erstdrucks des Gründungsaufrufs schrieb er: »Lieber Maximilian Harden! Ich bitte Sie doch noch einmal: unterschreiben Sie!« Harden nahm an der Gründungsversammlung teil, trat aber der Partei nicht bei.

Theodor Wolff erfuhr erstmals deutliche Kritik am 14. November, als es um einzelne Formulierungen des Gründungsaufrufs ging. Am Tag zuvor hatte er einen Entwurf verfasst, den er in der Redaktion zur Diskussion gestellt und den man als zu lang empfunden hatte. Jetzt und noch am 15. November ging es um die Frage, ob man sich mit Theodor Wolff »zur Republik bekennen« oder lediglich »die Republik anerkennen« wolle, ob man bereit sei, mit ihm festzustellen, »leichtfertige politische Spieler und gewissenlose Brandstifter hätten das deutsche Volk in den Krieg gestoßen« oder ob es besser sei, auf die Feststellung zu verzichten. Die Entscheidung fiel zu Gunsten Theodor Wolffs im ersten und gegen ihn in der zweiten Alternative. Die Eingangssätze des Gründungsaufrufs des »Demokratischen Bureaus«, Kurfürstenstraße 107, an die »Männer und Frauen des neuen Deutschland!« vom 16. November lauteten: »Nach einem entsetzensreichen Kriege gehen wir durch die Wirren einer gewaltigen Revolution. Ein Staatssystem, daß unbezwingbar schien, ist fast widerstandslos zusammengebrochen, die Dynastien sind beseitigt, die Säulen der alten Macht sind gestürzt. Das alles ist unrettbar tot. Niemand weckt es wieder auf!« Zwei Grundsätze hob der Text sachlich und graphisch hervor. »Der erste Grundsatz besagt, daß wir uns auf den Boden der republikanischen Staatsform stellen, sie bei den Wahlen vertreten und den Staat gegen jede Reaktion verteidigen wollen, daß aber eine unter allen nötigen Garantien gewählte Nationalversammlung die Entscheidung über die Verfassung treffen muß. Der zweite Grundsatz besagt, daß wir die Freiheit nicht von der Ordnung, der Gesetzmäßigkeit und der politischen Gleichberechtigung aller Staatsangehörigen zu trennen vermögen, und daß wir jeden bolschewistischen, reaktionären oder sonstigen Terror bekämpfen, dessen Sieg nicht anderes bedeuten würde als grauenvollstes Elend und die Feindschaft der ganzen zivilisierten, vom Rechtsgedanken erfüllten Welt. (...) Die Zeit erfordert die Gestaltung einer neuen sozialen und wirtschaftlichen Politik. Sie erfordert, für monopolistisch entwickelte Wirtschaftsgebiete die Idee der Sozialisierung aufzunehmen, die Staatsdomänen aufzuteilen und zur Einschränkung des Großgrundbesitzes zu schreiten, damit das Bauerntum gestärkt und vermehrt werden kann« (Flugblatt, AKIP).

Theodor Wolff nahm sich die Freiheit, am Abend desselben Tages in einem Leitartikel seine »revolutionäre« Interpretation hinzuzufügen: »Die neue demokratische Partei wird in sich die bürgerlichen Persönlichkeiten vereinigen, die dem gegenwärtigen Regime nicht mit verbohrter Abneigung oder planloser Furcht gegenüberstehen (...) Männer mit frischem, scharfen, die Zukunft klar erfassenden Geiste müssen – neben manchem mit uns einigen Parlamentarier, den wir nicht missen möchten – in die politische Führung und in die Nationalversammlung hinein« (BT 16.XI.1918-A). Neben dem parteipolitischen Formierungsprozess verlief eine zweite Auseinandersetzung, die teils eng mit den politischen Kämpfen verquickt war, teils sich verselbständigte und grobe nationalistische oder antisemitische Dimensionen enthielt. Theodor Wolffs Gegner aus der Vorkriegs- und Kriegszeit verziehen ihm Demütigungen nicht und nahmen seine Entschiedenheit zum Anlass, nun sein parteipolitisches Engagement zu desavouieren. Der Ullsteinredakteur der »Vossischen Zeitung«, Georg Bernhard, Dozent an der Handelshochschule Berlin, versuchte mit allen Mitteln, gegen Alfred Weber und Theodor Wolff doch noch eine Vereinigung der Nationalliberalen und der Fortschrittler zu erzwingen und parteipolitisch Einfluss zu nehmen. Am Tag vor dem Gründungsaufruf für die DDP im »BT« erschien in der »Voss« ein Plädoyer Bernhards für seinen Plan. Von nun an ging es moralisch und journalistisch bergab. Bernhard arbeitete mit Unterstellungen und Fälschungen, sprach von der »Diktatur des Berliner Tageblatts und Herrn T. W.« (23.XI.1918), zitierte auf unseriöse Art aus Kriegsausgaben. Er behauptete die »Gemeingefährlichkeit und die Kriegsschuld des Berliner Tageblatts« und verhöhnte die »Selbstbeweihräucherung« Theodor Wolffs und die »Gesinnungslosigkeit, die in artistischer Freude an schönen Einfällen Artikel für den Tag so zusammenschreibt, wie sie jeweils die Konjunktur im Lesepublikum erfordert«. Er meinte schließlich, das Mosse-Blatt verekele »dem deutschen Volk sein Vaterland und den Glauben an deutsche Kraft und deutsche Ehrlichkeit« (21./22.V.; 24.,28.XII.1919).

Theodor Wolff konterte mit leicht aufzufindenden Belegen zu den teils irrlichternden, teils nationalistisch-platten Kriegskommentaren Bernhards, der replizierte mit Stresemann, der sogar eine persönliche Dolchstoßlegende konstruierte. Nach ihr habe »der Zusammenbruch der Heimat auch den Zusammenbruch der Front herbeigeführt, die sich so tapfer hielt. An dieser Zersetzung hat niemand so eifrig mitgewirkt als das Berliner Tageblatt«. In einem Brief an den »Zentralverein Deutscher Staatsbürger jüdischen Glaubens« verstieg sich Stresemann am 28. Januar 1920 zu der Beschimpfung, Rudolf Mosse und Theodor Wolff hätten »als direkte agents provocateurs für den Antisemitismus gewirkt« und verwies dabei auf die Beilage »Ulk«. Er empfahl dem Zentralverein, er möge vom »Berliner Tageblatt energisch abrücken« (BA, Nachlass Stresemann). Diese Machenschaften ließen den »BT«-Chefredakteur und sein »Judenblatt« allmählich zur bevorzugten Zielscheibe der Nationalisten und politischen Gegner werden, so dass seine Position in der Partei ins Wanken geriet. Major Nicolai hat trotz seiner engen Kontakte mit Theodor Wolff in seinen Erinnerungen geschrieben: »›Berliner Tageblatt‹ und ›Frankfurter Zeitung‹ zeigten sich als ausgesprochen jüdische Blätter. Ich weiß mich frei vom Vorurteil. (...) Ich muß dies aber offen aussprechen, weil ich bei diesen und wesensverwandten Blättern einen völlig anderen Geist fand als sonst bei der Presse aller Richtungen« (172). Und schließlich kursierte im Dezember 1919 eine Liste prominenter Juden – formal alternativ zu der namentlichen Aufstellung der Kriegsverbrecher durch die Alliierten abgefasst –, auf der sich Theodor Wolff u. a. neben den Namen Rudolf Mosse, Maximilian Harden, Walther Rathenau und Eduard Bernstein (1850–1932) befand. Hier lagen die Ursprünge der völkischen Mordlisten der nächsten Jahre. Theodor Wolff gehörte zu den Opfern, die sich die »Organisation Consul« vor der Rathenau-Ermordung zusammengestellt hatte, und er zählte auch zu denen beim Hitler-Putsch von 1923. Auf einem nationalsozialistischen Plakat konnte man lesen: »Die führenden Schufte des Verrats vom 9. November 1918 sind von heute ab als vogelfrei erklärt. Jeder Deutsche, der Ebert, Scheidemann, Oskar Cohn, Paul Levy, Theodor Wolff, Georg Bernhard und ihre Helfer und Helfershelfer ausfindig machen kann, hat die Pflicht, sie tot oder lebendig in die Hand der völkischen Nationalregierung zu liefern« (Vossische Zeitung 16.XI.1923-A).

Die Völkischen, Nationalisten und Antisemiten konnten für ihre Aktionen großzügig auf ältere Materialien zurückgreifen. Die Alldeutschen hatten nämlich die Hetze auf die Zeitung und ihren prominenten Leiter bereits während des Krieges eröffnet. In der Zeitschrift »Der Brenner« handelte der nach dem Krieg zum Katholizismus konvertierte antisemitische Schriftsteller Theodor Haecker (1879–1945), unter dem Thema »Der Krieg und die Führer des Geistes« (1915/5) Theodor Wolff kühl gattungsmäßig-klassifizierend ab: »Nie werde ich leugnen, daß die Wolffs jene Bildung haben, die sie befähigte, in Paris Minister und Präsidenten zu werden. Kennen, lesen tun sie alles, z. B. auch Luther oder Fichte. Und es ist wiederum nicht zu leugnen, daß man Chefredakteur des Berliner Tageblatts sein und zugleich Fichte und Luther *lesen* kann, aber bis zum letzten Atemzug und noch vor dem Gericht werde ich leugnen, daß einer Chefredakteur des Berliner Tageblatts und zugleich ein geistiger Nachkomme Fichtes oder Luther *sein* kann. Also still davon!« (170) Unter dem Pseudonym A. Herold erschien in der »Germania Judaica, Kölner Bibliothek zur Geschichte des deutschen Judentums« die Broschüre »Die Sünden des Berliner Tageblatts, ein Mahnruf an Christen und Juden«, Hannover 1920. In ihr wird sogar aus jüdisch-monarchistischer Perspektive behauptet, das »BT« sei am Entstehen und an der Wirkungsmacht des Antisemitismus in Deutschland der Hauptschuldige. »Wenn der Demokratie daran gelegen ist, ihre Anhängerschaft zu erhalten und zu erweitern, so wird sie gut tun, das Berliner Tageblatt von ihren Rockschößen zu schütteln und eine reinliche Scheidung vorzunehmen; wenn die deutschen Juden aber das stete Anwachsen der antisemitischen Schlammflut mit Sorge betrachten, so mögen sie sich daran erinnern, daß diese Flut den Schlamm vom Berliner Tageblatt bezieht! Darum sollten Christen und Juden im Interesse des inneren Friedens dem Berliner Tageblatt zeigen, daß es mit seiner Kampfesart schlechte Geschäfte macht, denn an der Demokratie und am Judentum rächen sich die Sünden des Berliner Tageblattes! (…) Der beste Kampf gegen den Antisemitismus ist daher der Kampf gegen das Berliner Tageblatt!« (8, 64 und 78).

Der ehemalige Vorsitzende des »Nationalliberalen Hauptvereins«, der Berliner Rechtsanwalt und Gründungsmitglied der DDP, Bruno Marwitz, offenbarte bereits am 6. Dezember 1918 Stresemann in alter parteilicher Verbundenheit seine gegen Theodor Wolff gerichtete parteisprengende Strategie: er werde gemeinsame Versammlungen aller liberalen Gruppierungen in Berlin veranstalten, aus denen der »nationale Flügel« der DDP gestärkt hervorgehen dürfte, und er werde, »wenn die Partei zusammenbleibt, den Wolff'schen Einfluß zurückdrängen«. Diese in der Partei Unruhe stiftende Politik im März/April 1920 hatte nur begrenzten Erfolg, denn Theodor Wolff verlor zwar den Einfluss, aber auch Marwitz musste sich mit einer Gruppe »Berliner Liberaler« aus der DDP zurückziehen. Rheinische Demokraten begannen im Dezember 1919 zusätzlich noch eine briefliche Kampagne gegen die Herren Alfred Weber und Theodor Wolff, die sie zukünftig nicht mehr in führenden Positionen zu sehen wünschten, denn andernfalls sei eine engere Verbindung mit der Industrie nicht herzustellen. Die Wahlkampfspenden flossen Anfang Januar 1919 reichlicher, nachdem Parteivertreter beteuert hatten, man sei von den in der Gründungseuphorie fixierten sozialen und wirtschaftlichen Reformvorstellungen inzwischen abgerückt. Auch ohne derartige Querschüsse fühlte sich Theodor Wolff in der DDP isoliert, weil die Partei trotz ihres Zulaufs in den ersten Monaten wichtige Gründungsgedanken zunehmend vernachlässigte. In jenen Tagen, am 18. Dezember 1918, fragte der für das Amt des Staatssekretärs im Auswärtigen Amt vorgesehene Brockdorff-Rantzau Theodor Wolff, ob er als Mitglied seiner Kommission an den Verhandlungen über einen Friedensvertrag teilnehmen möchte. Außerdem denke er an die Wiederanknüpfung diplomatischer Beziehungen mit Frankreich. Theodor Wolff antwortete ihm, dass er für längere Zeit die Chefredaktion nicht verwaisen lassen könne – also keinen Botschafterposten in Paris übernehmen wolle –, doch würde er ihn gern nach Versailles begleiten (Chronik, 327). Letztlich kam es nicht dazu; und auch Harden reiste nicht im offiziellen Auftrag mit, wie es Brockdorff-Rantzau sich ebenfalls vorgestellt hatte. Kessler hörte im Januar von diesen Plänen und reagierte in einer Mischung von Neid und Ironie, es sei »der reine Maskenball! Vorrat für Damenwahl! (…) Rantzau wird es fertigbringen, unser Unglück komisch zu machen« (Kessler, 110). Den Botschafterposten in Paris bot ihm übrigens der Reichskanzler Hermann Müller (1876–1931) Ende März / Anfang April 1920 ebenfalls an, doch lehnte er wiederum ab. Rückblickend nannte er zwei Gründe: er habe unabhängig bleiben wollen und sich nicht recht vorstellen können, daß man ihn in Deutschland akzeptieren werde, als Juden und Liberalen (Erlebnisse, 298).

In der Praxis des Wahlkampfs zur Nationalversammlung musste Theodor Wolff erleben, in welchem Ausmaß die DDP dazu neigte, ihre ursprünglichen Positionen in Frage zu stellen. In der direkten Auseinandersetzung mit der liberalen Bruderpartei, der DVP, suchte die DDP sich ihren Wählern mit stärkeren nationalen und geringeren sozialisierungsfreudigen Tönen als die überzeugendere Alternative zu präsentieren. Die Wahl brachte mit 18,5% das drittstärkste Ergebnis – nach SPD mit 37,9% und Zentrum mit 19,7%; die DVP erzielte lediglich 4,4% – und wäre eine günstige Ausgangsposition für eine linksliberale Politik gewesen, denn die Partei stellte in der Koalition mit der SPD unter Scheidemann drei Minister, als die Nationalversammlung am 6. Februar in Weimar eröffnet wurde. Doch die langen innerparteilichen Auseinandersetzungen auf Reichs- und Länderebene hatten das wahre politische Profil der Partei längst zu Gunsten einer eher rechtsliberal-konservativen Programmatik verschoben. Alfred Weber und Theodor Wolff hatten in den unerbittlich und konsequent geführten Gründungsverhandlungen im November 1918 eine scharfe Trennungslinie zwischen Links- und Rechtsliberalismus ziehen können. Sie wollten damit klare parteiliche Grundlagen für eine soziale Demokratie schaffen und günstige Voraussetzungen für eine stabile und selbstbewusste Republik. Weil im ersten Wahlkampf die geringen sachlichen Unterschiede zwischen den beiden liberalen Parteien dem Wähler nicht einsichtig waren, mussten sich die Auseinandersetzungen zwischen den Kontrahenten ideologisieren und historisieren, denn auf diese Weise verschafften sie beiden Parteien in der Öffentlichkeit schärfere Konturen. Die DDP hat ihre im November 1918 formulierten sachlichen Grundlagen in der Hoffnung aufgegeben, eine stärkere finanzielle Basis und eine breitere Wählerschicht gewinnen zu können. Beide Hoffnungen wurden enttäuscht. Auf der publizistischen Ebene blieb die Grenzziehung cum grano salis erhalten. Um die »Vossische Zeitung« sammelten sich die Wähler der DVP; die »Frankfurter Zeitung« und das »Berliner Tageblatt« galten als Presse der DDP.

Die Spannungen zwischen Paris und Berlin erhöhten sich im Februar 1919, je deutlicher die Absichten der Alliierten über die Gestaltung der zukünftigen weltpolitischen Position des Deutschen Reichs hervortraten. In der öffentlichen Meinung konzentrierte sich die Kritik auf Frankreich und Clemenceau heftiger als auf Großbritannien oder die USA und Wilson. Es war in dieser Situation nicht einmal daran zu denken, die gravierenden deutsch-französischen Spannungen im Rahmen eines kontinentaleuropäischen Verständigungsprogramms abbauen zu können. Dieser antifranzösische Grundzug, der sich parallel zu den grundsätzlich stark emotionalisierend wirkenden Verhandlungen über einen Friedensvertrag in Versailles ausbildete, schlug sich in allen Parteien und nahezu in der gesamten offiziellen deutschen Politik nieder. Er sollte sogar das Verhältnis Theodor Wolffs zur DDP belasten. In dessen Haltung gegenüber den alliierten Vorstellungen und Plänen zeigte sich eine Härte und Entschiedenheit, die damals in der deutschen Publizistik eine Minderheit darstellte und vorrangig auf zwei Ursachen zurückzuführen ist. Theodor Wolff war tief enttäuscht von der Politik des amerikanischen Präsidenten, dessen »Vierzehn Punkte« in seinen Vorstellungen einen höheren Grad der Verbindlichkeit eingenommen hatten als für Wilson selbst. Mit der Anwendung einer unversöhnlichen Politik des älteren Prinzips »Vae Victis« hatte er nicht gerechnet. Die zweite Ursache lag in der Befürchtung begründet, die Republik könne dabei Schaden nehmen. »Das sogenannte ›Selbstbestimmungsrecht‹ – trauriger Ueberrest aus der Bankerottmasse Wilsons – wird mit erhabener Willkür der Bevölkerung großer Gebiete verweigert und der Bevölkerung anderer Bezirke verliehen«, kommentierte Theodor Wolff im »BT« am Tag nach der Übergabe der alliierten Friedensbedingungen an den Reichsaußenminister Ulrich Graf von Brockdorff-Rantzau, dem Leiter der deutschen Delegation. Er fährt mit seinem kritischen Kommentar fort und lässt ihn in einer entschiedenen Ablehnung kulminieren: »Das, was man bisher über den Vertragsentwurf weiß, kann – auch wenn Einzelheiten falsch dargestellt sein sollten – jedem genügen, der sich ein Urteil bilden will. Dieser Entwurf ist ein Dokument der ältesten, von allen Völkerbundsideen weltenweit entfernten, von keinem neuen Geiste auch nur leise berührten, Gewalt an die Stelle des Rechtes setzenden Unterjochungspolitik. Ob es möglich sein wird, ihn in Verhandlungen abzuändern, wird man sehen. Nichts darf unversucht bleiben, um mit kaltblütigen Einwendungen und praktischen Gegenvorschlägen diesen Vertrag umzugestalten, der in seiner jetzigen Form gerade den wirklichen Freunden des Völkerfriedens unannehmbar erscheint. Der ganze Vertrag soll aus zehntausend Worten bestehen. Bleibt er so oder ähnlich, wie er heute aussieht, dann kann man nur ein einziges Wort sprechen: *Nein!*« (BT 8.V.1919).

Das Kabinett Scheidemann lehnte das Dokument ebenso entschieden ab. Der Kanzler erklärte, eine Annahme des Vertrags sei mit der Ehre Deutschlands nicht vereinbar; die Deutschen ließen sich nicht zu Heloten machen, die hinter Stacheldraht Zwangsarbeit verrichteten. Die Alliierten hatten bestimmt, Deutschland komme die alleinige Verantwortung für den Krieg zu, müsse auf seine Kolonien verzichten und habe eine noch nicht bezifferte Reparationslast zu tragen. Während der Verhandlungen in Versailles dauerten die im Februar in vielen Städten und Regionen Deutschlands ausgebrochenen Streiks und Unruhen an. Die publizistischen Fronten in der Frage der Annahme oder Ablehnung des Vertrages verhärteten sich zunehmend, die Diskussion erhielt scharfe parteipolitische Konturen, sie wurde emotional geführt, und in ihr tauchten die ersten Dolchstoß-Vorstellungen und die Worte »Judenrepublik«, »Vaterlandsverrat« und »Erfüllungspolitiker« wiederholt auf.

Am 3. Juni 1919 registrierte Theodor Wolff, Clemenceau sei unnachgiebig, Wilson habe gar keine Zugeständnisse machen wollen und man werde die Deutschen vor ein Ultimatum stellen. Am Abend begegneten ihm im Innenministerium Gustav Noske (1868–1946), mit dem er über die Möglichkeit sprach, ob man im Konfliktfall wenigstens die Ruhe in den großen Städten sichern könne, und Ebert, dem er auseinandersetzte, warum man nicht unterzeichnen dürfe. Bei dieser Gelegenheit erwähnte Theodor Wolff das zweite Motiv für seine entschiedene Ablehnung des unmodifizierten Vertragswerks. Die Zukunft der Demokratie hänge davon ab, erklärte er, dass die Regierung jetzt fest bleibe, denn sonst werde sie, die junge noch ungefestigte Republik, mit dem Makel eines Gewaltfriedens belastet werden. »Auch für die moralische Gesundung des Landes sei es nötig, und das Urteil der Geschichte und der zukünftigen Generationen könne uns schließlich auch nicht gleichgültig sein. Ebert stimmt mir zu. Er sagt: ›Man kann die Sache hin und her drehen, man kann Stunden lang darüber reden und sie läßt sich gewiß verschieden betrachten – es giebt das Für und das Wider. Aber ich bleibe dabei: als anständige Menschen können wir einen solchen Frieden einfach nicht unterschreiben‹« (Chronik, 376).

Theodor Wolff irritierten seit Wochen die Aktivitäten einer »Nebenstelle« der deutschen Außenpolitik, die bei den Alliierten offensichtlich den Eindruck bewusst hervorrufen wolle, die deutsche Regierung werde den Friedensvertrag trotz der öffentlich geäußerten Ablehnung unterzeichnen. Er hielt Matthias Erzberger (1875–1921) für den führenden Vertreter dieser Argumentation, die sich für das Reich bereits jetzt verhängnisvoll auswirke, indem sie die laufenden Verhandlungen des Außenministers beeinträchtige. Als Erzberger im Mai 1919 versuchte, einen seiner Mitarbeiter in Versailles zu akkreditieren, um von dort direkt und persönlich informiert werden zu können, ließ Brockdorff-Rantzau ihn postwendend zurückschicken. Theodor Wolffs Verhältnis zu Erzberger war ähnlich zwiespältig wie das zu Harden, nur lagen die Differenzen hier auf der politischen Ebene. Die Karriere des ehemaligen Volksschullehrers und Journalisten Erzberger sah er ebenso anerkennend wie die Tätigkeit des finanzpolitischen Fachmanns und geschickt und energisch wirkenden Zentrumsabgeordneten, der sich im Kampf gegen die Kolonialskandale von 1905/06 hervorgetan hatte. Die nationalistischen und annexionistischen Positionen Erzbergers in der Anfangsphase des Krieges haben jedoch die positiven Eindrücke verdunkelt. Dagegen hat Theodor Wolff dessen Kampf für die Parlamentarisierung wiederum imponiert, der sich gegen die Diktatur der Obersten Heeresleitung gerichtet und – zusammen mit Ebert – der Resolution des Reichstags gegolten hatte, in der ein Verständigungsfrieden vom 19. Juli 1917 ohne erzwungene Gebietsabtretungen, wirtschaftliche und finanzielle Strangulierungen gefordert worden war. In der Auseinandersetzung um den Friedensvertrag ignorierte Theodor Wolff das politische Verdienst Erzbergers und die Tatsache, dass jener zu den nicht zahlreichen Persönlichkeiten zählte, die die Integrität des politischen Neubeginns verkörperten. Sein Artikel arbeitete mit Unterstellungen und Vermutungen, die stellenweise die Grenze des moralisch Verantwortbaren streiften. Erzberger sandte bereits zwei Stunden nach dem Erscheinen des Leitartikels den gescheiterten Versailles-Beobachter mit seinem Protest zu Theodor Wolff, der notierte, jener anständige Mann habe seine Aufgabe loyal erledigt, aber gestanden, auch ihm sei bei dem Verhalten seines Chefs oft nicht wohl (Chronist, 379).

Im Frühjahr 1919 war Theodor Wolff davon überzeugt, die Alliierten hätten sich zusätzlich von den spartakistischen, kommunistischen und rätedemokratischen Forderungen, den »Revolutionsdoktoren«, den Aufständen im Frühjahr und den Bolschewisierungsgefahren negativ beeinflussen lassen. »Wir haben den Typus des Kriegsschmock verloren und den Schmock der Revolution dafür eingetauscht« (BT 9.XII.1918). Die Alliierten hätten aus der »Räteafferei« nicht den Schluss gezogen, es gelte zukünftig, die junge Demokratie stärker zu schonen, sondern die Lösung in zusätzlichen scharfen, ausschließlich dem Schutz der Siegermächte dienenden Regelungen gesehen. Um ein differenziertes Bild der deutschen innenpolitischen Verhältnisse habe man sich in Paris offensichtlich nicht bemüht. Theodor Wolff war hier ungerecht, denn er wusste, wie viele Kommissionen in jenen Wochen durch das Land reisten und wie schwierig es sich selbst für ihn erwiesen hatte, im Januar abwägend zu urteilen und im März einen Gesamteindruck zu bekommen. Der jüdische Romanist Victor Klemperer (1881–1960) notierte zur Nachricht, die Aufständischen hielten das »BT« besetzt und lieferten sich Schießereien um das Gebäude, in seinem Tagebuch am 9. Januar nicht ohne einen leichten Anflug von Häme, es sei »ja auch komisch, wie gerade der revolutionsfreundliche antimilitaristische Th. Wolff jetzt Erfahrungen sammelt« (Berlin 1999, 47 f.). Unter dem 14. März ist indessen zu lesen: »In der Nacht wieder Revolverschüsse in unserer Straße. Der Tag sehr ruhig. Auch die Besetzung Lichtenbergs scheint sich ziemlich kampflos zu vollziehen. Das Spektakel für diesmal offenbar ziemlich beendet. Die Unabhängigen u. sonstigen Radikalen erheben die heftigsten Anklagen gegen die Truppen Noske, die Verhängung des Standrecht(s), die ganzen ›Kriegsgreuel‹. Die Regierung u. die Militärs lassen dagegen immer neue Berichte über die spartakistischen Greueltaten los« (Chronist, 358).

Am 16. Juni 1919 überreichten die Alliierten der deutschen Regierung die Mantelnote mit den endgültigen Friedensbedingungen. Die wichtigste Abänderung bestand in dem Zugeständnis einer Volksabstimmung in Oberschlesien an Stelle einer bedingungslosen Abtretung. Die Abstimmung erfolgte übrigens erst am 20. März 1920 und erbrachte eine Mehrheit von 60 % für den Verbleib bei Deutschland – dennoch sprach dann der Oberste Rat der Alliierten Polen weite Teile des oberschlesischen Industriegebiets zu. Das umfangreiche Vertragswerk gliedert sich in fünfzehn Teile. Im siebten Teil werden Strafbestimmungen festgelegt – dazu gehört die Anklage gegen Wilhelm II. wegen »schwerster Verletzung der internationalen Moral und der Heiligkeit der Verträge« –, ein spezieller Gerichtshof soll gebildet und alle Kriegsverbrecher sollen ausgeliefert werden. Die Reparationen werden im achten Teil genannt und die noch nicht fixierten Zahlungsverpflichtungen beruhen auf dem Artikel 231, dem Kriegsschuldparagraphen, der dem Deutschen Reich die alleinige Verantwortung zuschreibt.

Protestierend trat daraufhin am 20. Juni die Regierung Scheidemann zurück; die Nationalversammlung wählte zum neuen Reichskanzler den Arbeitsminister aus dem Kabinett seines Vorgängers, den stellvertretenden Vorsitzenden der Generalkommission der Gewerkschaften, Gustav Bauer (1870–1944), der eine Koalitionsregierung von SPD und Zentrum bildete, die sich zur Unterschrift unter den Vertrag bereit erklärte. Am folgenden Tag suchte Theodor Wolff, der sich während dieser Tage in Weimar aufhielt, Brockdorff-Rantzau auf. »Ich befürchtete, Brockdorff-Rantzau wie einen Abgestürzten zu finden, der nach hohem Flug zerschlagen daliegt oder doch, völlig betäubt, sein Schicksal noch nicht begreift. Es ist nicht ganz so schlimm, auch der Zorn, der Grimm sind Stimulantia, die dem Menschen über gefährliche Depressionen hinweghelfen können. Allerdings sieht er, als er mich aus dem Vorraum in sein Arbeitszimmer holt, furchtbar elend aus. Seine Gesichtsfarbe ist jetzt gelblich, das dünne Haar vorn über der zerarbeiteten, leidenden Stirn scheint schwitzend an der Schädelhaut zu kleben, die Augen sind nicht mehr fest auf ein Ziel gerichtet, sondern blicken mit dem ohnmächtigen Groll des überwundenen und gefangenen Kampftieres durch das Gitter, und die hagere, schlanke Gestalt hat etwas fast krankhaft Ausgemergeltes, obgleich sie ihre aufrechte stolze Haltung bewahrt und sich in manchen Augenblicken sogar hochmütig reckt. Ich beginne: ›Sehen

Sie, hier war nichts mehr zu machen, Sie wollten es nicht glauben, aber es war alles nur noch ein zerfließender Brei.‹ Er sagt zornig: ›Ich war dicht am Ziel, aber dieser verbrecherische Erzberger hat alles ruiniert.‹ Mit dem Urtrieb von Naturen, die weit primitiver sind als er, sucht er für seinen Hass ein einzelnes Objekt oder entladet ihn auf das einzelne schuldige Haupt, das man ihm hinschleift, und er ist auch darin ›besessen‹, daß in seiner Phantasie nur immer der eine vor ihm steht« (Chronik, 391 f.).

Die Nationalversammlung akzeptierte am 22. Juni 1919 mit 237:138 Stimmen das Versailler Vertragswerk. Lediglich die DDP, DVP und die »Deutschnationale Volkspartei« (DNVP) hatten aus unterschiedlichen Motiven ihre Zustimmung verweigert. Zwar unter Protest, aber mit deutlicher Mehrheit war damit die Annahme beschlossen. Am Tag danach schrieb Theodor Wolff im »BT« über seine Unzufriedenheit und Bedenken, die von einem so eindeutig ausgefallenen Abstimmungsergebnis ausgehen müssten, denn die kleinstmögliche Majorität hätte dem Eindruck in der Welt, hätte der Zukunft Deutschlands viel mehr genützt. »Erzberger und leider auch die in auswärtiger Politik nicht sehr erfahrenen Männer, die ihn umgeben, dachten vor allem an ihren parlamentarischen Augenblickserfolg.« Doch es sei neben dem Reichsjustizminister Otto Landsberg (1869–1957) und dem zurückgetretenen Scheidemann eine weitere Persönlichkeit der Sitzung ferngeblieben, der Graf Brockdorff-Rantzau. Er habe dem Weimarer Staatsschauspiel die Einsamkeit umgrünter Parkwege vorgezogen und sei vorzeitig nach Berlin abgereist. Theodor Wolff resümiert dessen Strategie in Versailles mit den Feststellungen: »Er hat mit Energie, Umsicht und staatsmännischem Instinkt die einzig richtige und einzig mögliche Politik verfolgt. Vom ersten Tage an sind ihm von Berlin aus dilettantische Besserwisserei und eine Koalition von Eifersüchtigen und Gekränkten in den Rücken gefallen. Auch Patroklus ist gestorben, Thersites kehrt zurück. Das Urteil der Geschichte kann nicht zweifelhaft sein« (BT 23.VI.1919).

Der Schlussakt fand am 28. Juni 1919 im Spiegelsaal des Schlosses zu Versailles statt. Der neue Außenminister Hermann Müller und der Verkehrsminister Johannes Bell (1868–1949) unterzeichneten den Friedensvertrag, dem Theodor Wolff den Rechtscharakter rigoros absprach. »Sie sind nicht die Adler der Weltgeschichte, sondern nur eine Schar von niederen Raubvögeln, die sich die Beute teilt. Und diejenigen von ihnen, die mit der Gebärde des Weltordners über der Menschheit zu thronen meinen, sind nur eitle Schönredner im Richtertalar. Trotzdem muß, auch wenn die anderen nicht lernen wollen, das deutsche Volk in strenger Prüfung und Selbstprüfung die Lehren überdenken, die dieser furchtbare Tag ihm bringt. Nur durch mutiges Erkennen wird es den Weg aus dem Abgrunde empor finden, in den es gestürzt worden ist. (...) Nicht in unpolitischer Pazifistenschwärmerei können wir das Heil suchen, aber in pazifistischer Politik« (BT 28.VI.1919).

Im Oktober und gegen Ende des Jahres blickte Theodor Wolff im »BT« kritisch auf die Revolution und die Republik, die Parteien und die Gesellschaft zurück. Immer noch nicht stünden die politisch Verantwortlichen offen zu dem von ihnen Erreichten. Man spreche häufiger vom »Reich«, diesem aus Pietätsgründen übernommenen Begriff, als von der »Republik«. »Wir leben in einer Republik«, hatte er schon im Frühjahr erklärt, »und man soll sich, bitte, nicht vor dem Wort genieren, sondern aussprechen, was ist. Es scheint, daß man es aus Pietätsgründen bei dem Reiche belassen hat, aber diese Wortpietät verdirbt den Stil. Für das Ausland war das Reich das Kaiserreich. Es wird mit ›empire‹ übersetzt, und Vokabeln für das Reich ohne Kaiser gibt es in den meisten fremden Sprachen nicht« (BT 12.II.1919). In diesem ersten Rückblick wandte er sich zuerst den Gegnern zu: »Die Radikalen und die literarischen Heimkrieger der Revolution, die genau wie ihre Vorgänger recht viel Spektakel vom warmen Stuhl aus genießen möchten, sind mit den Nationalisten und Monarchisten vereint in dem löblichen Bemühen, die Republik zu sabotieren und zu bespeien. (...) Wir sehen alle, und die Radikal-Literaten brauchen es uns nicht erst zu erzählen, daß in der Republik noch viel vom Geiste des monarchischen Staates lebt. Aber wer geglaubt hat, ein in langer monarchischer Tradition geschultes, die Selbständigkeit kaum ahnendes, mit starren Anschauungen vollgepfropftes Volk könnte an einem Revolutionstage sich, wie in dem Märchen, aus einem Bären in einen Bräutigam verwandeln, hat eine seltsame historische Betrachtungsweise und weiß nichts von Völkerpsychologie« (BT 10.X.1919).

Direkt vor dem Weihnachtsfest wandte er sich gegen die Dolchstoßlegende, die in jener Zeit in immer neuen Varianten verbreitet wurde. »Noch heute täuscht man die Dummen mit der Behauptung, Flaumacher, Demokraten und ›Defaitisten‹ hätten im Laufe der Kriegsjahre den Widerstandsgeist geschwächt. Nein, sie allein haben sich bemüht, Vernunft in den Wahnsinn zu bringen, Entschlüsse, die zur Katastrophe führen mußten, zu verhindern und, durch Warnung vor den schmeichlerischen Siegestenören, das Volk auf schwere Tage vorzubereiten, und niemals wäre der seelische Zusammenbruch eingetreten, wenn ihre Methode ausschlaggebend gewesen wäre, statt der organisierten Verlogenheit. Und ebenso wie die Urheber der Niederlage über das Gesamtbild der Stimmung, in der eine bolschewistisch eingefädelte Revolte zur Revolution werden konnte, hinwegzutäuschen suchen, wollen sie die falsche Meinung verbreiten, die am 9. November geborene Republik sei an all unserem heutigen Elend schuld« (BT 23.XII.1919). Abschließend fragt er: »Haben die Republik und die Demokratie die Politik der letzten Jahrzehnte bestimmt?« Die Antwort fällt gar nicht resignierend oder pessimistisch aus. Mit Blick auf die Gegenwart sah er die Freiheit und Demokratie, für die er zwölf Jahre im »Berliner Tageblatt« plädiert hatte, verwirklicht. Er durfte annehmen, dass sich zwei seiner wichtigeren älteren Einsichten inzwischen verbreitet hätten. Die Erfahrung des fürchterlichen Krieges, denn 1916 hatte Wolff geschrieben: »… nachdem die Furchtbarkeit der Ereignisse für immer die Poesie von der Frischfröhlichkeit der Kriege beseitigt hat, ist vor allem notwendig, daß man der bequemen Theorie von der Unvermeidlichkeit der Kriege ein Ende macht« (BT 31.VII.1916), und drei Jahre später an die Parteien appelliert: »Nicht in unpolitischer Pazifistenschwärmerei können wir das Heil suchen, aber in pazifistischer Politik« (BT 28.VI.1919). Er konnte nicht ahnen, dass ihm jetzt kaum mehr als weitere zwölf Jahre Zeit vergönnt waren, sich für eine soziale Demokratie journalistisch und politisch einzusetzen.

KAPITEL 7

EINE DEMOKRATIE OHNE DEMOKRATEN?

»Eine Republik zu bauen aus den Materialien einer niedergerissenen Monarchie, ist freilich ein schweres Problem. Es geht nicht, ohne daß erst jeder Stein anders behauen ist, und dazu gehört Zeit«, bemerkte zur Französischen Revolution einer der geistvollsten Köpfe der Aufklärung, der Göttinger Naturwissenschaftler Georg Christoph Lichtenberg (1742–1799). Theodor Wolff gab rund einhundertunddreißig Jahre später nach dem Großen Krieg zu bedenken, »nie und nirgends trat eine Nation so unvorbereitet, so noch ganz verstrickt in den alten Fäden, an diese große Aufgabe heran« (BT 10.X.1919). An Vorbereitung und Zeit mangelte es der ersten deutschen Republik, doch fehlten sie nicht völlig. In der Mitte der zwanziger Jahre zumindest schien der Staat von Weimar etabliert und konsolidiert zu sein, später zwar als Theodor Wolff angenommen hatte, aber gemessen an der Ausgangsposition nicht zu spät, wenn man bedenkt, welche Herausforderungen die Übergangszeit mit sich brachte.

Der monarchische Gedanke konnte nicht mehr die bisherige gesellschaftliche und moralische Verbindlichkeit beanspruchen, nachdem Wilhelm II. sich nicht gewillt gezeigt hatte, den politischen Herausforderungen aufgeschlossen zu begegnen. Die monarchisch-autoritär geprägte Gesellschaft hatte bereits in den Krisen vor dem und im Krieg viel von ihrer Integrationskraft eingebüßt. Die revolutionären Ereignisse des Winters und Frühjahrs 1918/19 schufen neue Strukturen; erst die Zukunft konnte zeigen, ob sie klar, verbindlich und verlässlich waren. Seit der Mitte der zwanziger Jahre standen erstmals vorrangig Themen und Schwierigkeiten auf der Tagesordnung des Weimarer Staates, die in parlamentarischen Demokratien gemeinhin zu den normalen Erscheinungen gehören, und setzten sich Verfahrensweisen durch, die die Chance boten, Konflikte jenseits von Polarisierungen lösen zu können. Für den Umgang mit Konflikten bedurfte es jedoch auch der Erfahrung und Reifung, einer Kompromissbereitschaft und Toleranz, die jenseits des Freund-Feind-Denkens liegen müssen, wenn aus ihnen neue Loyalitäten erwachsen sollen.

»Nie und nirgends hatten die geistigen Führer ein Volk so wenig zum freien Selbstbestimmungsrecht, zum Verständnis republikanischer Staatsform erzogen«, hieß es in dem zuvor zitierten Leitartikel. Während des Wahlkampfs um die Nachfolge Eberts im Amt des Reichspräsidenten korrespondierte Theodor Wolff mit dem Fürsten von Bülow über die »politische Scenerie«, in der sich Anhänger und Gegner der republikanischen Verfassung in nahezu gleicher Stärke gegenüber zu stehen schienen. Eine normale Situation, wie der Exkanzler meinte? Theodor Wolff wandte gegen Bülows Kritik am parlamentarischen System ein, dass der Übergang von der Monarchie zur Republik nicht in Ruhe oder unter den günstigen Umständen von Tagen des Glanzes und der Sicherheit stattgefunden habe, sondern im Augenblick des Zusammenbruchs auf einem politischen Trümmerfeld. Es solle deshalb eher mit Erstaunen und Hochachtung wahrgenommen werden, wie »diese plötzlich improvisierte Republik es verstanden hat, trotz schändlicher Bedrohungen von aussen und schändlicher Demagogie im Innern, aus dem Chaos auf festen Boden zu gelangen« (11.III.1925).

Gegen die Spartakisten-Aufstände war das Militär in Berlin so brutal vorgegangen, dass Theodor Wolff um das Ansehen Eberts und Noskes fürchtete. Die Niederschlagung der Räterepublik in München gelang mit Truppenkontingenten aus Berlin und Württemberg, den Freikorps Oberland und Epp, letzteres benannt nach dem Führer Franz Xaver Ritter von Epp (1868–1946), einem der frühen Nationalsozialisten und dem späteren Reichsstatthalter in Bayern. In München liquidierte ihr »Weißer Terror« fast tausend Menschen. Als im Juli 1919 der Hauptmann Waldemar Pabst (1880–1970) an der Spitze von Einheiten der Garde-Kavallerie-Schützen-Division in Berlin einmarschierte, ließen ihn seine Vorgesetzten kurzerhand entwaffnen, entlassen und die Angehörigen seiner Division über das ganze Reich verteilen. Als der Hauptmann a.D., inzwischen an der Spitze einer politischen Organisation mit dem zugkräftigen Namen »Nationale Vereinigung«, acht Monate später wieder in Berlin erschien, musste sich die Republik fünf Tage lang mühen, um einen von ihm zusammen mit dem General

Walther Freiherr von Lüttwitz (1859–1942), Oberst Max Bauer (1869–1929), dem ehemaligen engen Mitarbeiter Ludendorffs, und dem ostpreußischen Politiker Wolfgang Kapp (1858–1922) initiierten Putsch niederzuschlagen. Denn der Chef des Truppenamts der Reichswehr, General Hans von Seeckt (1866–1936), weigerte sich mit dem Diktum, Reichswehr schieße nicht auf Reichswehr, dem Befehl des Reichswehrministers nachzukommen und die Hauptstadt zu verteidigen. Hier zeigten sich zum ersten Mal die Strukturen und Verhaltensweisen eines militärischen Körpers, der sich als selbständige Institution im Staat zu etablieren begann. Die Putschisten verboten das »Berliner Tageblatt« bereits am ersten Tag für die gesamte Dauer. Dombrowski hatte in der letzten freien Ausgabe von einem »Verbrechen an der ganzen Nation«, ausgeübt von einer »Handvoll politisch unklarer Köpfe mit ihrem militärischen Anhang« gesprochen.

Die Zeitung konnte erst am 24. März mit der triumphierenden Überschrift »Nach dem Sieg des Volkes« wieder erscheinen. Ähnlich pathetisch und taktierend wie zum 9. November 1919 schrieb »T. W.« in dieser Ausgabe, die Demokratie habe mit ihrem Bastille-Sturm den Beweis erbracht, wie fest verwurzelt sie in dem Willen der Mehrheit und wie sehr sie der Bewunderung und der Achtung der Welt würdig sei. Es ging ihm also nicht um eine nüchterne Analyse, sondern darum, dem Ausland die innenpolitische Stabilität zu demonstrieren, die es für einen Vertrauensbonus benötigte. Die Regierung wich notgedrungen per Automobil nach Dresden aus, fuhr dann mit der Reichsbahn nach Stuttgart und organisierte von dort aus mit Hilfe der Gewerkschaften den Widerstand.

Der 6. Juni 1920 erbrachte bei den Reichstagswahlen erhebliche Verluste für die Weimarer Koalition und insbesondere für die SPD mit einem Minus von 16,2 % und bei der DDP von 10,2 %, die Kabinettsliste zeigte einen Zentrumspolitiker als Kanzler – also den Ausschluss der SPD – und für die DDP statt drei nur noch zwei Ministerposten. In jenem Wahlkampf hatte sich bei den Liberalen die von Theodor Wolff befürchtete Konzessionsbereitschaft gegenüber den »halbrechten« Parteien deutlich gezeigt, ohne dass jedoch der erhoffte Erfolg eingetreten war. Theodor Wolff meinte, der Partei gehöre nicht nur die Zukunft, sondern sie könne auch über mehr Einfluss in der Gegenwart verfügen, wenn sie sich endlich entschlösse, vorwiegend und temperamentvoller als bisher geschehen gegen rechts zu kämpfen und dabei die politische Phantasie und Entschlusskraft zeige, die der Republik insgesamt noch fehle. Der »BT«-Redakteur Feder prägte für diese Notwendigkeiten die Devise: »Die Demokratie hat eine Bataille verloren. Jetzt ist Rührigkeit die erste Demokratenpflicht« (BT 8.VI.1920). DNVP und DVP hatten gemeinsam 14,3 % und die USPD 10,3 % hinzugewonnen. Niemand ahnte damals, dass die »Weimarer Koalition« niemals wieder die Mehrheit im Parlament zurückgewinnen würde und die Zeit stabiler Regierungsmehrheiten zu Ende gegangen war.

Die politische Polarisierung hatte sich mit den Reichstagswahlen vom Juni 1920 verschärft. Diese Situation wirkt sich auch auf die Verhältnisse außerhalb des Parlaments krisenverschärfend aus. Die sozialistischen und demokratischen Politiker waren in einer Atmosphäre des vorwiegend antikommunistisch-antirepublikanisch-antisemitisch motivierten Mordes durch Rechtsradikale hoch gefährdet. Mit den Führern der Republik sollte der Staat selbst getroffen werden. »Die Ermordung Kurt Eisners ist eine ebenso abscheuliche Tat, wie es die Ermordung Liebknechts und der Rosa Luxemburg gewesen ist. (...) Eisners Politik, oder was er so nannte, forderte die entschiedenste Abwehr heraus. Aber eine geistige Abwehr, denn mit den Kugeln eines Meuchelmörders widerlegt man nichts, stellt man in diesem aufgewühlten Lande nicht den Rechtssinn, den Wahrheitssinn, den Ordnungssinn wieder her. (...) Eisner hat den Spartacismus, den Bolschewismus und jede gewaltsame Verwirklichung politischer oder sozialer Ideen in vielen Reden abgelehnt. Da er viel Güte besaß, und Tolstois Bild mit berechtigter Liebe betrachtete, kann man ohne weiteres annehmen, daß es ihm mit solchen Erklärungen ernst gewesen ist« (BT 21.II.1919).

Der Tod von Luxemburg und Liebknecht durch Angehörige der Freikorps, das tödliche Attentat auf Eisner durch den Sohn einer jüdischen Mutter und eines bayerischen Offiziers, Anton Graf von Arco-Valley (1897–1945), führten ebenso wie eine Serie von Fememorden entweder zu skandalösen Prozessen vor speziellen Militärgerichten oder zu Urteilen der allgemeinen Gerichtsbarkeit, die politisch motiviert waren. Drei Tage nach der Ermordung Erzbergers (26.VIII.1921) verfasste Theodor Wolff neben einem Nachruf seine schärfste Anklage gegen die DNVP. Sie sei zu einer Partei geworden, die verbrecherische Existenzen decke, in ihren Reihen Agitatoren und Haßpropheten, Verschwörer und Umstürzler, Staatsfeinde und »Imtrübenfischer« dulde. Sie hätte sich damit zusammen mit Journalisten und Rednern vom rechten Flügel der DVP als geistige Erzeuger der schmachvollen Mordtaten vielfältig bewiesen. Sein Leitartikel erhebt Anklage gegen die Deutschnationalen und stellt zugleich an die Regierung notwendige Forderungen:

> »Immer muß wiederholt werden, daß die radikalste Linke, der Kommunismus, nur Gewalttaten und Exzesse hervorbringen kann, die in einem demokratischen Staat doppelt verwerflich sind, aber immer wieder muß man auch fragen, warum die in ihrer politischen und selbst in ihrer persönlichen Verbitterung, in ihrer

Zeitfremdheit und ihrer Blindheit ehrlichen Monarchisten sich für die Vertretung ihrer Ideen nicht eine andere Tribüne schaffen und wie sie in einem Teiche bleiben können, wo der überreichliche Zufluß der Schlammflut das reine Wasser verdrängt. Auf Abenteurer und Glücksspieler, auf Schieber und Imtrübenfischer übt eine Partei, die nicht arbeitet, sondern nur wühlt und aufreizt, eine natürliche Anziehungskraft aus. (…) Fast alle Minister, die wir kommen sahen – Severing könnte man vielleicht ausnehmen – haben ihre Bequemlichkeit und Nachgiebigkeit für weise Versöhnungspolitik ausgegeben und, während in ihrer Beamtenschaft die Staatsfeinde Schützer, Kathederapostel und wohlgesinnte Richter fanden, am liebsten beide Augen zugedrückt. (…) Inzwischen schufen die mit soviel Schonung Behandelten die Atmosphäre für den Bürgerkrieg und den Meuchelmord« (BT 29.VIII.1921).

Fünf Tage nach der Mordtat versammelte sich eine halbe Million republikanischer Arbeiter und Bürger, zusammen mit Kommunisten, am 31. August 1921 zu einer Kundgebung rund um den Lustgarten und Schlossplatz, die dem Kampf gegen die Reaktion galt. Das Volk ballte die Faust, schrieb Dombrowski im »BT«, und sei den »Rechtsbolschewisten« kämpferisch, eindrucksvoll und erfolgreich mit der Parole entgegengetreten »Republik wir stützen dich, trotz Ludendorff und Helfferich!« Den Geboten der Konzilianz und der Toleranz dürfe nicht allein vertraut werden, wenn mit chauvinistischer Hetze und Mord die Republik und die Verfassung direkt angegriffen werde. »Wo sich Gewalt wider die Republik erhebt, muß sie mit Gewalt erwidern. Das ist wie im Kriege. Nur die Tat entscheidet. Nur sie flößt Respekt ein. (…) Die Republik darf schließlich nicht an der Fronde der preußisch-deutschen Geheimräte zerschellen. Nach der Verwaltung ist die Rechtsprechung der Hauptfaktor des staatlichen Organismus« (BT 1.IX.1921). Über die Justizberichterstattung hinaus bestimmte die politischen Kommentare des »BT« auch der Gedanke, die Tätigkeit der Richter und Staatsanwälte sei kritisch zu beobachten. Nur ein Anklagen und Richten, das sich an den Prinzipien des demokratischen Rechtsstaats orientiere, könne als geistig, moralisch und politisch verantwortungsvoll angesehen werden. Von dem Wirken der Justiz sei das Verhältnis zwischen Bürger und Staat in einem hohen Maß direkt betroffen, denn es entscheide mit darüber, in welchem Umfang die Bürger die politische Ordnung akzeptierten.

Am 4. Juni entging Scheidemann knapp einem Blausäureattentat, verhöhnt von der rechten »Deutschen Tageszeitung« unter dem Titel »Das Attentat mit der Klistierspritze« und der Ansicht, die »dummen Jungens« hätten sich »ein paar Maulschellen« verdient. Am 3. Juli versuchte ein ehemaliger Oberleutnant, Harden mit einer Eisenstange zu erschlagen. Sein jüdischer Richter behandelte ihn nicht wie ein Opfer, sondern eher wie einen Angeklagten in einem Verfahrensstil, der als Aufforderung zu weiteren antisemitisch motivierten Morden aufgefasst werden konnte. Diese Gerichtsverhandlung war unter solchen fragwürdigen Umständen möglich, obwohl drei Wochen vor dem Harden-Attentat, am 26. April 1922, mit Walther Rathenau (1867–1922), Wirtschaftsführer und Schriftsteller, eine der interessantesten Persönlichkeiten der Zeit ermordet worden war und die Öffentlichkeit entsetzt und auf zahlreichen Demonstrationen in allen Regionen des Reiches empört reagiert hatte. Wie der Mord an Erzberger, ging auch dieser auf einen kleinen Kreis nationalistischer Terroristen zurück, die unter dem Namen »Organisation Consul« im ganzen Reich operierten, systematisch morden wollten – Theodor Wolff befand sich auch auf ihrer Liste – und deren Oberhaupt der von der Reichsstaatsanwaltschaft steckbrieflich gesuchte, aber in Bayern unbehelligt lebende Kapitän zur See a.D. Hermann Ehrhardt (1881–1971) war.

»Wir klagen ungern dort«, meinte Theodor Wolff, »wo die Tat eines einzelnen vorliegt, ganze Kreise an, aber hier ist die Schuld so klar, die Verantwortung so offenkundig, daß es unmöglich ist, nicht Anklage zu erheben, und die kraß hervortretende Wahrheit zu verwischen. Mit grenzenloser Niedrigkeit, mit unergründlicher Gemeinheit ist Rathenau in den deutschnationalen und deutschvölkischen Versammlungen und in den meisten Blättern dieser Richtungen verleumdet und beschmutzt worden, und diese geistige Vorbereitung hat die Tat möglich, hat sie unvermeidlich gemacht« (BT 24.VI.1922).

Zwei Tage später berichtete das »BT« von einer weiteren vereinten Massendemonstration von »bürgerlichen Demokraten mit der Arbeiterschaft« im Lustgarten. Theodor Wolff verwies auf die zumeist reaktionären Verhältnisse an den Schulen und Universitäten, auf den antirepublikanischen Geist, der dazu führe, dass die meisten Lehrenden nicht nur Reformen verhinderten, sondern vom Katheder aus die Demokratie, »das System«, geringschätzig in Frage stellten oder direkt angriffen: »Zu uns allen dringt fortwährend das Echo von staatsfeindlichen und sogar unsauberen Aeußerungen, in denen Beamte ihrer wahren Gesinnung Luft machen, und wer die Verwilderung und die Verwirrung nicht auf kommende Geschlechter übertragen lassen will, muß fordern, daß auch Lehrer und Lehrerinnen der Schuljugend den republikanischen Staatsgedanken als den allein gültigen ohne Nebengetuschel einprägen, ganz wie unter der Monarchie den Kindern mit Recht der monarchische Gedanke eingeprägt worden ist« (BT 26.VI.1922).

Das Kabinett handelte umgehend und verabschiedete binnen vier Wochen ein Republikschutzgesetz, das 1927 und 1929 in abgeschwächter Form verlängert wurde. Die Ermittlungen gegen die Verschwörer waren erfolgreich, der Staatsgerichtshof verzichtete dagegen auf eine Ausleuchtung der Hintergründe und weiteren Zusammenhänge, bemühte sich kaum um die Motive und fragte weder nach der Sozialisation der jungen ehemaligen Offiziere, noch nach der des Kadetten und späteren Schriftstellers Ernst von Salomon (1902–1972), der zuvor an den Kämpfen der Freikorps im Baltikum und am Kapp-Lüttwitz-Putsch teilgenommen hatte. Nach dem starken parlamentarischen Auftreten schwächelte die Regierung Wirth und scheiterte nach dem erfolglosen Versuch, die Sozialdemokratie für den Gedanken zu gewinnen, die parlamentarische Grundlage des Kabinetts zu erweitern. Zu den Folgen der Ermordung Rathenaus zählte Theodor Wolff auch die Schwächung des von ihm publizistisch mitgetragenen Konzepts einer friedlichen Revision des Vertrags von Versailles. In seinem Leitartikel »Was meinen wir mit Revision?« vom 1. November 1920 legte er die Motive und Ziele einer Politik dar, die sich an den Grundsätzen des Rechts orientiere und einen stabilen Zustand des Friedens für das ganze Europa erreichen wolle, indem sie die Sicherheitsinteressen der Nachbarn Deutschlands mit ins außenpolitische Kalkül einbeziehe.

Deshalb schätzte er den unvorbereiteten Abschluss des Friedensvertrags mit der Sowjetunion in Rapallo am 16. April 1922 trotz der offenkundigen Vorteile für das Reich insgesamt nicht als eine große diplomatische Leistung ein, weil die Franzosen in ihrem Misstrauen gegenüber Deutschland wiederum einmal unnötig bestärkt worden seien. Rathenau habe parallel zur Genueser Konferenz die Unterschrift »nicht ganz frei und entschlußfroh« geleistet, weiß Theodor Wolff in seinen Erinnerungen zu berichten (Erlebnisse, 274), denn er war mit seiner Frau im März zu der vierwöchigen Weltwirtschaftskonferenz nach Genua gereist. Für ein von ihm veranstaltetes Fest im Palmengarten einer Villa in Nervi hatte Theodor Wolff Rathenau als Vortragenden gewinnen können und erfahren, wie viel Spontaneität und Taktik den Vertragsabschluss bestimmt habe. Der Außenminister konnte mit dem Vertrag von Rapallo zwar einer drohenden Einigung Frankreichs, Großbritanniens und Russlands über die Reparationsfrage zuvorkommen, provozierte aber mit der separaten Verständigung zwischen dem Reich und Russland große Befürchtungen. Die Westalliierten sahen in dem wechselseitigen Verzicht auf Erstattung aller militärischen und zivilen Kriegsschäden und in der Verabredung intensiver wirtschaftlicher Beziehungen den ersten energischen Schritt Berlins nach Osten und damit in das von ihnen schwer einzuschätzende revolutionäre Lager.

Eine Zeit der überraschenden Wendungen. Auf Rathenau folgte Ebert, der rundum großes Erstaunen auslöste, als er den Direktor der »Hamburg-Amerika-Linie«, Wilhelm Cuno (1876–1933), zum Kanzler ernannte. Cuno bildete ein Kabinett ohne parteigebundene Verantwortung, Theodor Wolff war es zwar zu großbourgeois, tendenziell antiparlamentarisch orientiert und keineswegs eine Garantie für die von Ebert etwas blauäugig erhoffte engere Zusammenarbeit von Wirtschaft und Politik, aber er lehnte Cuno nicht ab. Der Winter brachte jedoch die gründliche Enttäuschung. Französische und belgische Truppen besetzten wegen rückständiger Reparationsleistungen das Ruhrgebiet am 11. Januar 1923, nachdem die Regierung, von Banken und Industrie desavouiert, mit einem untauglichen finanziellen Angebot und dem zu spät vorgetragenen Vorschlag eines dreißigjährigen Friedensvertrags gescheitert war. Das Kabinett wollte nun der Welt mit einem unvorbereiteten passiven Widerstand zeigen, man beuge sich nicht militärischer, ehrloser und brutal eingesetzter Gewalt, wolle gleichberechtigt und frei verhandeln und sich den Advokatenkniffen der Poincaréschen Außen- und Reparationspolitik nicht unterwerfen. In drei Artikeln zeichnete Theodor Wolff ein Porträt dieses Hauptverantwortlichen in dunkelsten Farben, in denen die Charakteristika Machtliebe, »äußere Kraftgeschwollenheit und innere Feigheit«, hochmütig, hinterhältig, eitler und ruhmsüchtiger Hysteriker die zentralen Worte waren (BT 11.I., 24.IX., 19.XI.1923): Poincaré entspricht »keinem Ideal, aber einem Bedürfnis, er ist der Mann für die Wochentage, während Clemenceau eine Erscheinung für Ausnahme-Epochen und für dramatische Szenen war«, hieß es nach dem Tod Clemenceaus in einem vergleichenden Artikel (BT 21.XII.1930).

Der passive Widerstand löste eine Kostenlawine und eine rasch ansteigende Arbeitslosigkeit aus, ließ die Bevölkerung im gesamten Reich Hunger und Kälte leiden – man benötigte dringend die Ruhr-Kohle –, provozierte die Besatzer zur Beschlagnahme von Firmen- und Bankguthaben und die Arbeiter zu Streiks. Die Regierung reagierte mit Steuergesetzen, die Lohn- und Gehaltsempfänger scharf trafen, aber Industrieführer wie Hugo Stinnes (1870–1924) weitgehend ungeschoren ließen und sie auch nicht störten, wenn sie ihre profitablen privaten Liefervereinbarungen mit Frankreich weiterhin zu bedienen suchten. Die Reichsmark schnellte im Vergleich zum Dollar im Januar 1923 auf 17.972,00 hoch – 1919 und 1922 hatte die amerikanische Währung jeweils im Januar 8,90 bzw. 191,80 gekostet – und zeigte am 15. November 1923 einen unvorstellbaren Wertverlust. Für einen Dollar zahlte man bei der Beendigung des ruinösen Ruhrkampfs 4.200.000.000.000, also vierbilliardenundzweihundertbillionen Mark. Trotz der Notlage und obwohl sich traditionelle Wert- und Orientierungsvorstellungen in kurzer Zeit auflösten, verwarf das »Berliner Tageblatt« die wiederholt aufkommenden Gedanken an einen Abbruch des selbstmörderischen Widerstands. Es verwies auf das Ehrgefühl einer Kulturnation, das zum Ausharren verpflichte, kritisierte aber gleichzeitig Cuno, der den Kampf nicht demokratisch und mit finanzpolitischem Sachverstand führe, nicht mit dem nötigen Vertrauen in die Arbeiterschaft und der angemessenen sozialen Fürsorge ihr gegenüber.

Theodor Wolff forderte Politiker, Wirtschaftsfachleute und Schriftsteller zu motivierenden Artikeln auf. Am 13. März schrieb er an Hauptmann: »Gewiß empfinden Sie ebenso wie ich das Demokratische, Antinationalistische dieser waffenlosen, nur auf Willensenergie und Freiheitssinn beruhenden Volksverteidigung gegenüber einer mit allen Zerstörungsmitteln bewaffneten Heerschar. Welch' ein Triumph der reinen Rechtsbegriffe, der besten Menschheitsidee, wenn zum ersten Male der Bewaffnete vor der moralischen Festigkeit einer unbewaffneten Bevölkerung, vor dem ruhigen Nein der Arbeiter und Beamten zurückweichen müßte, und welch ein Erfolg, daneben auch für die Republik! Kann der Dichter des ›Florian Geyer‹ da schweigend zuschauen?« Pinner publizierte im »BT« zusammen mit Gastautoren in jenen Monaten Stabilisierungsvorschläge der Reichsmark, die qualitativ beeindruckten und den späteren staatlichen Maßnahmen weitgehend glichen. Schnelle diktatorische Entscheidungen, aber nicht ein Diktator, wie ihn der Vabanque-Spieler Helfferich (1872–1924) gefordert hatte, seien nötig, denn die Substanz des Reiches könne sie »noch« tragen, kommentierte Theodor Wolff am 13. August. Dabei bedachte er zu wenig, in welchem großen Umfang der Staat und mit ihm die Demokratie an Ansehen und Vertrauen verloren, weil ein nicht geringer Teil der Bevölkerung die Republik für die katastrophalen Folgen der Inflation verantwortlich machte. Theodor Wolff sah jetzt in Stresemann eine Persönlichkeit, der er eine derartig entschiedene Politik zutraute, denn er habe offensichtlich aus den Fehlern der Vergangenheit viel gelernt. »(…) aber ohne einen gewissen optimistischen Untergrund ist es in Deutschland heute unmöglich, Politik zu machen, und Melancholiker bleiben besser in ihrem Sorgenstuhl. Es ist auch schwer, an wirklichen, unheilbaren Verfall zu glauben, wenn man die Fülle der noch ungebrochenen Kräfte sieht. Wer jetzt durch das Land gefahren ist, hat überall eine späte, aber kostbare Ernte, hochgeschichtete Garbenbündel, das seit Jahren entbehrte Heu in breitgerundeten Haufen, und, besonders in Schleswig-Holstein, unzählige prachtvolle Viehherden erblickt. (…) Es ist ein beklemmender Kontrast zwischen diesen Bildern und dem Bilde der blassen und abgemagerten Frauen, die in Berlin, in den großen Städten, in den Industriegebieten, sich heute nach einem Viertelpfund Margarine drängen« (Chronist, 185 f.).

Die Kritik an Theodor Wolffs Position musste in der Linken negativ ausfallen, weil sie dort als nationalistisch eingeschätzt wurde. Carl von Ossietzky (1889–1938), der pazifistische und sozialistische Redakteur der von Siegfried Jacobsohn begründeten Zeitschrift »Die Weltbühne«, griff ihn am 11. Oktober 1927 mit der Bemerkung an: »Herr Stresemann ist heute eine internationale Berühmtheit, aber wo sind denn die deutschen Publizisten, die ihm dienen? Um einen solchen Mann müßten sich doch die Talente scharen! Wahr ist, daß er über gar keine eigne Presse verfügt und sein bißchen deutsche Autorität heute nur noch auf den taktischen Rücksichten der großen liberalen Oppositionsblätter ruht. Sollte etwa die Freundschaft mit Georg Bernhard und Theodor Wolff in die Brüche gehen, dann ist die ganze Herrlichkeit dahin.« In seiner Antwort auf Ossietzky schrieb darauf Theodor Wolff: »Ich habe gerade deshalb, weil ich eine ehrliche und dauerhafte Verständigung mit dem französischen Volke wünsche und als das notwendige Ziel betrachte, vorschnelles Anbiedern mit dem Poincaréismus für einen schweren psychologischen Fehler gehalten und bin, rückblickend, mehr als je von der Richtigkeit dieser Meinung überzeugt. Im übrigen kann eine gründliche Abneigung gegen Nationalismus und Militarismus nicht an der Grenze haltmachen, und wer vor dem deutschen Götzen nicht kapitulierte, ihm die Reverenz verweigert hat, braucht nicht kapitulierend, mit Bücklingen, vor dem ausländischen zu stehen« (BT 24.VI.1928).

Dem am 13. August vereidigten Kabinett Stresemann, einer Regierung der »Großen Koalition« von DVP, SPD, Zentrum und DDP, gelang es unter heftigster Kritik der nationalistischen Presse und Politik nicht nur, den Ruhrkampf mit dem Eingeständnis zu beenden, er sei nicht weiterzuführen, sondern auch den kommunistischen Aufstandsversuch in Hamburg und die Reichsexekution gegen eine SPD-KPD-Regierung in Sachsen zu überstehen, einen Putschversuch von Angehörigen der »Schwarzen Reichswehr«, einer unter Cuno gebildeten geheimen Reservearmee von mehr als 50.000 Mann, sowie separatistische Bestrebungen im Rheinland. Da Stresemann Unruhen in Bayern nicht mit der gleichen Entschlossenheit entgegentrat, schieden die sozialdemokratischen Minister am 3. November aus der Regierung aus. Der Hitler-Ludendorff-Putsch am 9. November in München scheiterte zwar, bestärkte jedoch zur Empörung Eberts die SPD darin, zusammen mit den Nationalisten dem Kanzler Stresemann am 20. November 1923 das Misstrauen auszusprechen. Das »BT« erkannte mit Ebert in der Zurückhaltung und dem Taktieren kein gravierendes Versagen des Kanzlers und verurteilte für die leichtfertig herbeigeführte Krise die Parteien. Ebert zürnte, »was euch veranlaßt (...), ist in sechs Wochen vergessen, aber die Folgen eurer Dummheit werdet ihr noch zehn Jahre lang spüren!« Stresemann stürzte als Kanzler, blieb jedoch bis zu seinem Lebensende Außenminister. Theodor Wolff begleitete Stresemanns zielsicher und konsequent eingeschlagenen Aussöhnungsprozess mit Frankreich mit großer publizistischer Zustimmung. Er führte in der ersten Phase zu den Locarno-Verträgen von Oktober und Dezember 1925. Das Vertragswerk schuf die Grundlagen für ein Sicherheitssystem in Mitteleuropa, billigte Deutschland die volle Mitverantwortung für die Arbeit des Völkerbunds zu (10.IX.1926) und gipfelte in der Zusage, das Rheinland von Besatzungstruppen zu räumen. »Niemand, der die Augen nicht krankhaft verschließt, kann verkennen, daß seit dem Tage, wo durch die Initiative Stresemanns aus den Ideen Wirths und Rathenaus ein entscheidendes Faktum entstanden ist, die Stellung Deutschlands in der Welt sich vollständig gewandelt hat« (BT 12.IX.1926).

Theodor Wolff engagierte sich Ende Oktober/Anfang November 1925 auf Bitten des Reichskanzlers Hans Luther (1879–1962) in einem noch weit höheren Maß. Er reiste nach Paris, um dort, unterstützt von dem deutschen Botschafter Leopold von Hoesch (1881–1936), Gespräche mit dem Generalsekretär im französischen Außenministerium, Philippe Berthelot (1866–1934), zu führen. Stresemann hatte Theodor Wolff vor der Abreise nicht sprechen und sich mit ihm nicht beraten können, war von der offenkundig eher privaten außenpolitischen Mission nicht angetan und versuchte Theodor Wolff mit einem ausführlichen Telegramm nachträglich noch zu instruieren (5.XI.). Dieser Gängelungsversuch löste keine Begeisterung aus, so dass letztlich wohl vorrangig Hoeschs vermittelndem Eingreifen der Erfolg zu verdanken ist. Stresemanns verspätete Initiative suchte Folgendes festzulegen:

> »Ich würde es für sehr erwünscht halten, wenn Sie bei Ihren Unterhaltungen mit französischen Politikern darauf hinweisen könnten, daß in Frankreich die Erörterung des Westpakts möglichst nicht unter dem Gesichtspunkt des deutschen Verzichts auf Elsaß-Lothringen, sondern mehr unter dem der Fassung des Westpakts entsprechenden Gesichtspunkte des beiderseitigen Verzichts auf Angriffskriege erfolgt. (…) Sie müssen ferner versuchen, in dortigen Kreisen mehr Verständnis für den deutschen Standpunkt in der Frage der Rückwirkungen zu erwecken. Vom Ausland werden uns vielfach Vorwürfe gemacht, als ob wir den Westpakt selbst nicht besonders hoch einschätzen und ihn nur dazu benutzen, um vorteilhafte Geschäfte in den akuten politischen Fragen zu machen. Das ist völlig falsch. (…) Ebenso ist es verfehlt, wenn man sich im Ausland von dem Gedanken leiten läßt, mit den offiziösen Erklärungen über die Rückwirkungen zu warten, bis sich das deutsche Kabinett konsolidiert und ein festes Programm aufgestellt hat. Die Konsolidierung des Kabinetts soll doch auf der Grundlage der endgültigen

Annahme des Vertragswerks von Locarno erfolgen und wird deshalb, sobald sie stattfindet, den endgültigen Entschluß zu dieser Annahme dokumentieren. (...) Das Kabinett kann die endgültige Parole für Locarno erst nach Sicherstellung der Rückwirkungen ausgeben. Im Augenblick könnte die Parole nur heißen ›abwarten‹! (...) Es ist für uns namentlich eine unbedingte Notwendigkeit, daß die Festsetzung eines endgültigen Termins für die Räumung der Kölner Zone in den nächsten Tagen erfolgt, und daß damit auch grundsätzliche und konkrete Erklärungen über die beabsichtigten Maßnahmen im Rheinland verbunden werden.«

Sechs Tage später berichtete Botschafter Hoesch in einem geheimen Telegramm dem Auswärtigen Amt, Theodor Wolff habe in seinem Gespräch mit Berthelot die »Notwendigkeit betont, daß französischerseits in irgendeiner Form eine Erklärung über Abkürzung Besatzungsfristen abgegeben werde. Berthelot hat darauf geäußert, er habe versuchsweise für Briand eine von diesem allerdings noch nicht gebilligten Formel für eine Erklärung aufgesetzt, die die Frage der Fristenabkürzung behandeln solle. Aus weiteren Andeutungen Berthelots hervorging, daß in diesem Entwurf die Frage der Fristenabkürzung in Zusammenhang gebracht wird mit Gedanken der Mobilisierung der deutschen Reparationsschuld aus Dawes-Gutachten, in der Art, daß im Falle der Aufbringung flüssiger Geldmittel durch Placierung von Dawes-Obligationen Konzessionen auf Gebiet Besatzungsfristen in Aussicht gestellt werden sollen« (PAAA, 28.X.1925).

Stresemann stabilisierte die Ostpolitik durch den »Berliner Vertrag« (24. IV.1926), in dem der Gedanke von Rapallo weitergeführt und Neutralität bei Angriffen einer oder mehrerer Mächte zugesichert wurden. Feder notierte in seinem Tagebuch am 1. April 1926, Stresemann habe Theodor Wolff am Vorabend aufgesucht und ihm vor seiner Abreise nach Locarno erzählt, er werde die Westmächte über seinen Rückversicherungsvertrag mit Moskau informieren. »Sollte die Sache jetzt an die Öffentlichkeit kommen, dann würde T. W. (...) nach Fühlungnahme mit Stresemann einen Artikel schreiben. Vor allem wäre der tschechisch-russische Vertrag zu erwähnen, der viel weiter geht als der deutsche« (Feder, 51). Theodor Wolff unterstütze Stresemann auch auf diesem außenpolitischen Terrain, denn ihm lag an einem entspannten Verhältnis mit dem bolschewistischen Russland, weil Deutschland eine Vermittlerrolle im Interesse des Friedens in Europa wahrnehmen könne. Feder erinnerte am 4. März 1930 zu dem Thema »Russland« die aufschlussreiche Feststellung seines Chefs, »man müsse unterscheiden zwischen dem blutigen Terror in Rußland, der natürlich zu verurteilen sei, und dem bolschewistischen Experiment, dessen Ergebnis noch abzuwarten sei. Er sei keineswegs davon überzeugt, daß unser Kapitalismus die ideale Wirtschaftsform sei« (Feder, 248).

Weniger brisant als das Verhältnis Theodor Wolffs zu den Bolschewisten war das zu Sozialisten und Sozialdemokraten. Kritisch beargwöhnt wurde es dennoch von den Nationalisten und selbst vom rechten Flügel seiner eigenen Partei, bestritt er doch die verbreitete Ansicht, die Liberalen stünden auf einer gemeinsamen politischen Basis mit der DVP. Im Winter 1918 hatte er aus wahltaktischen Gründen dem Eindruck vom »neuen qualligen Pudding« in der parteipolitischen Mitte entgegenwirken wollen und aus programmatischen Überlegungen eine größere Nähe zur SPD als die meisten seiner Mitstreiter angestrebt. Die SPD sah er nicht als Quader in einer fest gefügten sozialistischen Front, sondern als Partner für die gemeinsamen Bemühungen, eine soziale Demokratie aufzubauen. In Wahlkampfberichterstattung und Parteiwerbung überschritt er dabei mehrmals im »BT« die Grenzen des parteiintern Vereinbarten, wenn er den »Geist der Erneuerung« allzu sehr in den Vordergrund rückte. Der Abstand zur DNVP, der Partei der alldeutschen Annexionisten, der U-Boot-Krieger und der Militaristen, wuchs dabei ins Riesenhafte, der zur DVP nahm ebenfalls erheblich zu, doch verzichtete Theodor Wolff auf derart scharf abqualifizierende Attacken, wie sie Dombrowski wählte: »Die nationalliberale Partei ist heute nur noch eine schleimig-weiche, bläulich-bleiche Wasserleiche, die Dr. Stresemanns partei-ärztliche Eitelkeit vergebens durch unaufhörliches Galvanisieren als Deutsche Volkspartei neu zu beleben sucht« (BT 15.I.1919). Doch insgesamt teilte er die Meinungen Dombrowskis, und begrüßte es, wenn er die besondere wirtschaftspolitische Kompetenz der DDP hervorhob.

Da eine Koalition mit der SPD und dem Zentrum nur in der Anfangsphase möglich gewesen war, sah er in der »Weimarer Koalition«, also dem um die DVP ergänzten Quartett, eine ihm parteipolitisch akzeptable Lösung, obwohl er dieses Etikett ablehnte. Einen gleichen verbalen Sarkasmus bewies er, wenn er von der »Weimarer Republik« sprach. Denn als die Nationalversammlung von Berlin in die Stadt Goethes und Schillers übersiedelte, verurteilte er das politisch zu unbedachte Vorhaben, weil es den Zusammenhalt des Reiches schwäche, Berlin als politisches Zentrum mindere und das Gespenst der Kleinstaaterei wiederbelebe. Er spottete: »Wie eine Dame, die nur in stiller Verborgenheit, unter Diskretion, niederkommen kann, wird also die deutsche Nationalversammlung gezwungen, sich von der Welt zurückzuziehen. (…) Aber so reizend die Stadt und so glanzvoll ihre Geschichte ist – die deutsche Nationalversammlung ist nicht eine Versammlung von Historikern und Literarhistorikern, die zurückschauen, sondern sie ist eine Versammlung, die selber Geschichte machen soll« (BT 21.I.1919).

Die »historische Mission« der DDP ließ sich für Theodor Wolff nur in einer Koalition mit der SPD erfüllen. Das vierte Kind eines katholischen Schneidermeisters und einer evangelischen Bauerntochter, Friedrich Ebert, der »abgebrochen Sattlerlehrling«, wie die Rechte spottete, garantierte ihm in seiner vor der Revolution bereits bewiesenen Beharrlichkeit und Glaubwürdigkeit einen Kurs jenseits aller »tönenden Volkstribunen« in der USPD und KPD. Obwohl »der Sohn des Volkes« rhetorisch wenig begabt war und Theodor Wolff ihn nicht zu einem hochragenden Staatsmann stilisieren wollte, klang aus seiner Schilderung der kurzen Rede Eberts nach seiner Wahl zum vorläufigen Reichspräsidenten am 11. Februar 1919 (277:102) viel Sympathie für die schlichte Gestalt mit, die sich als stark von demokratischem Geist durchdrungen gezeigt habe (BT 12.II.1919).

Im Oktober 1922 verlängerte der Reichstag wiederum, wie bereits 1919, mit verfassungsändernder Mehrheit die Amtszeit Eberts um über drei Jahre, um eine Volkswahl zu umgehen. Denn die Ermordung Rathenaus lag nicht weit zurück, die öffentlichen Debatten waren von der Polemik gegen die Weimarer »Erfüllungspolitiker«, die den alliierten Reparationsforderungen zu weit entgegenkämen, bestimmt und seit August beschleunigte sich der inflationäre Verfall der Währung erheblich. Eberts Tod, er starb an einer nicht rechtzeitig behandelten Appendizitis, zwang dazu, das Plebiszit in der Praxis zu erproben. Die innenpolitischen, wirtschaftlichen und währungspolitischen Verhältnisse waren zumindest günstiger als in den Jahren zuvor, obwohl die gegen Ebert angestrengten Prozesse, es waren 173, für Unruhe gesorgt und auch im »BT« zu heftigen Reaktionen geführt hatten, weil sie fast regelmäßig mit Geldstrafen in viel zu geringer Höhe ausgegangen waren. Den Höhepunkt der gerichtlichen Auseinandersetzungen markierte das Urteil des Magdeburger Landgerichtsdirektors Bewersdorff im Dezember 1924, nach dem es als erwiesen galt, dass Ebert im Januar 1918 als Mitglied der Streikleitung der Berliner Munitionsarbeiter sich im strafrechtlichen Sinn des Landesverrats schuldig gemacht habe.

Theodor Wolff ging in seinem Nachruf auf die vaterländische historische Tat von 1918 ausdrücklich ein, denn es sei Ebert damals gelungen, die Streikbewegung zu mäßigen. »Wenn die Bolschewisten und Kommunisten, denen er den Weg versperrte und die schon angepackte Macht entriß, ihn haßten, so war das begreiflich und man kann es den Enttäuschten verzeihen. Wenn der hohe Adel und ehrenwerte Bürgerkreise sich erdreisteten, den Mann zu bemäkeln, dessen Verantwortungsgefühl und Staatsklugheit ihnen allen das furchtbarste Schicksal erspart und Deutschland aus der

Sintflut zum festen Boden des Arrarat geführt haben, so ist das eine etwas schäbige Vergeßlichkeit« (BT 1.III.1925). Bewersdorff verklagte Theodor Wolff wegen Beamtenbeleidigung durch den Satz: »Dieser Mann (Ebert), der sich aus dem kleinen Worte ›Pflicht‹ eine große Lebensregel gemacht, seine Söhne und seine ganze Kraft dem Vaterlande hingegeben hatte, sah sich plötzlich, nach Banditenmanier, aus dem Hinterhalte überfallen, von einem hinter dem Busche organisierten, mit falschen Zeugen arbeitenden Komplott umlauert, von unwürdigen, ihr Amt mißbrauchenden Richtern dem leichtgläubigen Pöbel ausgeliefert, von jedem Schmierblatt in den Gossenkot gezerrt«. Die Angelegenheit entwickelte sich jedoch völlig anders als von Theodor Wolff erhofft, denn seinen Fall, den er gern behandelt gesehen hätte, erfasste unwiderruflich die allgemeine Amnestie des frisch gewählten Reichspräsidenten. »Daß die Erynnien hartnäckig die Verbrechen verfolgen, billigen wir, und manchmal könnte ihr Eifer noch größer sein. Sich von dem Engel der Gnade verfolgt zu sehen, ist neu«, spottete er.

Nachsichtigkeiten und Verschleierungen, Einseitigkeiten und politische Motive, Rechtsverstöße und Begünstigungen hat das »BT« auch in den folgenden Jahren wiederholt brandmarken müssen. Die Justiz erschien Theodor Wolff nie als ein »Hort der Verfassung«, der Republik oder der Demokratie. Nur allzu häufig traf die volle Härte des Gesetzes den überzeugten Demokraten und seinen linken Nebenmann heftiger als alle nationalen Helden oder die sich dafür hielten, weil die Revolution das obrigkeitsstaatliche Rechtssystem nicht demokratisiert hatte und den Richtern ein Argumentieren mit dem »Wesen des Staates« weiterhin gestattete (BT 13.VII.1930). Deshalb mahnte er bei den politisch Verantwortlichen wiederholt an, der Autorität des Richters und dem hohen Begriff von der Justiz in der Öffentlichkeit eine positivere Resonanz zu verschaffen, die Verwaltung straffer zu führen, aufmerksamer zu kontrollieren und höher zu qualifizieren, damit Parteiankünne, Vorurteile und ideologisches Gedankengebräu sich nicht verfestigten.

Die Demokraten schienen Mitte der zwanziger Jahre in einem weiteren Fall vor einem Desaster zu stehen. Theodor Wolff kommentierte jedenfalls mit harten Worten die Wahl Hindenburgs zum Reichspräsidenten. »Die Republikaner haben eine Schlacht verloren« lautete sein erster Satz nach dem zweiten Wahlgang, in dem der unterlegene Zentrumspolitiker Wilhelm Marx (1863–1946), preußischer Ministerpräsident und Sammelkandidat des Zentrums, der SPD und der DDP, in der Stichwahl sogar Wählerstimmen an Hindenburg hatte abgeben müssen. Theodor Wolff klagte über die politische Unreife der Wähler, ihre mangelnde Intelligenz und verstieg sich zu der Behauptung, »die gestrige Wahl war eine Intelligenzprüfung, und vor der zuschauenden Weltgalerie, vor mitleidig entsetzten Freunden und höhnenden Feinden ist ungefähr die Hälfte des deutschen Volkes in dieser Prüfung durchgefallen« (auch im folgenden: BT 27.IV.1925).

Theodor Wolff sah eine Teilschuld an der Niederlage in dem Taktieren und zu spätem Reagieren des Kabinetts Luther-Stresemann, schöpfte Hoffnung aus dem feierlichen Versprechen Hindenburgs, er werde die Verfassung achten, und aus der Tatsache, dass die Rechte ihren Kandidaten als eine »überparteiliche« Persönlichkeit vorgestellt, also ein antirepublikanisches Bekenntnis nicht zu formulieren gewagt habe. Jenseits von Zorn und Enttäuschung formulierte er die Gefahren, die er neben, um nicht zu sagen: hinter der Person des zweiten Reichspräsidenten sah: »Nicht in der Person des unzweifelhaft aufrichtigen Hindenburg, den wir als Kandidaten ›mit allem Respekt‹ behandelt haben und auch als Reichspräsidenten respektieren werden, sondern in der Hinterhältigkeit seiner Begleiter liegt die Gefahr. Ein unübersehbarer Schwarm von stellenhungrigen, machtdurstigen Klienten wälzt sich hinter ihm her. Sie alle sind heute erhitzt von Hoffnung und Begierde, und bereit, sich wie der Sterne Chor um die Sonne zu stellen. Ihnen ist der Schwur auf die republikanische Verfassung, den Hindenburg zu leisten hat und gewiß mit reiner Seele leisten wird, nur ein pfiffiges Mittel, wie der Schwur ewiger Treue dem erprobten Don Juan«.

Seinen Artikel beendete Theodor Wolff ohne eine Gratulation – sie folgte erst zum achtzigsten Geburtstag –, mit der Bemerkung, die vierzehn Millionen unterlegenen Republikaner wüssten, was sie zu tun hätten, wenn es nötig wäre, und es gebe keinen Grund, entmutigt zu sein, denn die Wahl habe gezeigt, dass der »Gegner nur in republikanischer Verkleidung zum Ziele gelangen« konnte. Es klingt wie ein persönlicher politischer Trost, wenn er in gewohntem Optimismus die Schwungkraft, den Ernst und die Zuversicht beschwört, die im Wahlkampf von den Marx-Anhängern gezeigt worden sei. Zwei Jahre später, am 2. Oktober 1927, formulierte Theodor Wolff seine an Hindenburg gerichteten Geburtstagsgrüße in entspannterer politischer Atmosphäre: »Wenn wir jetzt noch einmal dem höchsten Mann im republikanischen Staate unsere Ehrung darbringen, so können wir nur den Wunsch aussprechen, er möge immer, unbeirrt durch zudringliche Schmeichler, die den Monarchen verdarben und sich aus dem Zusammenbruch retteten, wie damals die Kraft finden, sich von leer und lebensfremd gewordenen Ideen loszuringen« (Journalist, 231).

Kontakte mit Hindenburg gab es so gut wie nie, denn aus der schlichten Kantigkeit und naiven Gradlinigkeit des Greises erwuchs kein eigener Reiz. Feder berichtet in seinem Tagebuch von einem Empfang bei Hindenburg am 14. Februar 1928, in der Kargheit des Dialogs überzeugender als Theodor Wolff mit seinen späteren literarischen Ausschmückungen. Demnach begann Hindenburg im Anschluss an eine knappe Vorstellung das Gespräch, indem er an Theodor Wolff die Frage richtete, »Sie haben gewiß viel zu tun? T. W.: Jawohl, in der Zeitung ist den ganzen Tag zu tun und auch die Nacht. H.: Da wechseln sich wohl die Herren ab? Das muß organisiert werden. T. W.: Die Organisation ist die Hauptsache. Ich: Man gewöhnt sich sehr schnell an die Nachtarbeit. H.: Na ja, die Nachtwächter müssen das ja auch und sind die gesündesten Leute. Ich frage ihn, wann er schlafen geht. H.: Kurz nach zehn. Ich: Der Schlaf vor Mitternacht ist der gesündeste. H.: Na, der Schlaf ist wohl zu jeder Zeit gesund« (Feder, 158).

Das originale Tagebuch Feders informiert nicht nur über solche Erlebnisse am Rand des journalistischen Alltags, sondern intensiv auch über »BT«-Redaktionsinterna. In einem größerem Umfang als es die Buchausgabe vermuten lässt, teilt Feder im Originalmanuskript Einzelheiten über die zahlreichen kleineren und größeren Anlässe mit, die Theodor Wolff zu abfälligen Äußerungen über den Kurs der DDP provozierten. Ein Gesetzesvorhaben rief nahezu täglich Verwünschungen hervor. Es erlangte im Herbst 1926 große öffentliche Aufmerksamkeit, weil es die schreibende Zunft direkt betraf und diese sich deshalb früh und entschieden zu Wort meldete. Der Reichstag verhandelte das »Gesetz zur Bewahrung der Jugend vor Schund- und Schmutzschriften«, das er am 18. Dezember 1926 verabschieden sollte. Nach ersten Ansätzen im Kaiserreich hatten Abgeordnete der Nationalversammlung im Frühjahr 1919 einen Antrag für ein Gesetz gegen »Schundliteratur« formuliert. Doch erst im November 1925 besprach die DDP in ihrem Kulturausschuß den Vorschlag, den ihr Parteimitglied, der Reichsinnenminister Wilhelm Külz (1875–1948), von seinem deutschnationalen Amtsvorgänger geerbt hatte. Dessen Gesetzentwurf vertrat Külz mit einigen Änderungsvorschlägen vor dem Reichstag. Feder gegenüber meinte er Anfang November 1926, ohne ihn aber mit seinem Optimismus überzeugen zu können, das Schundgesetz werde »ganz geräuschlos arbeiten, die meisten Kritiker hätten das Gesetz nicht gelesen«.

Der §1 des Gesetzes bestimmte, dass »zum Schutze der heranwachsenden Jugend (...) Schund- und Schmutzschriften in eine Liste aufgenommen« werden. Prüfstellen sollten mit Hilfe von wechselnden ehrenamtlichen Sachverständigen feststellen, ob der Inhalt einer Schrift eine beantragte Indizierung und damit die Aufnahme in die »Reichsschundliste« rechtfertige. Der Geltungsbereich war nicht exakt abgegrenzt, weil das Gesetz keine allseits akzeptierte und juristisch verwendbare Definition der Schund- und Schmutzschriften zu bieten vermochte. Doch nicht allein dieser Mangel rief vehemente Proteste hervor, sondern die mit dem Gesetz verbundenen kulturpolitischen, gesellschaftlichen und juristischen Fragen. Sah man in den massenhaft verbreiteten Schriften minderen ästhetischen und künstlerischen Anspruchs gemeine Konsumartikel, Produkte einer kapitalistischen Fehlentwicklung? Sollte das Gesetz Jugendliche vor Förster- oder Arzt-Romanen, Gewaltdarstellungen, blasphemischer Literatur oder Schriften pornographischen Inhalts bewahren? Offenbarte die Kritik an dem vorgesehenen Verfahren nicht vielmehr ein breites Misstrauen gegenüber der Rechtsprechung? War die Furcht vor einer politischen Inanspruchnahme des Gesetzes unbegründet? Begünstigten die föderale Struktur der Prüfstellen und die Teilnahme der Kirchen nicht weltanschauliche Instrumentalisierungsversuche? War es nicht Heuchelei, mit einem Zensurgesetz gegen Schundschriftchen vorzugehen, aber gleichzeitig nicht an die Verbesserung der sozialen Verhältnisse zu denken, die in einem größeren Umfang moralische Not hervorriefen oder begünstigten? Man verwies auf beengte Wohnverhältnisse, Arbeitslosigkeit, zu geringe Bildungschancen, Perspektivlosigkeit der Jugendlichen oder die knappen Etats im Schulwesen, denn »an die Schulen dürfte man bei den Ersparnismaßnahmen zu allerletzt herangehen« (Brief von Wolff an Harnack, 20.XI.1923). »Es ist nichts als eine klägliche Heuchelei, wenn die Parteimoralisten aus dem Leben der Kinder ein paar Sechserhefte forträumen wollen, aber sich nicht darum kümmern, daß in einem Zimmer mit Vater, Mutter, Töchtern und Söhnen auch noch der Schlafbursche wohnt. Allerdings, die Beseitigung *dieser* moralischen Not ist nicht ganz so einfach, bequemer ist es, ein Zensurgesetz zu machen, und schließlich kann man ja auch dann in dem Gedanken sich spreizen, man habe, soweit die Kräfte und der Verstand reichen, für die sittliche Reinheit des Volkes gesorgt« (auch im folgenden: BT 26.XI.1926).

Die vielschichtige Problematik und die vielfältigen Interessen garantierten eine emotional und kontrovers geführte Debatte, in der Gegner und Befürworter zeitweise eher zur Begriffsverwirrung als zur Klärung der Sachverhalte beitrugen. Im »Berliner Tageblatt« kamen ebenso wie in Zeitschriften und in den anderen großen Zeitungen Dichter, Künstler, Politiker und Verbände zu Wort, wurden Offene Briefe und Petitionen abgedruckt.

Am 26. November erschien im »Berliner Tageblatt« unter der scharf mahnend-lapidaren Überschrift »Letztes Wort« einer der ironischen, in der Sache aber bestimmten Leitartikel, der vor der Verabschiedung des Gesetzes warnte und erstmals auf mögliche persönliche Konsequenzen hinwies. Theodor Wolff verhehlte nicht seine persönliche Betroffenheit und betonte den hohen politischen Stellenwert der Diskussionen in der Öffentlichkeit und im Reichstag. Er verwendete ein aggressives Vokabular, und Heuss hatte Grund, über die Tonart entsetzt zu sein. Theodor Wolff nannte das »grosse Tugendwerk« eine »bureaukratische Schundarbeit« aus den Händen

»muckerischer und kunstfremder Bonzen«, die in »kläglicher Heuchelei« die Jugend »tantenhaft« behüten wollten. Er schloss den ersten Teil seines Zornesausbruchs mit Sätzen wie »Hat man seit Metternich jemals eine so unzüchtige Vergewaltigung der Poesie, eine solche Entrechtung und Preisgabe des Schriftstellers, eine solche Willkürherrschaft gesehen?« und fuhr fort: »Unmöglich ist es für jeden, der die Geschichte der Dichtkunst nicht nur mit der kulturlosen Gleichgültigkeit herumgeschleppter Eiltouristen durchwandert hat, sich mit einem Gesetz abzufinden, das auch den ernsten Schriftsteller blödsinniger Willkür ausliefert und den Geist an ein ungeistiges Banausentum verrät. (…) Hat diese Republik, die den Dreck hakenkreuzlerischer Ferkeleien duldet, nicht die Schande erlebt, daß Gedankenausschweifungen proletarischer Mitleidssänger von ihren Beamten genau so verfolgt wurden, wie einst von den fürstlichen Söldlingen in dunkelster Reaktionszeit die Lieder Ferdinand Freiligraths? (…) Sie ist nicht gegründet worden, um einer willkürlich schaltenden Zensur Zutreiberdienste zu leisten und das deutsche Schrifttum unter die Fuchtel engstirniger Pedanten zu zwingen. Höher als eine Partei steht uns die Freiheit des Gedankens, höher als ein Minister der Geist. Würde eine parlamentarische Fraktion, die sich zur demokratischen Weltanschauung bekennt, ihre natürliche Pflicht in solcher Frage mißachten, so würde für viele das letzte Wort, das man ihr vor der Entscheidung sagen kann, noch in anderem Sinne das *letzte Wort* gewesen sein.«

Damit war die Möglichkeit eines Parteiaustritts öffentlich notifiziert, die Klage eines Journalisten angestimmt, der sich getroffen fühlt, und der Einspruch eines Liberalen formuliert, der jede Form von Zensur verhindern will. Ossietzky verstand diese Position und das Gefühl der Ohnmacht des Publizisten gegenüber der Politik: »Vergeblich wendet die demokratische Presse in letzter Stunde noch ultimative Töne an. Es hilft nichts: der Fraktion bedeutet ein Külz in der Hand mehr als zehn Wölffe auf dem Dach« (Weltbühne, 30.XI.1926). Erstaunlich bleibt am ganzen Vorgang, dass Theodor Wolff nicht schon in den früheren Jahren vor dem Gesetz gewarnt hatte. Berücksichtigt man seine deutliche Kritik an dem Kurs der Parteiführung, so rückt der programmatische Dissens stärker in den Vordergrund.

Schon 1918/19 stießen Theodor Wolff die internen Auseinandersetzungen, die Intrigen um Ämter oder Plätze auf den Kandidatenlisten und die permanenten Reibereien mit Funktionären und Bürokraten ab, weil er sich die Diskussionsmöglichkeiten und den Entscheidungsprozess in einer demokratischen Partei anders vorgestellt hatte. In seinen Aufzeichnungen und Briefen findet sich keine Bemerkung, aus der sich ableiten ließe, ihm, der kein guter Vortragender und erst recht kein Versammlungsredner war, habe die Arbeit in der DDP behagt. Darüber hinaus enttäuschte ihn die Fraktion nicht nur bei der Abstimmung über den Versailler Friedensvertrag, sondern auch später gelegentlich in der Personal- und Kabinettspolitik, bei etlichen Gesetzesvorhaben oder Volksabstimmungen und nicht zuletzt in den Fragen der Fürstenabfindung und der Flaggenverordnung (1925/26). Die Revolution hatte das Vermögen der deutschen Fürsten nicht enteignet, sondern beschlagnahmt. Ein Volksbegehren führte zu einer fast dreizehnmillionenfachen Zustimmung für eine entschädigungslose Enteignung. Der Reichstag verabschiedete dennoch kein entsprechendes Gesetz, und bei dem sich anschließenden Volksentscheid fehlten an den benötigten zwanzig Millionen viereinhalb. »Wir sind nicht für die entschädigungslose Enteignung«, hatte Theodor Wolff geschrieben, »aber gegen eine Agitation, die jedes gerechte Kompromiß verhindert hat, mit bombastischen und wehleidigen Redensarten den grandiosen Ansprüchen gar nicht notleidender Fürsten bis zur letzen falschen Zahl Erfüllung verschaffen möchte und ebenso skrupellos in der Wahl der Mittel, wie reich an Mitteln ist« (BT 13.VI.1926).

In der Behandlung dieser Themen und nicht allein in der Kulturpolitik verstärkten sich die bereits seit 1919 wirksamen Rechtstendenzen in der DDP, die Theodor Wolff wiederholt offen bemängelt oder – ganz nach Temperament – ironisiert oder gegeißelt hatte. Die »Schmach dieser Gesetzmacherei« und die nur allzu oft unklaren öffentlichen Stellungnahmen der Partei hatten also seine innere Distanzierung so anwachsen lassen, dass die Auseinandersetzung um das Schundgesetz den letzten Anstoß gab, über die sofortige Trennung nachzudenken. Feder und Ferdinand Friedensburg (1886–1972), der Berliner Polizeivizepräsident, versuchten, Theodor Wolff in letzter Minute von seinem Entschluss abzubringen, doch Martin Carbe (1872–1933) bestärkte ihn erfolgreich. Am 4. Dezember 1926 um 16 Uhr ging das Schreiben per Boten an die Privatwohnung des Parteivorsitzenden Erich Koch-Weser (1875–1944) ab.

Theodor Wolff schrieb anlässlich seines Parteiaustritts weitere Briefe. Er informierte u.a. Schacht – jener trat ebenfalls 1926 aus der DDP aus, orientierte sich jedoch entschieden nach rechts –, den Parteivorsitzenden Erich Koch-Weser (1875–1944) und den Chefredakteur der »Illustrierten Reichsbanner-Zeitung«, Krüger (1880 geb.). Darin betonte er, er werde »die Ideen wirklicher Demokratie nach wie vor mit aller Kraft verteidigen und unterstützen« und in der Öffentlichkeit nicht den Eindruck entstehen lassen, er distanziere sich von liberal-demokratischer Politik. Es gehe ihm hier allein um das Versagen der Partei und um seine »feste Prinzipientreue«. Er verlasse die DDP, obwohl er wisse, wie stark der Austritt eines Gründungsmitglieds die Partei belaste. Die von Koch-Weser beschworene Gefahr einer

»Zerbröckelung der Partei« sah Theodor Wolff dagegen nicht und erwiderte, er dürfte zukünftig im Wahlkampf vielleicht weit mehr die Möglichkeit haben, »die Wähler der demokratischen Partei zuzuführen, wenn man weiß, daß ich nicht an allen schlechten Kompromissen und an jeder Preisgabe der demokratischen Ideen beteiligt gewesen bin«. Wenn Theodor Wolff diese Argumentation auch in einem abschließenden Brief an Koch-Weser nachdrücklich wiederholte, so sollte dieser wahltaktischen Überlegung nicht der gleiche Rang wie den anderen Gesichtspunkten beigemessen werden.

»Gerade um mir im Interesse der demokratischen Sache das zu erhalten, was ich an Einfluß besitze, bin ich ausgetreten. Wäre im November 1918 irgend jemand mit dem Ersuchen, die Initiative zu einer Parteigründung zu ergreifen, an mich herangetreten, wenn ich während des Krieges an allen Kompromissen teilgenommen hätte? Würde ich, der doch auch zu den ›Schreibenden‹ gehört, in einer Frage der Literatur-Bevormundung nicht die Konsequenzen gezogen haben, so wäre ich nicht nur mir selber untreu geworden, sondern ich hätte das Vertrauen verspielt, das ich in den linksstehenden demokratischen Kreisen besitze, und ich hätte gar keine Möglichkeit, in Zukunft, bei Wahlen etc., auf diese Kreise irgendwie einzuwirken« (Brief an Koch-Weser, 16.XII.1926). Da der Widerstand gegen ein antiliberales Gesetzgebungswerk Theodor Wolff als Schriftsteller betraf, konnte es ihm gelingen, seine Haltung vor der Öffentlichkeit überzeugend zu motivieren, ohne der Heuchelei bezichtigt werden zu dürfen.

Nicht einmal vierzehn Monate später suchte Theodor Wolff nach einer neuen Antwort auf seine alten Fragen, denn sein Austritt aus der DDP klärte seine Einstellung zum parteipolitisch fixierten Liberalismus nicht endgültig. Die tägliche Herausforderung in der Zeitungsredaktion konfrontierte ihn mit allen politischen und persönlichen Konsequenzen eines zunehmend schrumpfenden liberalen Umfelds. Aus Feders Tagebuchnotizen geht hervor, dass Theodor Wolff Stresemann am 13. Februar 1928 vorschlug, eine Partei aus Zentrums-, DVP- und DDP-Politikern zu gründen. Stresemann soll sich zu diesem Vorhaben ablehnend geäußert haben, weil seine Volksparteiler zu einer übergreifenden Kooperation insgesamt noch nicht reif seien. Aus dem weiteren, nicht völlig eindeutigen Verhalten Theodor Wolffs entstanden in der Öffentlichkeit schnell verschiedenartige Gerüchte und Spekulationen. Genährt wurden sie durch den Leitartikel Theodor Wolffs vom 20. Mai 1928, dem Tag der Wahlen zum vierten Reichstag, in dem er sich noch entschiedener als sonst zur »sozialen Republik« bekannte. Er stellte dort Forderungen für die Außen-, Finanz-, Landwirtschafts- und Bildungspolitik auf und erwartete von der neuen Regierung eine Reform des reinen Verhältniswahlrechts, das die parlamentarische Mehrheitsbildung erschwere. Da er seine Sympathien Stresemann gegenüber deutlich aussprach, gewann das Gerücht über Fusionsabsichten zwischen Demokraten und Volksparteilern erneut Konturen. Drei Tage nach diesem »lundi« musste Feder auf Bitten Theodor Wolffs »gegen die linke Sammlung« schreiben und die Erregung innerhalb der DDP dämpfen (Feder, 181).

Nach der Wahl erwies sich die Lage der DDP als deprimierend schlecht. Als direkte Konsequenz des fortschreitenden Zerfalls der bürgerlichen Mitte schrumpfte die DDP von 6,3 Prozent im Dezember 1924 auf 4,8 Prozent. Unter dem Eindruck dieses Wahlergebnisses plädierte am 17. Juni 1928 auch das DDP-Mitglied Carl Petersen (1868–1933), Bürgermeister von Hamburg und ehemaliger Vorsitzender der Partei, an Geßler, nunmehr eine Partei zu gründen, die staatsbürgerlich eingestellt sei. Die DDP-Führung beendete kurzentschlossen die Debatten, gab in ihrem Pressedienst der demokratischen Presse die Schuld an dem Wahldebakel und glaubte zum Alltag übergehen zu können. Im Namen des »BT« aber antwortete »T. W.« scharf und korrigierte das Missverständnis, die Zeitung sei ein Parteiblatt. Man unterstütze freiwillig den Kurs der DDP und habe die Genugtuung, dass trotz wenig anziehender Berliner Kandidatenlisten die Wahlergebnisse im Verbreitungsgebiet des »BT« befriedigend gewesen seien. Deshalb wehre er sich gegen die nützliche, aber unfaire Dolchstoß-Legende, mit der sich die besiegten Strategen herauszureden suchten (Brief an Parteivorstand, 13.VI.1928).

Auf Theodor Wolff wirkte der Wahlausgang mit den Gewinnen der beiden Linksparteien und der Notwendigkeit, eine Große Koalition unter dem sozialdemokratischen Kanzler Hermann Müller mit einer schwachen DDP zu bilden (28.VI.1928), ähnlich wie auf Petersen. Er bestärkte ihn darin, die Überlegungen vom Februar erneut anzustellen und nach neuen Möglichkeiten zu suchen, durch eine parteipolitische Sammlung republikanischer Kräfte dem Bürgertum die wachsende Unsicherheit und Orientierungslosigkeit zu nehmen. Eine Beteiligung der DNVP lehnte er kategorisch ab. Vereinbarungen mit dem Stresemann-Flügel der DVP entsprachen weiterhin seinem politischen Kalkül am stärksten, versprachen aber keine ausreichenden Quantitäten. Positive Reaktionen erreichten ihn ebenso wie negative. Der Staatssekretär im preußischen Innenministerium, Robert Weismann (1869–1942), sprach für die erste Gruppe. Er hielt die Idee von der großen republikanischen Partei für »das einzig Richtige«; sie werde, wenn nicht jetzt, dann spätestens in zwei Jahren kommen.

Heute kann man rückblickend mit größerer Berechtigung andere Erwägungen anstellen als die in der »Weltbühne« publizierten. Könnte nicht vielmehr die Aufspaltung des Liberalismus in zwei Parteien im Winter 1918 die

Schwächung der Idee, des Programms, der öffentlichen Wirkung und der Organisation bedingt haben? War es für den Liberalismus eine Episode der versäumten Gelegenheiten? In dem damals von Alfred Weber und Theodor Wolff so rigoros verfochtenen Konzept der kleinen, aber reinen Partei wäre dann der verhängnisvollste Fehler zu sehen. Die beiden Gründer hätten nach dieser Interpretation mit ihrer unflexiblen Haltung eine Partei mit einer moralischen Lehranstalt verwechselt. Die negativen Erfahrungen aus dem Parteienleben des Kaiserreichs und die objektiven Schwierigkeiten im Winter 1918, die Webers und Wolffs Denken bestimmt haben, sollen in ihrer Bedeutung nicht verkleinert werden, doch deren heftige Kampfansage an eine große Gruppe des Bürgertums anstelle einer geduldigen Überzeugungsarbeit dürfte in der Gründungsphase eher Abwehrkräfte als die Bereitschaft zum Nachdenken gefördert haben.

Der Gedanke einer Sammlung der Mitte war mit der Geschichte der Weimarer Republik eng verbunden. Er wurde von divergierenden Kräften getragen und wirkte in unterschiedlicher Intensität. Mit dem Tod Stresemanns (3.X.1929) konnte zwar nicht mehr an die von Theodor Wolff gesponnenen Fäden angeknüpft werden, doch verfolgte die überparteiliche »Liberale Vereinigung« unter dem Ehrenvorsitz Koch-Wesers den allgemeinen Gedanken weiter. Die DDP-Führung erprobte in jenen Wochen, wie Feder am 9. November notierte, bereits eine weitere Verhandlungsstrategie (Feder, 229). Theodor Wolffs Nachruf auf Stresemann endete mit einem zweiten, mit dem auf die »neue große republikanische Partei«: »Stresemann hat Jahre hindurch unter den giftigen Angriffen gelitten, aber er hat nicht einen Augenblick lang sich einschüchtern und beirren lassen, und zuletzt zwang er sich auch an dieser Tafel zur Diät. Achselzuckend sagte er: ›Ich lese das nicht mehr.‹ (...) Seine Haltung der Republik gegenüber war, wie die seiner meisten Parteigenossen, nicht frei von einer gewissen Zwiespältigkeit gewesen, aber seit er Deutschland wieder zu einem handelnden und verhandelnden Faktor in der Welt machen wollte, erkannte er, auf welcher Seite die mitarbeitende Vernunft und auf welcher nur die bequem sich spreizende Phrase war. Er sah auch ein, dass nur ein gefestigter Staat, ein Staat mit unbestreitbarer Autorität, auswärtige Politik machen könne und auf schwankendem Boden jede Aufbaumühe vergeblich sei. Und zweifellos empfand er, mit der Empfänglichkeit seines immer lernenden, nie verschlossenen Geistes, daß der Staat der Staatsbürger auf einer höheren Stufe als der Staat der Untertanen steht. Wie alle, die in einer Fraktionsherrschaft eine Verzerrung des parlamentarischen Systems sehen, beklagte er die Übergriffe, Zwistigkeiten und Machtgelüste undisziplinierbarer Parteipolitiker, und bis zum letzten Augenblick war er bemüht, Frieden zu stiften und

Wirrwarr zu entwirren. In diesen Jahren hätte sich der Gedanke, eine neue große Partei zu bilden, nur unter seiner Führung verwirklichen lassen – im November 1918 war es nicht mit ihm möglich gewesen, jetzt war es nicht denkbar ohne ihn« (BT 6.X.1929).

Die nach dem Tod Stresemanns verfolgten Wege der DDP-Funktionäre mündeten in der Gründung der »Deutschen Staatspartei« ein und damit parteipolitisch deutlich weiter rechts von dem Platz, den Theodor Wolff parlamentarisch und programmatisch einzunehmen wünschte. Doch vorerst schrieb das »BT«, ob Feder, Olden oder Theodor Wolff, »ohne große Begeisterung« über Hermann Müllers Große Koalition (Feder, 195), die Auswirkungen des »Schwarzen Freitags« (25.X.1929) und der Weltwirtschaftskrise auf Deutschland, feierten Ende 1929 die 59. Unterschrift unter den Kellogg-Pakt, mit dem der Krieg als Mittel der Politik geächtet wurde, und warnten vor bürgerkriegsähnlichen Zuständen, die Hugenberg im Verein mit Hitler heraufzubeschwören schien. Denn »die Drei Parzen, die den Völkern ein schlechtes Schicksal spinnen, heißen Dummheit, Rückgratschwäche und Furcht« (BT 3.I.1931). In der Redaktion und im Verlag häuften sich in jenen Monaten die Schwierigkeiten, verstärkten sich die Auseinandersetzungen zwischen Lachmann-Mosse (1885–1944) und Theodor Wolff über die Organisation, das Personal und das politische Profil der Zeitung, vermehrten sich die Gerüchte, der Chef wolle zurücktreten und Bücher schreiben.

KAPITEL 8

EINE ELITE DES DEUTSCHEN JOURNALISMUS

Der Pressemagnat Rudolf Mosse verdiente mit seinem Konzern Geld im großen Stil. Sein Cousin beeinflusste mit seinen Leitartikeln die deutsche Politik und mit seiner Zeitung Literatur und Kultur, Wirtschaft, Finanzen und Handel in Deutschland. Als »Generalbevollmächtigter« baute Hans Lachmann-Mosse in der Nachfolge seines Schwiegervaters Konzern und Zeitung für seine Geschäfte bis zum Ruin aus. Und neben dem redaktionellen Alltag und parteipolitischem Engagement schrieb Theodor Wolff außergewöhnliche Bücher. Sie behandelten historische und politische Themen sprachlich und methodisch auf eine beeindruckende Art und stießen deshalb auf ein öffentliches und zugleich auf das Interesse der Geschichtswissenschaft. Etwas von den Inhalten abgehoben, aber grundsätzlich positiv beurteilte Harden die Sammlung der Kriegsleitartikel, die unter dem kritikheischenden Titel »Vollendete Tatsachen« ein dreiviertel Jahr vor Kriegsende erschienen. »Im Tiefsten, vielleicht, weniger Politiker als literatus, homme de lettres, den Selbstbescheidung und Pflichtbewußtsein früh von dem Versuch, ins Dichterreich vorzudringen, weggescheucht haben. Allzu früh: mit seinen Sprachkünsten, seinem grazilen, manchmal dem Humor verschwägerten Witz könnte er in (und über) Theater und Schönliteratur seinen Landsleuten Nützliches und Ergötzliches sagen. In der furchtbar harten und Kriegsprobe hat er Charakter und Verstand so rühmlich bewährt wie nur ein schmales Fähnlein aufrechter Zeitungmänner« (Die Zukunft, 9.II.1918).

Wiederholt nutzte Theodor Wolff den Leitartikel zur Geschichtsschreibung. Zu einem Extrem des Tagesjournalismus gerieten ihm die Ausgaben des »BT«s, in denen er auf der gesamten Titelseite und auf zwei Dritteln der zweiten Seite Dokumente abdruckte und kommentierte. Er begründete das ungewöhnliche Vorgehen mit seinen wissenschaftlichen und politischen Interessen und der Bedeutung der Materialien: »Da Herr Poincaré und seine journalistischen Helfer so entrüstet bestreiten, daß sie Deutschland ruinieren wollten, und auch gegenüber den Erklärungen Lloyd Georges alle Unterdrückungspläne verleugnen, ist es nützlich und notwendig, neues Beweismaterial zur Kenntnis Europas und Amerikas zu bringen. Ich entnehme dieses Material wiederum den Papieren Iswolskis, in denen, wie schon gestern hier gesagt wurde, noch mancherlei Interessantes verborgen liegt. Als ich vor einem Jahre, am 31. Dezember 1921, hier die ersten Berichte Iswolskis veröffentlichte, schloß ich mit der Bemerkung: ›Er‹ – Poincaré – ›kann sicher sein, daß noch manches, was in vergessenen Schränken ruhte, ans Licht kommen wird‹« (23.XII.1922).

Als Theodor Wolff seine Zeitung auch dazu benutzte, seine Einschätzung der britischen Politik und insbesondere die Position des deutschlandfreundlichen Sir Edward Greys vorzustellen, kritisierte Ossietzky die einseitige Darstellung und Interpretation. Er könne ja verstehen, dass die große Hoffnung der deutschen Demokratie Lloyd George (1863–1945) heiße und es verwundere ihn deshalb nicht, dass »der Herr Chefredakteur des ›Berliner Tageblattes‹« sich selbst aufgemacht habe, »um das Weltwunder zu interviewen. (...) T. W. schildert den alten Herrn über fünf Spalten: seine Ansichten, seinen netten Landsitz, seine Kritik des Versailler Vertrags, seine Familie, seinen Eßtisch mit der Mahagoniplatte ohne Decke, kurz, den großen Lloyd George und alles, was dazu gehört – er schildert das mit der bekannten erlesenen Wortkunst und einem bei ihm sonst unbekannten Mangel an Geschmack. So ganz in der okkupierenden Geste des situationsbewußten Presseverteters, der die Weltgeschichte vertraulich um die Taille faßt und zum Besitzstück seiner Firma erklärt.« Irritiert über so viel Hofberichterstattung, fragt sich Ossietzky, was das »BT« damit bezwecke. »Wir gönnen dem alten Löwen den reizenden Landsitz, gönnen ihm alles, was T. W. als hingerissener Rhapsode dem deutschen Publikum mitteilt (...) alles, alles. Denn er hat viel für Englands Demokratie getan. Aber gegen den Außenpolitiker zeugen seine eigenen Werke. An dem ist nichts mehr zu retten« (Die Weltbühne, 1.XI.1927).

Theodor Wolff schrieb den zweiten Band seiner Untersuchungen zur Vorgeschichte des Weltkriegs von 1914/18, als die junge Republik gerade in ihre schwerste Krise geraten war. Im partiellen Gegensatz zu seinen eigenen Tagebuchnotizen aus der Julikrise und zu den intensiven Befragungen der verantwortlichen Politiker tendierte sein 1934 veröffentlichtes Werk zu der Auffassung hin, die Politik und Diplomatie sei letztlich aus großer Unfähigkeit in den Krieg hineingeraten: »Ich habe keine Miene gesehen, die den Schluss zugelassen hätte, man habe den Krieg gewollt. Gerade auch Wilhelm von Stumm, der von einigen misstrauisch beurteilt worden ist, hat sicherlich nur gemeint, man werde den Bluff, diese geniale Erfindung der kühnen Mittelmäßigkeit, ohne Genickbruch durchhalten können. Gewiss, die Seele der Menschen hat viele Etagen und Räume, im Unterbewusstsein können Gedanken ruhen, denen das klar bewusste Denken widerspricht. In E. T. A. Hoffmanns ›Elixieren des Teufels‹ führt der Pater Medardus ein Doppelleben, und der fromme Mönch ist den Scheußlichkeiten fremd, die er in seiner anderen Gestalt verübt. (...) Mancher mochte sich zuflüstern: ›Wenn es doch zum Kriege kommen sollte – besser jetzt als später‹ – die alte fatalistische Melodie. Aber das flog vorbei. Nein, eine kriegerische Stimmung war bei den Hauptakteuren, soweit ich mit ihnen in Berührung kam, nicht zu konstatieren, und noch weniger gab es Anzeichen dafür, dass sich zielbewusste kriegerische Absicht hinter einer Verschleierung verbarg. Das Erschreckende lag nur in der Hilflosigkeit gegenüber den fortrollenden Ereignissen, in der Armut an Einfällen, in der Passivität dieser Leute, die sich einen strategischen Plan zurechtgemacht hatten, nun nicht weiter wußten und – dabei immer mit einer Miene, als wären sie die einzig möglichen Staatsmänner – nur noch auf ein Wunder zu warten schienen, als der Plan misslang« (Krieg, 337 f.).

Seit dem Beginn der zwanziger Jahre standen Mosse-Konzern und Redaktion des »Berliner Tageblatts« in imponierender Größe dar. Zum fünfzigsten Geburtstag des Blattes gelang es Theodor Wolff mit einer lange und gut vorbereiteten brieflichen Aktion, die höchsten Repräsentanten der Republik zu Gratulationen im Umfang von ausführlichen Artikeln zu bewegen. Auf der Titelseite prangten die Beiträge des Reichspräsidenten, des Reichskanzlers und des großen zeitgenössischen Dichters, Gerhart Hauptmann, der sich anfangs nicht beteiligen wollte. Er hatte lieber in politicis schweigen wollen, dann aber doch eine Ausnahme für den 1. Januar 1922 gemacht, als Theodor Wolff ihn mit dem Hinweis beruhigte, es sei keine Festnummer geplant, sondern eine Sammlung hochkarätiger Beiträge, unter denen die Äußerungen des Dichters zur »Schönheit des demokratischen Gedankens« und zur »Idee staatsbürgerlichen Mitschaffens« die Politiker-Sätze gewiss übertreffen dürften (Brief, 6.XII.1921).

Das Geburtstagshaus, der mächtige Bau in »Berlin SW 68«, war eine erste Geschäftsadresse für alle, die auf dem weiten Feld des Druckens tätig waren oder mit dem Zeitungs-, Zeitschriften- und Buchwesen sowie der Akzidenz hervortreten wollten. Alte Partner oder neue Interessenten gingen daher entweder auf die Annoncen-Expedition zu: auf eine der zwölf Filialen im Inland oder eine der fünfzehn ausländischen, auf die Anzeigenvermittlung an Tausende von Zeitungen und Zeitschriften rund um die Welt oder waren von dem Inseratenmonopol des Mosse-Hauses betroffen, das sich auf mehr als elf Tageszeitungen, fünfzehn Familien- und neun Frauenzeitschriften, fünf humoristische Blätter und zahlreiche Fachzeitschriften nahezu aller Wissenschaftsbereiche erstreckte. Oder die interessierten Geschäftsleute hatten im Sinn, mit dem Buchverlag Verbindung zu knüpfen, mit dem dort produzierten »Reichs-Adressbuch für Deutschland«, den Adressbüchern im Ausland, dem Mosse-Code für den nationalen und internationalen Telegrammverkehr oder sie wollten sich in der übrigen Bücherwelt der Herren vom Mosse-Haus umtun. Der »Zeitungskatalog« und der »Zeitungs- und Zeitschriftenverlag« mit seinen Fachzeitschriften bildeten die dritte Säule des Imperiums, das mit seinen Flaggschiffen »Zeitungskatalog«, dem »Bäder-Almanach« und dem »Berliner Tageblatt und Handels-Zeitung« Renommee weltweit und in Berlin eine beachtliche Position zusätzlich errungen hatte: mit der »Berliner Volkszeitung«, der »Berliner Morgen-Zeitung« und dem »8 Uhr-Abendblatt«.

Innerhalb des kaum in seinen Beteiligungen und Verbindungen zu überblickenden Mosse-Universums existierte die redaktionelle Welt des »Berliner Tageblatts«. Die Zahl der Redaktionsmitglieder schwankte um die Größe einer Hundertschaft, die der freien Mitarbeiter war Legion; hinzugerechnet werden müssen, ohne dass sie sich mit dem Anspruch der Vollzähligkeit jemals aufzählen ließen, die Großen aus Politik, Wirtschaft, Kunst, Kultur, Wissenschaft und Gesellschaft, die gern im »BT« publizieren wollten oder um die sich Theodor Wolff immer wieder bemühte. Es ist gleichgültig, welches Halbjahr man in den Jahrzehnten herausgreift, die entstehende Liste wird sich jedes Mal wie ein »Who is who« lesen. Dazu gehörten Persönlichkeiten wie Günther Anders oder Carl Heinrich Becker, Paul Bondy, Moritz Julius Bonn, Max Brod, Joseph Chapiro, Alfred Döblin, Alfred Adolph Donath, Lion Feuchtwanger, Efraim Frisch, Ernst Hardt, Ludwig Hardt, Wilhelm Hausenstein, Hermann Hesse, Dr. Heinrich Kahane, Alfred Kantorowitz, Siegfried von Kardorff, Egon Erwin Kisch, Richard von Kühlmann, Anton Kuh, Else Lasker-Schüler, Joseph Lehmann, Ernst Lemmer, Ernst Lubitsch, Elisabeth Lüders, Emil Ludwig, Heinrich Mann, Thomas Mann, Oskar von Miller, Erich Mühsam, Franz Oppenheimer, Reinhard Piper, Gerhard Pohl, Alfred Polgar, Gustav Regler, Alice Salomon, Felix Salten, René Schickele, Alfred Stern, Veit Valentin, Jakob Wassermann, Karl Westermeyer, Wolfgang Weyrauch, Otto Zoff oder Stefan Zweig« (Boveri, 75). Außerdem pflegten der Chef und die Leiter der Ressorts ihre persönliche journalistische Entourage. Jeder zweite Brief, der das Chefsekretariat verließ, trug den werbend, bittend oder verlangend formulierten Zusatz, es sei Raum für einen Beitrag vorhanden, oder sogar die Anregung, zu einer gewissen Regelmäßigkeit überzugehen, die mit günstigen finanziellen Konditionen verbunden werden könne.

Theodor Wolff schwebte über dem Ganzen, regierte frei von autoritären Gelüsten, war fast täglich zumeist von mittags bis zum frühen Abend und dann nur allzu oft noch einmal gegen Mitternacht wieder präsent, vermied Konferenzen, Debatten und Palaver über Interna, Lappalien der Verwaltung und Organisation, der Finanzen und Buchhaltung, der baulichen Ausstattung und der innerbetrieblichen Kommunikation. Wolff hasste Bürokratie und Reglementierungen, arbeite aber selbst systematisch, geordnet und diszipliniert. Schrieb er seinen Leitartikel, hätte an dem so apostrophierten »lundi-Tag« in seinem roten Kabinett absolute Ruhe herrschen sollen. Aber die Polstertür hielt kaum mehr vom Geschäftslärm zurück als die ehemals rote, inzwischen vom stark rauchenden Bewohner weiter eingefärbte Tapete des Arbeitszimmers. In der Redaktion fand er selten Muße, es konnte sie wohl auch nicht geben, und somit waren Konflikte vorsehbar. Kopfschüttelnd nahmen es alte Redaktionsrösser wie Dernburg wahr: Immer gab sich der Chef die Zeit für dringende Korrekturfahnen, fand aber nie ausreichende für das Telefon, litt unter den manchmal aus höheren Erwägungen empfangenen langweiligen Besuchern. Wenn T.W. meinte, Dringendes besprechen zu müssen, dann tat er es direkt mit dem Betreffenden und entschied sogleich. Eugen Szatmari bestätigte diese Arbeitsweise in einem Beitrag für das »Prager Tageblatt«, in dem er über die prominenten Besuchern der Theateraufführungen in Berlin berichtet: »Theodor Wolff ist ein seltener Premierengast, denn er arbeitet zwölf Stunden am Tage, bespricht das ganze Blatt mit seinen Mitarbeitern, liest jeden Artikel durch, schleift daran, gibt Überschriften, überfliegt alles, was seine Korrespondenten melden, verbringt Stunden in dem Setzersaal, wo er selbst umbricht, d. h. die Satzanordnungen trifft und die Seiten typographisch aufbaut, und das eigentliche Theater, wo er jedem irgendwie bedeutenden Ereignis beiwohnt und wo er bei keiner wichtigen Szene fehlt, ist das große Theater des Deutschen Reiches am Platz der Republik, – das Parlament (Szatmari, 94 f.).

Wie unbeholfen und weltfremd mit größeren Schwierigkeiten oder Konflikten umgegangen wurde, demonstrierte Feder an den Umständen und Folgen eines einsamen Entschlusses von Lachmann-Mosse, eine Rohrpost zu installieren und seinen Versuch, die Neuerung auf Kosten eines bewährten redaktionellen Kommunikationsmittels umzusetzen. Schilda lag am 11. Januar 1930 nicht weit entfernt: »Als wir morgens auf der Redaktion erscheinen – tableau: Die Rohrpostbeförderung der Manuskripte in die Druckerei ist durchgeführt, und gleichzeitig hat man uns einschließlich T. W. die Klingel gesperrt, eine sinnlose Sache, da die Boten, denen wir klingeln, doch nicht nur zur Beförderung der Manuskripte in die Setzerei gerufen werden. (…) Um halb drei Redakteurkonferenz im Zimmer 5. T. W. kommt, ich informiere ihn. Er stürzt zu Carbe, der ebenfalls vorher nichts gewußt hat, dann stürzt T. W. zu L.-M. und erklärt diesem, er stelle sich hinter die Redakteurkonferenz, er verlange, daß binnen einer Viertelstunde die Klingel wiederhergestellt werde, oder er gäbe seine Entlassung. Darauf gab L.-M. nach. Tant bruit pour une sonette! Triumphierend kam T. W. heraus und sagte beim Umbruch, jetzt sei ja die Redakteurkonferenz nicht mehr nötig. Dem widersprach ich, müsse stattfinden. Dann wird halb drei bis vier Uhr unter meinem Vorsitz ziemlich tumultuarisch verhandelt, gar kein Sinn für parlamentarische Form, sodaß Nuschke und ich nur den Kopf schütteln. T. W. gibt seine Erklärung ab und verschwindet dann« (Feder, 235 f.).

Ein Doppel-Erdbeben in der Redaktion und unter ihren Lesern lösten Lachmann-Mosse und Theodor Wolff gemeinsam aus. Die erste Erschütterung rief bereits die Tatsache ihrer Kooperation hervor, die zweite betraf den Anlass, den Gegenstand und die unendliche Leichtigkeit der Wahrnehmung: vom Titelblatt an war bis zur »Letzten Meldung« die deutschblütige, festgefügte und traditionsreiche Frakturschrift von Modernisierern gemeuchelt worden. Vom 22. März 1928 an hatte das »Berliner Tageblatt« sein neues Gesicht. Der Sieg der Antiqua-Schrift wurde den Vätern nicht leicht gemacht, denn »jeden Vormittag Debatte über die Antiquaschrift, die vorgestern eingeführt ist, stößt auf allgemeine Ablehnung. T. W. und Lachmann-Mosse sind stolz auf ihr Kind« (Feder, 167) und ließen deshalb einen Bericht über die Reaktionen im Ausland ins Blatt einrücken, in dem es hieß, der »Observer« spreche von einer kleinen Revolution, die durch das »Berliner Tageblatt« in der deutschen Zeitungswelt hervorgerufen worden sei. Das englische Blatt sei davon überzeugt, dass bei der Bedeutung des »Berliner Tageblatts« für den deutschen Journalismus andere deutsche Blätter bald folgen und wegen der Antiqua-Buchstaben die ausländischen Abonnentenzahlen anwachsen werden (BT 31.VII.1928).

Theodor Wolffs Redakteure waren beeindruckt von seinem politischen Spürsinn und Instinkt, von seiner journalistischen Gewissenhaftigkeit und seinem persönlichen Charme. Auf dem Boden organisatorischer Künstlichkeiten und gekünstelter Organisationen wächst keine Zeitung. Dennoch benötigen auch Individualisten und Künstler, besonders die freien Geister und die einzelnen Primadonnen, eines Haltes, wenn ein Blatt täglich fertig werden und erscheinen soll. Doch Theodor Wolff hielt sich mit Reglementierungen zurück; er zehrte lieber von seiner Reputation, als dass er eine Methodik erfand. Er integrierte die heterogenen journalistischen Scharen in den einzelnen Abteilungen mit Hilfe der Ressort-Herzöge, deren Freiräume die Mitwirkung in anderen Redaktionen nicht generell ausschlossen. Nur wenige nutzten die Möglichkeit so intensiv wie Olden, der in Schwarzschilds Zeitschrift »Das Tagebuch« fast regelmäßig auftrat. Rudolf Mosse gewährte Theodor Wolff finanziell und personell nicht nur das Nötigste, ohne jedoch aus seiner Großzügigkeit kleinliche Reglementierungsansprüche abzuleiten. Rückblickend erinnert Theodor Wolff sich dankbar an die angenehmen Beziehungen zwischen ihm und seinem Verleger. Als sein Cousin starb, schrieb er in seinem Nachruf am 13. September 1920 feierlich: »Die Kraft seiner Persönlichkeit und seines Willens und die ruhige Einfachheit seines Pflichtbewußtseins traten nie schöner hervor als in solchen schwierigen Stunden, wo abwechselnd der Militarismus und der aufgehetzte Nationalismus sich drohend gebärdeten und der Spartacismus wild und gewalttätig das in langen Mühen aufgebaute an sich riß. (…) Die Fackel des Lebens, die stetig eine Generation der anderen reicht, ist nun auch seiner Hand entfallen. Wir wollen sie tragen, bis auch für uns die Ablösungsstunde kommen wird, und wir wollen dafür sorgen, daß jene andere Fackel, jene Fackel der Aufklärung und des Geisteskampfes, die er geschaffen hat, immer ein helles und reines Licht auf den Weg der Menschheit wirft« (Journalist, 157 f.). Rudolf Mosse habe ihm immer, wie Wolff im Exil und nach den schlechten Erfahrungen mit dessen Schwiegersohn bekräftigte, »volle Freiheit und Unabhängigkeit« gelassen. »Er ließ sie mir nicht nur, er bestätigte und verteidigte sie gegenüber allen Anmassungen und Drohungen, gegenüber jeder dreisten Einmischung. Er wurde nicht erschüttert durch die Klagen erzürnter Kunden, denen ich auf die Füsse, auf das Portemonnaie oder auf die politische Angstseele getreten hatte« (Notes, 77).

Personell scheint die Redaktion nie saturiert gewesen zu sein. Theodor Wolff war nicht immer auf der Suche, aber nie ablehnend und verschlossen. Am liebsten ließ er neue Mitarbeiter in Positionen beginnen, die es den potentiellen Aufsteigern gestatteten, auf sich aufmerksam zu machen. Deshalb nahm Theodor Wolff sich im ersten Gespräch Zeit und stellte sich offen und interessiert der Situation. Fred Hildenbrandt (1892–1963), Redakteur der »Braunschweiger Neuesten Nachrichten«, erlebte Anfang der zwanziger Jahre im ersten Gespräch kein Ritual, sondern die intensive Zuwendung desjenigen, der Talente sucht und fördern möchte. »Nach vierzehn Tagen kam ein Brief von Theodor Wolff. Meine Arbeiten hätten ihn interessiert.

Ich würde von ihm hören. (...). Alle Himmel öffneten sich. Und als Zeitpunkt meines Besuches war 23.30 Uhr angesetzt. Das elektrisierte mich. Es entsprach meinen Erwartungen vom Betrieb eines Weltblattes. (...) Der junge Mann in der Anmeldung führte mich zu der Tür, hinter der meine Zukunft lag. Eine ruhige, sehr tiefe Stimme sagte: ›Ja?‹ Sie sagte nicht ›Herein‹ – sie sagte ›Ja.‹ Ich betrat zum erstenmal das kleine, rot ausgeschlagene und rot ausgelegte Zimmer, in dem ich später so oft ein- und ausgehen sollte. Am Schreibtisch saß jemand. Aber an der Wand, an einem Stehpult, drehte sich ein untersetzter, sehr gut angezogener Mann mit kurz gehaltenen weißen Haaren und einem gestutzten Schnurrbart nach mir um. An seiner Oberlippe klebte eine herunterhängende Zigarette, die er auch im Munde behielt, während er sprach. Es war eine Angewohnheit aus seiner langen Pariser Zeit, eine französische Angewohnheit. (...) Er setzte sich hinter einen Schreibtisch und betrachtete mich durch den Zwikker mit klugen, kühlen Augen. Er sagte: ›Ihre Arbeiten haben mir gefallen. Ihr Stil ist gut ... Ich möchte Sie gerne bei uns haben. Im Feuilleton ist noch nichts frei. Wollen Sie im *Weltspiegel* arbeiten, bis ich Sie ins Feuilleton nehmen kann?‹ (Das war ein vierseitiges Beilageblättchen für den Sonntag, in Kupfertiefdruck illustriert.) ›Ja‹, sagte ich sofort. ›Wann können Sie eintreten?‹ ›Morgen früh, Herr Wolff.‹ Er lächelte. Seine klugen, kühlen Augen blitzten belustigt auf. Und die Zigarette stand plötzlich waagerecht zwischen seinen roten, dicken Lippen. Ich sollte mit der Zeit erfahren, daß eine nach unten hängende Zigarette ein Zeichen schlechter und die waagerecht stehende das Kennzeichen guter Stimmung war. ›Also sagen wir am 1. Januar.‹ Ich war Redakteur am Berliner Tageblatt« (Hildenbrandt, 9–11). Theodor Wolff soll ihm wenig später in nicht mehr als fünf Sätzen eröffnet haben, das Feuilleton unterstehe künftig seiner Leitung.

In jenen Jahren, zwölf Monate nach der Revolution, schrieb Stefan Zweig Theodor Wolff bewundernd, habe er »nie sosehr das Unglaubliche für wahr empfunden, dass die Menschen (fast alle!) nicht das glauben, was sie erleben, sondern was sie in den Zeitungen lesen: darum ist Ihre Aufgabe so verantwortlich, und ich sage Ihnen nochmals, wie dankbar ich (mit vielen) bin, dass wenigstens in einem deutschen Blatte ein Mann mit seinem Namen und damit mit seinem Charakter eine selbständige Politik des Ausgleichs und der Versöhnung deckt, ohne den Illusionen der Internationalisten oder den Ambitionen der Nationalisten im innern Gefüge nachzugeben. Sie haben mehr Macht über die Zeit als Sie – in der Arbeit – selbst wissen und es ist eine Freude, Macht unpersönlich und ohne jeden Bezug auf Carrière zu sehen« (13.IX.1919).

Köhler, dem Kenner journalistischer und redaktioneller Verhältnisse, ist zuzustimmen, wenn er eine gute Redaktion als eine »Gemeinschaft im Geiste«, als die »Elite des deutschen Journalismus«« bezeichnet (140f.). Weniger überzeugend erscheint dagegen das martialisch klingende und vorrangig Geschlossenheit, Strenge und Enge vermittelnde Wort von Walther Kiaulehn (1900–1968) zu sein, im »BT« habe sich die »Kerntruppe der Republik« versammelt. Zu den bedeutendsten, das Blatt über Jahre mitprägenden Redakteuren sind rund fünfzig Namen zu zählen. Dabei ergibt sich zeitlich ein Höhepunkt in den zwanziger Jahren mit Wolfgang Bretholz (1904–1969), dem Freund, Ernst Feder, dem vertrauten juristischen und persönlichen Berater der späteren Jahre, Erich Dombrowski, dem politisch Gleichgesinnten, Rudolf Olden, dem seit der Jugend vertrauten, Paul Michaelis, Josef Schwab, Max Jordan, Victor Klages, Felix Hirsch, Josef Räuscher, Hellmuth Sarwey, Gustav Höffner und Erich Burger, den gewissenhaften und zuverlässigen Arbeitern im Weinberg des Hauses. Wenn Theodor Wolff abwesend war, führten Feder und Olden die Geschäfte, später übernahmen Oskar Stark, Maximilian Müller-Jabusch und Wolfgang Bretholz diese Funktion. Im Wirtschafts- und Handelsteil dominierte Felix Pinner, zeitweise auch Günter Stein und Erwin Topf, mindestens genauso bekannt als Militär- und Agrarexperte unter seinem Pseudonym Jan Barkenhusen, Lothar Persius für die Marine, in der Gerichtsberichterstattung Gabriele Tergit. Im Lokalteil als Reporter Walther Kiaulehn, Fritz Kirchhof, zeitweise als stellvertretender Chefredakteur, Alfred Müller-Hepp, Fritz Dettmann, Carl Wehner und Max Urbanski als Polizeireporter. Die großen Namen unter den Auslandskorrespondenten waren für Paris und London Paul Block, für Moskau Paul Scheffer, für Rom Hans Barth und später Victor Auburtin, für New York Fritz Glaser, für Wien Heinrich Eduard Jacob (1889–1967), für Warschau Rudolf Herrnstadt (1903–1968), Emil Ludwig (1881–1948) ging ebenso einmal nach London wie Kurt von Stutterheim (1888 geb.).

Auburtin, Bretholz und Olden hat Theodor Wolff besonders geschätzt, Kerr geachtet, Tucholsky auf Distanz bewundert. Theodor Wolff hatte Kerr am 15. September 1919, als Schlenthers Nachfolger für das »BT« gewinnen können. Die Redaktion war anfangs nicht zufrieden, später murrte sie mal laut, mal leise über Kerrs Sonderstellung und Extravaganzen – mit Ausnahme von Sinsheimer, der Kerr offen anfeindete und mit seinem Schicksal haderte, immer nur der zweite Theaterkritiker sein zu können. Zum 60. Geburtstag von Kerr gratulierte Theodor Wolff mit den Worten: »Wenn ich, lieber Alfred Kerr, an diesem Tage das Wagnis unternehmen wollte, die Wesenszüge Ihrer Persönlichkeit und Ihrer Kunst nachzuweisen, müßte ich, damit der Versuch nicht ganz mißlinge, wie Sie die ineinanderfließenden

Nuancen des farbenreichen Bildes im farbigen Abglanz der Sprache wiedergeben können, müßte ich, wie Sie, ein Wortfinder, ein schöpferischer Wortbildner sein. Aber mein Sprachgarten ist nur das bescheidene Küchengärtlein, das den täglichen Bedarf liefert, und darum versteige ich mich nicht dorthin, wo ich schnell erlahmen würde, sondern sage Ihnen einfach, daß ich unendlich froh bin, Sie an meiner Seite zu wissen, und füge diesem Ausdruck einer selbstverständlichen Empfindung nur einen Wunsch hinzu. (…) Mein Wunsch ist, lieber Alfred Kerr, daß spät einmal, in einer fernen Abendstunde, noch Ihr letzter, vom sehenden Blick begleiteter Steinwurf den letzten Gegner treffen soll« (Chapiro, Kerr, 140).

Auburtin war früh gestorben und war überhaupt nicht zu vergleichen mit dem temperamentvoll-zupackenden Bretholz, einem der jüngeren, engagierten Redakteure, den Theodor Wolff sehr schätzte und mit dem er enger befreundet gewesen sein soll, erzählte Rudolf Wolff. Im Nachlass gibt es jedoch kaum Spuren und Hinweise, so dass die Situation im Unklaren bleibt. Auch von dem zweiten im Bunde, von Olden, unterschied Auburtin sich gravierend. Theodor Wolff hat vermutlich den Ende November 1940 geschriebenen Nachruf Hillers nicht lesen können, doch dürfte er ähnlich empfunden haben, als er vom Untergang des Schiffes hörte, das Olden, mit dem er noch gelegentlich korrespondiert hatte, von Großbritannien aus in die Freiheit und auf eine Professur in den USA bringen sollte: »Er war als politischer Schriftsteller mehr kontemplativ und ironisch als aktiv, mehr Zergliederer als Forderer und Fahnenschwinger. Seine Stärke lag in der Feinheit, Klugheit, Kultiviertheit seines Betrachtens und Zergliederns, seines Beleuchtens von Tatbeständen; (sein erhebliches Wissen nicht zu vergessen). (…) Er war einer der drei letzten markanten Publizisten des deutschen Liberalismus; nun sind von ihnen nur Theodor Wolff noch und Leopold Schwarzschild am Leben« (Köpfe, Stuttgart 1950, 354, 356). Theodor Wolff schätzte die nüchterne und sachliche Darstellung sowie die präzise Analyse der politischen und gesellschaftlichen Verhältnisse.

Die Zahl der freien Mitarbeiter war zu groß und zu weit gefächert, als dass man sie sinnvoll aufzählen könnte. Es wäre ein Leichtes, in Dreiergruppen alphabetisch von einem Buchstaben zum nächsten voranzuschreiten: vielleicht mit Gertrud Bäumer, Lujo Brentano und Eduard Bernstein oder mit Conrad Haußmann, Maximilian Harden und Gerhart Hauptmann, mit Hermann Kesten, Annette Kolb und Egon Erwin Kisch, mit Rainer Maria Rilke, Walther Rathenau und Joseph Roth oder schließlich noch eine Dreierreihe mit Alfred Weber, Leopold von Wiese und Franz Werfel. Es entsteht der Eindruck, Deutschland und Österreich finden sich hier im Quer- und Längsschnitt. Es gab wohl keinen Mitarbeiter, der nicht politisch engagiert war, in einer Partei oder in ihrem Umfeld. Sachkenner waren alle, mit Esprit war nicht nur das Feuilleton begabt, einen guten Stil schrieben die meisten, einen brillanten einige in den einzelnen Ressorts – es soll Leser gegeben haben, die das »BT« allein Auburtins oder Kerrs wegen kauften –, Weltoffenheit war keine Exklusivität des Handelsteils und akademisch gebildet waren so viele, dass Theodor Wolff mit seiner verkürzten Schulzeit auffiel. Der relativ hohe Anteil von Juden verwunderte keinen, führte nicht zu Fragen und provozierte keine Probleme. Der Tatbestand erleichterte zwar den Antisemiten die Angriffe auf die Redaktion von außen, ohne dass sich daraus jedoch Abwehrstrategien Mechanismen ergaben.

Seit ihrem Bestehen lieferte die Redaktion des »Berliner Tageblatts« ihren Lesern wöchentliche und Spezial-Beilagen. Vor dem Weltkrieg von 1914/18 existierte bereits das beschriebene breite Themenspektrum. Lachmann-Mosse hat es während der Weimarer Republik jedoch konsequent und systematisch stark erweitert, weil er mit einem hohen verkaufsfördernden Effekt meinte rechnen zu können. Als der Verlag den Konkurs anmelden musste, war dem Haupt- und den zwei oder drei Beiblättern täglich mindestens eine Beilage hinzugefügt. Zu den bedeutendsten Neugründungen sind am 2. Dezember 1926 die »Illustrierte Filmzeitung« und der »Photo-Spiegel« zu rechnen, die gleichzeitig jeden Donnerstag erschienen, die aktuellen Filme vorstellten und mit dem »Photo-Spiegel« vorrangig den Liebhaberphotographen ansprachen. Da sich der Markt in kurzer Zeit schnell vergrößerte, reagierte Lachmann-Mosse mit einem erheblich vergrößerten Angebot. Da kein Tag der Woche noch zusätzlich bedacht werden konnte, erweiterte die Redaktion den Umfang der Beilage wesentlich, suchte nach einem neuen Titel, um die qualitative Veränderung hervorheben zu können und nannte deshalb das am 7. November 1929 vorgestellte Produkt »Ton und Bild«. Als besonders aufwendiges, aber ebenfalls kostenloses Exemplar versandte der Verlag auf Anfrage monatlich eine »Monthly Edition in English des Berliner Tageblatts« an Firmen.

Die größte Resonanz hatte trotz erheblicher konzeptioneller Niveau-Unterschiede und zeitweise gravierender inhaltlicher Schwächen der bereits seit 1874 bestehende humoristische »Ulk«. Obwohl die Beilage dank Kurt Tucholskys (1890–1935) Bemühungen Anfang der zwanziger Jahre reüssierte – sie war kein albernes Witzblatt mehr –, traten sogleich Schwierigkeiten auf, als sich der »Ulk« zu einer politischen Satire hin profilierte. Innerhalb von zehn Tagen hatte Tucholsky Anfang Dezember 1918 die erste Ausgabe produziert; am 13. Dezember lag sie vor. Grundsätzlich war Theodor Wolff mit der neuen Konzeption einverstanden und dürfte mehrmals Vergnügen an den Boshaftigkeiten und an der scharfen Ironie gehabt haben. Sein Bruder Fritz steuerte etliche Karikaturen und Zeichnungen bei; Furore machten Tucholskys Gedichte. Zu den wirkungsvollsten zählten sofort die Verse »Der Alldeutsche singt« (Ulk, Sept./Okt. 1919): »Einen Adler ohne Krone / bringt dem Reich die neue Zeit. / Mit dem Zepter, mit dem Throne / schwand die alte Herrlichkeit. // Doch ob man im deutschen Walde / Stamm auf Stamm auch frech entlaubt – / unser Vogel bleibt der alte, / mit der Krone auf dem Haupt. // Dir allein gilt unser Sehnen! / Fern tönts wie Paradenmarsch. / Laß dich küssen unter Tränen, / edler Hohenzollernaar!«

Theodor Wolff schrieb an Tucholsky: »Ich bin in der unangenehmen Lage, Ihnen sagen zu müssen, daß ich die Art, wie der ›Ulk‹ heute redigirt wird, nicht zu billigen vermag. (...) Ihre Gedichte finde ich, wie ich wiederholen möchte, fast immer ausgezeichnet, und ich möchte sie nicht missen. Drumherum steht allzu vieles, was ich nicht decken kann und will und was ich, nicht der ›Richtung‹, sondern des Tones wegen, für schädlich halte. Es giebt einen freien, anklagenden Witz, der sehr wohl der Sache der Demokratie nützlich sein könnte – der gegenwärtige Grundton des ›Ulk‹ nützt aber den Gegnern der Demokratie. Ich halte es für nötig, meine Ansicht sehr offen zu sagen, weil unbedingt eine Aenderung eintreten muß« (15.X.1919). Am 31. März 1920 kündigte Tucholsky mit dem brieflichen Hinweis für Theodor Wolff: »ich habe den Eindruck, daß meine Tätigkeit im Hause nicht so ersprießlich für beide Teile ist, wie das wohl nötig wäre« (AKIP, Sammlung Theodor Wolff). Theodor Wolff bot Tucholsky an, für das »BT« jeweils ein Leitgedicht zu schreiben; Tucholsky lehnte ab.

Hans Lachmann-Mosse, Jurastudium ohne Examina, hatte seit seinem Eintritt in die Firma als Hauptgesellschafter der »Rudolf Mosse OHG« und als Verleger des »Berliner Tageblatts« besondere Schwierigkeiten mit der starken Position Theodor Wolffs, die sich aus seinem Vertrag und der langen Amtszeit ergaben. »Großgewachsen, schlank, immer bleich, immer fahrig, unsicher und meist regungslosen Gesichtes. Etwas vorgebeugt, wahrscheinlich seiner völligen Ahnungslosigkeit bewußt, geisterte er wesen- und heimatlos durch das Haus. Niemand machte sich etwas aus ihm. (...) Hans Lachmann-Mosse hatte nichts zu sagen. Und als er begann, etwas zu sagen, richtete er den Verlag zugrunde, schon einige Zeit bevor Hitler kam« (Hildenbrandt, 262). Mit Rudolf Mosses Nachfolger, dem Nicht-Fachmann Hans Lachmann, wuchsen also die Schwierigkeiten in der Redaktion und um sie herum. 1928 übernahm er sich finanziell mit dem Ankauf des »8 Uhr-Abendblatts« und dem forcierten Aufbau von Filialen im Ausland, die Hugenberg-Konkurrenz setzte ihm zunehmend ebenso zu wie die sich verschärfende wirtschaftliche Krise. Die Hauptfinanzierungsquelle, die Annoncen-Expedition, wurde jetzt zur Belastung des Unternehmens, weil

Lachmann-Mosse sie und seine Werbungsmethoden strukturell nicht den veränderten Verhältnissen angepasst hatte. Agenturen und Beratungsbüros brachen zusammen. Dies war keineswegs, wie gelegentlich dargestellt, eine Konsequenz der wirtschaftlichen Krise am Ende der zwanziger Jahre. Mit dem Auftreten von Mosses Schwiegersohn hatten sich der Führungs- und Entscheidungsstil deutlich verändert. Seine Sparmaßnahmen und die Personalpolitik gingen zwar von richtigen Überlegungen aus, riefen aber wegen der unsensibel und kaltschnäuzig vorgenommenen Durchführungen nicht nur Ärger hervor, sondern steigerten Unsicherheit, Unmut, Ängste und einen lähmenden, unproduktiven Fatalismus (Kraus, 497–499). Die Führungsschwäche wurde durch eine aufgesetzte Rigorosität kompensiert.

Schon gut zwei Jahre vor der Regierungsübergabe an die Hitler-Hugenberg-Koalition sprach Theodor Wolff nicht nur von einer »legal maskierten Diktatur«, sondern gegenüber Feder auch davon, es sei vieles von seinem journalistischen Lebenswerk zerstört worden. Aus seinem »Memorandum« für Lachmann-Mosse vom 13. April 1931 sprachen die Empörung und Verbitterung über den Bruch mit guten Traditionen des Mosse-Hauses, über ein menschlich verwerfliches Handeln eines gläubigen Juden, über einen unternehmerischen Hasardeur und über einen rücksichtslosen Egoisten, dem es offensichtlich vorrangig um die Sicherung seiner Profite ging. Theodor Wolff setzt mit seiner Argumentation bei der Verantwortung des Zeitungsverlegers an und formuliert abschließend in scharfen Worten seine unzweideutige Rechtsposition:

> »Ich will weder noch einmal die sozialen Rücksichten erwähnen – obgleich sie bei einem Blatte, das in seinen Artikeln für soziale Pflichten eintritt, schwerer wiegen müssen als anderswo – noch abermals betonen, dass eine grosse politische Zeitung meiner Meinung nach eine Verantwortung gegenüber der Oeffentlichkeit hat, nicht nur im Dienste eines Unternehmens, sondern auch im Dienste allgemeiner Interessen steht und nicht ausschließlich nach den Grundsätzen irgendeines kaufmännischen Unternehmens geführt werden sollte. (…) Ich weiss, dass Sie persönlich gerade der Politik wenig Interesse entgegenbringen, aber sie – selbstverständlich nicht die ›Parteipolitik‹, worin wir uns einig sind – ist das Rückgrat des Blattes, das Publikum ist fast übermässig ›politisch‹ geworden (…). Es wird sich sehr schnell herausstellen, dass nichts anderes erreicht worden ist, als eine tiefgreifende Störung des Blattes, eine Verminderung seines Wertes, seines Ansehens und vielleicht auch seiner Verbreitung, und dass der für den Verlag erzielte Gewinn weit hinter den Schätzungen zurückbleiben wird. (…) Wenn wir beispielsweise mit der ›Frankfurter Zeitung‹, die ja ihres notleidenden Zustandes wegen gleichfalls Ersparnissmöglichkeiten suchen muss, zu einer ähnlichen Ei-

nigung gelangen, wird sich, ohne Schädigung, eine ganz andere Kostensenkung ergeben, als aus einer Ausquetschung der Redaktion und der Nachrichtenorganisation. Jede der beiden Zeitungen würde einen eigenen Korrespondenten an den drei wichtigsten Punkten, Paris, London und New York behalten und dadurch ihr eigenes Gesicht bewahren. Alle anderen Korrespondentenposten würden in der Weise verteilt, dass etwa das ›Berliner Tageblatt‹ Madrid, die ›Frankfurter Zeitung‹ Rom, das ›Berliner Tageblatt‹ Warschau, die ›Frankfurter Zeitung‹ Wien usw. für alle Städte, die mit Korrespondenten besetzt sind, eventuell auch für das Inland. Telefonische Nachrichten aus dem Ausland, die nicht eine besondere Färbung nötig machen, könnten an eine der beiden Redaktionen gerichtet und von dieser der anderen zugeleitet werden, sodass nicht nur die Gehaltsziffer beträchtlich sinken, sondern auch der Telefondienst erheblich verbilligt würde. (...)

Sollten Sie trotzdem Ihr Projekt, wie Sie es angekündigt haben, unter allen Umständen und gewaltsam durchsetzen wollen, so muß ich konstatieren, dass das ohne meine Zustimmung geschieht. (...) Ich bin seit bald 24 Jahren Chefredakteur des ›Berliner Tageblatt‹, ich habe meiner ganzen Stellung in und ausser dem Hause nach Anspruch auf einigen Respekt auch von Seiten des Verlages – von Verdiensten und Dankbarkeit spreche ich nicht – und ich bin nicht gewillt, meine bisherige relative Dispositionsfreiheit, von der ich für mein Teil immer nur ›nach Verständigung mit dem Verleger‹ Gebrauch gemacht habe, irgendwie verkürzen zu lassen. (...) Angesichts der letzten Vorkommnisse und gewisser Wendungen, die sich in dem erläuternden Anhang zu dem sogenannten Ersparnisplan befinden, dürfte mein Wunsch nach einer präzisen schriftlichen Bestätigung meiner Rechte innerhalb der Redaktion begreiflich sein. Ich vermag die Zeitung nicht unter fortwährendem Druck und Zwang zu führen und muss Sie deshalb ersuchen in der erwähnten, für mich absolut notwendigen Erklärung keinen Zweifel daran bestehen zu lassen, dass auch die – in meinen redaktionellen Besprechungen schon vorbereitete – Aufgabe, personelle und redaktionstechnische Reformen vorzunehmen, ausschliesslich mir oder meinem von mir damit betrauten Vertreter vorbehalten bleibt« (AKIP).

Die Auseinandersetzungen sollten sich in den folgenden Monaten weiter verschärfen, als Mosses Neffe und Generalbevollmächtigter auf Lebenszeit, Martin Carbe, das Haus verließ und zu Ullstein, zur Konkurrenz ging, als langjährige Redakteure wie Kerr oder Olden entlassen wurden oder selbst kündigten wie Feder. Die Verlagsleitung geriet in einen immer tiefer werdenden und angesichts der politischen Turbulenzen beklemmend anmutenden Konflikt mit Chefredakteur und Redaktionsmitgliedern.

KAPITEL 9

PUBLIZISTIK IM SCHATTEN VON DIKTATOREN

Mit dem Kabinett Hermann Müller hatte die SPD ihre oppositionelle Haltung aufgegeben und war am 28. Juni 1928 in die Regierungsverantwortung zurückgekehrt. In der Großen Koalition gab es im Unterschied zur Außenpolitik nur geringe innenpolitische Bewegungsfreiheit. Den größten Erfolg erzielte Müller mit den im März 1930 verabschiedeten Youngplan-Gesetzen. Im Sommer 1929 hatte die Sachverständigenkonferenz der Alliierten unter der Leitung des amerikanischen Industriellen und Bankiers Owen Young (1874–1962) sich mit dem Deutschen Reich über die Revision des Reparationsabkommens von 1924, dem Dawes-Plan, geeinigt. Ihr »Neuer Plan« fixierte erstmals die Summen, verkürzte die Besetzungszeit des Rheinlands um fünf Jahre, hob zahlreiche Kontrollen auf und schuf eine »Bank für Internationalen Zahlungsausgleich« als Treuhänderin. Gegen diese Vereinbarungen führten die Kommunisten, Deutschnationalen und die Nationalsozialisten erfolgreich ein Volksbegehren durch; ihr Volksentscheid scheiterte jedoch. Hugenbergs Propagandamaschinerie machte in wenigen Monaten Hitler überall bekannt. Links- und Rechtsradikalismus demonstrierten zum ersten Mal ihre Bereitschaft, über ideologische Schranken hinweg zusammenzuarbeiten, wenn sie damit der Republik schaden konnten. Diese negative Koalition brachte einen demagogischen, brutalen und von großem Medieneinsatz bestimmten Agitationsstil in die innenpolitischen Auseinandersetzungen.

Hitler erwies sich bald als der eindeutige Gewinner, denn sein Reputationszuwachs führte zu Wahlkampfsiegen im Reich und in den Ländern; in der thüringischen Landesregierung koalierten die bürgerlichen Parteien erstmals mit der NSDAP.

Die zweite große Attacke auf die Regierung Müller kam aus den eigenen Reihen. Die Koalition brach bei dem Versuch auseinander, die Arbeitslosenversicherung zu sanieren. Äußerlich gesehen stritten SPD und DVP um einen Prozentbruchteil bei der Beitragserhöhung, doch den Politikern ging es dabei um die sozialpolitische Kernfrage, ob man durch einen Leistungsabbau oder, wie die SPD es vorschlug, durch finanzielle Reformen und Umschichtungen in den Gruppen der Beiträger zur Sanierung kommen wolle. Die SPD schaltete sich selbst aus, indem sie unnachgiebig auf ihrer Position beharrte und selbst einen von Brüning ausgehandelten und von der DVP bereits angenommenen Kompromiss ausschlug. Leichtfertig schnell räumte die stärkste Fraktion des Reichstags das Feld und schuf damit Raum für bürgerliche Regierungen, die großagrarisch-schwerindustriell-militärischen Interessengruppen verpflichtet waren. Diese Kreise waren sich in der Ablehnung der Republik und der parlamentarischen Demokratie Weimars einig. Nicht wenige schienen bereit, den Parteienstaat durch eine revitalisierte Monarchie zu ersetzen. Die drei Reichskanzler, die nunmehr der nationalsozialistischen Diktatur vorangehen sollten, stützten sich nicht auf eine parlamentarische Mehrheit, sondern auf außerordentliche verfassungsrechtliche Vollmachten des Reichspräsidenten, vorrangig auf die Möglichkeiten, den Reichstag aufzulösen, mit Hilfe von Notverordnungen Gesetze zu erlassen und somit das Parlament weitgehend auszuschalten. Der Weg in eine Diktatur war damit zwar nicht vorgezeichnet, doch haben die Präsidialkabinette der Kanzler Brüning, Papen und Schleicher die Weimarer Verfassung zunehmend ausgehöhlt, die Bevölkerung an einen manipulativen Umgang mit Recht und Gesetz gewöhnt und gesetzliche, politische und gesellschaftliche Voraussetzungen für ein starkes autoritäre Regime geschaffen. Theodor Wolff nannte diese Form des Regierens ein »legal maskiertes Diktaturregime« (BT 31.VIII.1930).

Worin unterscheiden sich legal maskierte von unverhüllten Diktaturen? Am 29. März hatte der Reichspräsident Hindenburg mit seinem Kanzler Brüning das erste Präsidialkabinett gebildet. Mit der sowjetischen Variante der unverhüllten Diktatur hatte der Korrespondent des »Berliner Tageblatts« in Moskau, Paul Scheffer (1883–1963), seine direkten Erfahrungen machen können. Theodor Wolff kannte zwar nur die Artikel, verfügte aber durch die gute Bekanntschaft mit dem Botschafter Brockdorff-Rantzau über zusätzliche Informationen aus erster Hand. Vom italienischen System des

Faschismus hatte er nur gehört, wenn auch aus berufenem Mund, denn Mussolini hatte ihn Ende 1921 unbedingt sprechen wollen – er war damals vierzehn Tage inkognito unterwegs und traf u. a. mit Rathenau, Wirth und Stresemann zusammen. Am 6. April 1930 reiste Theodor Wolff für sechs Wochen durch Italien und führte mit Mussolini in Rom, im Palazzo Venezia, ein längeres Gespräch. Eine Teilantwort auf unsere Frage nach den beiden Formen der Diktatur könnte er dort gefunden haben.

Über seine Begegnung mit Mussolini berichtete das »Berliner Tageblatt« am 11. Mai 1930 in einem zweiseitigen Artikel »Bei Mussolini«. Die amerikanische Zeitschrift »Living Age« publizierte eine Übersetzung unter dem Titel »Mussolini Unbends« am 15. Juni 1930. Zuletzt war Theodor Wolff im Frühjahr 1928 in Italien gewesen. Nach seiner damaligen Rückkehr erzählte er Feder, wie gut und höflich er behandelt worden sei; Ordnung und Disziplin seien aber nur äußerlich, darunter gäre es, das italienische Volk sei ohne Macht, der Bürger sei zum entrechteten, entmündigten Untertan geworden. Es gebe keine Opposition, keine freie Presse, keine städtische Selbstverwaltung und keine freien Gewerkschaften. Zwar seien Fortschritte im Wohnungs- und Straßenbau und in der Aufforstung nicht zu leugnen, aber das Geopferte wiege schwerer im Vergleich zu dem Erreichten. Den politischen Gegner hätten die Faschisten auf Felseninseln bei Sizilien und in Zuchthäuser verbannt. Zwei Jahre später konnte Theodor Wolff die Gelegenheit zum Vergleich nutzen. »Damals hatte er (Mussolini) über viele wesentliche, für eine geistige Physiognomie entscheidende Dinge ganz andere Anschauungen als heute, und bei aller unbegrenzten Abneigung gegen seine Staatsideen, konstatierte ich den Reiz der Persönlichkeit.« Ihn beeindruckte 1930 das staatsmännisch nüchterne und maßvolle Auftreten des Diktators, das »nach keiner Seite hin etwas Aggressives« zeige. Er habe »realpolitisch, gar nicht phantastisch, gar nicht renommistisch, gar nicht herausfordernd« gesprochen und sei nicht durch nationalistische Eitelkeit verblendet gewesen. Die Locarno-Politik Stresemanns beurteile er ebenso wie die deutsch-italienischen Beziehungen mit ruhiger Nüchternheit. Im Handelsverkehr, in der Abrüstungs- und Kolonialfrage wünsche er eine Zusammenarbeit mit Deutschland. Als Theodor Wolff ihn darauf hinwies, Italien lebe unter einem faschistischen Regime und Deutschland habe eine Demokratie, wollte er sich als »autoritärer Demokrat« verstanden wissen. Italien schaffe sich eine moralische und keine Polizeiordnung. Zwischen ihm und den deutschen Rechtsextremisten bestehe »auch nicht die geringste Beziehung«, behauptete Mussolini und fuhr fort: »'Mit Polizei und Maschinengewehren zu regieren, das bedeutet nicht viel. (...) Ich kenne keinen Faschisten ausserhalb Italiens, es gibt gar keinen – der italienische Faschismus ist etwas ganz anderes, er ist, ich wiederhole es immer wieder, nicht reaktionär, er ist eine Demokratie, eine autoritäre Demokratie. Ich habe einmal in einer Rede gesagt – und eigentlich liebe ich diesen kommerziellen Ausdruck nicht, aber er macht die Sache verständlich –, daß der italienische Faschismus kein Exportartikel ist.'«

Theodor Wolff stellte dieses und auch die Bemerkung, dass der Faschismus keinen Antisemitismus kenne, ohne die – wie er selber sagte – »notwendig(en)« Randbemerkungen dar. Er wies lediglich im Schlussteil auf drei Probleme hin, von denen er die ersten zwei im Gespräch mit Mussolini erwähnte: die Inhaftierung politischer Gegner in Gefangenenlagern und die Unfreiheit der Presse. Auf diese beiden Themen antwortete Mussolini unbefriedigend und ausweichend. Als drittes Problem sah Theodor Wolff das Paradox, eine moralische Ordnung in einer Diktatur schaffen zu wollen.

Auch spätere Zeitungsbeiträge Theodor Wolffs beweisen, dass seine Einschätzungen der italienischen Diktatur und der Persönlichkeit Mussolinis sich seit dem ersten Artikel von 1928 nicht prinzipiell gewandelt hatten. Die Wirkung des Interviews von 1930 ging über Deutschland hinaus; sie war stark und heterogen. Thomas Mann (1875–1955) sandte Theodor Wolff eines seiner Bücher mit den Widmungsworten »Zum Dank für den Mussolini-Artikel, und nicht nur den« (Erlebnisse, 310); Charles Maurras (1868–1952) orakelte über deutsch-italienische Möglichkeiten; Klaus Mann (1906–1949) schrieb, Theodor Wolff habe dem Duce »publizistisch Weihrauch« gestreut (Wendepunkte, 309). Die »Kölnische Volks-Zeitung« stellte Überlegungen zur Übertragung des Festgestellten auf die deutsche Innenpolitik an; die »Frankfurter Zeitung« zählte Theodor Wolff sogar zu Mussolinis »Nachbetern«, der »für sich das Recht in Anspruch« nehme, »über die Verschiedenheit der innenpolitischen Grundanschauungen hinweg (…) eine Aussprache zu haben«. Goebbels (1897–1945), der sich mindestens einmal vergeblich beim »BT« beworben hatte, hetzte gegen den »Obermoses der deutschen Demokratie, den sattsam bekannte(n) Tageblatt-Jude(n) Theodor Wolff«, der mit neuen Wortprägungen wie »autoritäre Demokratie« Rosstäuscherei betreibe (Angriff, 18.V.1930). Der Angegriffene fühlte sich missverstanden: »Leute, deren Prinzipientreue offenbar schon durch die Berührung mit einem politischen Gegner in Gefahr gerät und die dergleichen auch bei anderen für möglich halten, verübelten mir den Besuch bei dem Tyrannen« (Erlebnisse, 310). Dazu hatte es kommen können, weil in den Artikeln eine gewisse, wenn auch zurückhaltend geäußerte und durch politische Reflexion relativierte Bewunderung für die Persönlichkeit Mussolinis erkennbar ist. Mussolini war nicht ungebildet und kein Antisemit; die faschistische

»Gleichschaltung« hatte zwar auch Staat und Gesellschaft erfasst, sich aber langsam und taktierend vollzogen, und die Audienz lief gut vorbereitet ab.

Bei aller Würdigung der nachdrücklichen Kritik Theodor Wolffs an der rohen faschistischen Diktatur in weiteren Zeitungsausgaben und auch bei aller Achtung vor seinem Mut, mit dem er Mussolini auf die Verfolgung der Oppositionellen und die Knebelung der Presse hingewiesen hat, überrascht dennoch, wie offensichtlich gering seine selbstkritische Sensibilität im Fall des Mussolini-Artikels war. Der Beitrag war zu »groß aufgemacht« und in der literarischen Ausschmückung des Auftritts überladen. Er schwelgte in äußerlichen Details, die zwar dem Leser einen dichten Eindruck des Atmosphärischen, der Machtentfaltung, des Pompös-Theatralischen vermittelten, aber zu geringe Ansätze boten für eine Position jenseits einer beschreibenden Beobachtung, die nötig ist, denn Kritik kann nur überzeugen, wenn sie aus einer gewissen Distanz geschrieben wird. Vom Betreten eines pompösen Saales, an dessen Ende Mussolini sitzt, bis zum Durchqueren des ersten Drittels benötigt unser Berichterstatter gut zwanzig breite Zeitungszeilen, die großen, ja »übergroßen Augen des Diktators« werden wiederholt beschrieben, seine trotz der Arbeitslast erhalten gebliebenen leichten und elastischen Bewegungen, die Natürlichkeit und der Charme des Auftretens, die Zwanglosigkeit und das Temperament, und schließlich auch die »sympathische Wärme«, in der das Gespräch ablief, hätten alle etwas weniger strahlend geschildert werden können. Neben den kritischen Fragen und Bedenken, die Theodor Wolff formuliert, finden sich zu viele verhalten positive Sätze und Epitheta der Bewunderung und des Lobes.

Mussolini war für ihn ein Genie, wenn auch eines »mit einem tragischen Zug«. Der Duce begrüßte ihn »wie einen alten Kameraden«, machte ihm lächelnd das Empfangskompliment – wie ironisch fiel dergleichen bei Michaelis oder Hertling aus –, trennte sich von ihm »mit freundlichen, herzlichen Abschiedsworten«, begleitete ihn durch »den langen, leeren Saal bis zur Tür«, und die Palastbeamten erhoben den »Arm zum faschistischen Gruß«, ohne dass auch nur einmal angedeutet wurde, der hier so bevorzugt Behandelte habe bemerkt, wie geschickt sich das Regime dem Chef einer großen deutschen Tageszeitung präsentierte, und weshalb er auf die von ihm selbst als notwendig erachteten Erläuterungen zu dem Interviewtext verzichtete. Theodor Wolff stellte zwar fest, keine szenische Kunst hätte stärkere Wirkungsmittel erfinden können, doch bezogen sich solche Bemerkungen gerade nicht auf die Inszenierung seines Besuches, sondern auf die Selbstdarstellung bei anderen Gelegenheiten.

Wenn Theodor Wolff in späteren Artikeln die Unterschiede zwischen Faschismus und Nationalsozialismus betonte und es für vermessen hielt, wenn Hitler auf Mussolini verweise – warum nicht mit Napoleon, fragte er ironisch –, dann gewinnt das Bild des »Duce« in der Abgrenzung gegenüber dem »Führer« nicht nur positive, sondern warme, sympathische Züge und »den Vorzug der Originalität«, wie Theodor Wolff es ausdrücklich sagt (BT 21.VIII.1932). Die Mussolini-Darstellung nutzten seine Gegner und irritierte etliche seiner Sympathisanten. Das Porträt des letzten Reichskanzlers, der mit einer parlamentarischen Mehrheit regieren konnte, fiel dagegen differenzierter aus.

Das »Berliner Tageblatt« veröffentlichte am 21. März 1931 einen Nachruf auf Hermann Müller. Ernst Feder hob in ihm die Bescheidenheit, Zuverlässigkeit und Sachlichkeit des Verstorbenen hervor, die das Vertrauen zu ihm gestützt hätten. Er sei aber zu konziliant und zu weich gewesen, um die Konflikte in der Großen Koalition meistern zu können. Die SPD musste erleben, wie der Nachfolger Hermann Müllers, der Steuer- und Finanzexperte der Zentrumsfraktion, Heinrich Brüning (1885–1970), Katholik und Junggeselle, den Reichstag vorzeitig auflösen ließ und für die von der Agitation gegen das Young-Abkommen noch erregten Wähler Neuwahlen für den 14. September 1930 ansetzte. Theodor Wolff sah die DVP unter dem Nachfolger Stresemanns, Ernst Scholz (1874–1932), schon im Sommer 1930 auf dem Weg zu einer Koalition mit Hugenberg und Hitler. Für ihn war der Unterschied zwischen Stresemann und dem »Katastrophenpolitiker« Scholz ungefähr so groß wie zwischen einer 10 und dem Rest, wenn man die Ziffer 1 entferne, witzelte er im Leitartikel (BT 31.VIII.1931). »Seine« DDP und eine »Deutsche Staatspartei« (DStP) bestanden bis Anfang November 1930 nebeneinander, denn erst am 8. wurde die DDP aufgelöst, am 9. die DStP offiziell gegründet. Die »Volksnationale Vereinigung«, christliche Gewerkschaftler und »jungliberale« Abtrünnige aus der DVP waren bereits im Juli in der guten Absicht zur DDP/DStP hinzugetreten, die soziale und politische Parteibasis zu stärken – faktisch dürfte dieser heterogene Wahlverein aber eher zur Schwächung beigetragen haben. In jedem Fall schwanden spätestens jetzt die letzten demokratischen Grundsätze, für die Theodor Wolff einmal gekämpft hatte. Seinen Standpunkt umriss er deshalb zur klaren Abgrenzung mit den beiden Sätzen »Unsere politische Linie steht fest (…), sie ist republikanisch, demokratisch und sozial. Wir können, ist der Fall der Entscheidung gegeben, vor allem also bei Wahlen, Parteien unterstützen, aber wir gehören zu keiner Partei« (BT 29.VII.1930).

Die Reichstagswahlen zerschlugen auch noch die letzten Atome der geringen Hoffnungen, die Theodor Wolff meinte auf Brüning setzen zu dürfen. Das »BT« war mit der Parole in den Wahlkampf gezogen »Macht den linken Flügel stark!« Theodor Wolff hatte dabei angenommen, der Reichskanzler könne vielleicht zusammen mit Hermann Dietrich (1879–1954), Gründungsmitglied der DDP und Wirtschaftsminister im ersten Kabinett Brüning, in der Regierungskoalition eine Mehrheit erstreiten und deshalb sein »Vernunftrezept« formuliert: »Der Parlamentarismus pflegt dort, wo zwei regierungsfähige Majoritäten vorhanden sind und einander ablösen können, nicht am schlechtesten zu gedeihen. (…) Wer für die Deutsche Staatspartei stimmt, trägt, da es ohne sie weder eine Grosse Koalition noch eine Mehrheitsmitte geben kann, zu dieser Möglichkeit bei. Dies ist keine Liebesempfehlung, sondern ein Vernunftrezept« (BT 31.VIII.30). Das Ergebnis schockierte selbst den größten Pessimisten, denn die SPD (28,7:24,5 %), DVP (8,7:4,5 %) und auch die DNVP (14,2:7,0 %) verloren deutlich, die DStP büßte trotz der Veränderungen Stimmen ein (4,9:3,7 %), die KPD gewann (10,6:13,1 %), aber die NSDAP schnellte von 2,6 % auf 18,3 % hinauf, wurde damit zweitstärkste Fraktion und stellte statt 12 jetzt 107 Abgeordnete. Nach dem ersten Schreck versuchte Theodor Wolff anlässlich der Regierungserklärung die Zurückhaltung und Spröde, die Steifheit und Kühle, die der in der Disziplin der katholischen Kirche erzogene Redner ausstrahlte und das auch nicht positivere Bild eines sich »im Stillen vorwärtstastenden Knotenentwirrers« mit den Worten »Ruhe«, »Selbstbeherrschung« und »Disziplin« wiederzugeben (BT 19.X.1930). Nicht einmal beim Thema »Arbeitslosigkeit« habe Brüning an eine psychologisch günstige und populäre Form der rhetorischen Präsentation gedacht, denn er müsse bedenken, von den Arbeitslosenziffern lese das Volk wie bei einem Fieberthermometer die Genesungschancen ab (BT 31.VIII.1930).

Im »BT« verzichteten alle Redakteure nach diesem Wahldebakel auf den Begriff »Übergangskabinett«, da es für sie jetzt keine Alternative mehr zum Brüning-Kurs gab. Wie schon in der wilhelminischen Epoche und in den vergangenen Jahren suchte Theodor Wolff das Gespräch mit dem neuen Reichskanzler, und auch Brüning legte auf diesen »Vorfeldkampf« wert. Er versicherte am 11. Oktober dem besorgten Chefredakteur im Verlauf des Abends, dass eine Regierung mit den Nationalsozialisten für ihn nicht in Frage komme, schränkte seine klare Aussage jedoch sogleich mit der Bedingung wieder ein: solange die SPD keine »großen Fehler« mache und sein Finanzprogramm akzeptiere. Er bat, keine Artikel gegen die Reichswehr zu schreiben – in Ulm wurde gegen Offiziere prozessiert, die sich für die NSDAP betätigt hatten – und auf radikale kulturelle Forderungen zu verzichten.

In der Anfangsphase des Präsidialkabinetts Brüning deutete Theodor Wolff bereits auf ein zentrales Problem hin. Es zeigt die größte Existenzschwäche des Präsidialregimes: »Solange die Regierung nicht weiss, wie sie leben soll, schweben alle Reformprojekte in der Luft. Hinter all ihrer fleissigen, beharrlichen Arbeit steht die Frage, wo die parlamentarische Majorität ist, die ihr die Existenz garantiert.« Die NSDAP-Fraktion war geschlossen im Braunhemd und mit lauten »Heil«-Rufen in das Parlament eingezogen. Feder und Theodor Wolff saßen auf der Besuchergalerie und erlebten mit, in welchem Stil die Nationalsozialisten das Haus zu ihrer Bühne machen wollten. Unter diesem Eindruck stehend, verabredeten sie noch am selben Tag mit Lachmann-Mosse zusätzliche Sicherheitsmaßnahmen für den Verlag und die Redaktionen: zwei Kriminalbeamte wurden vor dem Haus postiert, zwei weitere nicht uniformierte im Gebäude und fünf Notrufe eingerichtet. Das »BT« begrüßte deshalb am 19. und 20. Oktober in langen Artikeln die Ablehnung der Misstrauensanträge im Reichstag, in dessen Debatten sich die Regierung als überraschend stark erwiesen habe. Das in der zweiten Novemberhälfte vom Reichsrat angenommene Finanzprogramm kräftigte die optimistische Grundeinstellung Theodor Wolffs. Er erwartete nun, dass es in naher Zukunft gelingen werde, die Volkspsychose, die hartnäckige Gemütsdepression und die geistige Verwirrung in der Bevölkerung zu überwinden: »Die ruhige Festigkeit, mit der Brüning sein Finanzprogramm zur Verwirklichung führt, hat unverkennbar Eindruck gemacht.« Im Dezember war man deshalb bereit, Brünings knappen Abstimmungserfolg mit 292 gegen 284 Stimmen als »rettenden Sieg« zu feiern.

In einem seiner Rückblicke auf 1930 würdigte Theodor Wolff unter dem Titel »Salve! mit Vorbehalt« noch einmal Brünings Politik, wobei er zwischen dem Reichskanzler und seinem Kabinett, zwischen den Plänen und dem bisher Ausgeführten unterschied. Er porträtierte Brüning mit Sympathie und Achtung, aber ohne jene Emphase, die wir bei ihm häufiger kennengelernt haben: bei Theodor Mommsen oder Anatole France, beim frühen Naumann oder späten Stresemann, beim analytischen Kopf Kühlmann oder menschlich anrührenden und integeren Ebert. Brüning konnte nicht mehr Zustimmung beanspruchen, weil er auch nicht mehr bot als die Sicherheit einer politischen Schutzwand. Es liege in der »Weiterexistenz dieses Kabinetts einstweilen die einzige Möglichkeit«, formulierte Theodor Wolff ganz prosaisch, die Radikalen zurückzuhalten. Er zweifelte nicht offen, aber verdeckt daran, ob der steife Kanzler, der kühle Haushaltsexperte und der leidenschaftslose Redner dem Volk, »das regiert werden will, das in seiner materiellen Not und seiner geistigen Unsicherheit überall nach einem Halt sucht«, den »Willen und die Kraft zur heilenden Tat« zeigen könne. Brüning sei stark, solange das Parlament Schwäche zeige. Brünings Bewegungsraum werde spätestens 1932 noch enger, da mit den Wahlen für die Reichspräsidentschaft und den Preußischen Landtag zwei Großereignisse bevorstünden.

Das nationalsozialistische Witzblatt »Die Brennessel« reagierte auf Theodor Wolffs in den folgenden Monaten häufiger wiederholte Feststellungen, Hitlers Weg müsse keineswegs in die Reichskanzlei führen, mit mehreren Karikaturen und einer langen Glosse unter dem Titel »Freundlicher Brief«: »Sie, Herr Wolff, zogen es vor, den rasenden Ajax zu spielen, erkoren sich den Scherbenhaufen der Staatspartei als Feldherrnhügel und verkündeten Ihrem auserwählten Volke den mit Sicherheit zu erwartenden Niedergang des Nationalsozialismus. Und je größer Hitlers Gefolgschaft wurde, desto kategorischer klang ihr Imperativ: Zum unwiderruflich letzten Male! Es geht zu Ende mit den Nazi(s)! (...) Seien Sie ein Mann, Wolff! Gewöhnen Sie sich doch endlich an den Gedanken, daß Adolf Hitler unaufhaltsam vorwärtsschreitet. Als ich vor einem Jahr beschloß, die Lektüre Ihrer Ergüsse einzustellen, glaubte ich, Ihr Salz ist dumm geworden, als ich aber eines Ihrer letzten Produkte las, wußte ich, daß Sie das Opfer einer Psychose geworden sind. Wie soll ich es Ihnen sagen? Ihr Hirn beginnt zu schielen, sobald Sie den Namen Hitler hören« (15.IV.1932).

In den folgenden Wochen sonderte sich Brüning wie schon häufiger »eremitenhaft« ab und setzte die begonnene rhetorische Auseinandersetzung mit den Links- und Rechtsradikalen in der Praxis nicht fort. Er unterband das Doppelspiel von legaler Propaganda und illegalem Machtkampf der Radikalen nicht und schritt ebenso wenig gegen die getarnten Bürgerkriegsvorbereitungen ein. Nicht einmal die eigene Politik, klagte Theodor Wolff im »BT«, stelle die Regierung positiv dar. Der Jugend böte man keine Perspektive, formuliere kaum Ideale. Der Vorstellung von einer sozialen Erneuerung sei man nur mit Worten entgegengekommen. Das mache es »den republikanisch Gesinnten oft schwer«, schrieb Theodor Wolff im Präsidentschaftswahlkampf, »den Retter zu spielen, der immer wieder für ihn (Brüning) ins Wasser springt«, und: »Wir wären nicht sehr entzückt, wenn irgend jemand glauben könnte, unser Enthusiasmus für das Regime Brüning sei groß und unbegrenzt« (BT 11.X.1931).

Theodor Wolff erinnerte Brüning wiederholt daran, wie wichtig es sei, wenn Deutschland in erster Linie seine Beziehungen mit Frankreich verbessere. Gelinge das nicht, dann dürfe man sich nicht wundern, wenn auch die englische Politik wenig Rücksicht auf Deutschland nehme. Er regte an, französisches Kapital an deutschen Unternehmungen zu beteiligen; vielleicht sei auch zu erreichen, dass Deutsche in irgendwelchen Formen bei der Bewirtschaftung französischer Kolonien mitwirkten. Er war gut informiert, denn nach seiner Locarno-Diplomatie hatte er in den beiden folgenden Jahren nochmals in Paris Gespräche mit Tardieu und dem ehemaligen sozialistischen Ministerpräsidenten Paul Painlevé (1863–1933) geführt. 1927 reiste er auch noch zu einem großen Interview mit Grey nach London und im Frühjahr 1928 nach Italien sowie 1929 nach Spanien, in die Schweiz und nach Paris zur Theaterpremiere, um Elisabeth Bergner (1897–1986) als Judith zu sehen – in einem Stück, das Jean Giraudoux (1882–1944) für sie geschrieben hatte, aber damit verknüpfen sich andere Geschichtchen. Nur von einer Geschichte ist hier sogleich zu berichten, da Theodor Wolff Kontakte zwischen Deutschland und Frankreich für die wichtigsten hielt. Für dieses Ziel setzte er sich selbst dann ein, wenn deutsche Politiker wie Brüning seine Auffassung mitunter nicht zu teilen schienen. Deshalb sträubte er sich nicht grundsätzlich gegen eine entsprechende Bitte der Generale Wilhelm Groener (1867–1939), des Reichswehrministers, und Kurt von Schleicher (1882–1934), des Chefs des Ministeramts im Reichswehrministerium. In einer mehrseitigen autobiographischen Aufzeichnung berichtet Theodor Wolff, beide hätten ihm erklärt, dass sie ein möglichst gutes Verhältnis zu Frankreich wünschten. Schleicher habe gefragt, ob er während einer »ganz inoffiziellen« Fahrt eruieren könne, »über welche der ungelösten Probleme eine Verständigung möglich sei«. Theodor Wolff war von dem so allgemein formulierten Auftrag nicht enthusiasmiert, weil er ihn in diesem Punkt an den Auftrag Luthers und seinen Paris-Besuch von 1925 erinnerte: »Pulsfühlen, wolkiges Wortgeschwafel, auch ernsthafte Diskussion ohne feste Basis waren doch nur müssige Spielereien.« Dennoch lehnte Theodor Wolff auch 1931 nicht ab. Vielleicht spielte die Genugtuung mit, dass man sich mit der Anfrage an ihn gewandt hatte, und die Befriedigung, dass auch über sein jahrelang propagiertes Konzept, die Schaffung einer Miliztruppe, gesprochen werden sollte. Außerdem konnte er die von ihm verehrte Bergner – sie unterzeichnete ihren auffordernden Brief mit »Ihre Freundin Elisabeth, die Sie sehr liebt« – auf der Bühne sehen, denn wenn er nicht mit ihr zum Theater gehe, bliebe sie auch weg, drohte sie, er müsse mit ihr zusammen entscheiden, wie sie ihre Rolle spielen soll und schließlich ihrer zärtlichen Einladung zu Austern und Champagner folgen, damit sie sich »so richtig ausquatschen« könnten (Brief o. D.= 4.XI.1931).

Zum Milizheer hatte Theodor Wolff klare Vorstellungen: Das bestehende Berufsheer müsse im republikanischen Staat »immer ein fremder Körper« sein. Ein staatsfeindliches Offizierskorps könne in einer Miliz nach Schweizer Vorbild kein Unheil anrichten, da es permanent mit verschiedenartigen Volksgenossen zu tun hätte. Die Miliz biete politisch-psychologische Vorteile. Sie könne zur Sicherung von Demokratie und Republik besser beitragen; es gebe keine Geheimnisse, alles werde kontrolliert (Weltbühne,

7.IX.1926). Die Wehrpflicht brächte nicht nur Angehörige aller gesellschaftlichen Schichten in die Kasernen, das Militär verbürgerlichte, die Soldaten repräsentierten stärker die Republik, ein Bündnis zwischen Nation, Militär und Republik könne sich langsam ausbilden. Unschwer liest man aus dieser Argumentation die volkspädagogischen Ideale der preußischen Militärreformer oder die der Demokraten von 1848 heraus, für die der Kampf um die allgemeine Wehrpflicht eng mit der geistig-politischen Selbstbestimmung, den Gedanken über Pflicht, Ethos und Recht des Soldaten und Staatsbürgers verbunden war.

Theodor Wolff fuhr mit seinem Sohn Rudolf im November 1931 nach Paris. Der mit ihm befreundete Direktor des zweiten Staatstheaters, Firmin Gémier (1865–1933), vermittelte die Gespräche mit zehn wichtigen Parlamentariern; darunter die Ministeramtskandidaten Joseph Paganon (1880–1937) und Charles Spinasse (1893–1979), der spätere Präsident der Kommission für Auswärtige Angelegenheiten, Mittler, und der von Theodor Wolff geschätzte Joseph Caillaux (1863–1944), der vor dem Ersten Weltkrieg das Amt des französischen Ministerpräsidenten innegehabt hatte. Über die Kriegsschuldfrage und die Kolonien konnte man sich in einer nicht ungünstigen Stimmung einigen. Theodor Wolffs Versuch, von der Miliz zu sprechen, misslang dagegen. Das Ergebnis enttäuschte Theodor Wolff tief, da er mit größeren Hoffnungen nach Frankreich gefahren war, als er in seinem späteren Bericht für das Ministerium angab.

Nach der Rückkehr aus Paris erlebte Theodor Wolff eine innenpolitische Enttäuschung im Vorfeld des Wahlkampfs um das Reichspräsidentenamt. Die Ausläufer der innenpolitischen Radikalisierungswellen von 1931 bestimmten die Atmosphäre zu Beginn des neuen Jahres. Die SA hatte monatelang heftig auf der Straße agitiert, sich Schlachten mit den Kommunisten geliefert, den »Kurfürstendamm-Pogrom« vom 12. September 1931 verursacht und in den »Boxheimer Dokumenten« im November desselben Jahres Staatsstreichpläne formuliert. Theodor Wolff erinnerte Brüning daran, er könne die Nationalsozialisten nur dann erfolgreich bekämpfen, wenn er sich politisch entschiedener gegen sie stelle und die Regierung von dem Eindruck befreie, sie behandle die Rechtsradikalen zu nachsichtig. Sehr bestimmt wandte er sich dabei gegen irgendwelche Bindungen, Absprachen, Vereinbarungen, Bedingungen, Leistungen oder Gegenleistungen. In dieser Situation drang die Information durch, Brüning verhandle mit Hitler und Hugenberg, von denen er sich die Zusage zu einer Verlängerung der Amtszeit Hindenburgs erhoffe. Theodor Wolff sprach von der verfassungsrechtlich bedenklichen und »beleidigenden Zumutung« eines Handels mit dem Amt des Reichspräsidenten und der Person Hindenburgs. Sich auf Bedingungen einzulassen, sei eine »gänzlich nutzlose Selbstverleugnung« und politischer Selbstmord. Zu einer legalen Regierungsübernahme könne Hitler nur auf zwei Wegen kommen: entweder erobere er das Präsidentenamt oder er stürze das Kabinett. Wenn er jetzt Hindenburg schone, dann werde es zur Entlassung Brünings und zur Bildung eines nationalsozialistischen Kabinetts kommen. Deshalb versah Theodor Wolff seine Mahnung mit der Überschrift »War hier ein Kluger klug genug?« (BT 10.I.1932). Brüning und auch der beteiligte Groener seien als großzügige Taktiker bekannt, so dass im Ausland ihr Unternehmen als Bündnis mit Hitler missverstanden werden könne. Die Gefahr liege darin, Hitler vor der Öffentlichkeit auszuzeichnen, indem sie ihn als einen gleichberechtigten Partner behandelten, und den Glauben zu verstärken, die Nationalsozialisten stellten »wirklich schon die ausschlaggebende Macht« dar. Brüning verfolgte dennoch seinen Plan der Einbindung der Rechten, Hitler und Hugenberg lehnten ihn jedoch ab, ein Wahlkampf musste stattfinden, und parallel dazu begann Hindenburg sich von Brüning zu distanzieren, weil er wieder einmal Schwäche gezeigt, ihm eine Wahl mit Gegenkandidaten und nicht die erhoffte »geräuschlose« plebiszitäre Bestätigung im Amt verschafft hatte.

Die rechte Presse spottete im Januar 1932 über die Demokraten und Republikaner, die sich nun in ihrer Not um Hindenburg versammelten. Theodor Wolff ließ sich jedoch durch Angriffe der journalistischen Kontrahenten, wie der in der »Deutschen Tageszeitung«, nicht in der Überzeugung beirren, mit einer breiten »Volkskandidatur« – der »Hindenburg-Ausschuss« koordinierte rund 1800 lokale Komitees – eine wirksame Abwehr gegen den Nationalsozialismus errichten zu können (BT 16.II.1932). Ihm erleichterten die Erfahrungen mit Hindenburg seit 1925 das Eintreten für ihn. Der Reichspräsident sei in allen Jahren seinen Pflichten verfassungstreu nachgekommen und habe im Frühjahr 1930 mit seiner positiven Erklärung zum Young-Abkommen bewiesen, nicht den Intrigen und Einflüsterungen seiner Umgebung willenlos ausgeliefert zu sein. Ein erfolgreiches Abschneiden Hindenburgs beschere dem Nationalsozialismus eine deutliche Niederlage und Brüning eine günstige Ausgangsposition. Ein Sieg der Demokratie und der Republik werde daraus jedoch nur entstehen, wenn der Reichskanzler und sein Kabinett von dieser Basis aus ihre Macht und Autorität zur Vernichtung des Radikalismus einsetzten. Hindenburg verfehlte am 13. März 1932 im ersten Wahlgang die erforderliche absolute Mehrheit knapp, vier Wochen später im zweiten erreichte er 53% der Stimmen, Hitler 36,8% und Thälmann (1886–1944) 10,2%.

Es folgten am 24. April die Landtagswahlen in Preußen, Bayern, Württemberg, Hamburg, Anhalt und Hessen mit großen Erfolgen der Nationalsozialisten. Abgesehen von Hamburg und Bayern, bildete die NSDAP in allen Landtagen die stärkste Fraktion. Die mehr als acht Millionen Stimmen für die NSDAP in Preußen veranlassten die Gegner Brünings, beim Reichspräsidenten seine Entlassung zu fordern. In dieser Situation zeigte Brüning Stärke und Schwäche zugleich. Er ließ am 13. April die auf eine halbe Million Mann angewachsenen Verbände der SA und SS verbieten – Hindenburg hatte auch das republiktreue »Reichsbanner« mit in das Verbot einbeziehen wollen –, aber er duldete die Eingriffe der Militärs in die Politik, als die Kamarilla und die Intriganten um den Reichspräsidenten den Reichswehrminister und Vizekanzler Groener stürzten. Der General war jenen ein zu »politischer Kopf« geworden, als dass sie ihn hätten länger dulden können. Theodor Wolff vermutete sogleich, die Reichswehr habe sich unter der Führung Schleichers ihres Ministers entledigt (12. V.). Alle Dementis, Vertuschungen, Beschönigungen und Erklärungen über die »unpolitische« Haltung der Reichswehr konnten ihn nicht täuschen. Theodor Wolff erinnerte an Bismarcks Haltung in dieser Frage: Die Armee müsse immer ein Instrument der Staatsführung bleiben. Das Ausland könne den demokratisch-rechtsstaatlichen Beteuerungen Brünings schwerlich glauben, wenn ein Minister gestürzt werde, weil er staatsfeindliche Elemente bekämpft habe.

Zwischen Brüning und Hindenburg schwelte im Mai 1932 noch ein weiterer Konfliktherd. Eine Notverordnung sah die Zwangsenteignung von Gutsbesitzern vor, wenn ihre Güter nicht mehr entschuldungsfähig waren. Hindenburgs großagrarische Standesgenossen nutzten erfolgreich ihren weitgehenden Einfluss, und der Reichspräsident entließ am 29. Mai den ungeliebten Kanzler. Brüning befand sich weder in einer Position »100 Meter vor dem Ziel«, als ihn dieses Schicksal traf, noch war die »Ostsiedlungsnotverordnung« der Grund für seinen Sturz. Er hatte sich selbst durch seine Politik vom autoritären Präsidialsystem abhängig gemacht, es sogar noch ausgebaut, so dass sein Ende nach den von ihm selbst mitgeschriebenen Regeln ablaufen musste. Hindenburg hatte also im Mai mit der Notverordnung lediglich den Anlass zur Trennung gefunden, denn die Ursachen für die langsam wachsende Entfremdung hatten nicht allein in der Strategie der Wahlkämpfe gelegen, sondern auch in der Einstellung Brünings zu den Parteien, der »Nationalen Opposition«, und den außen- und innenpolitischen Querelen. Hinzu kamen die Intrigen Schleichers, der mit Papen und unter Duldung Hitlers, den er in der politischen Mitverantwortung zähmen wollte, das antiparlamentarische System verstärken wollte.

Theodor Wolff kündigte dem von Papen schnell zusammengestellten »Kabinett der nationalen Konzentration« und seinen Hintermännern scharfe Opposition an. Ohne dass sich in einzelnen politischen Entscheidungen oder Handlungen die Interessen erst dokumentieren mussten, war ihm klar, dass Papen ein »Schattenkaiser« unter dem Patronat Hitlers werden würde. Zu den einflussreichen Persönlichkeiten hinter den Kulissen zählte er Schleicher, Repräsentant des Großgrundbesitzes und aller gesellschaftlichen Kräfte, die im November 1918 kampflos abgetreten seien. Neben Schleicher gehörten die Nationalsozialisten zu den stärksten Verbündeten Papens (BT 12.VI.1932). Am 3. Juni erreichte Papen es beim Reichspräsidenten, den Reichstag mit der Begründung aufzulösen, die Zusammensetzung des Parlaments entspreche »nach dem Ergebnis der in den letzten Monaten stattgehabten Wahlen zu den Landtagen der deutschen Länder dem politischen Willen des deutschen Volkes« nicht mehr. Am 16. Juni erfolgte die nächste Kapitulation gegenüber den Nationalsozialisten; eine Notverordnung hob das SA- und SS-Verbot wieder auf, erlaubte das Tragen von Uniformen und milderte das Versammlungsverbot. Die Zugeständnisse kosteten viele Menschen das Leben und schufen eine latente Bürgerkriegsstimmung. Eine Lektüre der Leitartikel Theodor Wolffs zeigt, wie früh Anzeichen eines »Staatsstreichs« gegen Preußen zu erkennen waren. Die Zeitgenossen überraschte also das Faktum selbst weniger als die Begründung und die Form dieser verhängnisvollen Aktion. Bereits am 5. Juni 1932 hatte Theodor Wolff warnend von detaillierten Verabredungen zwischen Schleicher und Hitler berichtet, denen zufolge Preußen den Nationalsozialisten ausgeliefert werden solle. Eine Woche später wiederholte Theodor Wolff seine Befürchtung, dass der Reichskanzler der NSDAP versprochen habe, in Preußen »Ordnung zu schaffen«. Die Überlegungen gingen von dem Dualismus zwischen dem Reich und Preußen und der Diskrepanz zwischen dem reaktionären Reichskabinett und dem aus Sozialdemokraten und Zentrumspolitikern gebildeten dritten Kabinett Braun aus, das seit dem 4. April 1925 in Preußen regierte. Unter der Überschrift »Es ist gar nicht wahr« schrieb Theodor Wolff am 15. März 1931, also gut ein Jahr vor dem Staatsstreich, »Wer die gewalttätige rechtsradikale Tobsucht und die linksradikale Rauflust bändigen will, muß doch einsehen und sollte zugeben, daß nicht zuletzt die Festigkeit der preußischen Regierung – neben der jetzt in dieser Aufgabe besonders die bayerische sich betätigt – die Möglichkeiten für eine Abwehr geschaffen hat. (...) Man hat es eilig, die preußische Regierung zu stürzen, oder doch in den preußischen Landtag eine nationalsozialistische Sturmtruppe zu bringen? (...) Diese Parole: ›Gegen den Marxismus!‹ ist – so, wie man sie anwendet – unter allen Dummheiten, die heute in Deutschland verzapft werden, so ziemlich der dümmste Kinderquatsch. (...) Man muß eine besondere Veranlagung zum Selbstmord haben, wenn man vergißt, daß man die preußische Sozialdemokratie und die unbequemen Gewerkschaften in der Periode des Spartakismus sehr dringend gebraucht hat, und nicht bedenkt, daß man sie vielleicht eines Tages noch dringlicher brauchen wird« (Journalist, 297 f.).

Die Reichsexekution, die Absetzung der Regierung Braun-Severing, erfolgte elf Tage vor den Neuwahlen am 20. Juli. Papen übernahm das Amt des preußischen Ministerpräsidenten, als Innenminister amtierte der Oberbürgermeister von Essen, Franz Bracht (1877–1933); SPD, Reichsbanner und Gewerkschaften verzichteten auf eine Widerstandsaktion. Am nachfolgenden Tag fragte sich Theodor Wolff, wo denn der behauptete Unterschied zwischen der mangelnden parlamentarischen Basis des Papen- und des Braun-Kabinetts liege. Sein großer Leitartikel zur Reichstagswahl in der Abendausgabe des 31. Juli 1932 stand unter der Überschrift »Um Alles« und forderte zu einem entschiedenen Votum auf. Zwar werde aus einer Linksmehrheit wegen der Kommunisten keine Regierung entstehen können, aber sie könne dem Rechtsradikalismus den parlamentarischen Weg zur Herrschaft versperren. Wie schon bei den Wahlen in den vorangegangenen Monaten forderte Theodor Wolff nicht mehr zu einer Stimmabgabe für die DDP bzw. für die DStP auf, sondern bezog sie lediglich mit in seine weitergehenden Erwägungen ein. Die Partei verübelte ihm, dabei auch die SPD ausdrücklich und dann auch noch mit dem Zusatz erwähnt zu haben, in jenem Fall habe eine Stimme für die SPD das stärkere Gewicht. Die Familie wählte bewusst republiktreu und deshalb differenziert: T. W. und Aenne »aus Opportunitätsgründen« die DStP, Richard und Rudolf die SPD (Feder, 266). Der Deutschen Staatspartei warf Theodor Wolff vor, es sei ihr nicht gelungen, durch die Tolerierung der Politik Brünings eine Gegenposition aufzubauen; nicht einmal unter der Papen-Regierung habe sie ein Alternativprogramm entwickelt, obwohl die Gefahr einer Beteiligung Hitlers an der Regierungsverantwortung inzwischen gestiegen sei. Theodor Wolffs Aufruf leitete die Reihe der leidenschaftlichen Appelle in der Schlussphase Weimars ein:

> »Wähler und Wählerinnen, ihr habt heute vielleicht zum letzten Male die Möglichkeit, selbst über euer Schicksal, über das Schicksal Deutschlands und über euer eigenes, zu bestimmen. Wenn heute der Nationalsozialismus triumphiert und von nun ab noch mehr als bisher schon der mit ihm verbündeten Reaktion seinen Willen diktieren kann, dann werdet ihr, solange diese Herrschaft dauern wird, nicht mehr zur Wahl gehen, nicht mehr eure Meinung in die Waagschale werfen dürfen – dann wird man die letzten Reste eurer Freiheit und eurer Bürgerrechte zerschlagen und, mit den brutalen Mitteln, die ihr kennt, euch zu dump-

fem Gehorsam, zu schweigender Unterwerfung zwingen. (…) Und wenn selbst Hitler nur ›legal‹ zur Macht kommen will – und selbst vorausgesetzt, daß er die Instinkte derjenigen zügeln will und kann, die es auch auf andere Weise versuchen möchten –, was ist eine Legalität wert, der nach der Machtergreifung, eine ganze neue, eigens geschaffene Legalität, die ›Legalisierung‹ der Rache, der terroristischen Unterdrückung folgen soll?« (Journalist, 329–333).

Feder notierte unter dem 31. Juli seine tiefe Erschütterung über den Wahlausgang, der den Nationalsozialisten (230) und Kommunisten (89) die Mehrheit der Reichstagsmandate (608) brachte und das Parlament arbeitsunfähig machte; die SPD erhielt 133 Mandate, die DStP 4 und das Zentrum 75. Die politische Mitte war aufgerieben, eine Terrorwelle brach los, ihr scheußlichster Höhepunkt war der Tod eines Kommunisten in dem oberschlesischen Ort Potempa am 10. August unter den Stiefeln von fünf Nationalsozialisten, denen Hitler ein Solidaritätstelegramm in die Zelle schickte und der Reichskanzler die verhängte Todesstrafe erließ. Papen musste eine ordnungsgemäße Sitzung des Reichstags verhindern, doch Hindenburg verweigerte sich seinen Plänen zu einem Verfassungsbruch und Staatsstreich, Schleicher sich der Verhängung des militärischen Ausnahmezustands. Alle Hoffnung lag nunmehr auf dem kränkelnden, zunehmend senil werdenden Hindenburg. Zu seinem 85. Geburtstag gratulierte Theodor Wolff dankbar und mit den hoffnungsbangen Worten: »Nicht nur diejenigen, die ihn in einer Entscheidungsstunde im Stich liessen, sondern auch die guten Staatsbürger mit festgewurzelter demokratischer Überzeugung, die sich heute verdrängt sehen, wünschen dem Fünfundachtzigjährigen noch eine lange Jugendkraft. Die Kraft besonders, das Verfassungsprinzip, die höchste Rechtsgarantie eines Volkes, auch weiterhin gegen jeden zu verteidigen, der den offenen Staatsstreich predigt, und auch gegen jeden, der in der Verfassungsmauer das Loch sucht, durch das man fuchsglatt hinausschlüpfen kann« (BT 2.X.1932).

Der Reichspräsident entließ höchst ungern seinen Kanzler Papen, der nicht einmal »100 Meter« weit aus den parlamentarischen Startlöchern gekommen war (17.XI.), setzte Neuwahlen an und berief Schleicher zum Nachfolger (3.XI). Theodor Wolff war davon überzeugt, dass die NSDAP am nächsten Wahltag, an jenem 6. November, Stimmen einbüßen werde. Er warnte vor einer leichtfertigen Unterschätzung der NSDAP und der um sich greifenden Wahlmüdigkeit. Die »Vorprobe für den grösseren Staatsstreich« müsse so entschieden wie möglich abgewehrt werden, wolle man den Rechtsstaat erhalten. Während Theodor Wolff Anfang September noch hatte glauben können, einzelne Schäden in Staat und Gesellschaft seien zu reparieren, so war das Fazit im November illusionslos und deprimierend. Zwar habe die häufig totgesagte Republik überlebt – die NSDAP verlor 34 Mandate und den Nimbus des unaufhaltsamen Aufstiegs; die Kommunisten gewannen elf –, aber in Preußen sei eine starke demokratische Macht beseitigt und im Reich sei die geistige und politische Einheit aufs ärgste gefährdet worden. Die Nervosität der Bevölkerung sei bis zur Erbitterung getrieben, und alle Rechtsbegriffe seien durcheinandergebracht worden. Die Demokraten und Republikaner hätten sich jetzt der Lehre vom Optimismus zu verschreiben, denn die deutsche Republik sei schon reichlich geprügelt worden. Wenn man ihr jetzt mit dem Hängen drohe, »so wäre das auch nicht ihr letzter Lebenstag« (BT 27.XI.1932). Mit Schleicher müsse finassiert werden, da es keinen legalen Weg mehr gebe. In einer Zeit des »Übergangs« dürfe kein Definitivum entstehen, das die Möglichkeit der Rückkehr beseitige.

Theodor Wolff wandte sich gegen tiefgreifende Staatsreformpläne, denn das lenke von dem Problem ab, Arbeit und Brot zu beschaffen. Es gelte, die Arbeitslosigkeit zu mildern, die Siedlung zu fördern und die öffentliche Hand zum Sparen anzuhalten. Schleicher müsse versuchen, Vertrauen bei den Gewerkschaften, selbst bei abtrünnigen Nationalsozialisten (Strasser-Flügel) und im Reichstag zu gewinnen. An der Spitze der populären Zugeständnisse müssten die Beseitigung der Sondergerichte und die Amnestie für die im Verlauf des Berliner Verkehrsstreiks Verurteilten stehen. Im Verkehrsstreik hatten sich Anfang November Kommunisten und Nationalsozialisten zu gemeinsamen Aktionen gegen die Berliner Verkehrsbetriebe zusammengefunden. Damit hatten der Links- und Rechtsradikalismus auch außerhalb des Parlaments bewiesen, wie allzu bereit sie waren, ideologische Barrieren zum Schaden der Republik zu ignorieren, gemeinsam Straßenkämpfe und Saalschlachten zu inszenieren, vereint zu demonstrieren und zu sammeln.

Gleich in seinem ersten Schleicher-Leitartikel legte Theodor Wolff seine Position fest. Er wandte sich dabei nicht in blindem Opportunismus und unter Verleugnung seines politischen Standorts dem General zu. Aus der Befriedigung über den Sturz Papens erwachse nicht sogleich eine Zuneigung zu Schleicher, der ebenfalls präsidial regiere und demokratischen Anschauungen fern stehe; außerdem hätten sich seine Ansichten gelegentlich allzu geschmeidig dem Augenblick und der Atmosphäre angepasst. So sei er gegen Verfassungsexperimente, habe aber dennoch am Gewaltstreich gegen Preußen teilgenommen. Eine von ihm angestrebte Koalition der arbeitenden Massen von links und rechts sei ein schöner Gedanke, in dem sich aber reale Überlegung mit Ideologie mische. Schleichers praktische Überlegungen und sein Realitätssinn, sein soziales Verständnis und seine Tatkraft ließen die Hoffnung zu, dass er sich nicht, wie die Nationalsozialisten, in Propagandareden erschöpfen werde.

Zu Beginn des Jahres 1933 formulierte Theodor Wolff seine Hoffnungen auf einen Erfolg des Schleicherschen Regierungsprogramms. Rheinische Industrielle und ostpreußische Großgrundbesitzer polemisierten nicht nur gegen den »sozialistischen General«, sondern handelten hinter den Kulissen. Ebenso dachten in der DNVP einige bereits darüber nach, das Kabinett umzubilden. Papen vermittelte zwischen den Nationalsozialisten, der Kamarilla um den Reichspräsidenten, dem Sohn Oscar von Hindenburg (1883–1960), deutschnationalen Führern und rheinischen Industriellen um den Bankier Kurt Freiherr von Schröder (1889–1966). Die gegen ihn gesponnenen Intrigen habe der Kanzler in seiner Selbstsicherheit zu spät erkannt, meinte Theodor Wolff. Er wusste nichts von dem Auftrag Hindenburgs, Papen möge »persönlich und streng vertraulich« sondieren, wie sich eine stabilere Regierung herstellen lasse. Einen Reichskanzler Hitler könne es nur geben, wenn dieser sich mit dem Zentrum und den Deutschnationalen verbinde. Hugenberg sei durch den Verzicht auf den Staatsstreich zu gewinnen; Ludwig Kaas (1881–1952) und Brüning wollten wenigstens die Reste einer parlamentarischen Ordnung erhalten und würden zumindest »Garantien« verlangen. Ebenso wie im Fall der »Abnützungstheorie« warnte Theodor Wolff hier in richtiger Einschätzung der politischen Kräfte vor der Illusion, man könne Hitler überwachen und ihn gegebenenfalls stürzen (BT 29.I.1933). Da Hindenburg Schleicher die Auflösung des Reichstags unter jeder Bedingung verweigerte, also gleichgültig, ob sie mit oder ohne Neuwahlen verbunden waren, musste der General demissionieren. Am 30. Januar 1933 wurde um 12.40 Uhr amtlich bekanntgegeben, dass der Reichspräsident Hindenburg Hitler zum Reichskanzler ernannt und auf dessen Vorschlag das Kabinett neu gebildet habe. In der Regierung der »nationalen Konzentration« besaßen die Konservativen das Übergewicht. Papen triumphierte »Wir haben ihn uns engagiert« und war davon überzeugt, die Nationalsozialisten zähmen zu können. »In zwei Monaten haben wir Hitler in die Ecke gedrückt, daß er quietscht«.

Theodor Wolffs Leitartikel vom nächsten Tag kommentierte das Ereignis, mit dem auch seine jahrelangen journalistischen und politischen Bemühungen, den Nationalsozialismus an einer Regierungsübernahme zu hindern, gescheitert waren, leidenschaftlich, illusionslos und hellsichtig: »Diese Regierung muß, wie jede andere, eine parlamentarische Mehrheit haben, und sie muß verschwinden oder sofort zu Neuwahlen schreiten, wenn sie die in der Verfassung vorgeschriebene Zustimmung der Mehrheit nicht erlangt. Die Zentrumsführer, die Herren Kaas und Brüning, haben gemeint, sich die Garantien für (...) ein gesetzliches parlamentarisches Regime auch unter Hitler verschaffen zu können. Wir haben mit Warnungen nicht gespart, und vielleicht werden die Optimisten heute bereits zu Pessimisten geworden sein und sich ihren Irrtum eingestehen. Man hat sie überrumpelt (...). Herr Göring wird in Preußen der Polizei den richtigen Geist beibringen, nachdem sie eben erst, durch die Wahl Heimannsbergs zum Verbandsvorsitzenden, einen so schlechten Geist bekundet hat. Das Verbot der Kommunistischen Partei steht längst auf dem Programm« (Journalist, 352f.).

Im vorletzten Satz fällt das Wort, unter das Theodor Wolff seine letzten Leitartikel stellte: »Widerstand«, wobei er von der Einschätzung ausging, dass ein geistiger und seelischer Widerstand im Volk auch mit Gewalt nicht zu unterdrücken sein werde. In diesem Sinn sind auch die leicht verschlüsselten Bemerkungen über die Einschränkung der Pressefreiheit durch die Notverordnung vom 4. Februar zu verstehen: Eine Situation sei denkbar, in der selbst die Geschichte vom »Dornröschen« fatale Gedanken erwecke. Im Übrigen bestehe im Wahlkampf keine Gleichheit: die demokratischen Zeitungen könnten »nur die Tatsachen registrieren und in sehr gemessener Form den eigenen Standpunkt« vertreten. Niemand könne sich über die drohenden Gefahren und über die Absichten des Regimes täuschen; aber wer den Mut sinken lasse, habe ihn wahrscheinlich niemals gehabt. Über die kurzzeitigen Zeitungsverbote und die völlige Unterdrückung kommunistischer und sozialdemokratischer Blätter wagte er nicht zu schreiben, weil er damit auch die Existenz des »BT« gefährdet hätte.

Die am Tag nach dem Reichstagsbrand (28. II.) erlassene »Verordnung zum Schutze des deutschen Volkes« erklärte den permanenten Ausnahmezustand und schränkte die persönlichen Rechte »zur Abwehr kommunistischer staats-gefährdender Gewaltakte« drakonisch ein. Theodor Wolffs letzter Artikel erschien am Wahlsonntag, dem 5. März 1933, in einem zweispaltigen Kasten und schloss mit dem beschwörenden Aufruf »Geht hin und wählt!« Er versuchte nochmals, Stimmungen der Enttäuschung und der Resignation in der Wählerschaft abzufangen. »Irgendwie« und »irgendwann« werde die Periode der Ausnahmebestimmungen enden, werde ein »Uebergang zu neuen, anderen Tagen« möglich sein. Mit diesen Worten, mit diesem unbestimmten Verweis auf die Zukunft und auf unbekannte Mittel dürfte es ihm aber kaum gelungen sein, das Gefühl der Schicksalsergebenheit einzudämmen und eine Neigung zum Verzicht, zum Ausweichen oder sogar zur Anpassung abzufangen. Zeigt der Satz nicht vielmehr, dass Theodor Wolff keine Möglichkeit mehr sah, die politische Entwicklung auch nur in einem bescheidenen Rahmen zu beeinflussen?

»Wahlkampf? – seit dem Brand des Reichstagshauses hat er, in Preußen wenigstens, vollends aufgehört. Das Wort ›Kampf‹ setzt ja wohl voraus, daß Kämpfer, mit den Waffen des Geistes und der Sprache gerüstet, einander kampffähig gegenüberstehen. Solche Kampffähigkeit gab und gibt es für die Gegner der heutigen Regierung nicht. Auch die ruhigsten, einwandfreiesten, stets auf die Wahrung der staatlichen Ordnung bedachten Elemente unter ihnen sind mitbetroffen durch die ungeheuer scharfen Maßregeln, die dazu dienen sollen, den Kommunismus, und den Marxismus in all seinen Schattierungen, niederzuzwingen. Ward je in solcher Lage ein Reichstag gewählt? – Die freigesinnten Staatsbürger wissen, was für sie und für ihre Ideen von einer kommunistischen Herrschaft zu erwarten wäre, von ihren Methoden und von ihren Theorien. Die andere, die Moskauer Diktatur, und statt des rechten Fußes der linke auf dem Nacken der Demokratie. (...) Gewiß mag es nichtig und gegenwartsfremd erscheinen, wenn man in einem Augenblick, wo als unmittelbare Nachwirkung des Reichstagsbrandes eine so drakonische Einschränkung der persönlichen Rechte erfolgt ist, von staatlicher und staatsbürgerlicher Freiheit spricht. (...) Keine Notverordnung hat dem Staatsbürger das Recht genommen oder angetastet, am heutigen Tage zur Wahl zu gehen. (...) Einen Wahlkampf hat es, für die Anhänger freiheitlicher Prinzipien wenigstens, nicht gegeben, aber hätten laute Versammlungsreden und gedruckte Wortfülle noch viel zur Erkenntnis beitragen können? Es gibt eine Wahl ohne Wahlkampf, und wer an diesem Tage den möglichen Übergang zu neuen, anderen Tagen schaffen will, der handelt danach und *geht hin und wählt!*« (Journalist, 361–363).

KAPITEL 10

AUS DER GEWISSHEIT DER GEFAHR IN DIE UNGEWISSHEIT DES EXILS

Die Nationalsozialisten kannten ihren Gegner gut, denn Theodor Wolff verhüllte seine Meinung nicht. Er erhielt Drohungen von Fanatikern, und seit dem Herbst 1930 registrierte Feder in seinem Tagebuch, zu welchen Zeiten und in welchem Umfang die Sorge seines Chefredakteurs vor Angriffen wuchs und wie ängstlich Aenne wurde. Sie nahmen die Drohungen Hitlers und die Aufreizung Goebbels' zu Gewalt ernst; der Leitartikel vom 22. Januar 1931 konstatierte, mit den Nationalsozialisten habe sich in der Politik »der Mordgedanke festgesetzt«. Freunde und Familie konnten nicht wissen, dass die Nationalsozialisten Theodor Wolff immer noch auf ihren Verhaftungslisten verzeichnet hatten, wie bereits zehn Jahre zuvor, bei Hitlers missglücktem Münchner »Marsch«. Es verging seit der Verschärfung der präsidialen, der »legal maskierten Diktatur« unter Papen, kaum ein Tag, an dem das »Berliner Tageblatt« nicht im Lokal- und Hauptteil über die NSDAP oder ihre Hilfstruppen berichtete, weil die politische Entwicklung den Redakteuren so häufig einen Anlass bot, vor der Gefahr einer schleichenden Machtverlagerung zu warnen und vor den Steigbügelhaltern Hitlers im Zentrum und in der DNVP. Das »BT« gab sich keinen Illusionen hin: Hitler stand vor den Toren.

Theodor Wolff gehörte also nicht zu den Journalisten und Politikern, die nach dem großen Wahlerfolg der Nationalsozialisten im September

1930 den Teufel des Marxismus' mit dem Beelzebub des Rechtsradikalismus' austreiben wollten. Theodor Wolff hielt in der diktatorialen Endphase der Weimarer Republik die Gefahr einer gewaltsamen nationalsozialistischen Regierungsübernahme für höher als die einer kommunistischen, obwohl er den Linksradikalismus nicht unterschätzte. Er begründete seine Ansicht hauptsächlich mit der offenkundigen Bereitschaft der deutschnationalen agrarisch-industriellen Kreise und des politischen Katholizismus' um Papen, Hitler in einer Koalitionsregierung für ihre Interessen benutzen zu können. Hitler sollte ihnen die Massenbasis verschaffen, und sie meinten, ihn durch politische Sicherungen in seinem revolutionären Impetus zähmen zu können.

Leichtfertige Experimente und eine verhängnisvolle Unterschätzung des Nationalsozialismus' sah Theodor Wolff in der Absicht, die Retter im Braunhemd einmal am Regierungsplatz sehen zu wollen, damit ihre Sympathisanten und vertrauensseligen Mitläufer durch einen drastischen Anschauungsunterricht belehrt und aufgeklärt würden. So hat er kritisiert, dass die Republik den »Roten Frontkämpferbund« verboten, aber die Sturmangriffe der SA geduldet habe. Aus ähnlichen Gründen hatte sich Feder sogleich nach der Septemberwahl von 1930 energisch gegen die These gewandt, die NSDAP sei eine der »rechten Parteien«. Diese Auffassung suggeriere, man habe es mit einer politischen Gruppierung im üblichen Verständnis zu tun. Der aus dieser realitätsfernen Prämisse erwachsende Gedanke, die Nationalsozialisten würden »sich abwirtschaften«, sei eine »sehr schöne, aber sehr falsche und sehr naive Idee (...). Wer sich und anderen einreden möchte, dass man sie dann wieder loswürde, irrt sich sehr« (BT 24.IX. 1930). Ihre Beteiligung werde vielmehr zur »Auflösung der staatlichen Ordnung, dem Ende der Staatsautorität« führen.

Der neue preußische Innenminister, Hermann Göring (1893–1946), zerstörte als erster die Illusionen Papens, als er nicht nur die Gesetze missachtete, sondern die ihm unterstellte Polizei zum Handlanger eines Unrechtsregimes formte. Er entließ Polizeipräsidenten und Beamte, beteiligte SA, SS und Stahlhelm als Hilfspolizisten an der Bekämpfung der politischen Gegner, duldete private Gefängnisse und »wilde« Konzentrationslager und ermunterte schließlich zum »bedingungslosen Waffengebrauch«. Die katholische Tageszeitung »Germania« warnte am 3. März ihren Glaubensgenossen Papen und zitierte dazu den Münsteraner Bischof Clemens August Graf von Galen (1878–1946), wonach jener damit rechnen müsse, nach dem Tod des Reichspräsidenten »ausgebootet und in die Ecke geworfen« zu werden. Hitler durchlöcherte das Zähmungskonzept der Konservativen nicht allein mit der Legalisierung des Terrors, sondern auch politisch mit der

Ausschreibung von Neuwahlen, die der Koalitionspartner Hugenberg hatte verhindern wollen, weil er zu Recht angenommen hatte, einer machtvollen nationalsozialistischen Wahlkampagne nichts Ähnliches entgegensetzen zu können. Hitler eröffnete den Wahlkampf am 10. Februar 1933 im Sportpalast mit einem weiteren Rechtsbruch und der Parole »Kampf gegen den Marxismus«. Obwohl einige Länderregierungen protestierten, setzte er sich über die bestehenden Verbote hinweg und ließ die Versammlung der Partei im Hörfunk übertragen. In Berlin stellte die NSDAP an zehn großen öffentlichen Plätzen riesige Lautsprecheranlagen auf, organisierte mit Wochenschau-Firmen die Aufnahme der Veranstaltung, fertigte aus dem Material einen Dokumentarfilm und setzte ihn im Wahlkampf ein.

Goebbels hielt am 10. Februar die Einleitungsrede, in der er der jüdischen Presse offen drohte, »wenn die jüdischen Zeitungen heute glauben, (durch) versteckte Drohungen die nationalsozialistische Bewegung einschüchtern zu können, wenn sie heute glauben, unsere Notverordnungen umgehen zu dürfen, sie sollen sich hüten! Einmal wird unsere Geduld zu Ende sein, und dann wird den Juden das freche Lügenmaul gestopft werden. (Starker Beifall)« (BA, Filmarchiv).

Ein weiteres und völlig anders geartetes Großereignis stärkte die Position der Nationalsozialisten im Wahlkampf. Mit ihrer antimarxistischen Leitparole schürte die NSDAP gezielt die Furcht vor einem »Aufstand der Kommune«, einem Putsch der KPD. Gerüchte über Gerüchte kursierten in Berlin und in ganz Deutschland – bis hin zu der Erzählung, Hitler lasse ein Attentat durch einen Agent provocateur vorbereiten. Als dann am Abend des 27. Februars 1933 der Reichstag brannte, gab es für die Nationalsozialisten gar keinen Zweifel, wo sie den Täter zu suchen hatten und wie sie diesen willkommenen Anlass zu nutzen gedächten. Die Fahndungslisten waren zu einem großen Teil schon seit Tagen vorbereitet, Tausende von Funktionären und Mitglieder der KPD, aber auch weitere politische Gegner und Juden wurden umgehend verhaftet. Am nächsten Mittag lieferte eine Notverordnung »zum Schutz von Volk und Staat« die gesetzliche Legitimierung nach und setzte die politischen Grundrechte der Weimarer Verfassung außer Kraft – sie sollte formell bis 1945 existieren. Goebbels diktierte in den ersten Morgenstunden aufhetzende Reden und Leitartikel, Göring schickte seine Schergen zu den vorbereiteten Verhaftungen aus, die sich keinesfalls auf den Hauptgegner, auf die Kommunisten, beschränkten.

Der »BT«-Journalist und Freund Wolfgang Bretholz stürmte in dieser gefahrvollen Stunde in das Zimmer seines Chefredakteurs, nachdem er dessen Namen auf einer Liste zufällig hatte erspähen können, über die NSDAP-Mitglieder im Mosse-Haus verfügten. Die von Theodor Wolff seit

Monaten erwartete Situation war damit eingetreten; was zu tun sei, war mehrmals überlegt und besprochen worden, doch jetzt zögerte er, den Schreibtisch und das Haus, die Stadt und das Land zu verlassen. Bretholz soll Theodor Wolff beschworen haben, erzählte Rudolf Wolff, sogleich aufzubrechen, Hitler werde nicht zögern, mit ihm endlich »abzurechnen«, er solle möglichst weit fahren und sich jetzt von ihm direkt zum Bahnhof bringen lassen, alles weitere müsse er sehen. Mit seiner Hilfe erreichte Theodor Wolff den Nachtzug nach München und logierte vorerst in einem Hotel am Maximiliansplatz. Anschließend erfuhr auch die verängstigte Familie von Bretholz die Einzelheiten; am Vormittag informierte er die Verlagsleitung und Redaktion. München bot in dieser Zeit noch einen Schutz. Bayern war unter seinem Ministerpräsidenten Heinrich Held (1868–1938), Mitglied der Bayerischen Volkspartei, nicht das Preußen eines Göring. Leopold Schwarzschild war aus Vorsicht bereits 1932 mit Verlag und Redaktion an die Isar gezogen, jetzt trafen hier Kommunisten, Sozialisten, Sozialdemokraten und Juden in größerer Zahl ein. Theodor Wolff hatte Lachmann-Mosse vor seiner überstürzten Abfahrt selbstverständlich nicht mehr persönlich sprechen können, und da er dem Telefon misstraute, korrespondierte er mit seinem Verleger.

Die Korrespondenz der beiden ist erhalten; sie ist gereizt, weil in dieser Krisensituation die nicht vollständig gelösten rechtlichen, wirtschaftlichen und redaktionellen Schwierigkeiten wieder akut wurden. Seit Jahren hatte der nur mäßig erfolgreiche Verleger unter der Omnipotenz des berühmten und angesehenen Chefredakteurs gelitten, und jetzt, allein vor Ort, beraten durch seinen Vertrauten Karl Vetter (1897 geb.), dem Verlagsdirektor und zweiten Mann in der Lokalredaktion, wollte er die günstige Lage nutzen, um für das »BT« möglichst schnell vollendete Tatsachen zu seinen Gunsten zu schaffen. Die politische Tendenz der Zeitung hatten Vetter und Lachmann-Mosse seit Monaten kritisiert. Zu ihrer Irritation waren noch im Februar 1933 Artikel von Kerr erschienen, von Thomas Mann, Kühlmann, Polgar und Kisch; sogar Erich Mühsam (1878–1934), der in der Reichtagsbrand-Aktion verhaftete Anarchist und Sozialist, hatte noch drei Bücher rezensiert, und ein ungezeichneter Artikel über Schutzhäftlinge berichtet. Als Theodor Wolff nun, vier Tage nach seinem Weggang, einen Brief nach Berlin sandte und seine Bedenken über den »neuen Kurs« äußerte und dabei auf die außenpolitischen Beiträge Josef Räuschers (1889 geb.) verwies, erhielt er postwendend von Lachmann eine Rüge, eine im triumphierenden Unterton verfasste Aufklärung über die schnelle, einvernehmliche und erfolgreiche redaktionelle Arbeit, über organisatorische Veränderungen und den aufschlussreichen Hinweis, wie man mit der Zensur umzugehen gedenke: »Es schadet absolut nichts, im Gegenteil, es kann nur nützen, wenn die Aussenpolitik unter einer grösseren Objektivität dem Leser Material zum Nachdenken gibt und zur Bildung einer Ansicht, zu der wir ihm infolge der gesetzlichen Bestimmungen auf andere Weise nicht verhelfen können« (3.III.1933).

Theodor Wolff reiste zu dem Wochenende der Reichstagswahlen unangemeldet nach Berlin zurück. Er wollte seine Familie sehen und mit Lachmann-Mosse über das weitere Vorgehen sprechen. Außerdem wollte er seine Stimme abgeben, die Atmosphäre in der Hauptstadt vor der Wahl und in der Nacht die politischen Reaktionen »vor Ort« miterleben. Freunde, unter ihnen Oskar Stark, sollen ihn auf dem Bahnsteig des Anhalter Bahnhofs abgefangen und erklärt haben, wie gefährdet er sei und um wie viel besser eine unverzügliche Rückfahrt wäre. Theodor Wolff folgte dem Rat und erfuhr in München, die NSDAP habe bei diesen keineswegs mehr freien, sondern von ihr mit intensiver Propaganda und mit großem Aufwand gelenkten Wahlen – Ausnahmezustand und Gewaltaktionen, Erscheinungsverbote und Zensur, Entlassungen und Drohungen der unterschiedlichsten Art – nicht einmal die einfache Mehrheit erzwingen können (43,9%). Die Koalitionsregierung Hitler-Hugenberg erhielt knappe 51,9%; Hugenbergs DNVP hatte sich lediglich um 0,8% auf 8% verbessern können. Nach den Wahlen änderten sich die Verhältnisse auch in Bayern. Die Reichsregierung setzte Held ab und übertrug die vollziehende Gewalt dem Hitler-Paladin General von Epp. Wer es bewerkstelligen konnte, verließ die Stadt. Theodor Wolff floh am 10. März 1933 nach Seefeld in Österreich und wohnte dort vermutlich bei Cousins und Cousinen seiner Frau. In Berlin verboten am selben Tag die braunen Machthaber durch den Polizeipräsidenten das »Berliner Tageblatt« »im Interesse der öffentlichen Sicherheit und Ordnung« für drei Tage.

Am 12. März durfte die Zeitung wieder erscheinen. An der Spitze der ersten Seite war der Text des Verbotsbriefs abgedruckt, darunter standen die Sätze: »Verlag und Redaktion des *Berliner Tageblatt* nahmen diese Maßnahmen zum Anlass, um mit den verantwortlichen Stellen über die Verbotsgründe in Verbindung zu treten. Hierbei wurde die Möglichkeit einer Vermeidung ähnlicher Verbotsanlässe für die Zukunft erwogen. Nachdem der Verlag dem Herrn Polizeipräsidenten eine in diesem Sinne befriedigende Erklärung abgegeben hatte und einen Wechsel in der Redaktion vorgenommen hat, erfolgte die Aufhebung des Verbots.« Die erzwungene Deklaration erinnert an die ähnlich spektakuläre Unterwerfung der Zeitung im Weltkrieg 1914/18 unter die Militärzensur. Theodor Wolff schrieb an Lachmann-Mosse aus dem »Hotel Berghof« in Seefeld, er könne das Zugeständnis an die Machthaber nicht gutheißen, denn es werde vermutlich in einer Lage nicht helfen, in der lediglich »eine rechtzeitige Umwandlung des Verlages (...) eine gewisse Sicherung (hätte) schaffen können. (...) Ob Sie ihn (meinen Namen) weiterhin stehen lassen wollen, ob Sie vorziehen, dort etwa hinter meinem Namen bemerken zu lassen: ›z. Z. Vertreter ....‹, und ob Sie sich von dergleichen etwas für das Weiterbestehen der Zeitung versprechen, überlasse ich ganz Ihnen« (12.III.1933).

Auch auf diesen Brief reagierte Lachmann-Mosse postwendend und begann wiederum mit einem Vorwurf. Theodor Wolff könne aus der Ferne die Situation nicht beurteilen und irre sich, denn es sei nicht um ein dreitägiges, also ein zu verschmerzendes Verbot gegangen, sondern letztlich um ein unbegrenztes. Im Beisein von Parteifunktionären sei der Verlagsleitung unmissverständlich erklärt worden, man habe »die Vernichtung des ›Berliner Tageblatts‹ zum Ziele gehabt«. Lachmann-Mosse fährt dann fort: »Was Sie unter rechtzeitiger Umwandlung des Verlages meinen, verstehe ich nicht. Fantastereien haben für mich absolut kein Interesse, denn der Verlag ist niemals Anstoss von Verboten gewesen, sondern lediglich die Arbeit der Redaktion, das beweisen die mehrfachen Hinweise in der entscheidenden Besprechung am Sonnabend, wo uns wiederholt zum Ausdruck gebracht wurde, dass am ›Berliner Tageblatt‹ Rache und Vergeltung geübt würde wegen der Politik und der Kulturpolitik der vergangenen Jahre« (13.III.1933). Seit 1929 war der Mosse-Konzern auf wachsende Schwierigkeiten gestoßen, in Zürich Millionen-Kredite zu bekommen und Stundungen zu erreichen. Führungsschwächen an der Verlagsspitze und unternehmerische Fehler führten 1932 in eine Liquiditätsstörung großen Umfangs. Im September 1932 musste Lachmann-Mosse die Einführung eines Konkursverfahrens beantragen. Als im Sommer 1933 alle Zahlungen des Unternehmens eingestellt werden mussten, betrugen die Insolvenzen über elf Millionen Reichsmark, fast neun Millionen davon waren ungesichert, und es hatten rund achttausend Gläubiger Ansprüche angemeldet (Kraus, 499–519). Es musste von Theodor Wolff als eine Aufforderung zum Rücktritt verstanden werden, wenn Lachmann-Mosse ihm mitteilte, ausschließlich ein Wechsel in der Chefredaktion habe das Unheil abgewendet. Erst am Schluss seines Briefes kam er zu der von Theodor Wolff angesprochenen weiteren Verantwortlichkeit für die Zeitung. Er teilte ihm geschäftsmäßig und ohne einen Hauch persönlichen Wohlwollens mit: »Für unabsehbare Zeit wird sich das ›Berliner Tageblatt‹ innenpolitisch im wesentlichen neutral konzentrieren müssen. Aber wahre Demokratie und Gerechtigkeit verlangen, dass positive Leistungen des Staates, auch dann, wenn dieser Staat eine wesentlich andere Gestalt angenommen hat, sachliche Anerkennung erfahren. Ich kann mir nicht denken, dass

Sie sich der Gefahr aussetzen wollen, von der Öffentlichkeit missverstanden zu werden, wenn Sie das ›Berliner Tageblatt‹ auch dann noch als Chefredakteur verantwortlich zeichnen« (13.III.1933).

Deutsche Diplomaten in den USA meldeten dem Auswärtigen Amt besorgt, die Meldung der amerikanischen Blätter über die Auswanderung von Theodor Wolff und anderer habe solche Sensation hervorgerufen, dass ein Dementi »zur Beruhigung der hiesigen Öffentlichkeit« wünschenswert sei (PAAA, AZ P 16). Aber auch deutschen Lesern entging nicht, was sich bei Mosse und im »BT« entwickelte. »Die Signatur jener Wochen entsprach in der Jerusalemer Straße dem, was im Reich vor sich ging: Willkürliche Eingriffe vor einem Hintergrund offenbarer Planlosigkeit in den niederen Rängen der neuen Machthaber; Durcheinander in der Ausführung sich widersprechender Absichten; Verwirrung bei den Betroffenen. ›Bleiben oder Gehen‹ war für viele, die durch ihre politischen Ansichten oder als Juden gefährdet sein mochten, die brennende Frage«, erinnert sich die damalige freie Mitarbeiterin Margret Boveri (1900–1975) an das »BT«, das sie bis 1937 als außenpolitische Redakteurin mitgestalten sollte (Boveri, 79). Am auffälligsten waren die Veränderungen auf dem Dach, denn dort prangte alsbald in Leuchtbuchstaben »Der Deutsche – das deutsche Weltblatt«, der Name des Zentralorgans der »Deutschen Arbeitsfront«. Im Haus rang die Direktion mit jedem der Leser, der sein Abonnement kündigen wollte. Die brieflichen Antworten sind aufschlussreich, weil sie die Schwierigkeiten auf einer Ebene zeigen, zu der so gut wie keine Dokumente überliefert sind. Der Leser Siegfried Andreschuk aus Berlin-Friedenau hatte gekündigt und erhielt von der Direktion Erläuterungen, die den Zwiespalt zwischen einer staats- bzw. parteitreuen Haltung und Einstellung offenbart, die sich mit den Traditionen verbunden fühlt. »Wenn Sie uns jetzt verlassen«, hieß es dort, »so tun Sie dies in einem Augenblick, der unbedacht gewählt ist, denn der innere Zug des ›Berliner Tageblatt‹ zum alten Charakter hin wird schon in den nächsten Tagen wieder erkennbar sein. Eine politische Umwälzung ohnegleichen machte es erforderlich, die Gesamtpolitik des ›Berliner Tageblatt‹, das im Ausland größten Einfluß hat, auf eine Linie zu stellen, die es verhindert, dass Deutschland in eine geistige Isolierung gerät. (...) Selbstverständlich werden wir dabei, unserer Tradition gemäss, für Freiheit und Gleichberechtigung aller Staatsbürger eintreten« (5.IV.1933). Der Brief schließt mit der Überzeugung, dass es »bald« ein »BT« geben werde, dessen Inhalt »das Verständnis der Regierung finden« und bei den Abonnenten den Wunsch, es weiterzulesen hervorrufen werde.

In diesem Zusammenhang ist die Erzählung von Rudolf Wolff bedeutsam, sein Vater sei von dem ehemaligen Lotterieeinnehmer Wilhelm Ohst

(1896–1945), SA-Mann und inzwischen »der braune Kommissar« am »BT«, im Ausland besucht und im Auftrag von Goebbels gebeten worden, in die Chefredaktion zurückzukehren. Obwohl ihm höchste Stellen den nötigen Freiraum zugesichert hätten, habe er den Vorschlag abgelehnt, den Ohst nicht nur als Nationalsozialist, sondern auch als »Delegierter des Aufsichtsrats« des Unternehmens vorgebracht hatte, das mit dem 8. April 1933 in die »Rudolf Mosse Stiftung G.m.b.H.« umgewandelt worden war. Der von Theodor Wolff geförderte und geschätzte Scheffer erklärte sich wenig später bereit, diese Position zu übernehmen. Scheffer verwendete für seine schließlich gescheiterten Versuche, »Gegenarbeit« zu leisten, nicht Begriffe wie »Opposition« oder »Widerstand«, denn er täuschte sich nicht über die Konsequenzen: diese »Gegenarbeit« kann zumindest kurzfristig dem Regime nützen, ja später sogar das System stabilisieren; sie hat sich auf das Reagieren (»Tanzmaus-Existenz«) zu beschränken und kann zur Vorbereitung eines Umsturzes wenig beitragen. Publizistische Opposition reduzierte sich somit auf die Form der Camouflage. Boveri hat am »Berliner Tageblatt« unter Scheffer und selbst noch nach dessen resignierendem Ausscheiden aus der Chefredaktion gearbeitet. Ihre von apologetischen Zügen nicht freie Darstellung dieser Zeit unter dem Titel »Wir lügen alle« und ihre Auffassung von dem nationalsozialistischen »Berliner Tageblatt« als einem »Organ des ›inneren Widerstands‹«, einer »bürgerlich-liberale(n) Oase in der gleichgeschalteten Presse«, hat den heftigsten Widerspruch bei Bretholz hervorgerufen. Er konzedierte den meisten Mitgliedern der damaligen Redaktion, dass sie dem nationalsozialistischen Regime »ablehnend oder zumindest mit großen Reserven gegenüberstanden«, betont jedoch nachdrücklich, sie hätten dem Regime auf einem wichtigen publizistischen Gebiet »einen Dienst von außerordentlichem Wert« geleistet. Ihre von Boveri gepriesenen Meisterstücke der Camouflage vermag er wegen ihrer höchsten Artifizialität – »Wie konnten die Leser im In- und mehr noch im Ausland wissen, was auf solche subtile Art ›angezeigt‹ werden sollte« – nur negativ zu beurteilen, da sie ein abstoßendes Spiel von Betrug und Selbstbetrug darstellten. Bretholz sah wie Wolff nach der Reichstagsbrand-Notverordnung, spätestens jedoch nach den Reichstagswahlen vom 5. März 1933, keine Chance mehr für eine überzeugende publizistische Opposition in Deutschland.

Scheffer kehrte im Sommer 1933 von seinem Posten als USA- und England-Korrespondent nach Berlin zurück und erhielt zuerst die Leitung des außenpolitischen Ressorts, dann die der Gesamtredaktion. Von 1933/34 bis 1936/37 wirkte er für das neue »Tageblatt« mit sonntäglichen Leitartikeln unter dem alten Zeitungsnamen, jedoch mit deutlich veränderten Inhalten. Die Schwierigkeiten, die Leser korrekt zu informieren, ergaben sich sofort und verringerten sich ebenso wenig wie die, die bei den Versuchen auftreten mussten, Sachverhalte differenziert und umfassend darzustellen, veränderte politische und gesellschaftliche Situationen angemessen zu kommentieren oder auch nur einen Hauch kritischer Bewertung zu wagen. Scheffers Stellungnahme zum Schriftleitergesetz erschien drei Tage später als die der »Vossischen Zeitung«. Dem Ullstein-Blatt war es immerhin gelungen, in vorsichtiger Form, aber mit enthüllenden Umschreibungen die entscheidenden Probleme anzudeuten: unklare Zukunft und Gefahr einer massiven Beeinflussung. Scheffer informierte dagegen nicht über den Inhalt des Gesetzes, nannte die Gefahren einer Instrumentalisierung nicht und erging sich in allgemeinen und metaphernreichen Feststellungen über die Aufgaben des Journalisten jenseits der aktuellen Herausforderungen wie: nur aus dem Wesen seines Berufes könne der Journalist »der grossen Sache dienen«. Sein historischer Rückblick auf überholte Darstellungsformen, Stilmittel und Aufgabenstellungen der Presse desavouierte das »BT« des »T. W.«. Zu diesem Zeitpunkt las der Vertriebene das Blatt längst nicht mehr, seine ehemaligen Redakteure sprachen und schrieben nur noch vom »sogenannten (Berliner) Tageblatt«. Boveri überging in ihrer Dokumenten-Auswahl nahezu alle Artikel Scheffers, die politische Verbeugungen und moralische Verkrümmungen dieser Qualität aufweisen.

Moderater im Ton, aber ähnlich scharf wie Bretholz, kritisierte Stark das Buch und die Ansichten seiner ehemaligen Kollegin. Er hatte als Hauptverantwortlicher für die Redaktion in der Übergangsphase bis zur Ankunft Scheffers einen Rest von ordnungsmäßiger Arbeit in der unruhigen und durch die Entlassung zahlreicher Mitarbeiter geschwächten Redaktion gewahrt. Er schied übrigens im Laufe des Jahres 1933 ebenfalls aus und trat 1935 in die Redaktion der »Frankfurter Zeitung« ein. In seinem unter dem Kopf der »Badischen Zeitung« am 20. November 1965 an Boveri abgesandten Brief heißt es: »Natürlich haben wir alle gelogen, um mit unseren Zeitungen und mit unserem kleinen eigenen Leben möglichst überwintern zu können. Aber heute müssen wir doch sagen, daß diese Überwinterungsversuche am Ende auf einem Denkfehler beruhten. Wir haben nämlich nicht nur gelogen, sondern wir haben alle auch unsere Westen bekleckert bei dem Überwinterungsversuch. (…) Jetzt müsse man aber sagen, daß der damalige Beschluß (weiterzuarbeiten), auf einem Irrtum beruht habe, nämlich auf dem Denkfehler, man könne in einer sich ständig vervollkommnenden Despotie frei experimentieren und auch frei darüber entscheiden, wann man das Experiment aufgeben wolle. Schließlich habe man doch diesen Versuch, ein Blatt für eine anständige Minderheit zu konservieren, damit bezahlt, daß man immer tiefer in die unheilvolle und unmoralische Verstrickung hineingeraten sei. (...) gleichzeitig habe man aber nach aussen für das verbrecherische System gewirkt wie ein Wolf im Schafspelz, ob man das gewollt habe oder nicht. Die einzige Konsequenz, die ich daraus gezogen hatte, sei die, daß man den allerersten Anfängen widerstehen müsse; wenn man einmal im Geschirr sei, sei es mit der Freiheit der Entschliessung vorbei.«

Den »neuen Geist« formulierte Vetter kraftmeierisch-angepaßt an die nationalsozialistische Linie unter dem Titel »Klarheit« und mit Verdrehungen historischer Tatsachen, die ihm es ermöglichen, den »neuen Geist des Hauses« in eine nicht-demokratische und nicht-liberale Traditionslinie zu stellen, die es beim »BT« verdeckt gegeben haben soll. Hinter diesen Sätzen vermutet man nicht einen ehemals überzeugten Pazifisten, der mit Tucholsky, Ossietzky, Hiller und von Gerlach den »Friedensbund der Kriegsteilnehmer« unter der Parole »Kriegsteilnehmer aller Länder vereinigt Euch!« gründete: »Im Zeichen einer Revolution, wie wir sie erlebt haben, ist Romantik nicht am Platze. Die Leute der ewigen Geruhsamkeit hat das Gruseln gepackt. Das schadet nichts. Die Götter und Götzen einer Zeit, deren gewiß ehrliches Ringen um die Gestaltung der Zukunft durch den materialistischen Druck von innen und außen kraftlos werden mußte, sind gestürzt worden. Ich weine ihnen keine Träne nach. (...) Wir bekennen uns zu den schicksalsgewaltigen Ereignissen dieser Tage, in denen sich für uns, als Demokraten, der von uns stets respektierte Volkswille vor aller Welt geäußert hat« (BT 4.IV.1933).

Theodor Wolff fuhr von Tirol aus ins Salzkammergut, blieb kurze Zeit in Bad Aussee und reiste vor dem Monatsende März mit der Absicht in die Schweiz ein, hier um Asyl zu bitten. Er hätte dort, im »Hotel Waldhaus« in Zürich, mit seinem Verleger zusammentreffen können, denn spätestens Ende April hatte Lachmann-Mosse ebenfalls Deutschland verlassen und war nicht sogleich in seine bereits Anfang 1932 gemietete Pariser Wohnung gezogen, nachdem er in Berlin die Stiftungsgründung hatte vorbereiten, zusätzliche günstige privat- und vermögensrechtliche Regelungen und finanzielle Dispositionen hatte treffen können (Kraus, 527). Am 12. Juli 1933 stellte die Firma Rudolf Mosse sämtliche Zahlungen ein und Mitte September die Stiftung GmbH, am 9. Februar 1934 bestätigte das Amtsgericht Charlottenburg die Vergleichsverfahren beider Firmen.

Ende März 1933 lebte Aenne mit den Kindern noch in Berlin in der Hohenzollernstraße 17. Rudolf wechselte, nachdem er bei der Gestapo seinen Pass hatte abgeben müssen, vorsichtshalber in den folgenden Wochen häufig die Schlafquartiere, stellte wertvolle Teile der Wohnungseinrichtung bei Freunden der Familie unter, schickte wichtige Unterlagen per Post an den Vater. Erst 1936 durfte ihnen einiges Mobiliar, darunter das legendäre

Stehpult, der Steinway und ein großer Teil der Bibliothek, nachdem die Reichsfluchtsteuer in Höhe von 49.642 – ursprünglich verlangt waren 78.450 – Reichsmark beglichen und 1935 noch ein Zuschlag in unbekannter Höhe gezahlt worden war, auf Vermittlung des Reichsaußenministers Konstantin Freiherr von Neurath (1873–1956) offiziell übersandt werden. Drei Jahre lang hatte ein Gesamtlagergut von rund sechs Tonnen in Berlin gelegen – geduldet, weil es hieß, der Besitzer rechne mit seiner »Rückkehr nach Deutschland in absehbarer Zeit« (Brief Rieser an Wolff, 8.II.1935). Aenne reiste nur mit Lilly nach Zürich, lediglich mit zwei Koffern, damit die Abfahrt wie ein Wochenendausflug aussah, »›Also übermorgen um fünf‹ und ›Grüße Tante Luise‹ – denn überall standen Beobachter« (Castonier, 216). Jetzt mietete Theodor Wolff für die ganze Familie – man erwartete die beiden Söhne – ein kleines Haus in Lugano-Castagnola. Vorerst kehrte etwas Ruhe ein, obwohl die Nachrichten aus Deutschland gar nicht positiv klangen.

Am 10. Mai 1933 brannten überall im Reich die Scheiterhaufen, auf die nun verfemte deutsche Literatur geworfen wurde: »Ich übergebe der Flamme die Schriften von Theodor Wolff und Georg Bernhard«, hieß einer der »Feuersprüche«. Die Parteien lösten sich selbst auf oder wurden aufgelöst, Hitler schaltete seinen Koalitionspartner Hugenberg aus und bereitete auch in den Ländern die Stabilisierung einer Einparteien-Diktatur vor. Lilly kehrte später wieder für Jahre nach Berlin zurück, arbeitete und heiratete dort. Rudolf blieb nur noch wenige Wochen in Berlin und im »BT«, das ihn noch als Redakteur zu beschäftigen wagte. Im Frühherbst 1933 beschieden die Schweizer Behörden die Familie, ihre Aufenthaltsgenehmigungen nicht mehr verlängern zu wollen. Die Überlegungen, wohin man gehen sollte, wie die unmittelbare Zukunft gestaltet werden und wie man langfristig leben wollte, waren für den Fünfundsechzigjährigen keine große Freude. Frankreich lag geographisch und gedanklich nahe, doch Paris kam nicht mehr in Frage, denn die Stadt schien Theodor Wolff zu politisch, zu stark von den journalistischen Fernkämpfen deutscher Emigranten gegen das nationalsozialistische Regime bestimmt, als dass es ihn angezogen hätte, so dass der Süden in die engere Wahl geriet. Nach kurzer intensiver Suche fand Lilly in Nizza, in der Promenade des Anglais No. 63, eine Mietwohnung. Man gab das Häuschen in Castagnola auf, packte die geringen Bestände an Kleidung und täglichen Utensilien und verließ die ungastliche Schweiz am 19. Dezember, wie der Stempel der Grenzstelle »Lugano« verrät. Seit dem 23. Dezember lebte das Ehepaar Wolff offiziell gemeldet in Nizza. Vorübergehend residierte dort auch Rudolf Mosses Adoptivtochter Felicia, die das Ende ihres Scheidungsverfahrens mit Lachmann-Mosse in Europa abwarten wollte, um dann mit ihren Kindern in die USA überzusiedeln (1938).

Am 23. November 1933 konfiszierte der deutsche Staat alle Vermögenswerte des Ehepaares Wolff und auch die Verlagsrechte an Theodor Wolffs Büchern, am 27. Oktober 1937 gab der »Reichsanzeiger« die Ausbürgerung von Theodor und Anna Wolff bekannt, indem man sie nicht nur »der deutschen Staatsangehörigkeit für verlustig erklärt«, sondern ausdrücklich auch ihr Vermögen beschlagnahmt. Zehn Jahre sollte das Ehepaar Wolff in Nizza leben, davon einige Jahre mit dem einen oder dem anderen ihrer Kinder, geachtet von den städtischen Repräsentanten, aber auch mit guten Kontakten zu Ministern und hohen Persönlichkeiten der Gesellschaft. Theodor Wolff pflegte diese Verbindungen von Nizza aus brieflich und reiste dazu in der zweiten Hälfte der dreißiger Jahre häufiger nach Paris, zweimal auch nach London (1935/36), um über Buchprojekte in seinen Verlagen Victor Gollancz (1893–1967), Wickham Steed (1871–1956) zu beraten und sich mit Grete Mosheim (1905–1986), Elisabeth Bergner und mit seiner Schwester Käthe zu treffen, die bis 1941 dort lebte. Bei diesen Gelegenheiten traf er sich mit französischen Kollegen wie Wladimir d'Ormesson (1888–1973) vom »Figaro« oder Leopold Schwarzschild im Café »La Source« am Boulevard Saint Michel, besuchte seinen Bruder Fritz – er starb kurz vor der Besetzung von Paris an einer Bauchoperation – oder er traf sich zum Essen mit Politikern. Nicht häufig, aber gelegentlich suchte er emigrierte Bekannte und ehemalige Mitarbeiter wie Erich Burger oder Ernst Feder auf, der in Paris als Anwalt arbeitete und ihm wiederholt fachlich und freundschaftlich zu helfen vermochte. Feder erinnerte sich an das letzte dieser Treffen, ein Jahr vor Ausbruch des Krieges: »Ich sah ihn zum letzten Mal als er mich in dem gewitterschwangeren Herbst 1938 in Paris besuchte. Ich fand ihn, den jetzt Siebzigjaehrigen, fast unveraendert, eher mehr ausgeruht als in jenen Tagen des aufreibenden Redaktionsbetriebs, in denen er immer mittags zwischen 11 und 12 in meinem Zimmer erschien, die unentbehrliche Zigarette im linken Mundwinkel und mit der stereotypen Frage: ›Was gibt es Neues?‹. – In jener warmen Nacht des 27. September sassen wir von 9 Uhr abends bis 1 Uhr nachts auf der Terrasse des Café Marignan, waehrend auf der Champs Elysés die Sonderausgaben der Boulevardblaetter sich alle Viertelstunde abloesten. Wir wogen die Kriegs- und Friedenschancen ab, die damals ungefaehr gleich schienen, waehrend er seine persoenlichen Erinnerungen aus der franzoesischen und der deutschen Zeitgeschichte wachrief. Viele lebendige Portraets zeichnete er mit wenigen Strichen: den Sozialistenfuehrer Jean Jaurès (1859–1914), den groessten Redner, den er je gehoert hatte, Clémenceau, den er so oft in der Rue Franklin besuchte, den damals jungen Briand. Die deutschen Staatsmaenner aus Kaiserreich und Republik liess er Revue passieren. – Als wir uns in spaeter Nachtstunde trennten, (es war noch nichts entschieden) seufzte er: ›Ich wuenschte der Krieg bliebe uns erspart‹« (»Erinnerung an Theodor Wolff«; Kopie von Erna Feder).

Ende der dreißiger Jahre zog das Ehepaar Wolff in eine schönere und größere Wohnung, fünf bis sechs Zimmer für knapp 10.000 Francs, in der vierten Etage desselben Hauses ein. In der ersten Phase ohne finanzielle Sorgen, denn die sicherheitshalber in die Schweiz transferierten Gelder und die Aktien der Dessauer-Gas, I.G. Farben, Deutschen Reichsbank oder der Deutschen Gold- und Silberscheide-Anstalt standen ihnen in Frankreich zur Verfügung, eine nicht unbeträchtliche Summe war in den USA angelegt, und es konnten Ansprüche gegenüber dem Mosse-Haus, aber auch gegenüber Lachmann-Mosse direkt gültig gemacht werden. 1935 wandte sich Theodor Wolff an Schacht, um seine auf Mark lautenden Wertpapiere verkaufen zu dürfen. Das Ministerium gestattete die Transaktion und die Gutschrift des Gegenwerts auf ein »Auswanderersperrkonto«, von dem aus er verfügen konnte, ohne im Ausland devisenrechtlichen Beschränkungen zu unterliegen. In den Zürcher Tagen erhielt er zwar eine Überweisung von 100.000 Schweizer Franken, doch stärkte diese Handlung sein Vertrauen in die moralischen Qualitäten um kein Jota, denn er schrieb Alfred Schwabacher, dem langjährigen Generaldirektor der »Unternehmungen Rudolf Mosse, Zürich« und Vertrauten Rudolf Mosses, am 22. August 1933: »Wo es sich um Herrn L. M. handelt, ist jedliche Vorsicht geboten. (...) Die Abmachung mit Ihnen und Frau L. M. wurde doch schriftlich fixiert? Bei dem Charakter des L. M. ist das ja nötig« (Kraus, 718). Das Finanzamt Tiergarten hatte für 1928 das Vermögen Theodor Wolffs mit 480.000, für 1931 mit 313.000 Reichsmark beziffert; am 4. Dezember 1934 wurde sein jährliches Einkommen mit rund 100.000 Reichsmark angegeben (Entschädigungsbehörde, Landesverwaltungsamt Berlin).

In Nizza hatte Theodor Wolff die ganze Familie zu versorgen. Keines seiner Kinder hatte sein Studium oder seine Ausbildung mit einem Examen oder einer Prüfung beendet, alle suchten nach einer Verdienstmöglichkeit in einer Stadt, in der die Voraussetzungen dafür denkbar schlecht waren. Als Richard 1934 plante, in die Vereinigten Staaten auszuwandern, erleichterte ihm das von seinem Vater dort angelegte und mitgegebene Geld, Washingtons restriktiven Einreisebedingungen zu genügen. Nach Hitlers Kriegserklärung an die USA (11.XII.1941) konnte Theodor Wolff nicht mehr über seine dort angelegten Wertpapiere verfügen. Bereits im April hatte er Feder geschrieben, die Konten in Großbritannien und den USA seien »blockiert, einige wenige Freunde drüben (...) helfen vorschussweise noch aus, aber ob auf die Dauer, steht dahin, und sie drängen unaufhörlich, wir müssten hinüberkommen« (21.IV.1941). Im Dezember 1935 reiste Richard aus, wurde auf Grund empfehlender Schreiben seines Vaters in New York empfangen, blieb jedoch nicht dort, sondern ging nach Milwaukee in die »Allis Chalmers Company«, ein Stahlwerk, als Angestellter im Verkaufsbereich. Er ließ sich naturalisieren und ging 1939 freiwillig zur US-Army, diente vier Jahre im Pazifik, anschließend beim »Military Intelligence Service« in New York und war 1944/45 als Bankangestellter tätig.

Rudolf blieb bis Ende April oder Anfang Mai 1933 in Berlin, lebte dann mit den Eltern kurz in Zürich, etwas länger in Lugano-Castagnola und ging Mitte 1934 vorerst nicht mit nach Nizza, sondern nach Paris. Er arbeitete dort als freier Journalist für mehrere Exilblätter, ohne jedoch ausreichend publizieren und somit öffentlich hervortreten zu können. Die »paar Francs«, die monatlich einkamen, reichten, wie er erzählte, für einen Konzertbesuch wöchentlich nur dann, wenn es ihm gelungen war, bei den Hotelkosten und der Ernährung zu sparen. Ende 1935 oder Anfang 1936 siedelte er zu den Eltern nach Nizza über. Die elterliche Freude erhöhte sich deutlich, als es ihm nach anderthalb Jahren gelang, als Übersetzer und Deutschlehrer an der Berlitz-School, mit Sprachkursen an zwei weiteren Schulen und mit Privatstunden für eifrige und hübsche Französinnen seinen Lebensunterhalt selbst zu verdienen (Wolff an Feder, 20.XII.1937). Vom 2. September 1939 bis Ende Dezember 1940 absolvierte er in Marokko den militärischen Dienst in der Fremdenlegion, eine Konsequenz seines Antrags auf Naturalisation, denn Frankreich handhabte das Verfahren strikt und nur ein Bruchteil der Eingebürgerten betraf selbst während der Volksfrontperiode Deutsche – von 31.700 waren es 1.515. Rudolf verlobte sich im Frühsommer 1942 und heiratete im März 1943 die holländische Jüdin Hélène (Helna) Marie Tenbergen, Tochter eines auf Sumatra begüterten Plantagenbesitzers, der in Holland verstorben war. Helna hatte bis zu ihrem zehnten Lebensjahr in der Kolonie gelebt, war mit ihrer Mutter vor den Nationalsozialisten aus den Niederlanden geflohen und lebte seit 1940 in Nizza. Die von Lillys Mann aufgenommene Photographie der Familie vor dem Portal des Standesamts ist die letzte private Aufnahme von Theodor Wolff vor seinem Tod.

Lilly hatte sich in Berlin als Reklamezeichnerin ausbilden lassen. Sie heiratete 1934 Dr. Alfred Sprinz (1887–1976), den Bruder des Berliner Landgerichtsdirektors Walter Sprinz (1884–1943), lebte aber nur bis 1938 mit ihm zusammen und ließ sich 1949 von ihm scheiden. Die vierjährige Ehe wurde durch Aufenthalte bei den Eltern in Nizza unterbrochen. Seit dem Frühsommer 1938 bemühte sich das Ehepaar Sprinz zwar um eine Ausreise nach Paris, aber sie taten es nicht nachdrücklich, denn Lilly fragte noch am 27. September 1938, ob er »das wirklich für so absolut dringlich hielte, in Berlin glaube man nicht an den Krieg, man wolle ihn nicht« (Brief, Theodor an Aenne Wolff, aus Paris nach einem Telefonat mit Lilly). Theodor Wolff nutzte seine Beziehungen und teilte dem französischen Konsulat in Berlin mit, er könne »jede Garantie dafür übernehmen, dass meine Tochter und ihr Mann nicht mittellos sein werden« (o. D.; vermutlich: Juni 1938), außerdem erwog er, falls Komplikationen entstünden, sich an den französischen Botschafter André François-Poncet (1887–1978) zu wenden.

Mit zäher und geschickter Hilfe des in Paris praktizierenden Anwalts Feder reiste das Ehepaar Sprinz mit einem auf drei Monate befristeten Visum am 3. November 1938 ein, nur sechs Tage vor dem Judenpogrom, den Mord- und Zerstörungsaktionen und der kurz darauf erfolgten Beschlagnahme allen jüdischen Eigentums. Dank der guten Beziehungen zu den Ministerien und zur Präfektur in Nizza kamen die beiden im Frühjahr 1939 nach Cannes, im April zu den Eltern nach Nizza. Dort verdiente Lilly vorübergehend bescheiden als Sekretärin, später arbeitete sie als Gärtnerin auf einem Villengrundstück und fertigte nebenbei von den Bleistift-Manuskripten des Vaters Schreibmaschinenfassungen an, wenn er zwischen den Streichungen, zahlreichen Verbesserungen und den umfangreichen Hinzufügungen, die er auch wieder korrigiert hatte, sich selbst nur noch mühsam zu orientieren vermochte. Lilly und Alfred Sprinz waren in Nizza zumindest noch bis zur Hochzeit von Rudolf gelegentlich zusammen, wie Photographien im Nachlass belegen, doch über Sprinz' berufliche Tätigkeit in dieser Zeit ließ sich nichts in Erfahrung bringen.

Theodor Wolffs Tag war ausgefüllt, denn er arbeitete weiter schriftstellerisch. Diszipliniert saß er sogar noch als Vierundsiebzigjähriger jeden Morgen am Schreibtisch, wie er Feder 1941 schrieb: »das einzige Mittel und die einzige Möglichkeit, nicht in der Betrachtung der Weltereignisse, das seelische Gleichgewicht zu verlieren« (23.IV.1941). Nachmittags kamen meistens Besucher ins Haus; unter ihnen waren Ferdinand Bruckner (1891–1958), Stefan Zweig, Bruno Walter (1876–1962), Firmin Gémier, André Gide, Heinrich Mann, Pierre de Margerie (1861–1942), René Schickele (1883–1940), Franz Werfel (1890–1945), Walter Hasenclever (1890–1940) und Wilhelm Herzog. Mit Olden hatte er nur brieflich Kontakt, denn er schrieb ihm wegen seiner Pen-Club-Mitgliedschaft, die seit 1934 bestand. Einer der Besucher, der Schriftsteller Franz Theodor Csokor (1885–1969), der 1933 öffentlich gegen die Bücherverbrennung protestiert hatte und dessen Bücher daraufhin in Deutschland verboten worden waren, schrieb über das Ehepaar Wolff an die Frau Lina des Architekten Adolf Loos (1870–1933): »da ist Theodor Wolff, der frühere Chefredakteur des Berliner Tageblattes, zu dessen Abenden sich seinerzeit Minister und Botschafter drängten, und seine Frau, die nur mit einer Handtasche und dem, was sie am Leibe trug, Deutschland verließ, wo man sie als Geisel für ihren gerade im Ausland gewesenen Mann festsetzen wollte; sie ist eine richtige brave graublonde Deutsche, um die Sechzig alt, und während er als Jude sich ziemlich abgefunden hat, leidet sie entsetzlich unter Heimweh, freilich ohne viele Worte davon zu machen, man spürt es halt so durch« (Köhler, 276). Fragten Freunde und Bekannte wie der ehemalige Reichsschatzminister Georg Gothein nach, so beteuerte er ihnen, er habe nicht vor, sich einer der zahlreichen Gruppen oder Redaktionen im Exil anzuschließen, den deutschen oder internationalen, die über das nationalsozialistische Regime Informationen sammelten oder aufklärende Informationen für Deutschland herstellten. Vor 1933 hatte Theodor Wolff über dieses Thema anders gedacht. Olden erinnerte ihn 1935 daran, wie sie beide zusammen mit Hildenbrandt »seit dem historischen Wahlsieg vom September 30 von der kommenden Emigrantenzeitung gesprochen haben« (Brief, 28.III.1935). Er vertrat jetzt die Meinung, es sei ungleich nötiger, aufmerksam, geschickt und entschieden für Freiheit, Recht, Parlamentarismus und Demokratie in einer Gesellschaft einzutreten, solange es in ihr möglich sei. Die Lawine lässt sich nicht mehr, der Schnellball aber sehr wohl noch aufhalten. Theodor Wolff lehnte die sterilen »Fernkämpfe« gegen den Nationalsozialismus ab (Epoche, XXXVII).

Das Leben im Exil war keines ganz ohne Zeitung. Theodor Wolff zog sich im Exil nicht auf die Rolle als Zeitungsleser zurück, wie bisher angenommen wird. Er hatte bereits in Seefeld die regelmäßige Lektüre des »Tageblatts« aufgegeben, wie er Egon Erwin Kisch erzählt hat. In Nizza habe er nur noch gelegentlich das »Tageblatt« an seinem Kiosk beim »Casino de la Jetée« gekauft, aber zumeist den Kopf »fassunglos (über) den Tiefstand« geschüttelt: »Nach dem 30. Juni 1934, so erzählte er dem Schreiber dieser Zeilen, kaufte ich mir das Blatt sogar aus Interesse; ich wollte sehen, was die Bürschchen über die Ermordung von Röhm (1887–1934) sagten, dem sie immerfort ganz besonders Weihrauch gestreut, ihn, wenn auch in versteckter Form, über Hitler gestellt hatten. Da sah ich über die vier Spalten der ersten Seite mit den größten Lettern die Überschrift: ›Durchgegriffen!‹ Seither habe ich das ›Berliner Tageblatt‹ nie mehr in die Hand genommen« (Mein Leben, 1983, 508). In Nizza informierte er sich selbstverständlich durch die französische Lokal- und überregionale Presse und durch die »Neue Zürcher Zeitung«. Aus seiner Korrespondenz wissen wir, wie regelmäßig er Schwarzschilds Zeitschrift »Das Neue Tage-Buch« las. Aenne berichtet in einem Brief an Hauptmann, sie läsen »keine Zeitungen aus Deutschland (…), nur manchmal die Basler Nachrichten« (3.III.1937).

Theodor Wolff bot auch von Nizza aus den Zeitungen Artikel an, die dann nicht nur an einer Stelle gedruckt wurden. Unter seinen Beiträgen herrschten historische Themen vor, die stark autobiographisch oder memoirenhaft geprägt waren. Deren Zwischen- oder Einzelergebnisse gab er gern an das »Svenska Dagbladet«, die »Neue Zürcher Zeitung« – hier platzierte man sie sogar auf der Titelseite und publizierte sie in Fortsetzungen (1937–1944) – oder an das »Pariser Tageblatt«, »Die neue Weltbühne«, »La Depêche«, »Revue de Paris«, die ihn um sein Honorar betrog, »Annales Politique et Littéraires«, das »Argentinische Tageblatt«, Buenos Aires, und an die »Handels – och Sjöfahrts-Tidning«, Göteborg. Aktuelle politische Fragen standen am Rand, fehlten aber ebenso wie die Auseinandersetzung mit dem Antisemitismus nicht völlig, wie ein Blick in Ausgaben eines englischen Blattes, des »Manchester Guardian«, beweist, in dem er u. a. einen Kommentar über die aktuelle Situation der Juden und den Antisemitismus publizierte.

Theodor Wolff behinderte seit 1934 zunehmend ein Augenleiden. Das rechte Auge war schon vor 1932 starblind gewesen; die Charité operierte es damals nicht, weil der Patient mit dem linken Auge ausgezeichnet sehen könne. Die Sehkraft ließ in Nizza nach, doch erst im Frühjahr 1942 verschlechterte sich der Gesundheitszustand des linken Auges dramatisch. Der konsultierte Augenarzt diagnostizierte eine Netzhautablösung. Die Gefahr des Erblindens drohte, weil das rechte Auge inzwischen unheilbar war. Die Eingriffe an seinem »neugierigen, alten Reporterauge«, wie er in seinen Briefen scherzte, verliefen gut. Dennoch blieb, wie es in dem ärztlichen Zeugnis heißt, die Sehkraft des linken Auges prekär und erforderte seitdem eine ständige Überwachung und Behandlung (20.V.1943). Obwohl Theodor Wolff nach der Augenoperation und der mehrwöchigen Ruhephase erleichtert war, blieben die drückenden finanziellen und familiären Sorgen. Das Ehepaar Sprinz konnte sich zwar endlich selbst ernähren, aber nur mit großen Anstrengungen, und Rudolf, jung vermählt, bedurfte ebenfalls noch der gelegentlichen väterlichen Zuwendungen.

Nicht allein die sommerliche Hitze machte Theodor Wolff das Exil beschwerlich. In den ersten Jahren hat Theodor Wolff ironisch und mit einem leicht verärgert klingenden Unterton reagiert, wenn seinen Gesprächs- und Briefpartnern ein Gefühl für seine Lage fehlte, später brach er solche Kontakte rasch wieder ab. Seine Korrespondenz mit Hauptmann spiegelt diese Verhaltensweise am deutlichsten, weil sie Jahrzehnte im vertraulichen Ton geführt worden war. Theodor Wolff hat seit der Gründung der »Freien Bühne« mit dem verehrten Dichter und später mit dem »lieben verehrten Gerhart Hauptmann« freundliche, herzliche und später von großer Neigung zeugende Briefe gewechselt. »Lieber Gerhart Hauptmann«, hieß es am 18. April 1932, »Sie sprechen vom Werden und Vergehen – hinter all' unserem Tun, das nicht bei allen Schöpfergeist, aber bei so vielen, doch nur ein Geschäftsgeist ist, steht schattenhaft das Bewußtsein davon, Werte zu erzeugen, wenn wir es können, und Worte zu sammeln – das sind die Höhepunkte des ›wirklichen Seins‹. Ihre Freundschaft gefunden zu haben, ist solch ein Wert und Höhepunkt.«

Dem Briefwechsel mit Gerhart Hauptmann zum Weihnachtsfest und Jahreswechsel 1933 lässt sich nicht nur unschwer Wolffs erneute Kritik an dem Verhalten des Dichters entnehmen, sondern auch Aufschlussreiches über Wolffs politische Grundhaltung. Hauptmann hatte, »bevor das Schicksalsjahr erster Ordnung 1933 zu Ende geht«, geschrieben: »Sie standen in der gefahrvollen Arena der Politik, ich habe meinem Dichtwerk gelebt und mich, zwar nicht von Menschen, aber von Parteien und ihren Dogmen, von täglichen Einwirkungen auf das öffentliche Leben ferngehalten. (...) Was sich im übrigen in der Welt begibt, hat wohl elementaren Charakter. Ich will nicht sagen, daß ich müde bin, auch fehlt es mir durchaus nicht an Mut. Aber mehr als das, nämlich Übermut gehört zum tatkräftigen Leben: den habe ich nicht mehr. Was schadet es, da neue Jugend vorhanden ist. Ich wünsche Ihnen und den Ihren zum Feste dieses Weihnachtsmonats innen und außen Wiedergeburt. Ich wünsche Ihnen und ihrer Gattin philosophische Heiterkeit und, vereint mit meiner Frau, jeden Segen für Sie und Ihre Kinder.« Wolff antwortete postwendend: »Wie Sie es von sich sagen, so kann ich's auch von mir vermelden: Ich habe mich in dieser Zeit abseits von der Arena gehalten, übrigens ohne irgendeine Anwandlung von Müdigkeit und Resignation. Genützt hat es mir freilich nicht viel und erspart hat es mir nichts, aber soweit mein eigenes, im großen Rahmen sehr unwichtiges und auch erträgliches Ergehen in Betracht kommt, und am Ufer des Stromes, habe ich die philosophische Heiterkeit, von der Sie sprechen. Schicksalen gegenüber, die schwer auf anderen lasten, fühle ich mich allerdings nicht zu dieser Heiterkeit berechtigt. Daß Sie, lieber Gerhart Hauptmann, sich nicht in eine politische Aktivität hineinbegeben sollten, habe ich, wie Sie wissen, immer gewünscht, und auch dann, als Sie sich mit solchem Gedanken trugen. Aber nicht nur der Dichter der ›Weber‹ und des ›Florian Geyer‹, sondern die ganze Persönlichkeit Gerhart Hauptmanns ist durch ihr Werk, ihre Vergangenheit, ihre Beziehungen zu Menschen und Dingen mit einem Kreise von Kulturideen, mit einer Weltanschauung verbunden, und deshalb werden Schritte immer auffällig sein und viel erörtert werden, die den Anschein erwecken, als führten sie von dort heraus. (...) Mir scheint es, daß Sie den Zusammenhang mit dem zurückgelegten Wege auch dann wahren dürfen, wenn Sie der neuen Jugend das Recht auf den eigenen Weg zuerkennen. Die Freundschaft, die nicht verletzen will und zu verstehen versucht, darf so offen reden« (4.XII.1933).

Theodor Wolff vermisste die klare Äußerung zum Nationalsozialismus oder eine gelebte unmissverständliche Distanz zur »nationalen Revolution« der Braunhemden. Im Nachlass findet sich kein Hinweis auf einen weiteren Briefwechsel zwischen den beiden. Ob Theodor Wolff damals oder später erfahren hat, dass Hauptmann in aller Öffentlichkeit den Hitler-Gruß anwandte, ist ebenso wenig bekannt, wie eine Reaktion auf dessen antisemitische Äußerungen, die Lobeshymnen auf Hitlers Außenpolitik, den Austritt aus dem Völkerbund und über die am 15. November 1937 über Kurzwelle verbreitete Ansprache »An die Deutschen in Übersee«. Aenne Wolff kümmerte sich um dergleichen offensichtlich nicht und schrieb unverändert dem Dichter; 1934 geschah es mehrmals und von 1935 bis 1937 mindestens je einmal. Sie blieb beim vertrauten Ton, wählte weiter die Anrede »Hochverehrter, liebster Dr. Gerhart Hauptmann«. Ihren Mann erwähnte sie höchstens als Grüßenden oder einmal am Rand, wenn sie vom alltäglichen Leben in Nizza erzählte. Sie sprach dabei von ihrem Leben im Exil ebenso wie es Theodor Wolff anderen gegenüber auch tat, ohne Bitterkeit und Verzweiflung, aber mit Besorgnis und Sehnsucht nach den ruhigen, schönen Zeiten, »im steten Gedenken an die unvergesslichen Stunden« (13.XI.1937).

Das »Gesetz über den Widerruf von Einbürgerungen und die Aberkennung der deutschen Staatsangehörigkeit« vom 14. Juli 1933 betraf alle mit seinen Denaturalisationen, Vermögensbeschlagnahmen und Strafexpatriationen, die Staat und Partei ausbürgern wollten. In Frankreich lebten auffallend wenig emigrierte Arbeiter und viele Akademiker, Künstler, Schriftsteller und Selbstständige. Die Deutschen bildeten in Frankreich neben den 800.000 Italienern, über 500.000 Polen und 400.000 Spaniern nur eine kleine Gruppe. Zu den rund 20.000 aus der Zeit vor 1933 kamen bis 1939 lediglich rund 25.000 hinzu. Etliche von ihnen waren miteinander verfeindet, verunglimpften sich wechselseitig, nicht einmal die gemeinsame Abneigung oder Gegnerschaft zum NS-Regime überbrückte ihre alten Konflikte. »Nein, das Schicksal bindet nicht alle Menschen der ehemaligen Heimat, reinliche und andere, in Sympathie und Solidarität zusammen. Die Sympathie muß sich jedem zuwenden, der anständig und manierlich sein Schicksal trägt. Auch diese Einwanderer mögen nicht allesamt den Schönheitsbegriffen entsprechen, die man in einzelnen Ländern bevorzugt, aber auch ihre Verfolger sind nicht immer ästhetische Gestalten, und manches innere und manches äußere Wesen erinnern daran, daß Gott nur die ersten und ja gleichfalls mißlungenen Menschen nach seinem Ebenbild hat schaffen wollen. Solidarisch ist man gegenüber der bleichen, sich ängstlich duckenden Not« (Erlebnisse, 320 f.).

Alle derartigen Überlegungen wurden akademisch in der Not. Am 3. September 1939 erklärte Frankreich zusammen mit Großbritannien Deutschland den Krieg, ohne dass es jedoch in den folgenden Monaten an der Westfront zu größeren Kriegshandlungen kam. Trotz des »drôle de guerre« waren alle Deutschen und Österreicher jetzt nicht mehr arme Flüchtlinge oder lästige Emigranten, sondern Feinde, Spione oder wenigstens Verdächtige. Alle Fremden hatten sich polizeilich zu melden, die Männer wurden interniert, Theodor Wolff blieb jedoch wegen seines Alters davon ausgenommen. Hitlers erfolgreicher Angriff am 10. Mai 1940 führte vier Tage später zur Kapitulation der Niederlande, am 28. Mai zum Sieg über Belgien und erzwang die Evakuierung des britischen Expeditionskorps. Bei Dünkirchen verließen zusammen mit 215.000 britischen Soldaten 123.000 französische das Land (4.VI.). Am 14. Juni besetzten deutsche Truppen kampflos Paris, acht Tage später wurde der Waffenstillstand im Wald von Compiègne geschlossen, der die Besetzung Frankreichs nördlich der Linie Genf-Tours und der französischen Atlantikküste bis zur französisch-spanischen Grenze besiegelte. Der zwei Tage später mit Italien unterschriebene Waffenstillstand schaffte entmilitarisierte Zonen in den Alpen. Die Regierung des Oberbefehlshabers des Krieges von 1914/18, Marschall Henri Philippe Pétain (1851–1951), etablierte sich am 1. Juli 1940 in Vichy, am Nordrand des Zentralmassivs. Pétain erhielt für seine Politik der »Nationalen Revolution« nahezu absolute Vollmachten. Er ersetzte am 13. Dezember den Minister Pierre Laval (1883–1945), der den engen Anschluss an Deutschland erstrebt hatte, durch Pierre-Étienne Fladin (1889–1958), der Wege eines unabhängigeren Kurses zu verfolgen suchte, aber Anfang 1941 auf Verlangen Hitlers entlassen und durch Admiral François Darlan (1881–1942) als Vizepräsident, Außen-, Innen und Marineminister ersetzt werden musste.

Das schnelle Vordringen der deutschen Truppen, die zusätzliche Kriegserklärung Mussolinis und die Einrichtung einer Militärzone rund um Nizza lösten überall Entsetzen aus, bei den Franzosen und in den Reihen der Flüchtlinge aus allen Ländern. Die Emigranten aus der Region Nizza, unter ihnen Lillys Mann, internierte man in dem berüchtigten baufälligen, notdürftig hergerichteten und bar jeglicher hygienischer Einrichtungen belassenen Lager »Les Milles« bei Aix-en-Provence. Tausende von Frauen sperrte man später in das nicht weniger entsetzliche Lager »Gurs«. Einen Tag zögerte das Ehepaar, dann packten sie mit ihrer Tochter (12.VI.) und fuhren mit Lillys Wagen über Cannes, Aix-en-Provence, Montpellier nach Montauban (17.VI.), der Hauptstadt des Departements Tarn-et-Garonne, wo sie in einem schönen Landhaus bei österreichischen Bekannten Unterschlupf fanden.

In seinen nach der Reise literarisch durchformten Tagesaufzeichnungen »La Terrasse« erzählt Theodor Wolff von den Erlebnissen und Erfahrungen jener Tage im Sommer 1940. Als er Feder ein dreiviertel Jahr später davon brieflich berichtete, nannte er die Flucht heiter eine »vier Monate lange Sommerspazierfahrt« (23.IV.1941). Es waren ruhige Tage, doch mit dem Waffenstillstand und seinem §19 kehrten Furcht und Entsetzen unter den Flüchtenden wieder ein: alle Deutschen seien auszuliefern, »die das nationalsozialistische Regime in die eigene Hut zu nehmen wünscht«. Theodor Wolff entwarf einen achtseitigen maschinenschriftlichen Brief testamentarischen Charakters. Einzelheiten kennen wir nicht, denn es liegt nur die letzte Seite vor. Sie endet mit diesen Sätzen der Liebe, der Zärtlichkeit und der Zuneigung: »Ich liebe über alles meine treue, tapfere Frau, meine Änne, meine in Glück und in Nöten unvergleichliche Gefährtin – Gefährtin durch ein Leben, das an ihrer beglückenden Seite reich und schön war – und ich liebe mit der gleichen unendlichen Liebe meine drei Kinder, jeder in seiner Weise ein prachtvoller, liebenswerter Mensch. Meine Kinder werden, wenn ich nicht mehr da bin, die gütigste beste Mutter sorgend behüten, mit ihrer jungen Kraft, ihrer Tüchtigkeit, und ihrer Zärtlichkeit ihrer warmen Herzen, und meine Änne bitte ich, in der Freude an den Kindern einen Trost für das zu finden, was nicht ewig dauern konnte. Nur der Gedanke an Euch verhindert mich, gleichgültig über das für jeden Menschen unvermeidliche Ende zu denken – es kommt ein wenig früher oder ein wenig später, und diese kleinen Unterschiede bedeuten wenig. Ich weiss, dass ihr mich nicht vergessen werdet, ich werde immer bei Euch sein« (30.VII.1940).

Der Friede kehrte am 5. August 1940 mit abwandernden Soldaten, einem ministeriellen Erlass und der Anweisung zurück, alle Fremden hätten an ihrem jeweiligen Aufenthaltsort zu bleiben. Theodor Wolff hatte rundum Montauban viele Freunde gewonnen, aber als Ende August vom Bürgermeister von Nizza die Genehmigung der Rückkehr als »Note officielle« eintraf, hielt Aenne selbst die liebenswürdige Atmosphäre der Stadt nicht zurück. Mit dem Eintreffen in Nizza wuchs die Gefahr, denn auch das unbesetzte Vichy-Territorium blieb den Zugriffsmöglichkeiten der Gestapo und SS nicht verschlossen. Diese Herren duldeten zwischen ihren Interessen und dem Recht keinen Widerspruch, und keiner der Emigranten konnte auch nur ahnen, wie großzügig sie den §19 auszulegen gewillt waren.

KAPITEL 11

ZERSTÖRTE HOFFNUNGEN

»Träume gehen hier in einen Fingerhut. / Meine Träume sind tot. Ich fasse neuen Mut«, dichtete Hermann Kesten in »Ein Jahr in New York«. In diesen zwei Zeilen drückt sich auch vieles von den Empfindungen aus, die Theodor Wolffs Leben in Nizza und sein Schreiben im Exil mitbestimmten. Vertrieben aus dem Land, in dem er leben wollte, hinausgejagt aus seinem Beruf, abgeschnitten von den meisten seiner Leser und schließlich auch noch mit dem als Makel empfundenen Etikett des »Staatenlosen« versehen, war er dennoch seinem Schicksal gegenüber nicht undankbar. Er habe das Glück, schrieb er Feder, der ihm im letzten Jahrzehnt seines Lebens zu einem der wichtigsten Korrespondenzpartner wurde, in schlechten Zeiten in einem geliebten Land zu leben, zuvorkommend behandelt vom Bürgermeister bis zum Präfekten, bekannt mit Politikern und Ministerialen, mit Künstlern und Schriftstellern. Die Erwartungen an die politische und soziale Lebenssituation richteten sich lediglich darauf, als Jude, der eine »Mischehe« eingegangen war, wie es damals hieß, akzeptiert und nicht lediglich geduldet zu werden. Seinen Manuskripten »Die Juden« und »La Terrasse« kann man entnehmen, wie groß die Enttäuschung über »die« Franzosen war, die ihn mit ihrem latenten und im Krieg dann offen bewiesenen Antisemitismus an die gespaltene Nation in der Dreyfus-Ära erinnern mussten, und wie viel Anstrengung es ihn kostete, sich gegen ungerechte und ungerechtfertigte Pauschalurteile zu wehren. Die zweite große Täuschung sollte zu seinem Tod führen.

Rudolf Wolff hat erzählt, sein Vater habe keinen Zweifel daran gelassen, nach Deutschland zurückkehren zu wollen. In den ersten zehn, zwölf Monaten des Exils rechnete er fest damit, sich auf diese Situation bald einstellen zu müssen, da er von den Deutschen annahm, sie würden die Diktatur einer Partei oder eines gewalttätigen Verbrechers nicht lange erdulden wollen. Seine optimistische Interpretation der Entwicklungen in Deutschland hätte sich jedoch nach den Mordaktionen des 30. Juni grundlegend geändert. Dennoch sprach er auch noch später davon, die Intellektuellen und auch die Juden dürften ein befreites Deutschland nicht im Stich lassen, sondern müssten sich zu ihm und seiner Kultur und Geschichte bekennen, denn sonst triumphierten die Nationalsozialisten nochmals im nachherein und weiterhin.

Nicht mit zwanghafter Intensität, sondern aus historisch-politischem Interesse und aus persönlichen Gründen schrieb er also über Themen der deutschen Geschichte, Politik, Literatur und Kultur. Die typische oder zumindest unter Emigranten weit verbreitete »Schwellenangst« vor der neuen Existenz konnte bei ihm deshalb erst auftreten, als er begann, die Übersiedlung in die USA zu planen. Er schrieb auch im Alter diszipliniert und mit Freude, möglichst jeden Vormittag, weil die am Schreibtisch verbrachten Stunden ihm den Rest des Tages »vergoldeten«. In diesem zweiten Teil des Tages machte der zwangsweise dienstentpflichtete Chefredakteur die Erfahrungen der meisten Pensionäre oder Rentner mit seiner freien Zeit, mit Mittagsschlaf – jetzt gab es darum keine Diskussionen mehr –, Spaziergängen auf der Promenade – er litt nur in den heißen Sommermonaten – und mit gelegentlichen Tee-Einladungen. Theodor Wolff veröffentlichte noch zwei umfangreiche politisch-historische Werke, eine Darstellung mit einem gewissen wissenschaftlich-quellenkritischen Anspruch, »Der Krieg des Pontius Pilatus« (1934), und das von seinen persönlichen Erinnerungen geprägte und stärker berichtend angelegte Buch »Der Marsch durch zwei Jahrzehnte« (1936) sowie den autobiographisch getönten Roman »Die Schwimmerin« (1937). Der »Krieg« erschien in den folgenden Jahren in zahlreichen Übersetzungen; der »Marsch« in einer englischen und amerikanischen Ausgabe. Große finanzielle Erfolge waren sie alle nicht, wie aus den Abrechnungen hervorgeht. Emil Oprecht (1895–1952) hoffte auf den Verkauf der Verfilmungsrechte an dem Roman »Die Schwimmerin« (Briefe, 22.II.1937; 15.III.1939) und schrieb, dass er sich über die Nachricht gefreut habe, es entstehe bereits wieder ein neuer Roman, über den er ebenfalls einen Vertrag abschließen wolle (Brief, 9.IX.1940). Im Nachlass finden sich jedoch keine Spuren eines zweiten Roman-Manuskripts. Entweder waren die Auflagen zu gering oder das Interesse des Publikums oder die Honorare schwer transferierbar oder die Verleger – wie er meinte – zu knauserig.

Mit den »Juden« hatte er ein Thema und einen speziellen und persönlichen Zugang gefunden. An diesem ersten Teil eines auf drei Bände angelegten Werkes schrieb er bis in die letzten Tage seines Lebens in Nizza hinein. Dem Thema fühlte er sich so sehr verpflichtet, dass er sich fragte, wozu, aus welchen objektiven Gründen und subjektiven Motiven er schreibe, wohin ihn sein Tun führe, aus welchen Motiven er sich täglich wieder über das Papier beuge. Theodor Wolff hat darüber zwar keine eigenständigen theoretischen Erwägungen angestellt, aber diese Gedanken doch in seine Niederschriften mit einfließen lassen. Die deutschen Panzer wälzten vermutlich im Juni 1940 einige seiner Gewissheiten mit hinweg. Seitdem nahmen Passagen dieser Art zu (1.VI.1940): »Natürlich ist diese Schriftstellerei im gegenwärtigen Augenblick sinnlos und man muß alle beneiden, deren Arbeit einem Zweck dient, auch den armen Teufel, der die Chaussee ausbessert, und den Lastträger, der etwas leistet, wenn er auf seinem Rücken die Kiste zum Transportwagen schafft. (...) Zwingt man sich zu einer Disziplin, wie sie dem Gefangenen auferlegt wird, der unablässig Tüten drehen muß, oder wie der Klosterabt sie dem Mönch vorschreibt, der tausend Bibelverse auswendig zu lernen hat, damit seine Phantasie sich nicht in die Sünde verirrt? Geschieht es so, um die Gedanken festzubinden, sich durch eine strenge geistige Hygiene vor dem Versinken in dunkle Stimmungen zu bewahren, und ist dieses Blatt Papier eine Schutzwand, mit der man sich die andrängende Unruhe fern zu halten glaubt? Oder folgt man der mechanischen Notwendigkeit, dem Gesetz der Tätigkeit, dem Gesetz des Lebens, dem Instinkt der Ameise, die noch unter dem Fuß des Schicksals zu ihrem gewohnten Weg zurückfinden will?« (Erlebnisse, 21).

Theodor Wolff fand eine persönliche Antwort und eine allgemeine. Nur im Schreiben sicherte und festigte er seine Existenz; seine Veröffentlichungen zielten nicht auf eine vordergründig-aktuelle »Warnung vor dem Nationalsozialismus«, sondern auf die permanente Bedrohung von Demokratie und Freiheit, Parlamentarismus und Recht durch autoritäre und totalitäre Regime. Eine »Garantie« liege nur in der »fortwährenden Wachsamkeit des klugen und energischen Schäferhundes« (Krieg, 10). Das nationalsozialistische Regime konnte dazu gelegentlich die direkte Folie abgeben, aber Theodor Wolff bediente sich häufiger anderer historischer Exempla. Er sah sich nicht unbescheiden in der großen Tradition des deutschen Geistes und der deutschen Sprache stehend, die die Nationalsozialisten in ihren freiheitlichen Varianten gezielt vernichteten oder uminterpretierten, um sie für ihre Zwecke und Ziele zu instrumentalisieren. Deshalb hatte ihn ein neuer Mut zum Leben, Arbeiten, Schreiben und Publizieren sogleich nach der erzwungenen Vertreibung aus Deutschland erfasst. Ein Buch stellte die kurze und unmittelbare Verbindung zwischen den beiden Ufern her. Sein Schreibtisch blieb seine Heimat.

In den letzten Monaten der Weimarer Republik hatte er intensiv die letzten Seiten des Manuskripts der umfangreichen Darstellung »Der Krieg des Pontius Pilatus« überarbeitet. Die politischen Turbulenzen verzögerten den Abschluss, der Zwangsaufenthalt in Zürich und am Luganer See beförderten ihn hingegen. Außerdem reiften dort bereits die konkreten Planungen für das nächste Werk, das wiederum ein historisches sein und das letzte halbe Jahrhundert »aus der Vogelperspektive und an großen Aspekten die Vergangenheit« behandeln sollte (BA Nachlass Gothein, Brief an J. Stern, 15.VIII.1933), für den »Marsch durch zwei Jahrzehnte«. Der Rezensent des Karlsbader »Volkswille« nennt mit Recht die auffallenden Schwächen des »Krieges«, das die Untersuchungen des »Vorspiels« von 1925 fortsetzt. Eine Rezension des »Luzerner Tagblatts« wird im Anschluss an das Lob des Stiles, der Form und der Gestaltung Theodor Wolffs eigener Intention am besten gerecht: »Man hat in den letzten Jahrzehnten wenig Gelegenheit gehabt, ein politisch-historisches Werk zu lesen, das mit dieser Eleganz des Stiles, mit dieser die ganze Kulturgeschichte umgreifenden Fülle von Gleichnissen und Wortbeziehungen, mit diesem abgeklärten geistvollen Humor geschrieben ist, wie dieses hier. Tatsächlich ein Werk von der Bedeutung eines letzten Pfeilers eines Kulturbaus europäischer Art (…) Es soll von denjenigen gelesen werden, die Anleitung haben wollen, wie man historische Begebenheiten von hoher Warte aus beurteilen soll« (25.VIII.1934). Als in den folgenden Jahren die Übersetzungen herauskamen, erschienen Rezensionen in Frankreich, und es gab eine Flut in der angloamerikanischen Welt. Sie reichte von der »New York Times«, über die »Herald Tribune«, die »Sunday Times« und über die »Cambridge Review« bis zur »Nation«, wo der deutsch-amerikanische Historiker Felix E. Hirsch (1902–1982), emigrierter »BT«-Redakteur, eine ausführliche Besprechung publizierte, die mit einem Satz schloss, den der Alte gern gelesen haben dürfte: »His career as a journalist has been finished, but as a historian he will still find an attentive community of readers throughout the world« (25.III.1936).

Eine persönlich gestimmte Kritik stammt von Joseph Roth (1894–1939): »Berührt und erschüttert haben mich diejenigen Seiten, auf denen Sie erzählen von sich, Ihrer Frau, Ihren Kindern, die Tage vor dem Krieg. Da wird die Ratlosigkeit, in der wir uns damals alle befunden haben, sehr dichterisch sichtbar. Aber warum nicht immer dichterisch sein? Warum sich nicht gehen lassen? Lassen Sie ›sich gehen‹, Sie werden sehen, wie wunderbar das Beste aus Ihnen herauskommt, das Ihrige, Eigene, daß Sie so lange haben unterdrücken müssen, weil Sie eine offizielle Person waren! Jetzt endlich, lassen Sie sich gehen! Sie haben doch gar keine ›Rücksichten‹ mehr! Sie schreiben ein klassisches Deutsch, Sie haben ein ›jüdisches Herz‹! – was braucht man mehr, wenn man ein deutscher Schriftsteller sein will?« (Brief, 8.V.1935). Von ihm liegt leider keine Besprechung des »Marsches durch zwei Jahrzehnte vor«. Es wäre aufschlussreich zu hören, in welchem Maß dieses erinnerungsträchtige und »subjektiver« verfasste Buch auf ihn gewirkt hätte. Auf die kompositorische Gestaltung dieses Buches und auf die Titelwahl versuchte der Verlag im Sommer 1935 Einfluss zu nehmen. Der »Marsch« habe etwas Militaristisches und könne durch »Erinnerungen und Begegnungen« ersetzt werden, doch die Alternative schien Theodor Wolff zu Recht nicht besonders originell. Dagegen gab er bei den zu umfangreich geratenen Zwischenunterhaltungen nach, in denen ein Gesprächskreis von zumeist deutschen Emigranten im Garten eines französischen Landhauses sonntags sich zusammenfand und über aktuelle und historische Themen parlierte. Der Titel bezieht sich reichlich vordergründig auf den »Vorbeimarsch der Männer«, die – wie es in kühner Metaphorik heißt – »den Schatz des deutschen Schicksals in ihren Händen trugen (…) und immer marschiert, marschiert in gleichmäßiger Bewegung, marschiert in gleichmäßiger Willigkeit das Volk« (Marsch, 10).

»Les Nouvelles Littéraires« besprach den Band als ein gut geschriebenes, in der Mischung von psychologischer Betrachtung und historischer Untersuchung glänzendes, dokumentenreiches und von einer kritischen Zeitzeugenschaft geprägtes Werk (2.XI.1937). Der »Observer« rezensierte es umgehend am 1. September 1936, die »Sunday Times« folgte am 8. November, und den Höhepunkt bildete zweifellos der Beitrag von Harold Nicholson am 23. Oktober im »Daily Telegraph«. Er pries die Fülle der Dokumente, ihre interpretatorische Durchdringung und die souveräne Urteilsbildung, indem er zusätzlich die persönliche Situation des Verfassers mit den Worten beschrieb »although exiled from his country in circumstances of great unfairness, he remains unembittered and uncomplaining.«

Der international zu seiner zweiten Karriere als Geschichtsschreiber beglückwünschte Theodor Wolff veröffentlichte keines seiner historisch-politischen Manuskripte. Zur Überraschung vieler erschien ein Roman, »Die Schwimmerin«, dem zwar keineswegs die historischen Dimensionen fehlen, in dem jedoch andere Fragen, menschliche und psychologische Themen, gewichtiger bedacht sind. Um den Romancier Theodor Wolff gab es literarischen Streit. Für die meisten Kritiker gab es in ihren Urteilen so gut wie keine Zwischentöne; entweder tendierten die Besprechungen zum Verriss oder stellten sogar Urteile dieser Qualität dar oder – und diese gab es nur selten – man lobte die Liebesgeschichte zwischen proletarischem und großindustriellem Milieu.

Mit Köhler nahm man aus gar nicht so fern liegenden Erwägungen zumeist an, die autobiographischen Züge des Romans zeigten sich auch in der Gestalt der Gerda und verwiesen auf Elisabeth Bergner – Rudolf war davon so sehr überzeugt, dass er den Briefwechsel bis zum Tod der Schauspielerin sperren ließ. Jetzt sprechen überzeugende Argumente für ein Porträt der im »Berliner Tageblatt« beschäftigten und von Theodor Wolff nachdrücklich geförderten Ilse (Frieda Gertrud) Stöbe (1911–1942), Mitglied der KPD, der späteren Verlobten Rudolf Herrnstadts. Herrnstadt war Redakteur und Auslandskorrespondent des »BT« und von 1949 bis 1953 Chefredakteur des SED-Zentralorgans »Neues Deutschland«. In ihrer Biographie über ihren Vater schreibt seine Tochter Irina Liebmann: »Wenn mein Vater von Theodor Wolff sprach, tat er das nie ohne Rührung, und wenn ich dann fragte, was an diesem Mann so besonders gewesen sei, murmelte er nur von tragischem Ende und linksliberaler Blindheit. – (Wolff) nimmt ihn ernst, er fördert ihn, schützt ihn, spricht gerne mit ihm. (…) Politisch zu denken – außenpolitisch –, das wird Herrnstadt bei Theodor Wolff gelernt haben« (Liebmann, 35, 63).

Stöbe nahm ihre Tätigkeit in der Anzeigenexpedition auf, wurde aber bald Sekretärin von T. W.; ihre Intelligenz und Schönheit dürften den Chef gereizt haben. Theodor Wolff beschreibt sie im Roman lebensecht: »Sie war wirklich schön, mit einer freien Stirn unter den Haarwellen, einer untadeligen Nase, einem sehr verlockenden Mund und diesen Augen, deren Dunkel nicht hart, keine Spur metallen, sondern wechselnd, in einem Wechsel von Licht und Schatten, war. (…)

Sie hatte eine gutgeformte Gestalt, braunblondes welliges Haar und dunkle Augen. (…) Sie hatte die anschmiegsame Zartheit des Empfindens, das leidenschaftliche Mitgefühl mit den Armen und Geschundenen, dieses Gefühl der Gemeinsamkeit, und sie hatte auch die Härte, den harten Willen, der, wenn es sein mußte, störende Sentimentalitäten rücksichtslos beiseite schiebt. Sie glaubte in dieser Welt, in der alles schwankte und fiel, ein feststehendes Ziel zu sehen. Wenn die Klassen, die immer nur hinter den voranschreitenden Anderen den Profit aufgelesen hatten, zugrunde gingen, so hatte sie ihr Schicksal redlich verdient« (61 ff.).

Auch Liebmann zieht den Vergleich mit Stöbe: »Die Schwimmerin« sei »ein ganzes Buch über sie. Dreihundert Seiten Faszination Ilse Stöbe. (…) Hier im Buch war es keineswegs so, dass sie ihm im Verlag durch ›herausragende Intelligenz‹ auffällt, denn so steht es überall. Hier bei Theodor Wolff, da spricht sie ihn an, und zwar ganz direkt, auf der Straße. Sie weiß, wer er ist, und sie will eine Arbeit in seinem Betrieb. Er will sie als Geliebte, denn sie ist auffallend schön, und das weiß sie auch. Diese erste Begegnung: (…) Dieses Zusammentreffen hat sie sorgfältig vorbereitet. Alles, was der Verfasser später an ihr bewundert, ist in dieser ersten Begegnung enthalten: Ihr ›rastloser Wille zum Vorwärtskommen‹, das Naive und Klare, und dass immer viele Männer um sie herum sind. – ›Ich brauche Arbeit. Sie könnten das für mich einrichten. Warum geht das nicht?‹ Von Anfang an verpflichtet die Romanfigur Gerda ihren alten Verehrer, sich um sie zu kümmern. Annäherungsversuche wehrt sie ab, aber die Beziehung baut sie aus. Was Theodor Wolff dann zu erzählen hat, ist die Geschichte der Eliza Doolittle. Die Erziehung einer ungebildeten Schönheit zur Dame, der Schliff eines Rohdiamanten, aber der misslingt. – Die Grenze zwischen ihnen ist nicht nur die sexuelle – sie will ihn nicht als Mann –, sondern auch eine Klassengrenze. Er ist der Bürger, er gehört einer Schicht an, die untergeht, sie aber fühlt sich jung und aufsteigend. Das will sie ihm immer wieder beibringen« (ebd., 145 f.).

Theodor Wolff verhalf Stöbe zu den ersten journalistischen Arbeiten, im Februar 1933 zu einer Anstellung als Auslandskorrespondentin der »Neuen Zürcher Zeitung« in Warschau. Vielleicht arbeitete sie bereits seit 1931 für Moskau. Dort wurde sie Mitglied der NSDAP, Kulturreferentin, Mitglied einer sozialistischen Widerstandsgruppe um den deutschen Botschaftsrat Rudolf von Scheliha (1897–1942). Mit Herrnstadt, der für den sowjetischen Nachrichtendienst arbeitete, war sie verlobt – es gab etliche Männer, die ihr sehr zugewandt waren –, wie Scheliha ging sie 1939/40 nach Berlin zurück. Sie arbeitete mit ihm im Auswärtigen Amt zusammen und verriet Geheimdokumente nach Moskau. Am 12. September 1942 wurden Stöbe und Scheliha von der Gestapo verhaftet und am 22. Dezember hingerichtet.

Theodor Wolff bemühte sich jahrelang intensiv um eine Verfilmung der »Schwimmerin«. Er überarbeitete das Roman-Manuskript mehrmals, um die Attraktivität der Geschichte zu erhöhen. Von 1936 bis 1938 korrespondierte er deshalb mit dem Dramatiker und ehemaligen Direktor des Theaters am Kurfürstendamm Ferdinand Bruckner (1891–1958), der wie er nach Frankreich emigriert, aber bereits 1936 in die USA ausgewandert war und über gute Beziehungen zu Hollywood verfügte. Bruckner schlug bereits in der Manuskript-Phase in seinen Briefen Theodor Wolff deutliche Veränderungen am Stoff und der Gestaltung der »Schwimmerin« vor. Ursprünglich waren andere Titel geplant: »Durch den Lärm der Welt« oder »Das Geheul der Welt« (Brief an A. Knopf, 24.III.1936). Im März 1937 sandte er einen Rohdruck der »Schwimmerin« nach Hollywood an Bruckner zur Begutachtung.

Die amerikanischen Pläne mit Bruckner zerschlugen sich; im Sommer 1938 knüpfte Theodor Wolff neue Fäden nach Zürich. Am 14. August 1938 antwortete er auf Bedenken Bernhard Diebolds (1886–1945), ehemals Regisseur am Schauspielhaus in München und seit 1934 freier Schriftsteller in Zürich, dem er ein Film-Exposé zugeschickt hatte, Gerda habe jene Hemmungen vor dem sexuellen Definitivum, die in der Tat filmisch nicht übersetzbar seien. »Der unkomplizierte Widerwille dagegen, benutzt und abgelegt zu werden, wie andere, wäre, richtig hervorgehoben, dem Publikum des Kinos gewiss einleuchtender.« Auch diese Alternative scheiterte. Besonders stark dürfte ihn das Scheitern seiner letzten Hoffnung getroffen haben. Am 11. März 1939 antwortet ihm Elisabeth Bergner brieflich: »Ich habe nun Ihr Filmexposé gelesen, und es gefaellt mir nicht. Nicht nur, weil das Maedchen selbst in der Unklarheit ihrer Empfindungen mir luluhaft und nicht ganz heutig erscheint, sondern auch, weil die ganze Handlung, die erzaehlt wird, da aufhoert, wo sie eigentlich anfangen muesste. Ich fragte mich, wenn dieses Maedchen den Mann, den sie zu lieben vorgibt, aufgibt, um nach China zu gehen, dann muss sie doch eine grosse Berufung oder Mission in sich fuehlen – sozialischer (!) oder politischer Natur. Wie kann ich sonst verlangen, dass ein Publikum sie versteht und sich sogar fuer ihr Schicksal interessiert.«

Im Nachlass fanden sich noch zwei Manuskripte, die einen ähnlichen Bearbeitungsstand wie »Die Juden« zeigten. Es sind »Das Grabmal des Unbekannten Soldaten«, veröffentlicht in den »Erlebnissen«, und »Notes sur l'histoire de la presse«, bis heute unpubliziert. Es ist fraglich, ob der Titel von Theodor Wolff vorgesehen oder ob er, was ich vermute, von Rudolf Wolff stammt: »In keinem autoritär geleiteten Lande kann die Presse handelnde Person sein, immer ist sie nur der begleitende Chor. Und auch nicht der antike Chor, der Chor des Ödipus, der nach freiem Ermessen lobsingend oder beschwörend seine Stimme erhob. Das gehört zu den Lebensnotwendigkeiten des Systems, der autoritäre Staat könnte nicht anders bestehen. Aber eine Abweichung vom ursprünglichen Prinzip ist es, wenn unter dem bolschewistischen Regime innerhalb der eigenen Glaubensgemeinschaft die Diskussionsfreiheit, das Recht auf Kritik abgeschafft worden ist. ›Diktatur des Proletariats‹ war ein ziemlich enger Begriff, aber es kann innerhalb dieser verengerten Welt, dieser Welt der Masse, noch etwas wie eine öffentliche Meinung geben, gewissermaßen sogar einen für diese proletarische Masse reservierten Rest von Demokratie. Der ›Führergedanke‹, in einer persönlichen Diktatur verwirklicht, stand nicht im Testament Lenins. (…) Die große Bedeutung einer Presse in freien Ländern liegt doch wohl gerade darin, daß sie dem geistigen Wollen und politischen Vorwärtsstreben der Völker aus der Einsamkeit, der Vereinzelung, der Ohnmacht heraus ans Licht half, das wichtigste und unentbehrlichste Instrument politischer Emanzipation wurde, Kritik und Kontrolle ausübte, veraltete Zustände umrannte und an dem, was man heute ›innere Politik‹ nennt, die öffentliche Meinung teilnehmen ließ.«

Die Niederschrift des »Grabmals des Unbekannten Soldaten« schloss Theodor Wolff mit dem Jahr 1941 ab. Er nutzte die Gestalt eines gelehrten Juden, Anaxagoras Sakarian, für kritische Dialoge über Demokratie, Freiheit, Toleranz, Gesellschaft und Herrschaft. »Demokratische Völker«, sagte ich, »können sehr verschiedenartige Einrichtungen und Verfassungsparagraphen haben, aber eine wahrhaft demokratische Geisteswelt ist gebunden an Gesetze, die unveränderlich sind. Es gibt kein Normalrezept für Verfassungen, Amerika, England, Frankreich, die Schweiz, Holland und die skandinavischen Länder haben ihr Haus nicht nach einem für alle gültigen Plan konstruiert. Man kann den Parlamenten diese oder jene Form geben, an der Spitze des Staates kann ein König stehen oder ein Präsident. Aber wie die großen Planeten über das himmlische Gewimmel zu herrschen scheinen, wird die Kulturwelt, die Welt wirklicher Kultur, von ein paar unwandelbaren Ideen beherrscht. Wo diese Gebote nicht tief eingewurzelt sind, wo Humanität, Respekt vor der Menschenwürde, Freiheit des Denkens und die einfachen Rechtsbegriffe, die das Individuum und die Gesamtheit schützen, nicht existieren oder nur so schwach flackern, wie die Karbitlampe hier, ist Kultur nur Firniß und auch die Demokratie ein leeres Gefäß«.

Für Theodor Wolff ist der Unbekannte Soldat ein Symbol demokratischer Gesellschaften. Er bezeugt auch menschliche Gleichheit, Toleranz, Recht und Demokratie. Deshalb könnten die Nationalsozialisten keinen Unbekannten beisetzen, denn sie hätten fürchten müssen, einen Juden oder einen Sozialisten zu verehren. Trotz seiner gegenteiligen Erfahrungen in der Dreyfus-Ära hält er die Franzosen für ein Volk, das »von unten herauf« demokratisch sei und – im zeitweiligen Gegensatz zu seinen Regierungen – mit einem tief verwurzelten Sinn für Egalité, das gleiche Recht aller anständigen Menschen.

Um Theodor Wolffs Ausreise hat sich das Ehepaar Oprecht 1940/41 in einem außerordentlich intensiven Maß gekümmert; zeitweise sogar im Alleingang, weil die Korrespondenz über Nizza zu zeitraubend gewesen wäre. Sie verfügten auch über beste Kontakte in die USA, nachdem sie dort ihre Zweigstelle eingerichtet hatten. Die US-Regierung gründete 1940 und 1942 in Washington zwei neue Organisationen, die das State Department und das »Office of Strategic Services«, ein Vorläufer des Geheimdienstes CIA, über die Immigranten informieren sollten, über die Einreisewilligen aus den – hauptsächlich – europäischen Staaten und über die zahlreichen privaten, halbstaatlichen und sonstigen Organisationen, die sich in dem vorangegangenen Jahrzehnt im Land gebildet hatten. Ende November 1940 entstand die »Foreign Activity Correlation Division« und im Januar 1940 die »Foreign Nationalities Branch«. Die USA nahmen während der zwölfjährigen nationalsozialistischen Diktatur rund 130.000 deutschsprachige Personen auf. Theodor Wolff hatte es dank seiner vielfältigen Verbindungen in die USA und der von Richard vor Ort unternommenen Bemühungen zwar mit mehreren jüdischen und sozialistischen Organisationen zu tun, doch bemühten sich um ihn frühzeitig zahlreiche Prominente wie Albert Einstein oder Thomas Mann und mit dem größten Erfolg das »Emergency Rescue Committee«.

Der US-Instanzenweg war lang, kompliziert, bot zahlreiche Möglichkeiten für politisch und persönlich motivierte Einflussnahmen und spiegelt den wenig erfreulichen Zustand der nicht befriedigend durchdachten und organisierten amerikanischen Einwanderungspolitik und ihrer Administration. Bislang ließen sich die Fragen nicht eindeutig klären, ob Theodor Wolff habe ausreisen können und wollen, wann er welche Aktivitäten entwickelt und wessen Hilfe er sich dabei vergewissert habe und wo die Gründe für das Scheitern seiner eigenen Bemühungen oder die seiner Freunde gelegen haben könnten. Inzwischen sind Korrespondenzen gefunden worden, mit der sich eine briefliche Aussage von Richard weitgehend verifizieren lässt. Demnach haben die letztlich gescheiterten Versuche ihren Ursprung in Überlegungen, die Richard zusammen mit amerikanischen Freunden Theodor Wolffs im Sommer 1940 angestoßen hat.

Theodor Wolff wunderte sich in einem Brief an Feder über das ihm im September 1940 unaufgefordert zugegangene Einreisevisum für die ganze Familie durch die Regierung der USA. Damals, »eigentlich nur um zu sehen, ob und wie, habe ich vor kurzem auch die Ausreisevisa nachgesucht, die sofort, schon nach drei Tagen, bewilligt wurden. All diese Dokumente (US-Ausreisevisa) ruhen im Schrank, bisher war meine Neigung, sie zu benutzen, ausserordentlich gering. Amerika? – vielleicht nicht ganz so schlimm, wenn man dort den grossen Mäzen oder ein sicheres Einkommen, ein genügendes, vorfinden kann, aber die neue Welt ist schon unter die alten Emigranten verteilt. Und wenn man eine vielköpfige Familie hat, ist die Geldfrage ein schweres Hemmnis. Mindestens bis zum Herbst (…) will ich, (…) mir dieses unglückselige Europa noch weiter ansehen. Wenn man die Dinge nicht meistern kann, bleibt Fatalismus eine erlaubte Philosophie. Indessen, eine, die mir im Grunde widerstrebt« (Brief an Feder, 23.IV.1941). Der Vertreter des amerikanischen »Emergency Rescue Committee«, Varian Fry (1907–1967), verhalf zusammen mit Mary Jyane Gold (1909–1997) 1940/41 Deutschen und Österreichern von Marseille, Toulon oder Nizza zur Flucht über die »grüne Grenze« nach Spanien und Lissabon in die USA. Er berichtet, Theodor Wolff habe sich nach langen Gesprächen nicht dazu durchringen können, »seine Bücher, seine Bilder und seine Wohnung (...) aufzugeben – auch nicht, um sein Leben zu retten« (187).

Theodor Wolff diktierte im Sommer 1942 Aenne einen Brief an Feder – er musste nach der Operation seine Augen schonen –, er habe im September 1941, nach der Rückkehr von Rudolf aus der Fremdenlegion und Lillys erfolgreich verlaufener Operation einer komplizierten Appendizitis, zusammen mit seiner Frau die bereit liegenden amerikanischen Visa nutzen wollen, da New Yorker Freunde – »wirkliche und sogenannte« – die Schiffspassage bereits vorfinanziert hätten. Davon wusste Feder bereits auf Grund des Briefes vom 23. April 1941. Nun erzählte Theodor Wolff weitere Einzelheiten. Als sie starten wollten, seien »die Herren in die Ferien gegangen« und während der Wartezeit die Visa verfallen. Inzwischen habe er neue beantragt, zwei Botschafter und den befreundeten Rektor der Universität Los Angeles angesprochen und erwarte hoffnungsvoll das Resultat. Allein im »Etat français«, dem Vichy-Frankreich, seien jetzt die Hindernisse für die Ausreise hoch. »Aber ich will und muss nach New York, nicht nur der Deblockierung meines Contos wegen und mehrerer Verlagssachen wegen, sondern um dort auch Projekte zu besprechen.« Er kündigte Feder bei dieser Gelegenheit an, dabei auf sein »mithelfendes Interesse« zu rechnen, »falls Sie nicht Ihre Laufbahn zu beenden gedenken. Jedoch was sind heute Projekte? Niemand weiss, was sich schon morgen ereignen kann. Aber bis dahin und bis zuletzt ist ja die Hoffnung erlaubt, noch einmal zu beginnen sogar in einem etwas reifen Alter. Wenigstens in jener Art. ›Verbiete Du, dem Seidenwurm zu spinnen‹« (21.VI.1942). Feder ging auf das nicht präzisierte Angebot lebhaft ein. Emmie Oprecht bestätigte im Herbst 1941 Theodor Wolff einerseits, jetzt eine Einreise zu bekommen, sei viel viel schwerer geworden und bittet ihn darum, ihm die Zahl der reisewilligen Personen zu nennen, »damit wir Th(omas) M(ann) ausführlich schreiben können« (11.X.1941).

Warum nahm Theodor Wolff die erste Chance zur Ausreise nicht wahr? Was hat ihn auch später die Ausreise so verhängnisvoll lange hinaus verzögern lassen? In Nizza hielt ihn wohl auch die Sorge um Richard, denn in jenen Monaten hatte er lange nichts von ihm gehört. Aber noch stärker sorgte er sich um Rudolf, der als Fremdenlegionär in Marokko diente, um das junge Ehepaar Sprinz, weil es immer noch nicht über ein ausreichendes Einkommen verfügte, und natürlich um die Finanzierung des Ganzen, da das Geld in Großbritannien und in den USA anhaltend gesperrt war. Theodor Wolff war in jener Zeit physisch geschwächt und auch psychisch labil.

Er litt noch unter den Nachwirkungen seiner Augenoperation, zeigte starke Anflüge von Altersmüdigkeit und reagierte wenig enthusiasmiert, wenn er in der Korrespondenz von der kalten, geschäftigen, hektischen »Neuen Welt« las. Frankreich war nicht seine Heimat, aber ein Land, in dem er gern lebte, das für ihn jene enge Verbindung zur europäischen Kultur, Literatur und Kunst herstellte, die er meinte in den USA niemals finden zu können. Wie viel Realität und Pragmatismus in dem »Projekt« steckte, über das er Feder informierte, ist unbekannt geblieben.

Für Richard Wolff gibt es für die Weigerung des Vaters, rechtzeitig in die USA auszuwandern nur eine Erklärung und die klingt verbittert: sein Bruder und seine Schwester seien »für den Tod meines Vaters verantwortlich«, weil sie ihn mit ihren Klagen erpresst hätten. Sie hätten ihm vorgejammert, sie wüssten nicht, was aus ihnen würde, wenn er sie mit ihrer Mutter verließe. Er beschreibt sein Zusammentreffen mit Fry in den USA und nennt Einzelheiten, die zeigen, wie gut alles im Einzelnen geplant und vorbereitet war. Selbst, wenn der empörte Bruder die Verhältnisse ein wenig zu günstig darstellen sollte, grundsätzlich passen seine Aussagen mit denen anderer Zeitgenossen und mit den Briefen zusammen. Die stärkste Bestätigung seiner Meinung ergibt sich aus dem zitierten Bericht von Fry. Bei Richard heißt es: »Ich trat mit Herrn Arthur H. Sulzberger, Inhaber der New York Times, in Verbindung, der mir seine Hilfe versprach. Ungefähr drei Tage danach bekam ich einen Anruf von Herrn (Arthur H.) Sulzberger (Herausgeber der »New York Times«), der mir sagte, dass er zusammen mit Herrn William Rosenwald, Sohn des Gruenders von ›Sears & Roebuck‹, Clipper Tickets von Lisbon nach New York fuer meine Eltern genommen hatte und dass ich Herrn Rosenwald sofort besuchen soll, was ich auch tat. Ungcfaehr eine Woche spaeter erhielt ich ein Schreiben vom State Department in Washington, in dem sie mir mitteilten, ihnen sofort die genaue Adresse meiner Eltern in Nizza zu senden, was ich auch sofort tat. Da ich fuer meine Einwanderung nach America eine groessere Summe in America vorzeigen musste, hatte mein Vater mir americanische Actien ueberschrieben, die ich gut verkaufte und das Geld sandte ich dann ohne meinen Namen anzugeben an meinen Vater. Nach vier Wochen erhielt ich einen Brief meines Vaters, in dem er mir mitteilte, dass er eine groessere Summe erhalten haette und dieselbe benutzte die ausstehenden Miete zu zahlen, trotzdem ich ihm schrieb, dass er wie auch meine Mutter bald nach America kommen wuerden. Ich war sprachlos darueber, da sie noch wie im tiefsten Frieden lebten. Ungefaehr 2 Wochen spaeter bekam ich einen anderen Brief meines Vaters, in dem er mir mitteilte, dass das americanische Konsulat in Nizza ihn angerufen haette, da Emergency Visas fuer meine Eltern dort vorhanden waeren. – Danach erhielt ich einen Telephonanruf von Herrn Sulzberger, der mich bat, sofort in sein Office zu kommen, da ein Herr mich dort sprechen wolle. Im Office wurde ich von Herrn Sulzberger einem Herrn *Frey* (korrekt: Fry) vorgestellt, der als Vertreter des hiesigen Governments nach Nizza ging, um noch beruehmte Leute nach America zu bringen. Er sagte mir, dass ein blombierter Zug von Nizza nach Lissabon gehen wird, in dem meine Eltern mitfahren sollten und bat mich noch sofort, einen Brief an meine Eltern zu schreiben, den er mitnehmen wollte, was ich auch tat. Nachdem Herr Fry das Office verlassen hatte, zeigte mir Herr Sulzberger einen Lebensversicherungsvertrag fuer meinen Vater mit der New York Times, wonach mein Vater ein sehr hohes Einkommen gehabt haette. Nach ungefaehr sechs Wochen rief mich Herr Fry an und sagte mir, dass er ueber 8 Stunden mit meinem Vater verhandelt hatte, jedoch mein Vater es ablehnte, nach Amerika zu kommen. Das war bevor der Augenoperation, da andernfalls Herr Fry davon erzaehlt haette« (AKiP, 15.XI.1978).

Bis zum Ende des Jahres 1942 hatte sich die militärische und politische Lage grundlegend geändert. Als am 8. November amerikanische und britische Truppen unter General Dwight D. Eisenhower (1890–1969) an der nordafrikanischen Küste auf französischem Terrain landeten, weitere britische Flottenstreitkräfte von Gibraltar starteten und die französischen Streitkräfte offensichtlich nicht zu einem nennenswerten Widerstand bereit waren, überschritten deutsche Truppen drei Tage später die Demarkationslinie zum unbesetzten Süden, erreichten motorisierte Kolonnen am 12. November die Küste, stießen die Italiener verabredungsgemäß zur französischen Riviera vor und besetzten Korsika, um möglichst schnell einen 50 km breiten Küstenstreifen zu sichern. Bereits in den ersten Tagen der italienischen Okkupation in Nizza verdichteten sich die Gerüchte, die Gestapo sei im Bunde mit den Italienern. Noch vor Jahresende 1942 ergingen aus dem Reichssicherheitshauptamt in Berlin Befehle über Massenrazzien. Selbst diese unmittelbare Bedrohung versetzte Theodor Wolff und seine Familie nicht in höchste Furcht und ließ sie nicht sogleich über Möglichkeiten eines Untertauchens oder Fliehens nachdenken.

Zusätzlich zu den Gründen von 1940/41 kamen für sie drei entlastende Überlegungen hinzu. Die erste der weiteren Hoffnungen richtete sich auf die Behörden in Nizza, denn sie hatten Theodor Wolff in all den Jahren prinzipiell besser behandelt und günstiger gestellt als die Menge der Emigranten. Fast zehn Jahre lebte er nun bereits in der Stadt.

Die Untersuchungen von Reingard Porges zeigen, dass dabei vor allem General Lospinoso und der italienische Bankier Angelo Donati eine wichtige Rolle gespielt haben. Sie sollen nicht nur vielen Juden zur Flucht verholfen, sondern auch dafür gesorgt haben, dass, trotz der von den Deutschen angeordneten Razzien, die jüdischen Familien in den betreffenden Vierteln geschützt wurden. Nach der Verhaftung Theodor Wolffs soll Donati versucht haben das Unheil abzuwenden, jedoch ohne Erfolg. In einem Telegramm an das Gestapo-Hauptquartier in Marseille vom 22.7.1943 liest sich folgendes: »Ferner intervenierte er (Donati) in Rom, dass von deutscher seits (sic) eingeleitete Judenfestnahmen und deren Ueberstellung an deutsche Behoerden erfolgt sind. Herbei soll es sich hauptsaechlich um den Juden Wolff in Nizza, Chefredakteur des Berliner-Tageblattes, (….) handeln« (Porges 154–157).

Außerdem, so hatte die Erfahrung gezeigt, bestand zwischen den deutschen Zivil- und Militärverwaltungen im okkupierten Frankreich und der französischen Führung im unbesetzten Teil weder nach dem Waffenstillstand (22.VI.1940) noch nach der Besetzung der Südzone Frankreichs am 11. November 1942 sogleich ein Diktatverhältnis. Trotz vorhandener Entscheidungsfreiheiten gab die Vichy-Regierung erst in der Folgezeit den Forderungen der Gestapo aus höheren Interessen und antisemitischen Gefühlen zunehmend nach, händigte den Deutschen die von französischen Beamten zusammengestellten Juden-Karteien aus, förderte die Zusammenarbeit zwischen französischen Polizisten, Gestapo, SS und Wehrmacht. Ein Bericht des Polizeikommissars von Nizza gibt darüber Auskunft, dass Theodor Wolff auf Grund des Gesetzes vom 2. Juni 1941 wie alle anderen Juden der Stadt auch in das zentrale Judenregister eingetragen worden sei (28. VII.1941). Der Fünfundsiebzigjährige blieb und harrte aus. Er schätzte die Situation falsch ein, konnte sich ein Zusammenspiel von Italienern, Franzosen und Deutschen nicht vorstellen – und wollte es vermutlich auch nicht. Doch nicht er allein unterlag diesem tödlichen Irrtum. Er glaubte zusätzlich, sich auf Mussolinis ihm wohlgesinnte Beamten verlassen zu können; mit dem italienischen Generalkonsul in Nizza und etlichen angesehenen Italienern in der Stadt stand er in freundschaftlicher Beziehung.

Innerhalb ihres Küstenstreifens evakuierten die Italiener bis zum 25. Mai 2.400 Juden aus Nizza in kleinen Gruppen auf Lastkraftwagen und verteilten sie auf kleine Städte der weiteren Umgebung. Theodor Wolff gehörte nicht zu jenen »Kontingenten«. Er wurde vielmehr gezielt gesucht, und es ist anzunehmen, dass die Gestapo die Italiener aus formalen Gründen die Verhaftung hat vornehmen lassen, um nicht auf fremdem Hoheitsgebiet tätig werden zu müssen. Am 23. Mai gegen zehn Uhr morgens, brach der »Unglückstag« über die Familie herein, von dem Rudolf und Helna Wolff in ihren Berichten sprechen, die siebenundzwanzig Jahre später nach einem Interview mit Wolfram Köhler niedergeschrieben und autorisiert worden sind. Hier werden die Niederschriften erstmals veröffentlicht; die Ergänzungen von Helna Wolff sind berücksichtigt (in Klammern): »An der Tür standen zwei elegante italienische Zivilbeamte und baten, so jedenfalls erzählt es meine Frau, höflich um Einlass. Sie unterhielten sich einen Augenblick ruhig und recht viel Zuversicht einflössend, mit TW (… und dann ist das Mädchen, das Mädchen von meiner Schwiegermutter ist zu meiner, zu unserer Wohnung gekommen und hat gesagt, Frau Wolff – das war dann ich –, es sind Italiener in die Wohnung von ihren Schwiegereltern und es ist etwas los, gehen Sie sofort gegenüber. Da bin ich hinübergegangen und habe in der Tat die Italiener gefunden mit meinem Schwiegervater und meiner Schwiegermutter, die da allein waren), begannen dann aber, die Schubfächer des Schreibtischs und der Kommode zu öffnen, Akten, Dokumente und Briefe durchzufliegen, und einen Haufen Papiere an sich zu reissen. Dann baten sie TW, ›einen Augenblick‹, wie sie sagten, zum Verhör mitzukommen. ›Sehr wahrscheinlich werden Sie schon am Nachmittag, spätestens am Abend zurücksein‹, fügten sie lächelnd hinzu. TW soll in diese Italiener grosses Vertrauen gehabt haben. Jedenfalls schien er absolut nichts zu ahnen. Und meine Frau wäre sicher ebenso ruhig geblieben, hätte einer der Beamten ihr nicht plötzlich im Nebenzimmer gesagt, sie möge ein kleines Köfferchen mit den notwendigsten Sachen packen. Von dieser Sekunde ab bestand über TW's Schicksal kein Zweifel mehr. So war meine Frau also die letzte, die ihn gesehen hatte und dem Beamten das Schicksalsköfferchen in die Hand drücken musste. (Ja, und da mußte er weg mit diesen Italienern. Aber die waren so charmant, so nett und haben gesagt, machen Sie sich keine Sorgen, es ist nur für ganz wenig Zeit. Wir haben natürlich das ganz genau gewußt, daß das nicht so war. Und ich hatte einen ganz kleinen Moment, habe ich meinen Schwiegervater in den Fahrstuhl begleiten können, da waren die Italiener komischerweise noch in der Wohnung meiner Schwiegermutter. Und da hat er mir so zugeflüstert: bring sofort alle diese Manuskripte zu Fontana; das war Fontana der Hausmeister, nicht wahr, der in einer Villa wohnte da in Nizza. Und das habe ich dann nachher getan. So ist dann eigentlich Theodor Wolff weggegangen und nachher haben wir ihn gar nicht mehr gesehen. Aber er war ganz ruhig). Unten vor der Tür bestieg TW den Dienstwagen, sicher noch in der Hoffnung, bis zum Abend wieder zurück zu sein.

Was dann in einer von den Italienern und der Gestapo beschlagnahmten Villa auf den Höhen von Cimiez vor sich ging, entzieht sich meiner Kenntnis. Ich weiß nur, dass sich meine Schwester kolossal bemühte, bei allen italienischen Freunden anzurufen und selbst, was jedoch vergeblich war, an die Villa heranzukommen. Während ich selbst in einer und dann auch in der zweiten Nizzaer Schule erfuhr, dass die Besatzungspolizei nach mir suchte. Auch mein Versuch, in die Cimiez-Villa zu kommen und TW zu erreichen, scheiterte vor allem auch an den zahllosen Verhaftungen, die am gleichen Nachmittag und in der gleichen Nacht vorgenommen wurden. Die Katastrophe wurde nun nicht mehr erwartet, man stand mitten in ihr. Erst einen Tag später wussten wir, um welche Villa es sich handelte, bis wir dann am zweiten Tag erfuhren, dass TW mit anderen Gefangenen in ein Gefängnis in der süd-italienischen Küstenstadt Imperia gebracht wurde. Sein Aufenthalt dort hatte nicht lange gedauert. Es schien, als sei er sofort oder fast sofort der Gestapo ausgeliefert und von Imperia zuerst nach Marseille und dann in das bei Paris liegende Auffanglager Drancy gebracht worden. Selbst in einem Versteck konnte ich anfangs nicht viel mehr hören als das« (Bericht von Rudolf und Helna Wolff, 27.III.1970).

Wie der Abtransport der jüdischen Gefangenen in Marseille ablief, berichtete der »Wortberichterstatter« Walther Kiaulehn als Frankreich-Korrespondent der nationalsozialistischen Zeitschrift »Signal« im April 1943: »Die Kloake wird trockengelegt. (...) Die Wahrheit sieht sehr nüchtern aus. Es wurde nicht geschossen und es klappte alles zusammen wie Theaterkulissen, weil diesmal – der Staubsauger so groß war wie der Müllkasten. Wohin auch der Betroffene blicken mochte, da sah er Stahlhelme und automatische Waffen, und als er über die Streitmacht der französischen Polizei hinweg blickte, da sah er die deutsche Polizei. Es war sinnlos, Widerstand zu leisten, und darum vollzog sich alles ohne Geräusch. Dies alles hat nichts mit Literatur zu tun, sondern nur mit Hygiene. Wenn einmal spätere Historiker die Geschichte von Marseille schreiben, dann werden sie den denkwürdigen Umstand berichten, daß hier zum erstenmal, bei der Aufhebung des alten, gotischen Patrizierviertels, das im 20. Jahrhundert von der Schande so ganz zerfressen war, die Polizei – die französische und die deutsche –, von einem Organisator so angesetzt worden ist, wie man ein Ingenieurkorps ansetzt oder eine Ärztetruppe. Die Romantik dieser Arbeit ist ihre Geräuschlosigkeit und Präzision« (Heft 7, 34–38).

Wie lange für Theodor Wolff die Haft in Imperia, Marseille und anderen Gefängnissen und Lagern im Einzelnen dauerte und wie viele Stationen der Leidensweg umfasste, ist nicht bekannt. Die in der Memoirenliteratur genannten vierzehn sind nicht belegt; fast alle Tagesdaten ebenfalls nicht. Den Akten des »Ministère des Anciens Combattants et Victimes de Guerre« in Paris vom 20. April 1951 – sie sind Teil der Unterlagen der Berliner Entschädigungsbehörden – ist zu entnehmen, dass Theodor Wolff am 28. Juni, sechs Wochen nach seiner Verhaftung, in Camp de Drancy, in der Nähe von Paris, eingeliefert wurde. Das Lager bestand aus einem offenen Geviert unfertiger Sozialwohnungen unter französischer Verwaltung, französische Gendarmen bewachten die Gefangenen und eskortierten sie später bis zur lothringischen Grenze. Der »übliche« Weg in den Tod ist aus anderen Transporten bekannt. So wurden die Marseiller Juden ebenso wie die aus Nizza und Theodor Wolff nach der Inhaftierung in ihrer Stadt nach Compiegne und dann nach Drancy gebracht; von dort aus gingen die Transporte nach Sobibor, Sachsenhausen und Oranienburg. Vermutlich sind deshalb diese Orte mit dem Schicksal Theodor Wolffs in Verbindung gebracht worden. Er blieb in Drancy bis zum 18. Juli inhaftiert; an diesem Tag sollte er eigentlich mit den meisten der rund 65.000 Insassen nach Auschwitz abtransportiert werden. Der Lagerleiter, SS-Hauptsturmführer Alois Brunner (1912 geb.), ließ ihn stattdessen als Polizeigefangener nach Berlin abtransportieren. Die »Frankfurter Allgemeine« berichtete in einem anonymen Artikel, die Gestapo habe von den Italienern die Auslieferung Theodor Wolffs verlangt, weil sie ihn als »Geisel« nutzen wollte. Sie hätten ihn »daher verhältnismäßig angemessen behandelt« (10.V.1956).

In Berlin war Theodor Wolff im »Zellengefängnis Moabit« an der Ecke Lehrter Straße / Invalidenstraße inhaftiert, das seit 1941 vom Gestapo-Gefängnis, Niederkirchnerstraße, als eine Art »Ausweichquartier« mit genutzt wurde. Aus dem Polizeigewahrsam berichtete ein Mithäftling Walter Oppenheimer seiner Lebensgefährtin Rose Scharnberg, Wolff wisse nicht, was man mit ihm vorhabe und bitte den Hotelier Louis Adlon (1874–1945) um Hilfe:

> »Kannst Du Dich mit Herrn Adlon persönlich in Verbindung setzen und ihn bitten, für Th. W. irgendwelche Sachen (Käse, Brot, Butter, Wurst etc., auch wenn möglich Zigaretten) zur Verfügung zu stellen und hierher schicken. Adlon sagen, daß Ausgleich später ab Nizza erfolgt, da W. dort durchaus bemittelt. – (Ist nicht ungefährlich und sehr diskret zu behandeln.). Für irgend welchen eintretenden Fall als letzten Willen Th.W.s folgendes: Die im Besitz von Frau W., Nizza, 63 Promenade de Anglais befindlichen 2 Manuskripte »Wer bist du, unbekannter Soldat« und »Die Juden« sollen so schnell wie möglich im Augenblick des Waffenstillstandes (?) oder jedenfalls der bestmöglichen Gelegenheit durch Verleger Dr. Oprecht, Zürich zur Verwendung gelangen. Dr. Oprecht soll ein Vor- oder Nachwort hinzufügen, aus dem die erfolgte Verhaftung und Hertransport hervorgehen« (Hartwig-Scharnberg, 26.7.1943). [Oppenheimer erwähnte Theodor Wolff auch in weiteren seiner Briefe:] Eben ist ein Wunder geschehen! Haertel (Wachtmeister) hatte eine tolle Idee. Nach dem Nachmittagsspaziergang war eine drückende Hitze. Da ließ er alle Häftlinge, die wollten, mit dem großen Feuerschlauch abspritzen. Herrlich! Selbst der 75 jährige Theodor Wolff machte mit,

was der Zelle ein Sonderlob einbrachte. Die a-Deutschen haben sich sämtlich ausgeschlossen, worauf Haertel bezüglich Th. W. erklärte: »Da können sich unsere Deutschen alle eine Scheibe runterschneiden. Die haben Angst, es könnte etwas von ihrem Dreck verloren gehen« (Hartwig-Scharnberg, undatiert [Juli 1943]).

Zwei ärztliche Berichte halten Einzelheiten über Theodor Wolffs damaligen schlechten physischen Zustand lapidar fest: »schwere Nervenstörungen, grosse Schlaflosigkeit, Sehstörungen, Darm- und Magenentzündungen, Ablösung der Netzhaut auf beiden Augen« (20.VII.1960).

Vom Polizeigefängnis aus lieferte man ihn am 15. September in das Jüdische Krankenhaus in Berlin, Iranische Straße, wegen zunehmender »Herz- und Kreislaufschwäche bei stark reduziertem Allgemeinzustand« und wegen einer Phlegmone (Zellgewebsentzündung) am Arm ein. Am 20. September wurde er in Rauschnarkose operiert. Die Kreislaufschwäche nahm danach bedrohlich zu, sie gaben dem Patienten starke anregende Mittel, »die jedoch nur ganz vorübergend eine geringe Besserung« bewirkten. Am 23. September starb Theodor Wolff »an Herz- und toxischer Kreislaufschwäche«. Der zweite ärztliche Bericht erwägt, »ob die Armphlegmone nicht etwa durch unhygienische Verhältnisse während der Polizeihaft entstanden« sein oder aber eine unsachgemäße Behandlung zur Infektion geführt haben könnte.

Theodor Wolff wurde auf dem Jüdischen Friedhof in Berlin-Weißensee beerdigt. Nur Paul Löbe soll dem Sarg gefolgt sein, andere Berichte erwähnen zehn Personen. Bedenkt man, wie restriktiv die Nationalsozialisten gegenüber jüdischen Nachrichtenblättern vorgingen, so zählt das einsame Begräbnis zu den normalen Abläufen in jener Zeit, denn bestenfalls erfuhren ausschließlich einige Mitglieder der Jüdischen Gemeinde, wann eine Beerdigung stattfinden sollte. Sein Grab mit der Nr. 111226 liegt an einer unaufwendig gestalteten Stelle, direkt am Wegesrand zum Feld AI, zeigt eine normale Größe und Form auf. Man nimmt an, es sei ein »Ehrengrab«, denn ein Aufdruck in dem offiziellen Übersichtsplan des Friedhofs verweist dort auf eine »Ehren-Reihe«.

Zwei deutschsprachige Zeitungen im Ausland gehörten zu den Blättern, die den Tod Theodor Wolffs meldeten und kommentierten. In der in London erscheinenden »Zeitung« hieß es: »Über seiner Arbeit lag ein kühler, heiterer Skeptizismus (eine sehr französische Geisteshaltung – die Prägung, die er in seinen Pariser Jahren erhielt, hat er nie verleugnet), das Bewusstsein, dass nichts vollkommen ist, und kein Ideal vollkommene Wirklichkeit wird, und zuletzt Resignation, als er beobachten musste, wie wenig sein Ideal Wirklichkeit geworden war« (4.II.1944). In dem New Yorker traditionsreichen Blatt »Aufbau (Reconstruction)« schrieb der über Frankreich in die USA emigrierte ehemalige Redakteur der »Vossischen Zeitung«, Max Osborn (1870–1946), am 9. März 1944: »Theodor Wolff gehörte zu den Menschen, die von ihrer Jugend, ja von ihrer Kindheit an zum Mann der Feder gestempelt werden. Wir haben zusammen die Schulbank des Berliner Wilhelmsgymnasiums gedrückt (wobei Wolff mir um ein Semester voraus war), und ich sehe noch die Titelseiten der schülerhaften ›Zeitungen‹ vor mir, die der 17jährige ›leitete‹. (…) Da riss es ihn herum. Die Henkersgesellschaft der Hakenkreuzler zerschlug ihm alles Glück seines Lebens, zerschlug ihm den Frieden des Abends.«

Aus der engeren Familie lebt heute niemand mehr. Die älteren Schwestern Theodor Wolffs verlor die Familie mit der Emigration aus den Augen. Nur mit seinem Bruder Fritz und der Schwägerin Elsa hat Theodor Wolff gelegentlich korrespondiert und beide während seinen Paris-Fahrten besucht. Fritz Wolff starb kurz vor dem Einmarsch der Deutschen in Paris. Seine Schwester Käthe floh nach Großbritannien, heiratete und lebte dort unter dem Namen ihres Mannes, Hirschfeld, mindestens bis 1941. Martha wurde im Konzentrationslager Theresienstadt umgebracht. Aenne Wolffs Leben war nach der Verhaftung ihres Mannes ebenfalls gefährdet, obwohl sie nicht jüdischer Religion war. Deshalb versteckte sich Lilly zusammen mit ihrer Mutter bei einer französischen Freundin, Yvette Sorré-Dieudonné, die ihnen einen Zufluchtsort in den Bergen bot. Dort arbeitete sie bei einem Bauern, um für sie beide den Lebensunterhalt finanzieren zu können. Aenne Wolff lebte in einer Scheune; sie musste stets in Sorge sein, von den Besatzungstruppen entdeckt und ebenfalls verhaftet zu werden. Ihr Nachtlager war Stroh, und das Wasser, das sie brauchte, musste sie sich aus einem weit entfernten Brunnen holen. Ihre Tochter schlief allnächtlich in der Leichenkammer eines kleinen Dorfes (FAZ, 10.V.1956).

Nach der Befreiung Frankreichs ließ sie ihre Mutter in einer Pension bei Aurilac zurück, um in Paris eine Beschäftigung in der amerikanischen Militärverwaltung annehmen zu können. Im Frühjahr 1946 lebte Lilly Wolff wieder in Nizza, in der Avenue de Beaumette Nr. 31. Lilly führte später mit ihrer Freundin ein kleines Hotel, zog sich 1949 bei einem Sturz auf der Treppe eine so schwere Rückenverletzung zu, dass sie erst Ende der fünfziger Jahre daran denken konnte, sich in Nizza ein kleine Existenz als Innenarchitektin aufzubauen. Hier lebte auch Sprinz noch nach dem Krieg. Er war dort als Honorarkonsul tätig; eine breitere Öffentlichkeit erfuhr davon, als die »Rote-Armee-Fraktion« im Juni 1972 einen Anschlag auf seinen Privatwagen ausübte. 1976 starb er 89-jährig, Lilly verstarb 1990.

Sogleich nach der Kapitulation Deutschlands hatte sich Richard Wolff im Dienst des »Military Intelligence Service« nach Berlin versetzen lassen, um bei dieser Gelegenheit nach seinem Vater zu suchen. Seiner Mutter sandte er bereits von New York aus Lebensmittelpakete. Er sorgte für einen Stein auf der Grabstelle seines Vaters in Berlin-Weißensee, ließ die ebenfalls dort befindliche Ruhestätte seiner Großeltern väterlicherseits wieder herrichten und reiste dann zu seiner Mutter nach Nizza. Nach einem Jahr wurde er dienstenpflichtet; drei Monate später holte er seine Mutter nach New York. Aenne Wolff starb dort am 30. April 1956 in einem Altersheim in Yonkers am Hudson, nicht fern von New York. Richard arbeitete die folgenden Jahre als Bankangestellter und heiratete eine Österreicherin. Er starb 1991. Rudolf und Helna Wolff hatten nach der Verhaftung Theodor Wolffs Nizza ebenfalls schnell verlassen. Sie lebten die folgenden Monate in einem Bergversteck. Nach dem siegreichen Vormarsch der amerikanischen Truppen schlug Rudolf Wolff sich zunächst in Marseille, dann in Paris mit Gelegenheitsjobs und als Übersetzer durch. In der französischen Besatzungszone erhielt er eine Anstellung bei der »Saarbrücker Zeitung«; nach der Gründung der Bundesrepublik arbeitete er in Paris als Auslandskorrespondent für die »Saarbrücker« und die »Westdeutsche Allgemeine Zeitung«. Er hatte die Freude, jahrelang als Kuratoriumsmitglied des »Theodor Wolff-Preises« bei der Auszeichnung deutscher Journalisten beteiligt zu sein. Rudolf Wolff starb als letztes Familienmitglied am 18. Dezember 1993. Seinem Wunsch folgend, wurde er zehn Tage später im Krematorium verbrannt und seine Asche auf dem größten Friedhof der Stadt, Père Lachaise, verstreut.

Nizza ehrte Theodor Wolff am 10. November 1969 mit einer Gedenktafel in der Promenade des Anglais, und die Stadtverwaltung von Sanary-sur-Mer, Département Var, erinnert ebenfalls auf einer Tafel an den Emigranten aus Deutschland. Die Stadt Berlin gab am fünfzigsten Todestag (23.IX.1993) einer Grünanlage in Kreuzberg, in der Nähe des Mehringplatzes, den Namen »Theodor-Wolff-Park«, der unter dem Leitgedanken stehen könnte: »hindert man die Presse, ein freies Wort zu äußern, so fesselt man die öffentliche Meinung und erstickt den bürgerlichen Muth« (BT 21.XI.1898).

KAPITEL 12

POSITIONEN EINES LIBERALEN JOURNALISTEN

Was bleibt von einem Leben dieser Fülle und Vielfalt? Viele und unterschiedliche Eindrücke drängen sich auf, doch im Mittelpunkt steht »das Leben mit der Zeitung«. Wenige Journalisten haben länger als ihr halbes Leben und nahezu ausschließlich für eine Zeitung gearbeitet. Noch kleiner dürfte die Zahl der Chefredakteure sein, die sechsundzwanzig Jahre für ein Blatt verantwortlich sind und sich zwei- bis dreimal wöchentlich an ihre Leser wenden. Die hauptstädtischen großen Tageszeitungen stellen für Theodor Wolff einen eigenständigen politischen Machtfaktor dar. Selbstbewusst und geschickt bewegt er sich auf dem politischen Parkett, in der Welt des Journalismus und den verschiedenen gesellschaftlichen und kulturellen Bühnen. Das exklusive informelle oder das diskrete vertrauliche Gespräch über Hintergründe und Zusammenhänge akzeptiert er nur, wenn es unter der Voraussetzung der Gleichberechtigung stattfindet. Alle Versuche administrativer oder regierungsoffizieller Instrumentalisierung lehnt er ab, wenn sie seinen Prinzipien widersprechen und die Politiker ihm die Freiheit der Gestaltung nicht zubilligen wollen. Der souveräne, ihm wohlgesinnte und finanziell gesicherte Verleger Rudolf Mosse garantiert dabei die äußere Unabhängigkeit.

Theodor Wolff tritt uns in keiner Lebensphase ausschließlich als Journalist entgegen. Er lässt sich von der Zeitung und dem Zeitungsmachen nicht völlig in Anspruch nehmen, obwohl die Zeitung seinen Tagesablauf zeitlich bestimmt und sie zusammen mit dem politischen Engagement ihm häufig wenig Zeit für Schöngeistiges übrig lässt. Es ist kein Leben »für die Zeitung« oder ein Aufgehen in der Fron des Alltäglichen der Redaktion. Deshalb kann man es auch nicht als ein Phänomen der Altersmilde oder der eingeschränkten Wahrnehmung abtun, wenn Theodor Wolff die zwölf Jahre in Paris »die schönsten unter allen, auf die ich zurückblicken kann« nennt, denn jenes Frankreich vor dem Großen Krieg bietet ihm politisch, gesellschaftlich, kulturell und intellektuell ungleich mehr als das aus Berlin Bekannte oder auf seinen Reisen in Skandinavien und rund um das Mittelmeer Gesehene.

Theodor Wolff verklärt in seinem positiven Urteil weder die Politik noch den Journalismus in Frankreich. Er hat die Arroganz der Elite, den Einfluss von Militär und Kirche sowie die große Harmoniebedürftigkeit im öffentlichen Leben erfahren. Dennoch vermeidet er pauschale Urteile. Allen Aussprüchen über den Nationalcharakter oder die Tugenden eines Volkes steht er skeptisch gegenüber. Sie enthalten zwar Wahrheiten, aber seien zu starr und zu bestimmt. »Das politische Leben in Frankreich hat sich bis zum Ausbruch des Weltkrieges weit mehr auf der öffentlichen Bühne abgespielt als das Leben der Deutschen, und während sich bei uns die Dinge auf glattem, gut eingezäuntem Rasen verhältnismäßig einfach abwickelten, gab es in den ersten vierzig Jahren der französischen Republik jene dramatischen Höhepunkte, auf denen sich das Gute und das Schlechte entladen und jeder erst wirklich seine Seele zeigt. Ein solcher dramatischer Höhepunkt war die Dreyfus-Affäre, die vieles vom Verborgenen ans Licht treten ließ. Selten offenbarte sich die Macht der Massensuggestion grandioser. Aber es gab auch hier Beispiele von großem »bürgerlichen und moralischen Mut«. Theodor Wolff fragt sich: »Darf man unter bürgerlichem und moralischem Mut die gegen die herrschenden Gewalten gerichtete Geste eines Tribunen verstehen, der seine Partei hinter sich weiß? Nein, den wahren Mut hat nur der, der allein steht und ganz allein, ohne auf den Applaus einer Anhängerschaft rechnen zu können, die Verantwortung für seine Handlungen und die Folgen trägt« (Vorspiel, 112 f.). Diesen Mut bewundert er und zweifelt, ob man im kaiserlichen Deutschland, wo kein Jude Hauptmann im Generalstab werden konnte, bei einem mit dem Odium des Vaterlandsverrats belasteten Ereignis ähnliche Beispiele bürgerlichen Mutes, unerschütterlicher Tatkraft und enthusiastischer Selbstaufopferung hätten erleben können.

Die deutsche Literatur erschließt sich ihm früh und in großer Fülle. Mit eigenen Versuchen wagt er sich, in ihr zu orientieren: mit Romanen, Gedichten und Feuilletons. Die Schauspielerei und das Theater beglücken, die Welt der Stars und des Films faszinieren ihn. Er beteiligt sich auch hier mit eigenen Werken. Der Schüler spielt Theater, der junge Mann schreibt für die Bühne, der alte konzipiert ein Drehbuch. Unter dem Eindruck der ersten Aufführungen formuliert er seine Dialoge für die Bühne um, korrigiert und streicht in großem Umfang, gestaltet ganze Szenen neu; seinen Roman passt er bereits in der Entstehungsphase im Gespräch mit dem Lektor den Erwartungen von Film-Produzent und Regisseur in Handlungsführung und Dialoggestaltung an.

Literatur, Kunst und Theater, Ausstellungen, Wettbewerbe und Prozesse fordern ihn neben der Politik zum Schreiben heraus. Seine Welt sind die Sprache und der Schreibtisch, seine Heimat sind Redaktion und Stehpult, sein bevorzugtes Handwerkszeug ist der Bleistift. Selbst in den Wochen des Kaiserreichs oder in den Monaten der Weimarer Republik, in denen er die Redaktion verlässt, um sich der Politik zu stellen, tritt er nicht als Sprecher hervor, wirkt er nicht als geschickter Debattierer oder glühender Redner. Er schreibt vielmehr den Entwurf zur Denkschrift von 1915 oder konzipiert 1918 erste Sätze zum Aufruf der neuen Partei. Die Reden halten andere, Sitzungen leitet er nicht, auf Plätze im Vorstand verzichtet er gern. Bitten, Vorträge zu halten, lehnt er in fast allen Fällen ab; jeglicher öffentlichen Demonstration bleibt er fern. Für seinen Beitrag zum Zeitgespräch und für Aufrufe bedient er sich der Zeitung, des geschriebenen Worts in geschliffener Form. Sein Zeitungsartikel hat sachlich und konkret zu sein und jenseits eines rhetorischen, volltönenden Populismus zu bleiben, denn welch ein banales Musikinstrument ist doch die Posaune.

Sprachlich bevorzugt er das Florett. Wenn ihm auch der Säbel nicht fremd ist, so benötigt er doch eine elegante Klinge für sein liebstes stilistisches Mittel, das der Ironie in allen Variationen und Stufen. In seinen Leitartikeln finden sie sich: die attackierende Passage und der bissig-scharfe Halbsatz gegenüber dem politischen Gegner, die enthüllende, entlarvende und bloßstellende ironische Darstellung eines unzulänglichen Auftritts in Politik oder Gesellschaft – selten ironisiert er in verletzender, gar nicht in ehrabschneidender Weise. Er achtet darauf, dass ihm keine Anspielung zu langatmig und keine Andeutung zu breit gerät. Sein Witz verzichtet auf den letzten erläuternden Satz, seine Ironie auf das zusätzliche Ausrufezeichen. Neben ihren harten und bitteren Varianten tritt die Ironie mit verzeihendem, versöhnendem und entspannendem Gestus auf – leise, lächelnd und sogar etwas versonnen, wie es in den an Anatole France oder Victor Auburtin erinnernden Texten geschieht. Nie entsteht der Eindruck des Spielerischen und des Unverbindlichen, denn vor diesem Missverständnis bewahren den Leser der seriöse publizistische Kontext, der sachliche Untergrund des Artikels und die Ernsthaftigkeit der journalistischen Botschaft.

Gleichgültig in welcher Profession Theodor Wolff seinem Leser begegnet, als Journalist dem Aktuellen, den Winden oder Stürmen der Landstraße ausgesetzt, oder als Schriftsteller hinter den schützenden Wänden der Bibliothek mit dem Anspruch schreibend, dem Wahren und der Wahrheit nachspüren zu wollen, immer teilt er sich seinem Publikum mit als genauer Beobachter und Aufklärer. Fern jeglicher Ideologie stehend, liberal, offen und mit einem deutlichen Anflug von Skepsis, misstraut er ehernen oder ewigen Wahrheiten und ihren Propheten. Die dabei beachtete Zurückhaltung und Skepsis wendet er auch gegen sich und die Zeitung. Der Advokat dürfe erst plädieren, wenn er seine Studien und Examina bewältigt habe, doch dem Journalisten werde beides nicht abverlangt – wie übrigens auch dem Monarchen nicht, berichtet er mit Vergnügen über einen Kommentar des Pariser »Matin« (BT 31.VII.1906). Über allen Feststellungen und Urteilen schwebt ein selbstkritisches »Vielleicht«. Deutlicher als im »Berliner Tageblatt« eröffnet er seinen Briefpartnern, wie sehr ihn das Nachdenken über unsere begrenzten Erkenntnismöglichkeiten beschäftige, wie verhüllt bereits der nächste Tag, die kommende Stunde sei und wie sehr ihn dieses Stochern im Nebel belasten könne.

Im »Berliner Tageblatt« setzt sich Theodor Wolff vor und nach 1918 mit Antisemiten nie über die Länge eines Leitartikels hinweg auseinander. Ihm liegt nicht daran, Kräfte zu vergeuden und sich in pathetisch-unwirksamer Polemik oder sachlich-kühler Argumentation an Fanatiker und Verblendete zu wenden, die gar nicht zuhören wollen. Vielmehr hofft er darauf, bei Lesern mit antijüdischen Vorurteilen oder einem latenten Antijudaismus, wenn sie überhaupt das »BT« lesen, Erfolge nicht mit speziellen, sondern mit seinen sämtlichen Beiträgen zu erzielen. Bei diesen Adressaten rechnet er mit der Überzeugungskraft seiner Worte, weil sie differenziert angelegt sowie Werten und Prinzipien verpflichtet sind, die jenen intoleranten Haltungen entgegenwirken können. Theodor Wolff verleugnet nie sein Judentum, bekennt sich aus Anhänglichkeit zu seinem Glauben, hält es aber für minder wichtig, eine Synagoge zu besuchen oder wie sein Cousin Rudolf Mosse in der Jüdischen Gemeinde tätig und angesehen zu sein. Für ihn ist es vielmehr bedeutsam, ein guter Deutscher zu sein. Es ist ihm im Frühjahr 1933 deshalb eine bittere Erfahrung, von einer Recht und Gesetz missachtenden Koalition aus Deutschnationalen und Nationalsozialisten demonstriert zu bekommen, dass es für einen deutschen Patrioten jüdischer Konfession in Deutschland keinen Platz mehr gibt.

Nicht erst im Exil beginnt Theodor Wolff sich also mit seinem Judentum und den Juden, mit dem historischen und aktuellen Antisemitismus und mit dem Antijudaismus zu befassen, doch erst jetzt außerhalb der redaktionellen Arbeit, geschieht es in Muße, systematisch und nach umfassender Lektüre. Er beginnt die Niederschrift des Manuskripts »Die Juden« im vollen Bewusstsein der quälenden Ungewissheit über sein eigenes späteres Schicksal und ist keineswegs schlecht informiert über die Kollaboration der Franzosen und die direkte Mithilfe der französischen Polizei seit 1940. Alles, was er in Nizza erlebt und über die Zusammenarbeit von lokalen Sicherheitskräften mit der Gestapo erfährt, muss ihn noch tiefer enttäuschen als der spät und unsystematisch praktizierte Antisemitismus der an Hitler gebundenen Italiener. Es sind die Jahre, in denen er an der Schrift »Die Juden« arbeitet, in der er die Behauptung der Nationalsozialisten, eine deutsch-jüdische Gemeinschaft sei nicht möglich, historisch widerlegt. Dem Vorurteil, eine derartige Synthese könne es nicht geben, weil das Anderssein missachtet und in philosemitischer Selbsttäuschung der rassische Befund geleugnet werde, und den vordergründigen Stereotypen vom »Jüdischen« setzt er seine Lektüre und Erfahrung entgegen. Das Manuskript wird ungeahnt sein Abschiedsgruß. Über ihn schwebt nicht das bekannte »Vielleicht«, sondern in ihm wird es mit skeptischer Färbung ausgesprochen. Doch im folgenden Satz herrschen bereits wieder ein wenig Optimismus und ein größeres Quantum Hoffnung vor: »Ich habe diese Betrachtungen im Jahre 1942 begonnen, ich beende sie im Frühjahr 1943, und vielleicht hat auch da noch die Beschäftigung mit dem jüdischen Problem und mit allen Problemen von Heute und Morgen wenig Wert und Zweck. Aber vom Horizont aus ist schon die Helligkeit höher gestiegen, und es ist nicht mehr, wie in der überwundenen dunkelsten Zeit, nur ein mystischer Wunschglaube, daß die Ideen des Rechtes, der Freiheit und der Menschlichkeit nicht unterliegen können« (Juden, 19).

Die kritische Haltung gegenüber seiner eigenen Arbeit und seinem Leistungsvermögen lässt Theodor Wolff um die Jahrhundertwende die Grenzen nicht übersehen, die sich ihm auftun, als er nach dichterischem Lorbeer strebt. Diese Erfahrung, nicht ganz zureichend zu sein, wenn das Lustwandeln mit Thalia und Kalliope so viel Freude mit sich bringt, ist bitter gewesen und das Eingeständnis schmerzt ihn lange noch. Er nutzt 1906 erst nach langem Zögern die Chance, die sein Cousin ihm mit der Leitung der Zeitung bietet und macht den Journalismus zu seinem Beruf. Jahrzehntelang wirkt er in ihm mit sicherem politischen Instinkt, engagiert, leidenschaftlich und dicht an den Ereignissen, denn am wirkungsvollsten ist ihm die Sprache der Tatsachen. Hinzukommen müssen jedoch, weil jeder Steuermann einen Kompass braucht, ein ausgeprägtes Verantwortungs- und Rechtsgefühl, ein scharfer Sinn für Gerechtigkeit und ein warmes Gefühl für soziale Verträglichkeit. In stürmischen Zeiten zeigt Theodor Wolff offenkundig stärker Flagge, weil er meint, gerade eine liberale Partei könne nicht überzeugen, wenn sie schamhaft darauf bedacht sei, ihre Fahne einzurollen. Entsprechend scharf treffen ihn berechtigte Kritik und bösartige Verleumdungen. Rückblickend stellen sich Theodor Wolff deshalb keineswegs alle seine Ansichten und Entscheidungen als in jeder Hinsicht überzeugend dar: die Parteigründung und die Haltung zum Ruhrkampf, die Distanz gegenüber dem Zionismus insgesamt gehören dazu wie auch die Einschätzung Mussolinis. Keinen Skrupeln unterliegen dagegen andere Bereiche, zu denen vorrangig der Kampf gegen autoritäre Strukturen im Kaiserreich zu zählen ist, gegen den alldeutschen Annexionismus im Großen Krieg, das Schmutz- und Schundgesetz oder den Rechts- und Linksradikalismus, und dazu gehört auch seine Kritik an den Schwächen der parlamentarischen Republik.

Gut recherchiert sind seine Ausführungen, doch sie entstehen am Pult oder Schreibtisch und verbinden aufs Engste Bericht mit Kommentar, trennen die Darstellung nicht von der Wertung. Dieses Verfahren verwendet Theodor Wolff bewusst und politisch engagiert, doch jenseits von hemmender parteipolitischer Nähe und mit klarer Orientierung an liberalen Grundsätzen, die er keiner Fraktions- oder Parteizeitungsdisziplin zu opfern bereit ist. Er ist nie politisch ungebunden gewesen, aber weitgehend unabhängig; er fühlt sich nicht einer Parteilinie verpflichtet, sondern der Öffentlichkeit. Als er wegen des Schmutz- und Schundgesetzes die DDP verlässt, ist es ihm wichtig, in der elitären, also der gebildeten und politischen Öffentlichkeit weiterhin als prinzipientreu angesehen zu werden. Obwohl er den Blick auf das Ganze und Bedeutende richtet, vernachlässigt er dabei nicht das Besondere im Detail und die Nuancen, denn Präzision und Unterscheidungsvermögen gelten ihm als hauptsächliche Merkmale einer »kulturellen Fortgeschrittenheit«. Die Grenzen seines eigenen Einflusses und die Beschränkungen der Macht seiner Zeitung erfährt er in der Auseinandersetzung mit den Gegebenheiten oder, wie er es nennt, mit den »Tatsachen«, die er in fünf politischen Systemen erlebt: jeweils zwölf Jahre lang mit der französischen Republik, dem Kaiserreich und der Weimarer Republik, mit dem Faschismus aus der Nähe und dem Nationalsozialismus aus der Ferne und schließlich mit dem »anderen Frankreich«, in dem er zwar den Vorteil spürt, prominent zu sein und wegen seiner Haltung geachtet zu werden, aber es ist dennoch nichts anderes als Exil, das von dem größeren Teil der französischen Bevölkerung allein in den politischen Sonnenzeiten bestenfalls geduldet wird.

Nur auf dem Höhepunkt der »legal maskierten Diktaturregime« der Präsidialkabinette, während der Kanzlerschaft Papens, hat Theodor Wolff es abgelehnt, die ideale liberal-demokratische Rolle »des Kontrolleurs und Mittlers zwischen Regierenden und Regierten« (Carl Theodor Welcker,

1790–1869) wie bisher auszufüllen. Resignation und Fatalismus sind dem zuletzt erlaubt, der erhalten will. Tiefe Skepsis ist dem verboten, der seinen Kampf für den Sieg der Vernunft öffentlich führt – sei es aus der Position des Journalisten oder Schriftstellers heraus. Selbst dann nicht, wenn längst erkennbar ist, wie stark die Meinungsherrschaft und Definitionsmacht des Blattes geschrumpft ist, wenn die Leser anders denken, sprechen, wählen. Theodor Wolffs Bücher lesen sich wie die Fortsetzung seiner Leitartikel in einem anderen Medium. Sie wollen informieren, historische Zusammenhänge erhellen, aufklären und ihre Leser darin unterstützen, sich zu orientieren, unabhängiger und selbständiger zu werden. Der weitaus größere Teil der Bücher und der im Exil entstandenen Manuskripte handelt von den Krisen des Kaiserreichs, den Ursachen des Großen Krieges, den Schwächen der parlamentarischen Republik und der Machtübergabe an die Nationalsozialisten. Diese eindeutige Interessenlage überrascht nicht, denn Theodor Wolff erkennt in dem Krieg mit seinem verhängnisvollen Friedensvertrag die Mutterkatastrophe der ersten Hälfte des 20. Jahrhunderts. Seine Ansichten wiederholt er oft, weil man die Suche nach Wahrheit nicht häufig genug antreten könne, weil es gelte, zähes politisches und journalistisches Korsarentum in der Gesellschaft zurückzudrängen und das politisch-soziale Verantwortungsbewusstsein des Lesers zu stärken. Wer die Zweifler besiegen und die Lauen gewinnen will, benötigt immer einen langen Atem.

Im Mittelpunkt des Porträts steht das »Leben mit der Zeitung«. Folgt man dieser leitenden Idee, dann treten die privaten und familiären Dimensionen auffallend weit zurück. Dafür gibt es zwei Gründe, die eng miteinander zusammenhängen. Die erhaltenen Papiere, Dokumente und die Korrespondenzen im Nachlass bieten insgesamt zu wenig Informationen und damit eine zu unsichere Grundlage für eine private Biographie, die sich mindestens ähnlich intensiv dem Persönlichen wie dem Werk zu widmen hätte. Das Wenige, das sich zum familiären Leben sagen lässt, findet sich im strengen Sinn des Wortes »am Rande« von Briefen, von autobiographischen Aufzeichnungen und in Erinnerungen, Tagebüchern oder in Korrespondenzen einiger Zeitgenossen. Das originale Tagebuch Ernst Feders liefert die meisten Hinweise zur redaktionellen und politischen Situation; auch in ihm hat das Persönliche nur einen Nebenplatz und steht in den meisten Fällen sogar im direkten Bezug zur politischen Sphäre – wenn das Wahlverhalten der Familie erwähnt wird oder die Angst vor Attentaten.

Theodor Wolff bewahrt, und dies ist der gewichtigere Grund, nicht nur wenig Persönliches auf, sondern die Familie hat ihren Platz insgesamt nicht im Mittelpunkt seines Lebens. Rudolf Wolff antwortete zwar, wenn er direkt zu einzelnen Ereignissen befragt wurde, aber er erzählte nicht – es mangelte an Stoff, an Geschichten und an Episoden, die sich immer erneut erzählen lassen. Aenne Wolff kehrte immer wieder zum Theater zurück, Richard suchte sich die Natur, Rudolf fand die Musik und Lilly entdeckte die Innenarchitektur. Sein Vater sei zärtlich und interessiert gewesen, sagte Rudolf, sei gelegentlich auch mit in die Ferien gefahren, aber nur, falls der Beruf es ermöglicht habe und selbst dann habe eigentlich meistens der Rückruf gedroht. Die Kindererziehung habe in den Händen der Mutter gelegen, im Haushalt unterstützt von dem Kindermädchen, einer Köchin und Putzfrau, solange es sich die Familie leisten kann. Die Kinder erleben die Tee-Einladungen oder Abendessen ungleich häufiger als gesellschaftlich-berufliche Veranstaltungen und deutlich seltener als private. Auf ihnen soll es relativ ernst und spartanisch zugegangen sein, so dass die trockenen aber sehr soliden Kekse und der Verzicht auf das Tischtuch, die Elisabeth Castonier (1894–1975) vorrangig im Gedächtnis geblieben sind, die Veranstaltungen angemessen illustrieren dürften (Memoiren, 169). Selbst in den ruhigeren Zeiten des Exils passiert es Theodor Wolff nicht nur einmal, dass er den Geburtstag seiner Aenne verpasst – aber in Nizza übernimmt er eine Pflicht gewissenhaft, den Einkauf, doch er beschränkt sogleich die Verantwortung auf den Bereich Fleisch, Wurst, Schinken.

In der digitalisierten Welt sind wir alle von den unzählbaren Offerten und massenhaften Anregungen betroffen, gleichgültig, ob wir ihre immense Angebotspalette intensiv oder gar nicht nutzen. Mitten in der noch weiter wachsenden Informationsflut, zu deren sinnvollem Gebrauch es den meisten Menschen am nötigen Grund- und Strukturwissen mangelt, ist eine verlässliche Ausgangsbasis wertvoll. Bei dem Versuch sich zu orientieren, lohnt es sich, Theodor Wolff zu entdecken: einen politisch unabhängigen und europäisch denkenden Kopf, einen klar urteilenden und glänzend schreibenden Journalisten.

ANHANG

TEIL 1: PUBLIZISTISCHE PROBEN

Die in »Anführungszeichen« gesetzten Titel stammen von Theodor Wolff. Kürzungen innerhalb der Texte sind durch (...) gekennzeichnet. Die Rechtschreibung und Zeichensetzung der Vorlagen wurden beibehalten.

Dreyfus: »Verurtheilt«
Das blinde Vorurtheil hat gesiegt. Der Märtyrer von der Teufelsinsel ist ein zweites Mal verurtheilt worden, und ein zweites Mal steht ihm die Schmach der Degradation bevor. Aber was will das traurige Geschick dieses bemitleidenswerten Schachers besagen gegenüber der welthistorischen Entscheidung, die sich hinter dem Urtheilsspruch des Kriegsgerichts zu Rennes verbirgt!

Man darf sich darüber nicht täuschen. Zwei Weltanschauungen standen sich vor dem Militärgerichtshof der frommen Bretonenstadt feindlich gegenüber. Die *eine* repräsentirte den beschränkten Nationalismus mit seinen schlimmsten Auswüchsen. Die dunklen Mächte des Klerikalismus und der plebiszitären Gewalt standen ihm hilfreich zur Seite. Die andere verkörperte die Gesinnungen der großen Revolution von 1789 und ihrer Errungenschaften. Ihr galt es, im Kampfe für die Wahrheit, für die Gerechtigkeit und eine edle Menschlichkeit die Güter zu schirmen, die sich in dem Ideal einer bürgerlichen und demokratischen Republik verkörperten. Beide Weltanschauungen rangen verzweifelt um die Oberherrschaft. Die Allianz von Säbel und Weihwedel triumphierte.

Die Folgen werden nicht ausbleiben. Mag das Schicksal, das nun dem Hauptmann Dreyfus bevorsteht, noch so bejammernswert sein – wir alle wissen, er war ja schließlich doch nur der »Türkenkopf«, wie man in Frankreich zu sagen pflegt, auf den man losschlägt, um seine Kräfte zu messen.

Für die Republik werden sich aus diesem Verdikt sowohl für die innere wie für die äußere Politik betrübsame Konsequenzen ergeben. Zunächst erscheint die Situation des Ministeriums Waldeck-Rousseau-Gallifet, dessen Existenz auf die Durchführung der Revision aufgebaut war, aufs Äußerste gefährdet. Das Kabinett Waldeck-Rousseau hat die Partie verloren, und es wird sich jetzt dem Ansturm nicht lange widersetzen können, der die Einberufung der Kammern verlangt. Der Zusammentritt der Kammern aber bedeutet nach dem verlorenen Prozeß den Sturz des Kabinetts, und man wird große Mühe haben, den Fall des Ministeriums nicht in eine Regierungs- und Präsidentenkrise überschlagen zu lassen. In wenig Tagen wird der Staatsgerichtshof zusammentreten, der über die des Komplotts gegen die Republik angeklagten Verschwörer entscheiden soll. Nach der Verurtheilung Dreyfus' ist der Ausgang auch dieses zweiten Prozesses kaum mehr zweifelhaft. Die Verschwörer, mögen sie nun die Herstellung der plebiszitären Republik oder die Säbeldiktatur oder die Monarchie erstreben, werden ihr Haupt kühner denn je zuvor erheben, während die Republik, wie sie jetzt besteht, lediglich auf die Unterstützung der Sozialisten und selbst der Anarchisten angewiesen bleibt. Die große träge Masse der Auchrepublikaner wird wie stets auch in dieser Fehde die Beute des Siegers werden. *Der Bürgerkrieg steht also in Frankreich vor der Thür.* Und da die Parteinahme des Heeres oder doch wenigstens seiner maßgebenden Führer nach den Selbstenthüllungen des Dreyfus-Prozesses nicht zweifelhaft sein kann, so darf man wohl vom 9. September d. J. den Untergang der dritten Republik mit demselben Rechte datieren, mit dem man vom 14. Juli 1789 die große Revolution beginnen läßt. (10.9.1899)

»Der Hauptmann von Köpenick vor Gericht«

Der hellbraun getäfelte, funkelnagelneue und saubere Schwurgerichtssaal füllt sich von neun Uhr ab mit einer sympathischen Menge. Im Zuschauerraum lächeln und plaudern viele Damen, auf den vorderen Reihen sitzen zahlreiche Offiziere, die hintere Geschworenenbank und zehn oder zwölf Stühlchen sind den Vertretern der deutschen und der ausländischen Presse überlassen, und die Welten der Bühne und der Literatur vertritt Herr *Adolf*

Klein mit Würde und *Paul Lindau* mit Anmut. Wer in Paris die großen Justizereignisse der letzten zwölf Jahre als Zuschauer mitgenossen, dem erscheint der Berliner Gerichtssaal bei diesem Sensationsprozesse überaus wohlanständig und ordentlich. Keine jungen Advokaten hocken hier nach türkischer Manier auf dem Fußboden, keine Balletteusen umrahmen wie raffaelitische Engel den Gerichtspräsidenten, und eigentlich nur, um von dem herrschenden Brauche nicht abzuweichen, sagt der Herr Vorsitzende von Zeit zu Zeit: »Ich bitte um Ruhe!«

Der Herr Vorsitzende, der Landgerichtsdirektor *Dietz* ist vom ersten Moment ab ersichtlich bestrebt, die sensationelle Bedeutung dieses Prozesses zu vermindern. Mit einer Indifferenz und einer Schwunglosigkeit, als handelte es sich um den ersten besten Betrugsfall, sagt der Vorsitzende: »Gerichtsdiener, führen Sie den Angeklagten vor!« Der Gerichtsdiener verläßt den Saal, ein gedämpftes, ein sehr gedämpftes Gemurmel rinnt durch den Zuschauerraum, und *Wilhelm Voigt* erscheint hinter der niedrigen hölzernen Schranke, die den Angeklagten von seinen Verteidigern trennt.

Die Helden der großen Sensationsprozesse haben fast allesamt *eines* gemein: sie ernüchtern und enttäuschen. Die Mitwelt pflegt sich, mit reicher Phantasie, ihre eigenen Bilder zu schaffen, und nur in den Kriminalromanen sind die Verbrecher immer elegant und verführerisch. Wir haben alle in den Zeitungen und auf Postkarten das Porträt Wilhelm Voigts gesehen, und wir haben schon damals das Gefühl einer leichten Befremdung verspürt. Dieses Gefühl regte sich im Saale noch deutlicher und stärker, aber mit der Enttäuschung über die äußere Persönlichkeit muß das Erstaunen über ihre Erfolge sich steigern. Je kümmerlicher, glanzloser und armseliger dieser Schuhmacher aussieht, desto beißender ist die Satire, und desto schöner ist die Tat. Wilhelm Voigt sieht aus, wie ein richtiger Flickschuster und wie die Verkörperung der Fleischnot, aber gerade dadurch wird die Satire vollkommen.

Der »Hauptmann von Köpenick« tritt zögernd, mit etwas schleppenden Schritten herein, neigt bescheiden das Haupt und bleibt still, bedrückt und anspruchslos hinter der Barre stehen. Er trägt einen schwarzen Rock, eine mehrfarbige, das Hemd verdeckende Krawatte, und der Kragen, den man uns als den dunkelsten Punkt in Wilhelm Voigts Leben geschildert, ist weiß wie Blütenschnee. Nichts in Wilhelm Voigts Haltung und Auftreten erinnert an einen preußischen Gardeoffizier, und höchstens der kleine graue Schnurrbart wäre auch beim ersten Garderegiment denkbar. Der Rücken des Angeklagten ist gebeugt, die Schultern hängen herab, die ganze Erscheinung verrät durchaus nicht jene »Schneidigkeit«, um die Europa uns beneidet. Der kahle blanke Schädel, den ein weißgrauer Haarkranz umgürtet, mag durch die Mütze verborgen gewesen sein. Aber wie konnte dieses ausgemergelte, gelbliche Antlitz mit den hohlen Wangen und der häßlich eingebogenen Nase ganz Köpenick in Schrecken setzen, und wie konnten diese geröteten Hungerleideraugen eine mutige und selbstbewußte Stadtverwaltung einschüchtern? (1.12.1906)

»Walter Leistikow †«

Indem ich dem starken und vornehmen Künstler, dem herrlichen Menschen, dem liebsten und besten der Freunde diese Gedenkzeilen schreiben will, steht er vor mir, wie wir zuletzt ihn kannten – zerquält und ausgesogen von der Krankheit, mit unsicheren Schritten einhertastend, im Inneren voll trüber Ahnungen, oder trüber Gewißheit, und doch nach außen hin so gefaßt, so gleichmäßig liebenswürdig, als wollte er allen anderen die Sorgengedanken weglächeln. Wenn er so in dem Lehnsessel saß, zu dem er sich mühsam geschleppt hatte, die abgemagerten Arme auf den Lehnen und die Zigarette zwischen den Fingern, dann konnte er für Augenblicke die alte Lebensfreudigkeit zurückfinden, und burschikos, wie in seiner Jugend, kamen ihm die Scherzworte über die Lippen. Er hatte eine große Heldin an seiner Seite, eine wunderbare Frau, eine nie zu beugende Gefährtin, und diese beiden seltenen Menschen hatten den stolzen Wunsch, ihr Leid ganz allein und in aller Stille zu tragen. *Was* sie in diesen Jahren getragen haben, das wissen nur wenige, und niemand könnte sich vermessen, das unsagbare Martyrium dieser letzten vier Wochen zu schildern.

Von diesem tragischen Schauspiel gehen die Gedanken zurück in die Vergangenheit, und ich sehe ihn vor siebzehn oder achtzehn Jahren in seinem Atelier in der Lützowstraße, als die Bilder, die er in der Ausstellung der »Elf« bei Schulte gezeigt hatte, ihm seinen ersten, noch mageren und schlecht belohnten Erfolg gebracht. Mancher wird sich dieser kleinen Bilder noch erinnern: eine Schneelandschaft, ein Kornfeld, eine Alpenkette im Sonnenlicht – alles ganz einfach, aber von einer so feinen Innerlichkeit, einer so intimen Naturauffassung zeugend. Man hörte die Natur *atmen* auf diesen kleinen, stillen Bildern, und ein großer, verhaltener Ernst sprach aus dieser klaren und ungezierten Kunst. Und so, wie er schon damals in diesen Bildern schien, genau so war Walter Leistikow, und mit der Einfachheit und der heiteren Ruhe, die seine Bilder belebte, ging er, ohne Mätzchen und Seitensprünge, seinem Ziele entgegen. Er hatte oft zu kämpfen, hatte die Sorgen des jungen Hausvaters, mußte durch Malunterricht sein bescheidenes Einkommen vermehren. Aber wenn diesen gewissenhaftesten der Menschen die Sorgen um Weib und Kind auch bisweilen bedrängen mochten, so trug ihn doch sein schöner und froher Glaube über diese Anfangsnöte hinweg. (...)

Walter Leistikow, für den die Wintermonate in den letzten Jahren besonders schmerzensreich waren, pflegte beim ersten Frühlingsläuten hinunter nach Südtirol zu gehen, um neue Kräfte zu sammeln. (...) Am Morgen nach einer dieser tragischen schlaflosen Nächte schilderte er seiner Gattin ein Bild, das er nachts geschaut hatte: den farbigen Frühhimmel dort draußen über den violettschattigen Dächern. Es war das letzte Bild, das seine Phantasie geschaffen hat. Am Mittwoch werden wir diesen seltenen Künstler und Menschen in die allumfangende Erde betten. (26.7.1908)

Der Weg in den Krieg

24. Juli 1914

Das oesterreichische Ultimatum an Serbien. Die Situation erscheint sehr gespannt. Erhalte ein Telegramm der Redaktion, Jagow möchte mich sprechen. Ich fahre Abends nach Berlin. Versuche unterwegs vergeblich, deutsche Zeitungen zu erhalten.

25. Juli 1914

Vormittags zum Auswärt[igen] Amt, wo Stumm mir sogleich sagt, Jagow möchte mich sprechen. Jagow wird benachrichtigt, kommt, führt mich in den Konferenzsaal. Ich habe ihn lange nicht gesehen, da wir seit der Tripolisaffaire die Beziehungen – die auch nur oberflächlich gewesen waren – abgebrochen hatten. Er kommt mir sehr verändert vor, besonders sein schiebender Gang und seine gebogene Haltung fallen mir auf, dazu sein Lächeln. Er dankt mir zunächst für den »großen« Dienst, den ich der dt. Reg. in einer anderen Angelegenheit geleistet hätte und macht Komplimente über die bisherige Haltung des Berl. Tageblatts in der Serbenfrage, obwohl er sonst natürlich – er meint innerpolitisch – unsere Ansicht natürlich nicht teile. Wir möchten fortfahren, fest zu bleiben. Ich sage ihm, daß ich die Haltung meiner Redaktion ziemlich billige, daß mir nur ein gewisser Vorbehalt fehlte, damit man später zurück könne. Die oesterreichische Note fände ich wenig geschickt. – Er, sehr lebhaft und lächelnd: Das finde er auch, es sei ein Sammelsurium von zusammengesuchten Forderungen, zwei, drei große Punkte wären besser gewesen. Aber man müsse nun vor allem fest bleiben. Ich sage, es sei nicht meine Absicht, die Haltung des B. T. zu ändern, höchstens in Nuancen. Ob wir aber nicht in einen Weltkrieg verwickelt werden könnten? Wenn Rußland nun nicht zurückweiche ... Jagow: Er glaube das nicht, die diplomatische Situation sei sehr günstig. Weder Rußland, noch Frankreich, noch England wollten den Krieg. Und wenn es sein müsse (lächelnd) – einmal werde der Krieg ja doch kommen, wenn wir die Dinge gehen ließen, und in zwei Jahren sei Rußland stärker als jetzt. Beim Abschied: »Ich halte die Situation nicht für kritisch.«

»Abdankung des Kaisers«

Wilhelm II. besitzt Fähigkeiten, Anlagen, Eigenschaften, die bei Monarchen wie bei anderen Menschen nicht alltäglich zu finden sind. Sein Gedächtnis bewahrt alles, was er gesehen und gehört hat, mit seltener Sicherheit auf, und er überrascht so durch vielartige Bemerkungen oft die Personen, zu denen er spricht. Er hat im Gespräch jene Leichtigkeit des Ausdruckes, die in Deutschland so vielen fehlt. Auf dem Gebiet der Technik hat er, wie alle, die auf einem Schiffe oder in einer Fabrikanlage seinen Erläuterungen zugehört haben, versichern, die wirkliche Begabung des Ingenieurs. Sehr viel weniger entwickelt, und besonders sehr viel weniger ausgeglichen, war immer sein politischer Sinn. Die große Politik behandelte er mit jener Sprunghaftigkeit, die sich schnell von einer Frage abwendet und ein neues Gewebe beginnt. Wie in seinen Worten fehlte ihm in seinen politischen Handlungen das richtige Maß. Er wurde sich nicht in ruhigem Überlegen über die Tragweite seiner plötzlichen Regungen klar. Nur zwei Ideen hat er, ohne Kursänderung, konsequent verfolgt. Er wollte eine glanzvolle, mächtige Flotte schaffen, und er wich von dem Gedanken, daß er Österreich-Ungarn die »Nibelungentreue« halten müsse, nicht ab. Bei den Flottenplänen wurde Tirpitz sein Helfer, der die Politik in unheilvollster Weise beeinflußte und überdies unverwendbare Riesenschiffe statt der Unterseeboote schuf. Dieser Pläne wegen wurde die öffentliche Meinung gegen England aufgeregt, wurde das Bündnis mit England, das wir vor und noch nach Neunzehnhundert haben konnten, zurückgewiesen, wurden England und Frankreich zusammengebracht. Die »Nibelungentreue« führte zunächst zu der Kündigung des Rückversicherungsvertrages mit Rußland, dann im Laufe der Begebenheiten zu einem Überwiegen der österreichischen Interessen und zu einer Politik, von der Bismarck immer abgeraten hat. Sie führte uns, im Verein mit den anderen politischen Fehlern, dorthin, wo wir heute stehen.

Es wäre eine gewaltsame Ungerechtigkeit, zu behaupten, er habe alle Fehler selbst begangen, uns allein so weit gebracht. Unter der Kanzlerschaft des Fürsten Bülow wurde durch die Flottenpolitik, die Ablehnung des englischen Bündnisvertrages, die Marokkoaffäre und die Abwendung von Rußland in der bosnischen Frage die fatale Situation geschaffen, unter der Kanzlerschaft des Herrn v. Bethmann Hollweg wurden wir, durch Fortsetzung und Steigerung all dieser Irrtümer, zum Kriege geführt. In der Marokkopolitik hatte Wilhelm II. instinktiv richtiger als Fürst Bülow gesehen. Aber er operierte doch auch mit phantastischer Verkennung der tatsächlichen Verhältnisse auf eigene Hand. (...) Kann man behaupten, er habe diesen entsetzlichen Krieg gewollt? Er war nie der »Attila«, dessen blutgieriges, grausames Bild die Ententepresse so rastlos malt. Über den Ursprung dieser

Menschheitskatastrophe werden wir sprechen, wenn der Frieden geschlossen sein wird. Wilhelm II. hat dabei nicht die Rolle des Führenden und Voranschreitenden, sondern nur die Rolle des Gedrängten und Geschobenen gespielt. (…) Wilhelm II. war nicht der alleinige Urheber, aber der Repräsentant einer aberwitzig kurzsichtigen, die Kräfte und Ideen des Auslandes falsch einschätzenden Politik, und er war das Symbol einer Zeit und eines Geistes, der, in Machtbegehren und Selbstüberhebung, die Katastrophe herbeigeführt hat. Er mußte abdanken, auch wenn die Aufstandsbewegung im ganzen Lande nicht so brausend und unbezwingbar angeschwollen wäre, wie es niemand erwartet hat. Nur diejenigen sollten ihn heute nicht anklagen, die Hurra gerufen haben, als er ihnen »herrliche Zeiten« und, im August 1914, die glanzvollsten Siege versprach. (9.11.1918)

»Der Erfolg der Revolution«
Die größte aller Revolutionen hat wie ein plötzlich losbrechender Sturmwind das kaiserliche Regime mit allem, was oben und unten dazu gehörte, gestürzt. Man kann sie die größte aller Revolutionen nennen, weil niemals eine so fest gebaute, mit soliden Mauern umgebene Bastille so in einem Anlauf genommen worden ist. Es gab noch vor einer Woche einen militärischen und zivilen Verwaltungsapparat, der so verzweigt, so in einander verfädelt, so tief eingewurzelt war, daß er über den Wechsel der Zeit hinaus seine Herrschaft gesichert zu haben schien. (…) Ein zur Selbständigkeit gelangendes Volk ehrt sich selber, indem es auch in denjenigen, über deren Vorrechte es hinwegschreitet, die aufrichtige Gesinnung ehrt. Gestern haben, im Jubelrausch des Erfolges, Personen, die weder zum Arbeiterstande noch zu den Soldaten gehörten, diese Achtung nicht immer genügend gewahrt. Ebert fühlt und weiß, daß eine Revolution, die fleckenlos dastehen will, dem besiegten Gegner mit Schonung und Menschlichkeit zu begegnen hat. (…)

Wir wissen nicht, ob die Revolution aus einem Zufall entstand und dann, getragen durch den allgemeinen Geist, vorwärts eilte, oder ob sie seit langem planmäßig organisiert gewesen ist. Aber in diesen Tagen, seit dem ersten Ruf aus Kiel, haben diejenigen, die ihre Leitung in die Hand nahmen, ein seltenes, selbst in dem Lande der Gewerkschaften und der alten militärischen Schulung überraschendes Organisationstalent gezeigt. Jetzt hat dieses Organisationstalent eine noch schwerere Probe zu bestehen. Die gestern zur Macht gelangten politischen Führer werden auch den Dank Andersdenkender verdienen und vor der Geschichte groß erscheinen, wenn diese Probe gelingen wird. Dazu ist vor allem nötig, daß Einigkeit unter ihnen herrscht. Es ist auch nötig, daß man die Vertreter des Bürgertums nicht fernhält, und daß die Vertreter des Bürgertums selber Abneigungen in sich überwinden, mit denen sich das Ziel, die Beendigung dieser beispiellosen Wirren, nicht erreichen läßt. (...)

Auch im Volke dürfte jeder empfinden, daß jede Ausschreitung *zu unsagbarem Unglück* führen, Unordnung die Ordnungsstifter und die Gegenrevolution mit unabsehbarem Blutvergießen herbeirufen kann. Immer wieder muß man daran erinnern, daß Macaulay die englische Revolution gerade deshalb als Muster aller Umwälzungen hinstellt, weil sie die Existenz jedes einzelnen mit menschlichem Respekt behandelt, die alten Symbole entfernt, aber nicht zerschlagen hat. Jedem Volke, das sich zu wahrer Freiheit erhebt, muß dieses Musterbild vor Augen stehen. Symbole alten Geistes sind bei uns aneinandergereiht, wie die Marmorstatuen in der Siegesallee. Ein reifes, verständiges Volk schafft sie, ohne etwas zu zerbrechen, fort. (10.11.1918)

Vertrag von Versailles: »Heute ...«

Wir haben die Unterschriftspolitik bekämpft, sind überzeugt, daß ohne das voreilige und laute Hinausschreien des Unterzeichnungswillens die Entente uns andere Bedingungen geboten hätte, aber man hat ja versichert, ohne die Unterzeichnung seien innere Ruhe und Ordnung im Lande nicht herzustellen. Einstweilen hat man ja noch nicht viel von Ruhe und Ordnung, sondern nur einen Eisenbahnerstreik, Drohungen mit dem Generalstreik, Plünderungen in Berlin und den Aufstand in Hamburg gesehen. Dazu kommt, daß auch auf der anderen Seite der Barrikade, bei den freiwilligen Truppen und ihren Offizieren, nun mancherlei Verstimmungen fühlbar sind. Nach dem langen Kriege bleibt das Leben ein täglicher Kampf. Indessen, gerade am heutigen Tage weisen wir tatscheue Mutlosigkeit zurück. Wenn das deutsche Volk sein inneres Gleichgewicht wiederfindet, wird es sich aus dem Elend empor raffen, unter das Clemenceau sein Eulensiegel drücken will. Darüber können noch Jahre vergehen? Mag sein, aber Jahre zählen wenig in der Geschichte, und der immer wieder neues Leben weckende Zeitenwind hat fester gefügte Türme umgeworfen als diesen von kleinen Weltbaumeistern erkünstelten, heute schon brüchigen und unhaltbaren Versailler Vertrag. (...)

Das deutsche Volk, das auf dem Wege zum Lernen war, ist mitten aus der Lektion gerissen worden, als es bei den Gerechten drüben die gleiche Ungerechtigkeit, bei den Menschheitsaposteln auch nur Machtgier, Brutalität und Rohheit, bei den Wahrheitspredigern phrasendunstige Verlogenheit gesehen hat. Es konnte nicht genug empfinden, was seine eigenen Gewaltpolitiker gesündigt hatten, weil drüben, bei den Gegnern, die infame Gewalt schamlos, unter heuchlerischen Tugendreden, jeden Rechtsgedanken niedertrat. Es mußte sich sagen, daß in Deutschland doch wenigstens der habsüchtige, fremde Freiheiten niedertrampelnde Annexionismus gegen den starken Widerspruch aller Redlichen zu kämpfen hatte, während diesem Annexionismus bei den anderen fast allgemeiner Beifall entgegenschallt. Die Männer, die heute im Spiegelsaale zu Versailles den deutschen Delegierten gegenüberstehen, sind Sieger, weil sie, die vielen, die Übermacht hatten, und die Zahl ihrer Kanonen, ihrer Soldaten und ihrer Flugzeuge der deutschen Zahl überlegen war. Daß in ihnen das Recht triumphiere, erkennen wir nicht an. Sie sind nicht die Adler der Weltgeschichte, sondern nur eine Schar von niederen Raubvögeln, die sich in die Beute teilt. Und diejenigen von ihnen, die mit der Gebärde des Weltordners über der Menschheit zu thronen meinen, sind nur eitle Schönredner im Richtertalar. (...)

Wer dem militaristischen und nationalistischen Geiste unterliegt, wird nur immer wieder die anderen Völker gegen uns herausfordern, sie zu engem Zusammenschluß bewegen, uns für unabsehbare Zeit in das Elend bannen, das dieser Geist uns bereitet hat. Wir müssen, um das, was der heutige Tag uns bringt, von unseren Schultern zu wälzen, eine Politik treiben, die uns Vertrauen und Freundschaften sichern kann. Nicht in unpolitischer Pazifistenschwärmerei können wir das Heil suchen, aber in pazifistischer Politik. Dazu gehören nicht Dilettanten, sondern Männer, die begreifen, daß auch demokratische Diplomatie eine Kunst bleibt, die man nicht auf Versammlungstribünen erwirbt. Eine Politik, die zur Revision des Friedensvertrages führen könnte, läßt sich aber auch nur dann betreiben, wenn diejenigen, die sie verwirklichen sollen, nicht fortwährend von Volkserregungen umtobt sind, und nicht das Gerüst wanken fühlen, auf dem sie stehen. Nichts kann erreicht werden, jedes konsequente Bemühen wird unmöglich, solange dieses Gerüst unter Streik, Aufstand und wilder Agitation zusammenzukrachen droht. Wollt ihr, daß das, was man heute in Versailles uns auflastet, wieder von uns genommen wird? Wenn ihr das wollt, dann handelt danach! (28.6.1919)

Ermordung Rathenaus

Wir treiben keine Verhimmelung, wollen nicht mit Weihrauch den urteilenden Sinn umnebeln, wie er von den unheilvollen Demagogen des Deutschnationalismus mit Giftgasen umnebelt wird, aber man muß aussprechen, daß diese fluchwürdige Kugel einen Mann niedergestreckt hat, der in der ganzen gebildeten und gesitteten Welt eine außerordentliche Autorität genoß und viel bewundert wurde, und daß sie, indem sie den Völkern eine so furchtbare moralische Verwirrung zeigte, nicht nur den einen, sondern Deutschland traf. (...)

Wir klagen ungern dort, wo die Tat eines einzelnen vorliegt, ganze Kreise an, aber hier ist die Schuld so klar, die Verantwortung so offenkundig, daß es unmöglich ist, nicht Anklage zu erheben, und die kraß hervortretende Wahrheit zu verwischen. Mit grenzenloser Niedrigkeit, mit unergründlicher Gemeinheit ist Rathenau in den deutschnationalen und deutschvölkischen Versammlungen und in den meisten Blättern dieser Richtungen verleumdet und beschmutzt worden, und diese geistige Vorbereitung hat die Tat möglich, hat sie unvermeidlich gemacht. Es muß anerkannt werden, daß vorgestern, als Rathenau seine scharfe, patriotisch entrüstete Rede gegen die Vergewaltigung des Saargebiets gehalten hatte, einige deutschnationale Berliner Blätter, wie die »Tägliche Rundschau«, offen konstatierten, nationaler habe kein Minister sprechen können. (...)

Immer deutlicher zeigt es sich, daß die Mitteilungen über Verschwörergilden, über geheime Verbindungen und selbst über »Mörderzentralen« keine Phantasiegebilde sind. Das alles existiert und wird aus den Kassen von Leuten, die von dem wirtschaftlichen Elend nicht berührt sind, mit reichen Geldmitteln gespeist. Ehemalige Offiziere der aufgelösten Armee, die sich in das graue Alltagsleben nicht hineinfinden können, und Jünglinge, deren politische Unreife die im Hause oder in den Hörsälen der Roethe und Genossen empfangenen Ansichten willig und gierig auffängt, bilden unzweifelhaft das Personal, aus dem man die Beauftragten entnimmt. Die Untersuchung, die sich an die Ermordung Erzbergers anschloß, hat ja einiges Material über die »Organisation C«, die »Organisation Consul«, gebracht. C oder A oder L – das Verschwörerhandwerk ist denen willkommen, die kein anderes erlernt haben und erlernen wollen, und jeder, der an sichtbarer Stelle dem neuen Staat dient, Deutschland durch ruhige, zielsichere Politik emporbringen möchte und jenen Elementen im Wege steht, ist von der Revolverkugel bedroht. Diesem Treiben, das Deutschland in den Augen der Welt schändet, jeden Aufstieg unmöglich macht, scheint die Regierung machtlos gegenüberzustehen. Die Mörder, von Helfershelfern und Geldgebern unterstützt, entweichen, die Organisationen entwickeln sich ungestört weiter, und die mit der Überwachung betrauten Behörden erklären, so lange die Tat noch nicht geschehen ist, daß alle beunruhigenden Nachrichten erfunden oder übertrieben seien. Als vor acht Tagen sozialistische Blätter versicherten, es bereite sich für den 28. Juli eine »Bartholomäusnacht« vor, wurde das als Hirngespinst abgetan. Heute hatten wir zu mindestens ein Stück Bartholomäusnacht. Und wenn die Regierung sich einmal aufrafft und Maßregeln ergreift, schreit die gesamte Rechte über diesen Angriff auf die Preß- und Organisationsfreiheit entrüstet auf. So gehen die Angriffe auf das Leben mit furchtbarem Erfolge ungestört fort. (...)

»Der Soldat und das Schicksal«
Generaloberst *von Seeckt* hat »Gedanken eines Soldaten« in einem Buche vereinigt, und es ist ganz selbstverständlich, daß man mit Interesse und auch mit ästhetischem Vergnügen die Gedanken *dieses* Soldaten liest. Die Monokelstarrheit und die kühle Unbeweglichkeit dieses Kommandogesichtes lassen doch nur einen kleinen Teil der Persönlichkeit erkennen, sind gewissermaßen das Überbleibsel militärischer Kastentraditionen, und wie dort, wo nicht die Autoritätsgeste notwendig erscheint, der steinerne Gast in den liebenswürdigsten Weltmann sich verwandelt, werden die engen Kastenschranken an hundert Stellen von einer Intelligenz durchbrochen, die überall Umschau hält, auch wenn sie natürlich mit ihren letzten Wurzelfaden an Ererbtes und Überliefertes gebunden ist. Es ist hier schon erwähnt worden, daß Herr von Seeckt in einem Kapitel über »Heer im Staat« Einfügung »in das Gesamtgetriebe des Staates«, Unterordnung unter das Staatsinteresse für eine erste Pflicht des Heeres erklärt. (...)

Aber man muß doch ein ganz kleines Fragezeichen hinter zwei soldatische Gedanken setzen, die Herr von Seeckt in einem glänzend und funkelnd geschriebenen, ungemein geistreichen Kapitel »Schlagworte« dem Leser präsentiert. Man kann trotzdem mit innigem Vergnügen gerade dieses Kapitel literarisch genießen, besonders wenn man schon immer geglaubt und gesagt hat, daß das Schlagwort der schlimmste und scheußlichste Feind der Menschheit ist. Herr von Seeckt – hätten wir eine Akademie nach dem Muster der französischen, so würde er zu ihr gehören – bekennt sich zu einem Pazifismus, »auf Wissen aufgebaut und aus Verantwortungslosigkeit geboren«, wobei er natürlich »internationale Verschwommenheit«, übrigens auch ein etwas verschwommenes Gebilde, und »nationale Würdelosigkeit« verwirft. An einer anderen Stelle bemerkt er, der Satz vom Kriege als »Fortsetzung der Politik mit anderen Mitteln« sei zum Schlagwort geworden und daher gefährlich, und ebenso gut könne man sagen: Krieg ist der Bankerott der Politik. Dann erklärt er, daß die Figur des säbelrasselnden, kriegshetzenden Generals eine Erfindung skrupellosen politischen Kampfes, geistloser Witzblätter, »ein personifiziertes Schlagwort« sei. Der Offizier, »der erfahrene und wissende Soldat«, der »dem Krieg tief in die blutunterlaufenen Augen gesehen hat«, fürchte den Krieg weit mehr als der Phantast, der von dem Grauen der Schlachtfelder nichts weiß. Nun, von 1914 bis 1918 hat doch mancher »Phantast« die Schlachtfelder recht nahe gesehen, und vor 1914 hatte doch mancher Offizier auch noch keine Schlachtfelder erblickt. Da priesen doch in fast allen Ländern auch Angehörige des Militärstandes den frisch-fröhlichen Krieg? Der österreichisch-ungarische Generalstabschef Conrad von Hoetzendorf hat doch mit einer Aufrichtigkeit, die mehr Bewunderung verdient als manche Unschuldsbeteuerung, von seinen Bemühungen, den Krieg zu entfesseln, in fünf dicken Memoirenbänden erzählt.

Der andere soldatische Gedanke des Generalobersten von Seeckt, zu dem noch etwas gesagt werden muß, ist ausgedrückt in dem Satze, der Soldat wisse, daß »über Krieg und Frieden höhere Gewalten entscheiden als Fürsten, Staatsmänner, Parlamente, Verträge und Bündnisse«, und daß »die ewigen Gesetze des Werdens und Vergehens der Völker« entscheidend seien. Diese Auffassung, die alle Schuld und Verantwortung einer dunklen Schicksalsmacht zuschiebt, muß ganz entschieden abgelehnt werden, und jede historische Forschung ist wertlos, die mit der »höheren Fügung« liebäugelt, sich in diese Nebel verrennt, sich nicht völlig vom Glauben an das »Unabänderliche« befreit. Es ist ja so himmlisch bequem und angenehm, Fehler und Vergehen hinter der Wolkenwand des Fatums zu verstecken, vor der nach mittelalterlichem Rezept der Geist der Kritik haltzumachen habe, und darum wird jetzt sehr viel für die Verbreitung dieser mystischen These getan. Die ewigen »Gesetze« gehören auch zu den Schlagworten, deren verdummendes Wirken Herr von Seeckt in seinem geistreichen Buche beklagt. Darf man seinem soldatischen Gedanken den Gedanken eines anderen Soldaten gegenüberstellen? Am 2. September 1808 sagte in Erfurt Napoleon zu Goethe, Schicksalsstücke hätten einer dunkleren Zeit angehört. Allerdings, sechzig Millionen Deutsche – nicht ihre Herrschenden – waren in der fast absolutistischen Monarchie einer Laune des Schicksals unterworfen, denn nichts hing von ihrem Willen und ihrer Zustimmung, alles von dem Zufall ab, der die Thronerben macht. Auch dieses Schicksalsstück ist, gepriesen sei der befreiende Fortschritt, nun versunken und gehört dunkleren Zeiten an. (7.10.1928)

»Erinnerung« an Stresemann

Aus dem Nichts, zu dem wir verurteilt waren, hat Stresemann die neue Großmachtstellung Deutschlands geschaffen, aus der Isolierung hat er es auf den ihm gebührenden hohen Platz zwischen den Völkern zurückgeführt. Er war von Ehrgeiz erfüllt. Aber nicht von dem kleinen Ehrgeiz, der nach Ehren geizt und in ihrem Besitz Befriedigung findet, sondern von dem Ehrgeiz der Schöpfernaturen, der Weitschauenden, der in der Geschichte Belesenen, die durch die Tat leben und über ihre Zeit hinaus durch sie weiterleben wollen. Er hat sein Werk gekrönt, indem er, krank, mühsam sich aufrecht erhaltend, sein eigenes Leben preisgebend, dem Rheinlande die Befreiung von der Fremdherrschaft errang. Mit Bewunderung blickte die Welt auf diesen deutschen Staatsmann, auf diesen mutigen und klugen Realisten, der, vielleicht als erster europäischer Außenminister nach verlorenem Kriege, von niemandem übertroffen an Vaterlandsliebe und Nationalgefühl, mit Entschiedenheit die nationalistische Schablone beiseite schob, fruchtbarere Methoden der Wiederaufrichtung wählte und, um Gambetta zu zitieren, die »Politik der Resultate« für besser als die Politik der Worte hielt. Auch diejenigen im eigenen Lande, die ihn am übelsten schmähten, rühmen heute, weil sie der allgemeinen Trauerstimmung und Verehrung ein Zugeständnis machen müssen, seine persönlichen Eigenschaften, und nur den ganzen Sinn und Inhalt seines Wirkens leugnen sie, jeden Erfolg, jedes Verdienst streiten sie ihm ab, leer, als ein Bankrotteur, habe er von einem verfehlten Leben Abschied genommen. Sie stellen sich entrüstet, wenn man an ihr Treiben erinnert, und bereiten ein Volksbegehren vor, das den besten Namen mit dem Makel des Landesverrates besudeln soll.

Stresemann hat Jahre hindurch unter den giftigen Angriffen gelitten, aber er hat nicht einen Augenblick lang sich einschüchtern und beirren lassen, und zuletzt zwang er sich auch an dieser Tafel zur Diät. Achselzuckend sagte er: »Ich lese das nicht mehr.« Er sagte mir auch in Genf: »Wenn ich nur noch die Kraft dazu hätte, ich würde in alle Universitätsstädte gehen und zu den Studenten sprechen, und ich bin überzeugt, ich würde sie gewinnen.« Der Gedanke an jenen Teil der studierenden Jugend, der eine Beute der Demagogen geworden ist und verständnislos abseits steht, beschäftigte ihn oft. Nationalisten und Republikhasser hatten zweifache Ursache, ihn zu bekämpfen – wenn auch keine Entschuldigung für die Art ihrer Kampfessitten –, denn indem er ihrem Trompetertum seine Realpolitik entgegenstellte, fand er zugleich immer engeren Anschluß an den neuen Staat. Seine Haltung der Republik gegenüber war, wie die seiner meisten Parteigenossen, nicht frei von einer gewissen Zwiespältigkeit gewesen, aber seit er Deutschland wieder zu einem handelnden und verhandelnden Faktor in der Welt machen wollte, erkannte er, auf welcher Seite die mitarbeitende Vernunft und auf welcher nur die bequem sich spreizende Phrase war. Er sah auch ein, daß nur ein gefestigter Staat, ein Staat mit unbestreitbarer Autorität, auswärtige Politik machen könne und auf schwankendem Boden jede Aufbaumühe vergeblich sei. Und zweifellos empfand er, mit der Empfänglichkeit seines immer lernenden, nie verschlossenen Geistes, daß der Staat der Staatsbürger auf einer höheren Stufe als der Staat der Untertanen steht. Wie alle, die in einer Fraktionsherrschaft eine Verzerrung des parlamentarischen Systems sehen, beklagte er die Übergriffe, Zwistigkeiten und Machtgelüste undisziplinierbarer Parteipolitiker, und bis zum letzten Augenblick war er bemüht, Frieden zu stiften und Wirrwarr zu entwirren. In diesen Jahren hätte sich der Gedanke, eine neue große Partei zu bilden, nur unter seiner Führung verwirklichen lassen – im November 1918 war es nicht mit ihm möglich gewesen, jetzt war es nicht denkbar ohne ihn. Nicht ein einigendes Parteibanner, aber die Idee trug er voran. Und wenn man ihm so näher kam, sich ihm anschloß, sein Vertrauen gewann, erkannte man mit Freude, wieviel liebenswerte Eigenschaften, neben dem staatsmännischen Führergeist und dem leidenschaftlichen politischen Tatwillen es in seiner Persönlichkeit gab. Heute werden wir noch einmal hinter ihm hergehen, aber auf dem Wege zur Gruft. Überall, in Deutschland, in der ganzen zivilisierten Welt, neigt man sich vor diesem Toten in trauernder Huldigung. Wir hatten andere Ehrungen, bei dem Feste der Rheinlandbefreiung, für ihn erhofft. Aber auf die zweifelnde Frage, die über sein bleiches, abgemagertes Gesicht zuckte, ist zu schnell die Antwort gefolgt. (6.10.1929)

»Der Film«: Im Westen nichts Neues
Ich habe den Film, der »das Ansehen Deutschlands schädigt«, am letzten Abend, an dem er erscheinen durfte, gesehen. Manches ist technisch vollendet, hinreißend und von gewaltiger Wucht, anderes mangelhaft und kitschig, die zerstörten Dörfer und Städte sind Hollywood-Spielzeug, riechen mehr nach Kleister und Pappe als nach Brand und Pulver, und auch die deutschen Uniformknöpfe und andere militärischen Details sind nicht durchweg korrekt. Aber wer behauptet, daß dies ein »Hetzfilm« sei, lügt unverschämt, und wer sagt, daß er den deutschen Soldaten in einem schlechten Lichte zeige, spricht bewußt oder unbewußt die Unwahrheit. Die einzige unsympathische Figur ist ein mordgieriger Franzose, die deutschen Soldaten sind prachtvolle, pflichttreue, bis ins letzte hinein anständige, von jeder Kriegsverrohung freigebliebene Jünglinge, unübertreffliche lebendige Zeugnisse gegen die Anklageschriften von den deutschen Kriegsgreueln, und dieser Film wäre schon dann ein Lobgesang auf Menschentum und höchsten Kameradschaftsgeist, wenn er nichts brächte als die eine Szene, in der ein junger Held zwischen den Stacheldrähten in das verheerende Trommelfeuer hinausstürzt, um einen Verwundeten zu holen, und einen Warner abfertigt: »Er ist doch mein Freund«! Allerdings, es ist nicht der frisch-fröhliche Krieg, die Helden sind Menschen, man sieht auch Trauer, Leid und Lazarette – übrigens nicht halb so viel Seelenpein wie bei den englischen Soldaten und Offizieren in dem englischen Film »Die andere Seite«, der trotzdem, auch nach der Meinung der empfindlichsten englischen Patrioten, das Ansehen Englands nicht geschädigt hat. (...)

Das Verbot ist erfolgt, nachdem zwei Minister, deren Ämter, deren zuständige Mitarbeiter den Film für absolut einwandfrei erklärt hatten, zu der Einsicht gelangt sind, daß weiterer Widerstand gefährlich für ihre ministerielle Stellung sei. (...) Aber wenn die Regierung mit ihrer Methode des »eines nach dem andern« die Finanzsanierung fruchtbar machen und auf dieser Grundlage weiterbauen will, so ist das nur unter der Voraussetzung möglich, daß sie im Innern und nach außen hin die Festigkeit der Staatsautorität zeigt und dem Gefühl der Unsicherheit, den nervösen Befürchtungen, durch den Beweis ruhiger Energie ein Ende macht. Glaubt die Regierung Brüning, sie habe die Nervosität heilsam behandelt und dem Publikum das Sicherheitsgefühl wiedergegeben, indem sie vor Herrn Goebbels, der mit dem Hitler vor den Toren Berlins droht, den Rückzug angetreten hat? Was nützen Finanzsanierungen, was nützt eine ohnehin falsche Amnestie für steuerscheue Geldverschieber, wenn das Ausland und das Inland solch schwächliches Zurückweichen sehen? Wird dadurch bei den Kreditgebern die Zuversicht zur Konsolidierung der deutschen Verhältnisse und bei den ängstlichen Flüchtlingen die Neigung zur Heimbeförderung ihrer unversteuert schlummernden Schätze erhöht? Was nützt es, daß der Herr Außenminister Curtius im Reichstag eine Debatte über die auswärtige Politik vermeidet, weil von nationalistischen Ausfällen doch nur eine Schädigung der deutschen Außenpolitik zu erwarten ist? Wenn die Welt konstatiert, daß der nationalistische Straßenkrawall in Berlin triumphieren darf, so schädigt das die deutsche Außenpolitik wohl nicht? Und wenn das mit solcher ermunternden Nachgiebigkeit so weitergeht, wird es schließlich vielleicht auch nicht viel nützen, daß der Herr Reichskanzler immer wieder mühselig und mit unermüdlicher Geduld sich aus kleinen Bruchstücken eine parlamentarische Majorität zusammensucht. (...) Was hätte eine Regierung, in der man Verständnis für Propaganda besitzt, getan? Sie hätte darauf gedrungen, daß der Film dreihundertmal in Berlin und unzählige Male draußen im Lande vorgeführt werde, denn dann hätten Hunderttausende oder Millionen, die heute, in Unkenntnis des umkämpften Gegenstandes, den Schwindel vom »Hetzfilm« gläubig hinnehmen, sich ein eigenes Urteil gebildet und, sicherlich nicht ohne Empörung, den Charakter der rechtsradikalen Agitationsweise erkannt. Und vor allem, das Volk braucht in dieser aufgeregten Zeit eine starke, unbeugsame Führung, es will sie spüren und sehen. (14.12.1930)

»Gelehrte Richter«
Vor kurzem hat das Reichsgericht zwei Urteile aufgehoben, die von den Landgerichten gefällt worden sind. Es handelte sich ungefähr um die gleiche Angelegenheit, das eine Mal hatte das Gericht in Hirschberg, das andere Mal das Gericht in Bochum zugunsten jüdischer Staatsbürger entschieden, die so kühn gewesen waren, gegen schmierige Gemeinheit mit einer Klage vorzugehen. In Hirschberg im Riesengebirge hatte ein nationalsozialistischer »Mechanikermeister und Schriftleiter« einen Artikel »Gibt es

Rassen?« veröffentlicht. Darin hieß es, »die letzte Stunde der Judenschaft habe geschlagen«, das »Urbewußtsein der Blutzusammengehörigkeit richte sich gegen die jüdische Weltpest«, ein »gesundes deutsches Mädchen, dem das Blutserum eines gesunden jüdischen Jünglings eingeimpft wurde, sei schwer erkrankt und nur mit Mühe vom Tode zu retten gewesen«, trotzdem würden »täglich viele Tausende deutscher Mädchen durch Juden verseucht und vergiftet« und »die rassische Zersetzung werde von den Juden, die noch zum größten Teil, wenigstens in den Großstädten, geschlechtskrank seien, planmäßig« durchgeführt. Die zweite Prozeßsache betraf einen Vorfall in der Stadt Witten, wo ein nationalsozialistisches Flugblatt gedruckt und verbreitet worden war. Dieses Manifest behauptete, die jüdischen Warenhausbesitzer und auch die anderen jüdischen Geschäftsleute neigten dazu, ihre weiblichen Angestellten zu verführen, und beuteten ihre Kunden durch den Verkauf von Schundware aus. Zu große Reizbarkeit ist nicht empfehlenswert, etwas kühle Verachtung gegenüber den als »völkisch« bezeichneten Pöbelprodukten wirkt besser, am Rock der Anständigkeit bleibt Mist nicht haften, und der Novembersieg Hitlers wäre weniger strahlend gewesen, hätten nicht so viele, denen der Bengelgesang »Juda, verrecke« in die Ohren tönte, eine übertriebene Nervosität gezeigt. Aber man muß sich in die Lage der Geschäftsleute in einer kleineren oder kleinsten Stadt versetzen, die durch solche Flugblätter dem Mob und dem Spießbürger denunziert werden, und auf die dann, wie auf ekelhafte und verbrecherische Scheusale, die Dummheit mit Fingern weist. Das Reichsgericht hat, wenigstens in dem Hirschberger Fall, der den zweiten Strafsenat beschäftigte, ein »herabsetzendes gehässiges Kampfvorgehen konstruiert« und erklärt, es könne »keine Rede von der Erweislichkeit« der schimpflichen Beschuldigungen sein, die der Mechanikermeister und Schriftleiter zusammengelogen hat. Das verurteilende Erkenntnis sei aber aufzuheben, weil »die Juden« als solche eine zu unbestimmte Personenvielheit bilden und nur die Beleidigung, die einen enger begrenzten Kreis oder »bestimmte Personen« trifft, bestraft werden kann. Es sei nicht festgestellt worden, daß das in Witten verbreitete Flugblatt »gerade die Wittener jüdischen Geschäftsleute, und zwar alle, treffen« sollte – vielleicht seien Exemplare auch über Witten hinausgelangt. Der dritte Strafsenat des Reichsgerichts, der diesen Einwand erhebt, scheint also anzunehmen, das in Witten fabrizierte und verteilte Machwerk habe die Empfänger nicht gerade gegen die jüdischen Geschäftsleute dieser Kleinstadt, nicht gegen diesen begrenzten Kreis aufheizen sollen, diese jüdischen Bürger bildeten sich nur größenwahnsinnig ein, daß man sie habe schmähen und schädigen wollen, und der Verfasser des Flugblattes habe gewiß ganz ebenso an die Juden in England und in Amerika gedacht. Und der dritte

Strafsenat hat noch einen sehr treffenden Grund für die Aufhebung der Verurteilung gefunden: das Flugblatt spricht von sittlichen Verfehlungen der Geschäftsleute gegenüber weiblichen Angestellten, es gibt aber auch weibliche Prinzipale, diese können nicht gemeint sein, also sind auch nicht die Geschäftsleute von Witten in ihrer Gesamtheit gemeint. Wer wollte noch behaupten, im trockenen Aktenstudium verkümmere der Geist? (…)

Die Juristerei wird zum Selbstzweck, zu einer selbstgefälligen und sterilen Wissenschaft, sie konstruiert möglichst geschickte Formeln, statt den möglichst großen Nutzen zu stiften, das Gesetz verliert durch die übrigens sehr zeitraubende Arbeit der Silbendeuter den Sinn, daß es den Staat und den Staatsbürger zu schützen hat, und das, was man das Recht nennt, erschlägt die Gerechtigkeit. Aus der einfachsten Sache wird ein verzwicktes Problem. Frohlockend kann der von solcher Textkritik profitierende Übeltäter nach Hause gehen. Früher beschäftigten sich die Kasuisten, Rabulisten und Scholastiker damit, das Wort, den Buchstaben, höherzustellen als den Geist der Lehre und den wahren Zweck der Dinge, und in der Zeit des Späthellenismus traten jene bewunderten Rhetoren auf, unter denen treffliche Männer waren, und deren Gesamtname »Sophisten« erst hinterher den besonderen Klang erhielt. Es ist nicht ausgeschlossen, daß man ganz ähnlich in einem kommenden Jahrhundert, voll Staunen über einige in den Leipziger Archiven wieder entdeckte Urteilsbegründungen, das heutige Reichsgericht verkennen und bei seinem Namen nur an eine kunstfertig die Haarspalterei betreibende Schule oder an eine aus dem Mittelalter stammende Sekte denken wird. (22.2.1931)

Gerhart Hauptmann
Ein paar Wochen nach dem Ausbruch des Krieges, an einem Herbsttag des Jahres 1914 um die Mittagsstunde, kam Gerhart Hauptmann zu mir, warf Hut und Mantel beiseite und sagte, noch ehe er sich gesetzt hatte, und mit dem Eifer eines Mannes, dem ein großer Entschluss oder ein großes Geheimnis auf der Seele brennt: »Ich werde nichts mehr dichten, von jetzt ab beschäftige ich mich nur noch mit Politik.« Erinnere ich mich recht, so war die einzige Antwort, die ich im ersten Erschrecken fand, ein »Um Gottes willen!« Ganz erfüllt von seinem Vorhaben, bald auf und ab gehend, bald vor mir stehenbleibend und auf mich einsprechend, erklärte er, dass die Politik doch das Höchste und im Vergleich mit ihr alle Kunst nur etwas Untergeordnetes sei. Das, nicht wahr, lehre doch diese Zeit? Er streichelte seine Idee zärtlich, wie ein Kind seine Puppe streichelt, und da nicht ernsthaft zu befürchten war, dass die flügelstarke Phantasie sich wirklich dauernd auf dem ungastlich dürren Boden niederlassen werde, beeinträchtigte

nichts den Genuss, den der Anblick des kindlichen Zuges im Genie gewährt. (…)

Der Gedanke, Politik als Beruf zu betreiben, war so schnell verflogen wie er gekommen war. Nur einmal, ich erinnere mich an einen gemeinsamen Spaziergang auf Hiddensee, pochte er noch, ein kaum ernstgenommener Verführer, leise und heimlich an. War es das Bild Goethes, das in solchen kurzen Augenblicken durch die Träume zog? Aber der Staatsminister von Goethe hat uns nichts anderes als die Zwiespältigkeit zwischen seinem Dichterwort und seinem amtlichen Handeln gezeigt, und diejenigen, die nach »Faust« und »Tasso« die Weimarer Akten lasen, haben nichts Kostbares hinzugewonnen. (…) Gerhart Hauptmann nennt das Endziel aller Politik »die Verwirklichung des Humanitätsideals im Herderschen Sinne«, woraus alles Weitere folgt: das Bekenntnis zum Gebot »Du sollst nicht töten«, zum »unermesslich hohen Wert« des Menschenlebens, die echt Herdersche Verbindung von Weltbürgertum und Heimatliebe, die starke Verwerfung des Religionshasses und Rassenhasses, dieser »künstlich erzeugten« und für ein Volk verderblichen Gefühle, und der Grundsatz, dass der Schwächere nicht zugunsten des Stärkeren ausgebeutet werden, dass es »in einer Volksgemeinschaft keine Darbenden, keine Bürger zweiter Klasse, wie unter den Völkern keine Vasallenvölker geben darf«.

Die allerletzte Chance

Wahlkampf – seit dem Brand des Reichstagshauses hat er, in Preußen wenigstens, vollends aufgehört. Das Wort »Kampf« setzt ja wohl voraus, daß Kämpfer, mit den Waffen des Geistes und der Sprache gerüstet, einander kampffähig gegenüberstehen. Solche Kampffähigkeit gab und gibt es für die Gegner der heutigen Regierung nicht. Auch die ruhigsten, einwandfreiesten, stets auf die Wahrung der staatlichen Ordnung bedachten Elemente unter ihnen sind mitbetroffen durch die ungeheuer scharfen Maßregeln, die dazu dienen sollen, den Kommunismus, und den Marxismus in all seinen Schattierungen, niederzuzwingen. Ward je in solcher Lage ein Reichstag gewählt?

Die freigesinnten Staatsbürger wissen, was für sie und für ihre Ideen von einer kommunistischen Herrschaft zu erwarten wäre, von ihren Methoden und von ihren Theorien. Die andere, die Moskauer Diktatur, und statt des rechten Fußes der linke auf dem Nacken der Demokratie. Sie machen allerdings keinen Unterschied zwischen diesem deutschen Kommunismus, der seine Weisungen von den Machthabern Sowjetrußlands empfängt, und der deutschen Sozialdemokratie, die von Moskau stets nur höhnische Anklagen und grimmigste Schläge empfangen hat. Sie unterscheiden zwischen einer antiparlamentarischen Umsturzpartei, die so lange bewußt und konsequent alle Möglichkeiten parlamentarischer Arbeit und Ordnung zerstörte, bis die Unordnung den Boden für die heutigen Zustände bereitete, und der anderen Partei, die in der Erkenntnis der Staatsnotwendigkeiten gemeinsam mit bürgerlichen Widersachern ihrer Doktrin den schweren Weg ging, auf populäre Forderungen verzichtete und bisher ein Damm zwischen dem Bolschewismus und der bürgerlichen Gesellschaft war. Zu dieser realistischen Auffassung haben sich vierzehn Jahre lang Volkskreise und Männer bekannt, die weit entfernt von einer Hinneigung zur sozialistischen Weltanschauung sind. Und es braucht nicht erst daran erinnert zu werden, daß auch Hindenburg den Wert einigenden Zusammenwirkens anerkannte, als er sich mit Ebert über die Überwindung des Chaos verständigte und als er Hermann Müller auf den Kanzlerposten berief.

Aber es handelt sich für die nichtsozialistischen Freigesinnten heute nicht darum, den Anwalt der angeklagten Sozialdemokratie zu spielen, die ihre Sache selber vertreten kann. Es handelt sich, obgleich jede Meinung an diesem Tage ihren Ausdruck in der Stimmabgabe für irgendeine Partei findet, heute um viel mehr, um etwas anderes und Weiteres als all das, was auch der größte Parteirahmen umspannt. Gewiß mag es nichtig und gegenwartsfremd erscheinen, wenn man in einem Augenblick, wo als unmittelbare Nachwirkung des Reichstagsbrandes eine so drakonische Einschränkung der persönlichen Rechte erfolgt ist, von staatlicher und staatsbürgerlicher Freiheit spricht. Aber hinter der Periode der Ausnahmebestimmungen, die auch nach der von den Regierenden gegebenen Erläuterung nur Ausnahmebestimmungen sein und zur Niederhaltung verbrecherischer Gewalten dienen sollen, muß irgendwie und irgendwann eine andere Periode kommen, in der nicht mehr das ganze Leben eines Volkes unter dem qualmenden Feuerschein jenes ungeheuerlichen Abends liegt. Die Geschichtsbücher lehren, daß der Weg der Menschheitsentwicklung immer wieder ein Weg zur individuellen Freiheit war. Die Geschichtsbücher und ihre Lehren sind in den Reichstagsflammen nicht mitverbrannt.

Keine Notverordnung hat dem Staatsbürger das Recht genommen oder angetastet, am heutigen Tage zur Wahl zu gehen. Soweit auch sonst die Aufsichtsbefugnisse reichen, die geheime Wahl soll geschützt werden, diese Garantie bleibt bestehen. Wir fordern nicht auf, für irgendeine bestimmte Partei, für die eine oder die andere zu stimmen. Jeder wird wählen, wie es ihm seine Überlegung empfiehlt. Jeder, der in Freiheit, Sicherheit, Rechtsgleichheit und Heimatglück die höchsten Lebensgüter sieht, wird seine Stimme denjenigen geben, mit denen er sich einig in diesen Ideen fühlt. Für Freiheit, Sicherheit, Rechtsgleichheit und Heimatglück. Einen Wahlkampf hat es, für die Anhänger freiheitlicher Prinzipien wenigstens, nicht gegeben, aber hätten laute Versammlungsreden und gedruckte Wortfülle noch viel zur Erkenntnis beitragen können? Es gibt eine Wahl ohne Wahlkampf, und wer an diesem Tage den möglichen Übergang zu neuen, anderen Tagen schaffen will, der handelt danach und *geht hin und wählt!* (5.3.1933)

»Der Jude Ballin«

Daß Albert Ballin Jude war, ließ sich weder verheimlichen – aber verheimlichen wollte er es gar nicht – noch verkennen. Gesichtsbildung und auffällige Einzelheiten, wie die starken Lippen unter dem Schnurrbart, zeigten es genügend an. Eine breite, von einigen Furchen durchzogene Stirn und darüber eine bis zur mittleren Höhe schon kahle Schädelwölbung waren von ursprünglich dunklem Haar umwachsen, das besonders an den Schläfen graue Stellen hatte, als das fünfte Jahrzehnt überschritten war. Die Nase, nicht mit der gebogenen Linie, die in volkstümlichen Karikaturen die jüdischen Nasen zu haben pflegen, war kräftig und ziemlich fleischig, das Kinn rund und voll. Alle Aufmerksamkeit des Betrachters wurde angezogen durch die hinter einem Kneifer hervorschauenden lebhaften, klugen Augen, durch diese wirklich »sprechenden« Augen, in denen sich alles ausdrückte, das ernste Sinnen und der Humor, der feste, beherrschende Wille und die Güte, die Sorge und die Zufriedenheit. (…)

Seemannsphysiognomien pflegen selbst dann noch, wenn sie schon runzlig geworden sind, einfach, unzusammengesetzt, wie die Köpfe in alten Holzschnitzereien oder wie die Gesichter in der Manessischen Handschrift zu sein. Ballins Gesicht, das von der Intelligenz so sehr belebt und durcharbeitet war, daß es darin keine leere Stelle gab, war nicht nach diesen primitiven Mustern geschnitten, aber es hatte die Seemannsfarbe, war von der Luft des Meeres und des Hafens gebräunt. Über das, was man als jüdische Züge bezeichnen konnte, hatte sich diese Patina gelegt. Man sah sofort, daß er gewohnt war, im Seewind zu leben, und nicht zu den städtischen Ferienreisenden gehörte, die von ihrem kurzen Ausflug mit einer schnell vergänglichen Renommierfarbe nach Hause kommen. Er fühlte sich am wohlsten auf einem seiner Hapagschiffe und brauchte auf Seefahrten die sonst allzu reichlich eingenommenen Schlafmittel nicht. Eine Phantasie, die sich mit der Überbrückung von Jahrtausenden belustigt, könnte herausfinden, daß sein Stammvater jener Sebulon, der Sohn Jakobs, gewesen sei, von dem es im Segen des Vaters hieß, er werde »an der Anfurt des Meeres wohnen und an der Anfurt der Schiffe« – und von dessen Drang zur See Thomas Mann im zweiten Bande seines »Joseph« etwas ausführlicher erzählt. Wenn Ballin den Yachtdreß und die Mütze des kaiserlichen Yachtclubs trug, waren diese

Kleidungsstücke bei ihm selbstverständliche und in keiner Weise befremdende Bestandteile, und er trug sie mit der sorglosen Eleganz, die nur die Gewohnheit verleiht. Die Bankdirektoren und die meisten der hohen Beamten, die zu den Schiffstaufen oder zur Kieler Woche kamen, sahen in ihren seemännischen Kostümen neu eingekleidet aus, wie die Sonntagsjäger in den grünen Joppen oder wie die Norddeutschen in kurzen Lederhosen am Starnberger See.

Er hatte aber, und dies vor allem, auch den hamburgischen Stolz. Nur entstand dieser Stolz bei ihm nicht wie bei manchen anderen aus Beschränktheit und geistiger Engigkeit. Viele Abkömmlinge der alten hamburgischen Geschlechter wußten schon nichts mehr von der Tradition der freien Stadt. Die Zugehörigkeit zu feudalen studentischen Corps war das Ideal, und alles, was vom hanseatischen Trotz übriggeblieben war, äußerte sich nur noch in der eifersüchtigen Abneigung gegen das parvenühafte, neuerungssüchtige und allzu rührige Berlin. Auch Ballin hatte zu der ungeheuer angeschwollenen Hauptstadt des Reiches keine Herzensneigung, der hamburgische Lebensstil gefiel ihm besser, war ihm vertrauter und angenehmer als die geräuschvolle berlinische Rastlosigkeit. Aber er hatte einen durch keine Vorurteile gehemmten Blick für die außerordentliche Kraft, die nie versagende Vitalität, die Arbeit und die Leistungen Berlins und sah in seiner Heimatstadt auch Kleinliches und allzu viel von jenem Lokalpatriotismus, hinter dem sich die Bequemlichkeit verbirgt. Sein Stolz begann am Hafenquai. Dort, wo er sein Werk schuf, wo unter seiner Leitung oder seinem Antrieb der Hafen sich mit einer großartigen Handelsflotte füllte, Riesenschiffe hinausfuhren und ankamen, die Anlagen sich ausdehnten, die Werften rastlos arbeiteten, Kettenrasseln, Pfeifen, der Lärm der Arbeit die Luft zerschnitten, Rauch aus zahllosen Schornsteinen quoll, Gepäck und Warenballen zu allen Erdteilen hin verladen wurden oder, aus dem Schiffsbauch herausgezogen, in den Fängen eines mächtigen Kranes über dem Landungsplatz hingen. (1936)

Presse und öffentliche Meinung
In keinem autoritär geleiteten Lande kann die Presse handelnde Person sein, immer ist sie nur der begleitende Chor. Und auch nicht der antike Chor, der Chor des Oedipus, der nach freiem Ermessen lobsingend oder beschwörend seine Stimme erhob. Das gehört zu den Lebensnotwendigkeiten des Systems, der autoritäre Staat könnte nicht anders bestehen. Aber eine Abweichung vom ursprünglichen Prinzip ist es, wenn unter dem bolschewistischen Regime innerhalb der eigenen Glaubensgemeinschaft die Diskussionsfreiheit, das Recht auf Kritik abgeschafft worden ist. »Diktatur

des Proletariats« war ein ziemlich enger Begriff, aber es kann innerhalb dieser verengten Welt, dieser Welt der Masse, noch etwas wie eine öffentliche Meinung geben, gewissermaßen sogar einen für diese proletarische Masse reservierten Rest von Demokratie. Der »Führergedanke«, in einer persönlichen Diktatur verwirklicht, stand nicht im Testament Lenins.

Es leuchtet ein, dass eine exakt dirigierte Presse die Regierungsarbeit erleichtert, oder doch zum mindesten nicht behindern kann. Die Politik kann sich wie auf einer eingezäunten einseitigen Autostraße bewegen, kein Huhn und keine Gans laufen im unpassenden Moment über den Weg. Aber neben den Vorteilen der scharfen Reglementierung stellen sich auch einige Nachteile ein. Das Ausland verzeichnet die Aeusserungen einer solchen »öffentlichen Meinung« mit Vorbehalt, es vermag aus ihnen eine wirkliche Volksabstimmung nicht herauszulesen, es sieht nur das Wunder der Disziplin. Sodann – die Bremsvorrichtungen, die aus der Existenz der Parteien, aus der Verschiedenheit der Ansichten, aus der Möglichkeit der Kritik sich ergeben, sind fortgenommen. Wie die Beine der riesenhaften Massenarmee marschieren alle gedruckten Worte in der gleichen Richtung und zum gleichen Ziel. Es ist ein allgemeines Vorwärtsdrängen und ein Zurück ist ein Manöver, das sich nur unter einem sehr geschickten Kommando glatt ausführen lässt. »Dynamik« ist eines jener Modeworte, die irgendwo auftauchen und die dann sehr bald auf jeder literarischen Suppe schwimmen. Es ist mit einer übertriebenen, nicht vorsichtig gelenkten Dynamik wie mit der Tanzleidenschaft jenes Fräuleins, das nicht aufhören konnte, herumzuwirbeln, und tanzend in die Hölle geht. (…)

Die Frage, wann die Presse die öffentliche Meinung und wann die öffentliche Meinung die Presse beeinflusst, lässt sich nicht mit mathematischer Klarheit beantworten und nicht mit schnellfertiger Simplizität. Presse und public opinion leben nicht ohne Möglichkeit der Vermischung auf getrennten Ufern, sie begegnen sich auf der Brücke, sind miteinander in Gefühlsnähe und schleifen ihre Ideen an einander ab. Sehr oft hat eine große politische Zeitung, wenn sie die öffentliche Meinung in eine bestimmte Bahn lenken will, vorher den Puls des Publikums geprüft. Sie hat geheime Instinkte und Wünsche konstatiert, die bei der ersten gedruckten Ermutigung hervorschießen würden, und zu ihren Geschäftsgeheimnissen gehört es, dem Leser die Empfindung zu geben, in dem Leitartikel, den er gerade studiere, werde endlich seine eigene, längst gehegte und bisher nur leider missachtete Ueberzeugung ausgedrückt. Wenn, wie man gesehen hat, auch bei den Erfahrensten die Kunst der Prognose mitunter in die Irre geht, so ist das unvermeidlich, da Instrumente zur genauen Messung des Volksgeistes noch nicht erfunden sind. Die einzelnen Ergänzungswahlen zum Parlament lassen einwandfreie Schlüsse auf den geistigen Zustand von 46 Millionen nicht zu. (…)

Zwei ironische Franzosen haben – beide ohne ganz an die Wirkung ihres Witzes zu glauben – über die öffentliche Meinung Worte geäußert, die dann oft zitiert worden sind. Chamfort hat gesagt: »Wieviel Dummköpfe braucht man, um ein Publikum zu machen?« und Talleyrand: »Es gibt jemand, der mehr Esprit hat als Voltaire, mehr als Napoleon, mehr als jedes Mitglied des Direktoriums, das ist tout le monde« – alle Welt. Nein, ein Publikum braucht – ohne ihm schmeicheln zu wollen – nicht immer, nicht überall und nicht nur aus Dummköpfen zu bestehen. Und es hat niemand mehr Esprit als Voltaire. Dagegen ist es wohl nicht völlig ausgeschlossen, dass es gelegentlich zwar nicht mehr Esprit, aber mehr gesundes Gefühl als seine Regierenden hat. Der ministerielle Geist kann so eingesponnen, so gehemmt und zerknittert von Pflichten, Theorien und widerspruchsvollen Forderungen sein, dass er zum Einfachen, Natürlichen und Notwendigen nicht mehr hindurchfindet und an jedem Kreuzweg in Zweifel versinkt. Manchmal ist es heilsam, wenn mit einem plötzlichen Ruck die öffentliche Meinung ihn aus künstlichen Tüfteleien herausreißt und zu Entschlüssen, zu Bestimmtheit und Klarheit treibt. Ebenso gut kann sie manchmal, wenn ein schwächlicher Wille ihr im falschen Augenblick nachgibt, die besten in der Stille der Kabinette eingefädelten Pläne zum Scheitern bringen. Jede unkontrollierte, von keinem parlamentarischen Gremium beaufsichtigte Diplomatie ist eine unheimliche, schleichende Gefahr, aber man kann nicht immer der ganzen öffentlichen Meinung im vollen Licht der Scheinwerfer die Etappen einer Aktion zeigen, die zu Resultaten führen soll. Wenn die Regierung und die kontrollierenden Instanzen fortwährend die Linie ändern müssen, um der public opinion zu gefallen, gibt es keine auf längere Frist berechnete Politik, keine Sicherheit über vierundzwanzig Stunden hinaus. Nur noch eine groteske oder tragische Konfusion. Eine Regierung ist dann wie ein Maler, dem ein unwissender reicher Auftraggeber durch unablässige Zumutungen die künstlerische Arbeit verdirbt.

Weil public opinion nicht immer in alle Geheimnisse eingeweiht werden kann, hat sie plötzliche Anfälle misstrauischer Auflehnung und wird launenhaft. Sie hat auch die schlechten Eigenschaften der Einzelperson, nur ist sie, da ihre Teile sich dann wieder auseinanderlösen, oft noch weniger konsequent und logisch als ein nur für sich selber sprechendes Individuum. Wenn sie ruhmsüchtig ist, oder wenn es ihr zu gut geht und sie sich infolgedessen langweilt, wie in Frankreich unter Louis Philippe (1773–1850), drängt sie zu einer törichten Prestigepolitik. Wenn sie träge ist und ihre Bequemlichkeit liebt, ist für sie der beste Staatsmann derjenige, der alle zum Handeln günstigen Stunden verschläft. Es kann sich ereignen, dass public opinion gleichzeitig, in einem seltsamen Durcheinander, zwei total verschiedene, sich gegenseitig ausschließende Wünsche hegt. Einer Oppositionsführung folgend, die ebenfalls das Unvereinbare vermengt, kann sie starke Maßnahmen der Außenpolitik fordern und das Geld für Rüstungen verweigern wollen. Wenn die öffentliche Meinung »pazifistisch« ist, zwingt sie sich, alle Menschen für edel zu halten, oder meint, dass es genüge, ein Schild mit der Aufschrift »Dieben ist der Eintritt verboten« an die Tür zu hängen. Die öffentliche Meinung ist oft undankbar, der große Pitt allerdings blieb ihr Abgott, aber sie hat Walpole nicht seiner Untugenden wegen gehasst. (1936/37)

Grabmal des Unbekannten Soldaten

Da der Nationalsozialismus jeden, der nicht zu ihm, nicht zu seiner Partei gehört, systematisch verwirft, kann er auch den unbekannten Soldaten nicht lieben. Der Kultus an einem solchen Grab steht in Widerspruch zu seiner Parteidoktrin, zu seinen Interessen, zu seiner Propaganda und zu seinem Programm. Er hält seine Gedächtnisfeiern auch nicht vor dem Ehrenmal in Berlin Unter den Linden ab, das von der Republik errichtet wurde und also doch noch von einem letzten kleinen demokratischen Hauch umweht ist, und kein Führer und auch wohl kein hoher Würdenträger der Partei hat sich dort hinverirrt. Der Nationalsozialismus veranstaltet seine Andachten auf der Stelle in München, wo bei dem missglückten Putsch Hitlers einige seiner Anhänger von den Gewehrkugeln getroffen worden sind. Hier weiss er, wen er feiert, jeder der Gefallenen hat die Mitgliedskarte gehabt. Kein Irrtum ist möglich, nichts und niemand ist unbekannt. Der Nationalsozialismus hat noch ein paar andere Grabdenkmäler, die er bekränzt und verehrt. In Berlin das Grab Horst Wessels, in Wien das Grab des Planetta, der Dollfus[s] ermordet hat. Zu diesen Stätten pilgert er hin. Indem er das Grab des unbekannten Soldaten nicht als eine solche Weihestätte betrachtet, handelt er absolut logisch, und eine kleine diplomatische Abweichung von der Logik ist es nur, wenn gelegentlich einer seiner ins Ausland reisenden Delegierten in einer fremden Hauptstadt sich vor dem Grab des unbekannten Soldaten pietätvoll verneigt und es mit Blumen schmückt. Es ist weit weniger logisch und konsequent, dass in Rom, vor dem pompösen Marmordenkmal des König Victor Emanuel, eingeschlossen in ein Mauerwerk, der Sarg eines unbekannten Soldaten solche Huldigungen empfängt. (1941)

QUELLEN- UND LITERATUR

Zur Biographie und zum Werk Theodor Wolffs sind erschienen:

Porges, Reingard: Theodor Wolff. The Writer in Exile 1933–1943. Saarbrücken 2010.

Sösemann, Bernd: Theodor Wolff (1868–1943). In: Michael Fröhlich (Hg.): Das Kaiserreich. Portrait einer Epoche in Biographien. Darmstadt 2001, S. 365–376.

Zimmer-Wagner, Birgit: Theodor Wolff und der Erste Weltkrieg 1914–1918. Ein Journalist zwischen Anpassung und Rebellion. Frankfurt am Main 2005.

Goldbach, Christel: Distanzierte Beobachtung. Theodor Wolff und das Judentum: »... es sind zwar nicht meine Kerzen, aber ihr Licht ist warm«. Oldenburg 2002.

Theodor Wolff. Der Chronist. Krieg, Revolution und Frieden im Tagebuch 1914–1919. Hg. von Bernd Sösemann. Düsseldorf 1997.

Theodor Wolff. Der Publizist. Feuilletons, Gedichte und Aufzeichnungen. Hg. von Bernd Sösemann. Düsseldorf 1995.

Theodor Wolff. Der Journalist. Berichte und Leitartikel. Hg. von Bernd Sösemann. Düsseldorf 1993.

Theodor Wolff. Erlebnisse, Erinnerungen, Gedanken im südfranzösischen Exil. Hg. von Margrit Bröhan (Schriften des Bundesarchivs 41). Boppard/Rh. 1992.

Die Wilhelminische Epoche. Fürst von Bülow am Fenster und andere Begegnungen. Hg. und eingeleitet von Bernd Sösemann. Frankfurt/M. 1989.

Theodor Wolff. »Die Juden«. Ein Dokument aus dem Exil 1942/43. Hg. und eingeleitet von Bernd Sösemann. Königstein/Ts. 1984.

Theodor Wolff. Tagebücher. 1914–1919. Der Erste Weltkrieg und die Entstehung der Weimarer Republik in Tagebüchern, Leitartikeln und Briefen des Chefredakteurs am »Berliner Tageblatt« und Mitbegründers der »Deutschen Demokratischen Partei«. Hg. von Bernd Sösemann, 2 Bde. Boppard/Rh. 1984.

Paul, Fritz: Theodor Wolff und die Berliner Bohème des »Schwarzen Ferkels« (1892–1894). In: Skandinavistik. 13 (1983), Nr. 1, S. 9–30.

Köhler, Wolfram: Der Chefredakteur Theodor Wolff. Ein Leben in Europa, 1868–1943. Düsseldorf 1978.

Sösemann, Bernd: Das Ende der Weimarer Republik in der Kritik demokratischer Publizisten. Theodor Wolff, Ernst Feder, Julius Elbau, Leopold Schwarzschild. Berlin 1976.

Holl, Karl: Der Austritt Theodor Wolffs aus der Deutschen Demokratischen Partei. In: Publizistik 16 (1971), S. 294–302.

Schwarz, Gotthart: Theodor Wolff und das »Berliner Tageblatt«. Eine liberale Stimme in der deutschen Politik, 1906–1933. Tübingen 1968.

Boveri, Margret: Wir lügen alle. Eine Hauptstadtzeitung unter Hitler. Olten 1965.

Zu Lebzeiten Theodor Wolffs wurden veröffentlicht:

Der Marsch durch zwei Jahrzehnte. Amsterdam 1936; auch: London 1936, Paris 1937; stark erweiterte Neuausgabe: »Die Wilhelminische Epoche«, hg. von Bernd Sösemann. Frankfurt am Main 1989.

Die Schwimmerin. Ein Roman aus der Gegenwart. Zürich 1937.

Der Krieg des Pontius Pilatus. Zürich 1934; auch: London 1935, Paris und New York 1936, Prag 1937.

Chapiro, Joseph (Hg.): Für Alfred Kerr. Ein Buch der Freundschaft. Berlin 1928.

Szatmari, Eugen: Was nicht im Baedecker steht. Bd. 1: Berlin. 2. Auflage München 1928.

Pariser Tagebuch. München 1908 (2. Auflage 1908); Neuausgabe Berlin 1927.

Das Vorspiel. München 1924; auch: Paris 1926.

Anatole France. Berlin 1924 (Privatdruck).

Blume, Gustav: Herr Theodor Wolff und das Ressentiment. Offener Brief an den Chefredakteur des »Berliner Tageblatt«. Berlin 1920.

Vollendete Tatsachen, 1914–1917. Berlin 1918
Paul, Adolf: Strindberg – Erinnerungen und Briefe. München 1914.
Corinth, Lovis: Das Leben des Walter Leistikow. Ein Stück Berliner Kulturgeschichte. Berlin 1910.
Spaziergänge. Köln 1909.
Die Sünder. Eine Liebesgeschichte. Berlin 1894 (2. Auflage Köln 1909).
Die Königin. Schauspiel in 3 Aufzügen. Köln 1898; zweite stark überarbeitete Auflage als »Schauspiel in vier Aufzügen«. Köln 1904.
Niemand weiß es. Stück in 3 Aufzügen. München 1895.
Die stille Insel. Schauspiel in 4 Akten. Berlin 1894.
Der Untergang. Roman. Berlin 1892.
Der Heide. Roman. Berlin 1891.
Erste Waffengänge. Monatsschrift der deutschen Jugend. 1. Jg. (6 Einzelhefte). Berlin 1886.

Für die historischen und literarischen Zusammenhänge sind außerdem noch zu empfehlen:

Sösemann, Bernd: Berlin im Kaiserreich. Stadt großer Zeitungen und Verleger. In: Roland Berbig u. a. (Hg.): Berlins 19. Jahrhundert. Ein Metropolen-Kompendium. Berlin 2011, S. 215–227.
Liebmann, Irina: Wäre es schön? Es wäre schön! Mein Vater Rudolf Herrnstadt. Berlin 2008 (Taschenbuch-Ausgabe 0618; Berlin 2009).
Meyer, Ahlrich: Täter im Verhör. Die »Endlösung der Judenfrage« in Frankreich 1940–1944. Darmstadt 2005.
Sösemann, Bernd: Die Presse ist der »Dampfwagen der Gedanken«. Verleger und Journalisten im Wandel von Öffentlichkeit und Politik in der Ära Bismarck. In: Lothar Gall (Hg.): Regierung, Parlament und Öffentlichkeit im Zeitalter Bismarck. Politikstile im Wandel (Otto-von-Bismarck-Stiftung. Wissenschaftliche Reihe 5). Paderborn 2003, S. 43–89.
Kraus, Elisabeth: Die Familie Mosse. Deutsch-jüdisches Bürgertum im 19. und 20. Jahrhundert. München 1999.
Hartwig-Scharnberg, Inge / Jan Maruhn (Hg.): »Das kann doch nicht mehr lange dauern«. Beinahe hätte es zu lange gedauert. Erinnerungen [an Rose Scharnberg; Manuskript; darin u. a. Korrespondenz mit Walter Oppenheimer]. o. O. 1995.
Hirschfeld, Gerhard / Marsh, Patrick (Hg.): Kollaboration in Frankreich. Politik, Wirtschaft und Kultur während der nationalsozialistischen Besatzung 1940–1944. Frankfurt am Main 1991.
Bröhan, Margrit: Walter Leistikow. Berlin 1988.

Fry, Varian: Auslieferung auf Verlangen. Die Rettung deutscher Emigranten in Marseille 1940/41. München 1986.

Maurer, Trude: Ostjuden in Deutschland 1918–1933. Hamburg 1986.

Jacobsen, Jens Peter: Niels Lyhne. Roman. Hg. von Klaus Bohnen (Reclam-Universalbibliothek, Nr. 2551), Stuttgart 1984; darin: Theodor Wolffs Einleitung zur ersten deutschen Ausgabe (Auszug), S. 247–267.

Mendelsohn, Peter de: Zeitungsstadt Berlin. Menschen und Mächte in der Geschichte der deutschen Presse. Erweiterte Auflage. Frankfurt am Main 1982.

Bosch, Michael: Liberale Presse in der Krise. Die Innenpolitik der Jahre 1930 bis 1933 im Spiegel des »Berliner Tageblatts«, der »Frankfurter Zeitung«, und der »Vossischen Zeitung«. Frankfurt am Main 1976.

Feder, Ernst: Heute sprach ich mit … Tagebücher eines Berliner Publizisten 1926–1932. Hg. von Cécile Lowenthal-Hensel und Arnold Paucker. Stuttgart 1971.

Hildenbrandt, Fred: …ich soll Dich grüßen von Berlin, 1922–1932. Stuttgart 1966.

Castonier, Elisabeth: Stürmisch bis heiter. Memoiren einer Außenseiterin. München 1964.

Kessler, Harry Graf: Tagebücher, 1918–1937. Hg. von W. Pfeiffer-Belli. Frankfurt am Main 1961.

Sinsheimer, Hermann: Gelebt im Paradies. München 1953.

ABBILDUNGSNACHWEIS

Sämtliche Abbildungen stammen aus der Sammlung »Theodor Wolff« (Bernd Sösemann) der Arbeitsstelle für Kommunikationsgeschichte und interkulturelle Publizistik (AKiP), im Friedrich-Meinecke-Institut für Geschichtswissenschaften, Freie Universität Berlin.

PERSONENREGISTER

Adlon, Louis 254
Ahn, Albert 40, 58
Anders, Günther 186
Andreschuk, Siegfried 223
Anschütz, Gerhard 128, 130
Antoine, André 36
Anzengruber, Ludwig 38
Aram, Kurt (s. Fischer, Hans)
Arco-Valley, Anton Graf von 162
Asquith, Herbert Henry 118
Attila 139, 272
Auburtin, Victor 77f., 81f., 191–193, 260

Baake, Kurt 142f.
Bab, Julius 46
Baeker, Ernst 30
Bahr, Hermann 36
Ballin, Albert 123f., 128, 286f.
Barkenhusen, Jan (s. Persius, Lothar)
Barnay, Ludwig 38, 87
Barth, Hans 54, 191
Bassermann, Ernst 146
Bauer, Gustav 155
Bauer, Max 161

Baumgarten, Otto 130
Bäumer, Gertrud 192
Becker, Carl Heinrich 186
Becque, Henry 52
Beerfelde, Hans Georg 143
Beer-Hoffmann, Richard xv
Behrendt, Ludwig 21
Bell, Johannes 156
Benn, Gottfried 39
Beregi, Oscar 47
Bergner, Elisabeth 56, 206, 228, 243, 245, xxiv
Bernhard, Georg 130, 148f., 168, 227, xxvi
Bernhardt, Sarah 53
Bernstein, Aaron David 23
Bernstein, Eduard 149, 192
Bernstein, Henri 55
Berthelot, Philippe 169f.
Bethmann Hollweg, Theobald von 111, 113f., 118–120, 122–124, 129 131f., 142, 146, 272
Bewersdorff (Landgerichtsdirektor in Magdeburg) 172f.

Bismarck, Otto Fürst von 21, 32–35, 104, 209, 272
Björnson, Björnstjerne 37, 39
Block, Paul 89f., 191
Blume, Gustav vii
Blumenthal, Oscar 38
Bondy, Paul 186
Bonn, Moritz Julius 186
Börne, Ludwig 60
Bornstein, Paul 30
Bosch, Robert 125, 130
Bouffier-Chaffour, Frau ix
Boulanger, Georges 66
Bourget, Paul 52, 55
Boveri, Margret 187, 223–225
Bracht, Franz 211
Brahm, Otto 36f., 39, 46, 56, 75
Brandes, Georg 39
Brandes, Otto 54, 57
Brant, Sebastian (s. Dombrowski, Erich)
Braun, Otto 210f.
Braun, Frau (Direktorin einer Sprachschule) xxx
Brentano, Lujo 127f., 130, 192
Bretholz, Wolfgang 191f., 219f., 224f.
Briand, Aristide 118, 170, 228
Brockdorff-Rantzau, Ulrich Graf von 136, 150, 152f., 155f., 198
Brod, Max 186
Bruckner, Ferdinand 231, 244f.
Brüning, Heinrich 6, 198, 202–209, 211, 214f., 281
Brunner, Alois 254
Bullitt, William C. 136
Bülow, Bernhard Fürst von 54, 81, 95, 98, 102–104, 114, 123, 131, 160, 272, xvi
Burger, Erich 191, 228

Caillaux, Joseph 207
Capus, Alfred 52, 55
Carabin, Rupert 53
Carbe, Martin 141f., 178, 188, 196,
Carrierè, Eugène 52, 190
Castonier, Elisabeth 55, 227, 265

Chamfort, Nicolas 289
Chapiro, Joseph 186, 192
Clemenceau, George 52, 55, 77f., 80–82, 96–98, 151, 153, 166, 228, 274
Clemenceau, Paul 55
Cohen-Reuß, Max 143
Cohn, Emil 18, 23
Cohn, Oscar 122, 149
Conrad von Hoetzendorf 277
Courteline, Georges 52
Cremer, Wilhelm Hubert 18
Csokor, Franz Theodor 231
Cuno, Wilhelm 166–168
Curtius, Julius 281

Darlan, François 236
Daube, Gottfried Leonhard 17
David, Eduard 130
Davidsohn, Dr. (Danziger Arzt) 27
Delbrück, Hans 127f., 130
Dernburg, Bernhard 76, 97, 127f., 145
Dernburg, Friedrich 75f. , 99, 187, xviii
Dernburg, Ludwig 130
Descartes, René 69
Dessoir, Max 30f.
Dettmann, Fritz 191
Deutelmoser, Erhard Eduard 127
Diebold, Bernhard 245
Dietrich, Hermann 203
Dietz (Landesgerichtsdirektor) 269
Dilthey, Wilhelm 31
Döblin, Alfred 186
Dollfuß, Engelbert 290
Dombrowski, Erich 90–92, 161, 163, 171, 191
Donath, Alfred Adolph 186
Donati, Angelo 250f.
Dorn, Emmerich 30
Dornbusch, Hans 30
Dove, Heinrich 128, 130, 145
Dreyfus, Albert 6, 55, 58, 61–68, 77–80, 88, 99, 238, 246, 259, 267f.
Drumont, Edouard 63
Durieux, Tilla 48

Ebert, Friedrich 140, 142, 144f., 149, 153f., 160, 166, 168, 172f., 204, 273, 285
Ehrhardt, Hermann 164
Einstein, Albert 145, 247, xix
Eisenhower, Dwight D. 250
Eisenstaedt, Alfred xxv
Eisner, Kurt 138, 162
Elsas, Hugo 127
Engel, Fritz 89
Epp, Franz Xaver Ritter von 160, 221
Erzberger, Matthias 121, 130, 153f., 156, 162, 164, 276
Esterhazy, Marie 61
Eulenburg, Philipp Fürst zu 88, 98f.
Eysoldt, Gertrud 47

Falk, Kurt 30
Feder, Erna 229
Feder, Ernst 69f., 90f., 121, 130, 161, 170f., 174f., 178–182, 187f., 191, 195f., 199, 202, 204, 212, 217f., 228–231, 237f., 247–249, 264
Fehrenbach, Konstantin 130
Feiler, Arthur 145
Fellner, Richard 48
Feuchtwanger, Lion 186
Fichte, Gottlieb 149
Fischart, Johannes (s. Dombrowski, Erich)
Fischbeck, Otto 130, 145
Fischer, Hans 89
Fischer, Samuel 37
Fladin, Pierre-Etienne 236
Flotow, Hans von 123
Fontane, Theodor 36, 50f., iii
France, Anatole 52, 55, 77f., 80f., 204, 260
François-Poncet, André 231
Franz Ferdinand, Erzherzog von Österreich-Este 109
Freiligrath, Ferdinand 177
Frenzel, Karl 38
Freytag, Gustav 81
Friedberg, Robert 130, 146
Friedensburg, Ferdinand 178

Friedrich III., Deutscher Kaiser 33f.
Friedrich Wilhelm IV., König von Preußen 77
Friedrich Wilhelm von Preußen, Kronprinz 121, 131
Frisch, Efraim 186
Fry, Varian 247, 249f.
Fulda, Ludwig 38, 48

Gaborg, Arne 42
Galen, Clemens August Graf von 218
Gallifet, Gaston de 268
Ganghofer, Ludwig 47
Geck, Oskar 121
Gemier, Firmin 207, 231
Gerlach, Hellmuth von 145, 226
Geßler, Otto 180
Gide, André 231
Giraudoux, Jean 206
Glaser, Fritz 191
Goebbels, Joseph 200, 217, 219, 224, 281
Goethe, Johann Wolfgang von 31f., 69, 86, 171, 278, 284
Gold, Mary Jyane 247
Goldmann, Paul 53
Gollancz, Victor 228
Goncourt, Edmond de 45
Göring, Hermann 215, 218–220
Gorki, Maxim 47
Gothein, Georg 130, 145, 232, 241
Gradnauer, Georg 130
Graefe, Albrecht von 82
Gretor, Willy (s. Petersen, Wilhelm)
Grey, Edward 124, 184, 206
Grimm, Herman 31
Groener, Wilhelm 206, 208f.
Großmann, Rudolf xx
Grube, Max 46f.
Grünberger, Victor Carl 56
Gryphius, Andreas (s. Dombrowski, Erich)
Guilbert, Yvette 53
Gulbransson, Olaf 53
Guttmann, Bernhard 145

Haas, Ludwig 136, xv
Haasenstein, Ferdinand 17
Haecker, Theodor 149
Haertel (Wachtmeister) 254
Hammann, Otto 116, 119
Hamsun, Knut 52
Harden, Maximilian 36–38, 87f., 91, 98f., 146, 149f., 153, 163f., 183, 192
Hardt, Ernst 186
Hardt, Ludwig 186
Harnack, Adolph 86, 93, 128, 130, 176
Hart, Heinrich 29
Hart, Julius 29, 37
Hartog, Anselm
Hasenclever, Walter 231
Hatzfeldt-Trachenberg, Hermann Fürst von 123, 128
Hauptmann, Gerhart 36–38, 46f., 101, 167, 185, 192, 232–235, 283f., iii, xxivf., xxvii
Hauptmann, Margarete xxvii
Hauptmann von Köpenick (s. Voigt, Wilhelm)
Hausenstein, Wilhelm 186
Haußmann, Conrad 127, 130, 133, 137, 192, vx
Hegel, Georg Wilhelm Friedrich 31f.
Heimannsberg, Magnus 215
Heine, Thomas Theodor 53, 60
Heine, Wolfgang 122, 127, 136, xv, xvii
Heine, Frau xvii
Held, Heinrich 220f.
Helfferich, Karl 163, 167
Hemingway, Ernest xxxi
Henry, Joseph Hubert 61
Herold, A. (s. Schilasky, Ernst)
Herrnstadt, Rudolf 191, 243f.
Hertling, Georg Graf von 122, 133, 201
Herzl, Theodor 69
Herzog, Wilhelm 231
Hesse, Hermann 186
Heuss, Theodor 130, 176
Heyking, Elisabeth Freifrau von 39
Hickethier, Johann Friedrich 56

Hickethier, Marie Louise Anna (s. auch Wolff, Aenne) 55f.
Hildenbrandt, Fred 189f., 194, 232, xxiv
Hiller, Kurt 141, 192, 226
Hindenburg, Paul von Beneckendorff und 131, 135, 173–175, 198, 207–209, 212, 214, 218, 285
Hindenburg, Oscar von Beneckendorff und 214
Hippler, Fritz 64
Hirsch, Felix E. 191, 241
Hirschfeld, Klara x
Hitler, Adolf 126, 149, 168, 182, 194f., 197f., 202, 205, 207–212, 214f., 217–221, 227, 229, 232, 235f., 262, 281f., 290
Hoesch, Leopold von 169f.
Hoffmann, Adolph 142
Hoffmann, E.T.A. (Ernst Theodor Wilhelm Amadeus) 185
Höffner, Gustav 191
Hofmannsthal, Hugo von 37, 39, 47
Hohenberg, Sophie Herzogin von 109
Hollaender, Felix 30, 47, ii
Holstein, Friedrich von 95, 98f.
Holtzendorff, Henning von 128, 130, xvii
Hugenberg, Alfred 82, 127, 182, 194f., 197, 202, 207f., 214, 219, 221, 227

Ibsen, Henrik 33, 37, 39f., 42, 75, 80
Iswolski, Alexander Petrowitsch 184

Jacob, Heinrich Eduard 191
Jacobi, Lotte xxii
Jacobsen, Jens Peter 38–40, 77
Jacobsohn, Siegfried 49, 168
Jagow, Gottlieb von 110, 114, 123f., 271
Jaurès, Jean 228
Jonas, Rechtsanwalt 37
Jordan, Max 191
Junck, Johannes 130, 146

Kaas, Ludwig 214
Kahane, Heinrich 186
Kahl, Wilhelm 128, 130
Kainz, Josef 46

Kalisch, David 15
Kalmar, Annie 48
Kant, Immanuel 31
Kantorowitz, Alfred 186
Kapp, Wolfgang 161, 165
Kardorff, Siegfried von 186
Kastan, Isidor 38
Kauffmann, Max 30
Keil, Ernst 16
Keinath, Otto 130, 146
Kerr, Alfred 191–193, 196, 220, xxvi
Kessler, Harry Graf 71, 123f., 150
Kesten, Hermann 192, 238
Kiaulehn, Walt(h)er 191, 253
Kirchhof, Fritz 191
Kisch, Egon Erwin 186, 192, 220, 232
Klages, Victor 86, 191
Kleefeld, Kurt 145
Klein, Adolf 268f.
Klein, Hugo 48
Kleist, Heinrich von 89
Klemperer, Victor 154
Knopf, Alfred A. xxviii
Koch-Weser, Erich 178f., 181
Köhler, Wolfram 191, 232, 243, 251
Kolb, Annette 119, 121, 192
Kraus, Karl 48
Krüger, Gustav 178
Kuh, Anton 186
Kühlmann, Richard 132f., 186, 204, 220
Külz, Wilhelm 175, 177
Kupfer, Margarete 56

Lachmann-Mosse, Hans 182f., 187f., 193–196, 204, 220–222, 226, 228f.
Landau, Gustav 38
Landsberg, Otto 156
Langen, Albert 30, 52f.
Laske, Gotthard 81
Lasker-Schüler, Else 186
Lasson, Georg 31
Laval, Pierre 236
Lavisse, Ernest 52
Léandre, Charles 52f.
Lehmann, Joseph 186

Leistikow, Gerda x
Leistikow, Walter 41–43, 51, 55, 270f., x
Lemmer, Ernst 186
Lensch, Paul 130
Lessing, Gotthold Ephraim 28
Lettow, von, Major 120
Levy, Paul 149
Levysohn, Arthur 21–23, 57, 61, 75f., 83, 87, 89, 92f., 100
Levysohn, Wilhelm 22
Lichnowsky, Karl Max Fürst von 123f.
Lichtenberg, Georg Christoph 159
Liebermann, Max 42f., 59, xvi
Liebknecht, Karl 141, 162
Liebmann, Irina 243f.
Liepmann, Paul 146
Lindau, Paul 29, 269
Liszt, Franz von 145
Lloyd George, David 184
Löbe, Paul 255
Loos, Adolf 231
Loos, Lina 231
Lospinoso, Guido 250f.
Louis Philippe I., König von Frankreich 289
Louys, Pierre 52
Lubitsch, Ernst 186
Ludendorff, Erich 131, 133, 135, 161, 163, 168
Lüders, Elisabeth 186
Ludwig, Emil 186, 191, xxvi
Luther, Hans 169, 174, 206
Luther, Martin 149
Lüttwitz, Walther Freiherr von 161, 165
Luxemburg, Rosa 162

Macaulay, Thomas Babington 274
Magerie, Pierre de 231
Mann, Heinrich 186, 231
Mann, Klaus 200
Mann, Thomas 186, 200, 220, 247f., 286
Manno (Karikaturist) xxvi
Marat, Jean Paul 67
Marie Antoinette, Königin von Frankreich 48

Martin, Rudolf Emil xx
Marton, Miska (Maximilian) xv
Marwitz, Bruno 146, 150
Marx, Karl 94
Marx, Wilhelm 173f.
Matkowsky, Adalbert 46f.
Maurras, Charles 200
Max, Prinz von Baden 133f., 136, 138, 144, xv
Meier-Graefe, Julius Alfred 55
Menger, Rudolf 21
Metternich, Paul Graf Wolff zur Gracht 114, 123, 128, 177
Michaelis, Georg 122, 132, 201
Michaelis, Paul 191
Michelangelo 31
Milan, Emil 47
Miller, Oskar von 186
Mittler (Parlamentarier) 207
Moissi, Alexander 47
Moltke, Helmuth Graf von 88, 100, 123
Mommsen, Theodor 31f., 204
Montaigne, Michel Eyquem de 81
Montgelas, Maximilian Graf von 123
Monts de Mazin, Anton Graf 114
Mosheim, Grete 228
Mosse, Albert 15
Mosse, Emil 15, 18
Mosse, Emilie 20, 88f.
Mosse, Felicia 227
Mosse, Leonore 23
Mosse, Markus 15f., 26, 75
Mosse, Paul 15
Mosse, Rudolf 5, 7, 14–23, 32, 48, 54, 75–77, 85, 88–91, 93, 122, 130, 142, 148f., 183, 189, 194, 224, 226f., 229, 258, 261f., xi–xiii
Mosse, Salomon 15
Mosse, Theodor 15
Mühsam, Erich 186, 220
Müller, Felix von 108
Müller, Hermann 150, 156, 180, 182, 197f., 202, 285, xv
Müller-Fulda, Richard 130
Müller-Hepp, Alfred 191

Müller-Jabusch, Maximilian 191
Mumm von Schwarzenstein, Philipp Alfons 123
Munch, Edvard 41f., 75
Münster von Derneburg, Georg Fürst 94
Mussolini, Benito 199–202, 236, 251, 263

Napoleon I., Kaiser von Frankreich 143, 202, 278, 289
Naumann, Friedrich 111, 130, 136, 145, 204
Naumann, Victor 127
Neurath, Konstantin Freiherr von 227
Neustädter, Ellen 56
Nicholson, Harold 242
Nicolai, Walther 116, 148
Norden, Arthur 91
Noske, Gustav 137, 153, 155, 160
Nuschke, Otto 142, 145, 188

Odilon, Helene 48
Ohst, Wilhelm 224
Olden, Rudolf 182, 189, 191f., 196, 231f.
Opitz, Heinrich (s. Dombrowski, Erich)
Oppenheimer, Franz 186
Oppenheimer, Walter 254
Oprecht, Emil 239, 246, 254
Oprecht, Emmie 246, 248
Orlik, Emil 47
Ormesson, Wladimir d' 228
Osborn, Max 30, 256
Ossietzky, Carl von 168, 177, 184, 226
Outamaro, Kitagawa 45
Österreich-Este, Franz Ferdinand von 109

Pabst, Waldemar 160
Paganon, Joseph 207
Painlevé, Paul 206
Pallenberg, Max xv
Papen, Franz von 6, 198, 209–214, 217f., 263
Payer, Friedrich von 130
Persius, Lothar 191
Petain, Henri Philippe 236
Petersen, Carl 180

Petersen, Wilhelm 52
Picasso, Pablo 53
Picquart, Georges 61–63
Pinner, Felix 91, 167, 191
Pinthus, Kurt 60
Piper, Reinhard 186
Pissarro, Camille 52
Planetta, Otto 290
Pohl, Gerhard 186
Poincaré, Raymond 108, 166, 184
Polgar, Alfred 186, 220, xviii
Porto-Riche, Georges 52, 55
Preisser, Walter 81
Preuß, Hugo 145
Princip, Gavrilo 109

Raphael 31
Rathenau, Walther 117, 127, 130, 145, 149, 164–166, 169, 172, 192, 199, 275f., xvii
Räuscher, Josef 191, 220
Rauscher, Ulrich 130, 141
Rechenberg, Albrecht Freiherr von 130
Reclam, Anton Philipp 38
Regler, Gustav 186
Reinhardt, Max 39, 47f., 56, 75, xv
Reinhold, Peter 130
Réjane, Gabrielle 53
Renoir, Auguste 52
Richthofen, Hartmann Freiherr von 146, xxxi
Riezler, Kurt 123f.
Rilke, Rainer Maria 39, 192
Rodin, Auguste 53
Röhm, Ernst 232
Rosen, Friedrich von 127
Rosenwald, William 249
Roth, Joseph 192, 241
Rouanet, Gustave 53

Salomon, Alice 186
Salomon, Ernst von 165
Salten, Felix 186
Sarwey, Hellmuth 191
Schacht, Hjalmar 145, 178, 229

Schäfer, Dietrich 127
Scharnberg, Rose 254
Scheffer, Paul 191, 198, 224f.
Scheidemann, Philipp 137f., 142, 149, 151f., 155f., 163
Scheliha, Rudolf von 244
Scherl, August Hugo Friedrich 13, 22
Schickele, René 186, 231, xxx
Schiffer, Eugen 130
Schildkraut, Rudolf 47
Schilasky, Ernst 149
Schiller, Friedrich von 28, 171
Schleicher, Kurt von 6, 198, 206, 209f., 212–214
Schlenther, Paul 36f., 46, 48, 191
Schlingmann, Reinhold 41
Schmoller, Gustav 130
Schneideck, G. H. 25
Schnitzler, Arthur 37
Scholem, Gershom 70
Scholl (Flügeladjutant) 93
Scholz, Ernst 202
Schrader, Karl 34
Schröder, Kurt Freiherr von 214
Schwab, Josef 89, 191
Schwabacher, Alfred 229
Schwarzschild, Leopold 189, 192, 220, 228, 232
Schwerin-Löwitz, Hans Graf von 127
Selber, Walter (s. Leistkow, Walter)
Seeckt, Hans von 161, 277f.
Severing, Carl 163, 211, xv
Sinsheimer, Hermann 14, 86, 191
Slavona, Maria 52
Solf, Wilhelm 114, 125, 127, 130
Sorma, Agnes 46, 48, 56
Sorré-Dieudonné, Yvette 256
Spinasse, Charles 207
Sprinz, Alfred 230f., 233, 236, 248, 256
Sprinz, Lilly (s. Wolff, Lilly)
Sprinz, Walter 230
Stark, Oskar 191, 221, 225
Steed, Wickham 228
Stein, August 128–130

Stein, Günter 191
Steinlen, Théophile Alexandre 53
Stern, Alfred 186
Sternheim, Carl 39
Stinnes, Hugo 166
Stöbe, Ilse 56, 243f.
Stockhausen, Georg 36–38
Streckfuß, Carl Adolph 21
Stresemann, Gustav 130, 146, 148, 150, 167–171, 174, 179–182, 199, 202, 204, 278–280, xxi
Strindberg, August 41
Stumm, Wilhelm August von 108, 110, 123, 185, 271, xv
Stutterheim, Kurt von 191
Südekum, Albert 130, xv
Sudermann, Hermann 38
Sulzberger, Arthur H. 249f.
Szatmari, Eugen 187

Talleyrand-Périgord, Charles-Maurice de 289
Tardieu, André 53, 206
Tenbergen, Helene Marie (s. Wolff, Helna)
Tenbergen, Mutter xxx
Tergit, Gabriele 191
Thälmann, Ernst 208
Thaulow, Frits 53
Thiers, Adolphe 72
Thoma, Ludwig 53
Tirpitz, Alfred von 118, 125, 132, 272
Tönnies, Ferdinand 130
Tolstoi, Leo 162
Topf, Erwin 191
Treitschke, Heinrich von 31f.
Troeltsch, Ernst 130
Trojan, Johannes 27
Tschirschky und Bögendorf, Heinrich von 124
Tucholsky, Kurt 191, 193f., 226

Ullstein, Leopold 13f.
Urbanski, Max 191

Valentin, Veit 186
Vetter, Karl 220, 226
Viktor Emanuel II., König von Italien 290
Victoria, Königin von England 43
Victoria Adelaide Mary Louisa, Prinzessin von Großbritannien und Irland 33
Vogel, Martin 30
Voigt, Wilhelm 105, 268–270
Voltaire (François-Marie Arouet) 81, 289

Wagner, Richard 54
Wagner, Rudolf 15
Waldeck-Rousseau, Pierre-Marie 94, 268
Waldstein, Felix 130
Walter, Bruno 231
Wassermann, Jakob 37, 39, 186
Weber, Alfred 145f., 148, 150f., 181, 192
Wedekind, Frank 36, 39, 52, 56
Wedekind, Tilly 56
Wedel, Bodo Graf von 123f.
Wehner, Carl 191
Weismann, Robert 180
Welcker, Carl Theodor 263
Werder, Karl 31f.
Werfel, Franz 192, 231
Wessel, Horst 290
Wessel, Max 30
Westermeyer, Karl 186
Weyrauch, Wolfgang 187
Wiener, Jacob 91
Wiese, Leopold von 192
Wiessner, Max 145
Wilamowitz-Moellendorf, Ulrich von 127
Wilhelm Friedrich 133
Wilhelm I., Deutscher Kaiser 26, 33
Wilhelm II., Deutscher Kaiser 35, 50, 93, 95, 98f., 102–105, 111, 116, 127, 129–131, 133, 137–139, 141, 144, 155, 157, 159, 272f., xv
Wilke, Adolf von 43
Wilson, Woodrow 133, 135f., 151–153, xv
Wirth, Joseph 165, 169, 199, xvii

Witt, Lotte 46
Witting, Richard 87
Wittner, Doris xvii
Wolff, Adolph 15, 26f., 32, 52, 75, 257
Wolff, Marie Luise Aenne (Änne, s. auch Hickethier) 25, 34, 55f., 69, 74f., 107f., 110, 128, 143, 165, 211, 217, 220f., 226–32, 234–237, 241, 247–50, 252, 254, 256f., 265, viii, xii, xvii, xxiv, xxii, xxvii, xxixf.
Wolff, Elsa 256, xxxii
Wolff, Fritz 27, 193f., 228, 256, xxxii
Wolff, Gabriel 26
Wolff, Helna 230, 251–253, 257, xxx
Wolff, Käthe 27, 228, 256
Wolff, Lilly 25, 34, 69, 107f., 110, 128f., 143, 220f., 226–31, 233, 236f., 241, 247–49, 256, 265, xxiv, xxi, xxx, xxxii
Wolff, Martha 27, 256
Wolff, Recha 27, 75, 257, x

Wolff, Richard 14, 25, 34, 55, 69, 75, 107f., 110, 128f., 143, 211, 220f., 226–30, 237, 241, 247–49, 257, 265, xxiv, xxi, xxxii
Wolff, Rudolf 25, 34, 40, 43, 56, 69, 74, 107f., 110, 128f., 143, 192, 207, 211, 220f., 224, 226–31, 233, 237, 239, 241, 243, 245, 247–49, 251, 253, 257, 264f., xxi, xxiv, xxx, xxxii
Wolff, Ulrike 15, 26
Wolffenstein, Richard 18
Wutschke, Adelgunde 56

Young, Owen 197, 202, 208

Zoff, Otto 187
Zola, Emile 52, 58, 61, 63–65, 67, 77–82, 99
Zolling, Theophil (s. Harden, Maximilian)
Zweig, Stefan 187, 190, 231

Nr. 4. Berlin, April 1886. I. Jahrgang.

Erste Waffengänge.

Monatsschrift der deutschen Jugend.

Nachdruck nur mit genauer Quellenangabe gestattet.

Abonnement für Berlin vierteljährlich 60 Pf., frei in's Haus 75 Pf., nach Auswärts 90 Pf.
Einzelnummer 30 Pf.
Man abonnirt in Berlin bei der Expedition W. Potsdamerstraße 26b.

An unsere Leser!

Mit der heutigen Nummer treten wir in das II. Quartal unserer Zeitschrift ein. Wir hoffen, dass das Interesse an unserem jungen Unternehmen auch fernerhin nicht erkalten wird und werden stets bemüht sein, uns dies Interesse dauernd zu erhalten. Durch spannende und mannigfaltige Artikel sowie auch durch **Musik- und Kunstbeilagen** werden wir unser Blatt zu einem interessanten und reichhaltigen zu gestalten suchen. Wie wir schon in der vorigen Nummer erwähnten, wird unser geschätzter Mitarbeiter, Hr. stud. phil. M. D.....r, anknüpfend an den Artikel in Nr. II über „Handschriftendeutung", gleichsam, um den Wahrheitsbeweis für das von ihm gesagte beizubringen, **jedem unserer werthen Leser**, welcher die Güte hat, unter Beifügung der Abonnements-Quittung für das II. Quartal, sowie einer 10 Pfennigmarke einige Zeilen an unsere Expedition zu richten, **aus den Zügen der Handschrift den Charakter deuten.**

Die eigenartige Tendenz unseres Blattes wird selbstverständlich beibehalten: dasselbe wird nach wie vor nur von jungen Anfängern, ersten Waffengängern, geleitet werden und auch nur von solchen Artikel bringen. Wir beginnen das neue Quartal mit einem

Preisausschreiben.

Für die drei besten Parodien des bekannten Gedichtes von Heinrich Heine:
„Die schlanke Wasserlilie
Schaut träumend empor aus dem See"....
(Neuer Frühling XV.)
setzen wir werthvolle Bücher als Preise aus. Die Titel der Bücher werden in der nächsten Nummer bekannt gemacht. Die preisgekrönten Parodien, sowie die besten der übrigen Arbeiten werden s. Z. in unserem Blatte veröffentlicht.

Bestimmungen zum Preisausschreiben. Die für die Konkurrenz bestimmten Arbeiten sind bis zum 20. Mai cr. unserer Expedition, Potsdamer Straße 26b einzusenden. Dieselben sind mit einem Motto zu versehen, welches sich zugleich auf der Außenseite eines beizulegenden verschlossenen Kouverts befinden muß. Letzteres muß Name und Adresse des Einsenders, sowie die Abonnements-Quittung für das II. Quartal enthalten. Die Arbeiten selbst dürfen die Namen des Verfassers nicht tragen. Die Namen der Preisgekrönten werden voraussichtlich in der Juni-Nummer (VI.) bekannt gemacht werden.

»Monatsschrift der deutschen Jugend«: »Erste Waffengänge«,
1. Jahrgang, Nr. 4, April 1886

Widmungs-Gedicht von Felix Hollaender für Theodor Wolff, 1.11.1927

Als wir vor einundvierzig Jahren / Dies Schifflein auf den Teich gesetzt, / Da warst Du abgeklärt, erfahren, / Und welch' ein Jüngelchen bist Du jetzt! // Ewig der Stürmer und der Dränger, / So wirst Du sein, Dein Leben lang, / Und fern, ganz fern, mein erster Waffengänger, / Sei Dir der letzte Waffengang! // Theodor Wolff // Felix Holländer zum 1. November 1927

Passfoto, 1889

Privater Briefkopf von Theodor Wolff
Handschreiben an Gerhart Hauptmann mit einem Monogramm,
das später nicht mehr verwendet wurde (Auszug)

13/5 96 / Paris / 53 Boulevard Haussmann
Sehr geehrter Herr Hauptmann, /Ein Blatt, der „Soir", meldet, daß Sie Ende der
Woche nach Paris kommen. Ich weiß nicht, ob das richtig ist. Wenn aber ja – wollen
Sie mir eine Zeile [zugehen lassen …]

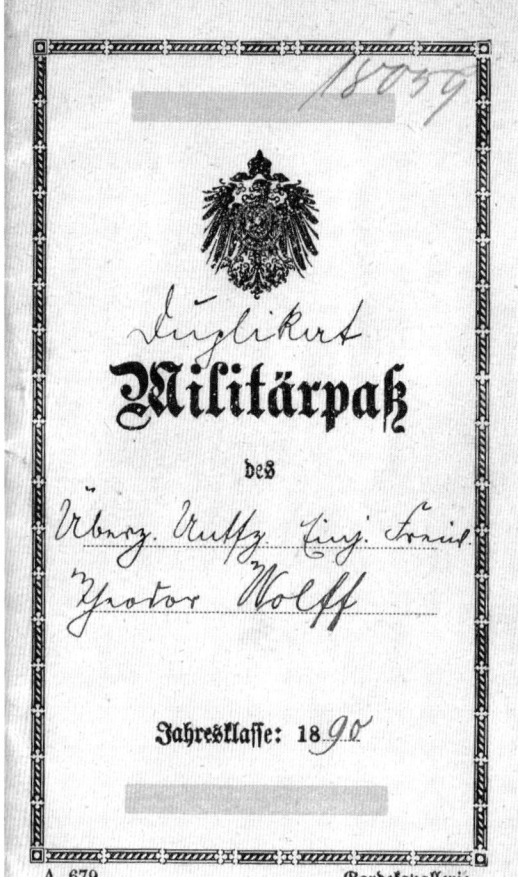

Militärpass (amtliches Duplikat), 1890

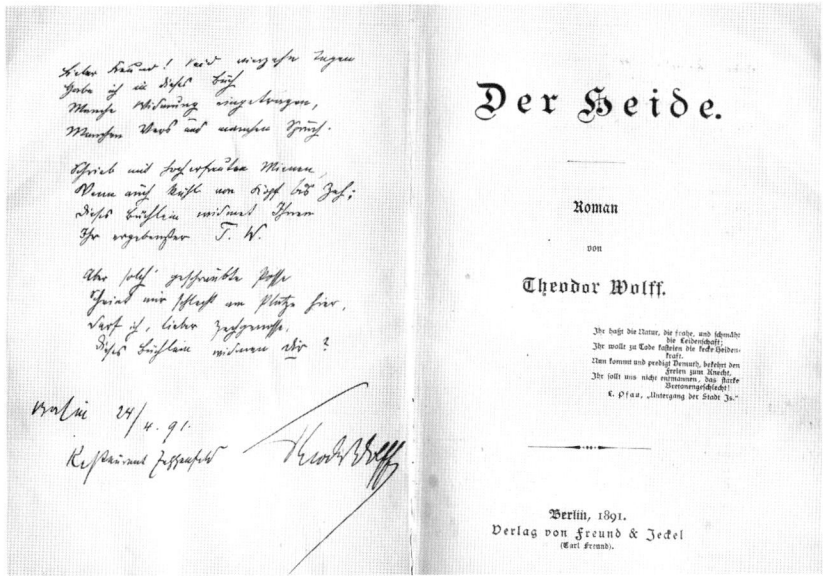

Widmung an einen Unbekannten, 24.4.1891

Lieber Freund! Seit vierzehn Tagen / habe ich in dieses Buch /manche Widmung eingetragen, / manchen Vers und manchen Spruch. // Schrieb mit hocherfreuten Mienen, / wenn auch kühl von Kopf bis Zeh: / dieses Büchlein widmet Ihnen, / Ihr ergebener T.W. // Aber solch' geschraubte Posse / scheint mir schlecht am Platze hier. / Darf ich, lieber Zeitgenosse, / dieses Büchlein widmen Dir? //Berlin, 24.4.1891

Plakat der »Königlichen Schauspiele«, Berlin Oktober 1895

—§ 13 §—

Herzog.
Können Sie auch sagen, daß Sie nichts davon wissen wollen?

Königin.
Gehen Sie — Sie sind lästig.
(Der Herzog steht auf, geht einige Schritte zurück.)

Herzog.
Und doch — Sie erkennen selbst an, daß ich Ihr einziger Freund hier bin.

Königin.
Was will das sagen!

Herzog.
Die andern sehen in Ihnen immer nur die Königin. Ich bin der Einzige, der es ganz begreift, daß Sie eine Frau sind.

Königin.
Es ist wahr. Kommen Sie wieder her. (Er setzt sich wieder.) Ich bin Ihnen auch dankbar — Sie können sich nicht beklagen. Ich lasse mir viel von Ihnen gefallen, nicht wahr? Sie dürfen mir die Wahrheit sagen.

Herzog.
Ich bin Ihr Hofnarr.

Königin.
Sie sind mein Beichtvater.

Herzog.
Leider beichten Sie mir nicht alles.

Königin.
Zum Beispiel?

Herzog.
Zum Beispiel — woran denken Sie heute wieder? Denn Ihre Gedanken gehen doch ganz wo anders spazieren. Wo sind sie?

Manuskriptseite aus dem Schauspiel »Die Königin« (1898) mit handschriftlichen Korrekturen von Theodor Wolff

Herr Theodor Wolff
und das Ressentiment

Offener Brief an den Chefredakteur des "Berliner Tageblatt"

Von
Gustav Blume

Verlag: Fr. Warthemann, Berlin W 66
1920

Polemische Broschüre

Atelierfoto von Aenne Wolff, um 1900

Mit Frau Bouffier-Chaffour, Paris um 1900

Walter Leistikow
an Theodor Wolff,
18.4.1901

Klopstockstr. 52. 18. April 1901.
Lieber Freund! / Frau Hirschfeld bekommt natürlich die gewünschten Karten. Aber hast Du denn unsere Karte aus dem Raths-Keller in Danzig nicht erhalten? Oder wollen Sie von dem angetragenen Bruderbunde nichts wissen? Wenn Du die Karte erhalten hast und nicht darauf reagierst bleibt für mich ein angenehmes Gefühl der Blamage. Oder glauben Sie vielleicht, dass wir schon ganz duhne waren als die Karte geschrieben wurde? Nein Du, wir hatten nur eine Flasche getrunken allerdings eine gute. Bitte antworten Sie lieber Freund, damit ich weiss woran ich bin. Darf ich nun ferner Du zu Ihnen sagen? Ich bin im Zweifel: Sage ich: Du? – Sie? sagt er: Sie? – Du? Nu, Sie! Was denken Sie nu? Mit herzlichen Grüssen von meiner Frau Gerda und Deinem Walter Leistikow.

Zu Rudolf Mosses 70. Geburtstag, 9.5.1913

Täglich zur Mittagszeit unterhalten / Wir uns von mancherlei Sachen: / Wie kann man Errungenes weiter gestalten, / Gutes noch besser machen? // Immer weiter zu rücken die Grenzen / Des Verlangens und Strebens / Ist der Sinn aller Konferenzen / Und der Sinn des Lebens. // Theodor Wolff

Zu Rudolf Mosses Geburtstag, 9.5.1913

Verlagshaus Rudolf Mosse, 1914

Aufständische besetzen Redaktionsraum, Januar 1919

Tagebuch, Heft XVI: 11.–16.10.1918

Augenblick würden unter allen Umständen die Polen mit ihren Vergrößerungsforderungen gekommen sein. Er erzählt vom Brief d. Prinzen Max von Baden. Herrenhausreform. Giebt zu, daß zu agrarisch.

12.10.
D. Brief d. Prinzen Max. Große Aufregung, d. Brief scheußlich, bin aber dafür, daß man jetzt keine Krise. Abends kommen Heine, Haußmann, Haas zu mir, um zu beraten. Heine zuerst: er müsse fort. Haas dagegen. Ich entschieden f. Bleiben, was auch Heine überzeugt. D. deutsche Antwortnote. D. Alldeutschen schäumen.

14.10.
Abends im Klub. Südekum, Müller. Der Prinz müsse gehen. Spielen die ganz Reinen. Müller hat noch eben geg[en] d. Parlamentarismus, Südekums Rolle als Agent d. Militarismus! Ich deute ihnen an, jeder solle seine eigenen Sünden bedenken. Severing mischt sich ein. Gehe dann zu Marton, Bristol, wo Beer-Hoffmann. D. jähe Entwickelung d. Dinge in Oesterreich-Ungarn. Alles hing eben an d. Front im Westen.

15.10.
Engl. siegreicher Vorstoß in Flandern. Vormittags bei Ferd. [von] Stumm. Wilsons Antwort noch nicht da. Nach Stumm natürlich große Forderungen zu erwarten. Man werde sehen müssen. Glaubt nicht an Forderung betr. Kaiser. Um 3 d. Note. Herausfordernd. D. Bedingung ist d. Kaiser. Abends essen mit Marton, Pallenberg, dann zur Red. um zu schreiben, dann bei Reinhardt mit Beer-Hoffmann u.a. alle: d. Kaiser müsse abdanken.

16.10.
D. ganze Presse gegen d. Idee Wilsons. Im Publikum d. Abdankung d. Kaisers. Im polit. Kreise spricht man üb[er] d. noch unbekannte Antwort an Oesterreich, rechnet mehr als je mit zustimmender Absicht.

Transkription der Seite aus Theodor Wolffs Tagebuchheft aus dem Oktober 1918

Porträt von Max Liebermann, 20.8.1919

Mit Fürst Bülow, 7.6.1922

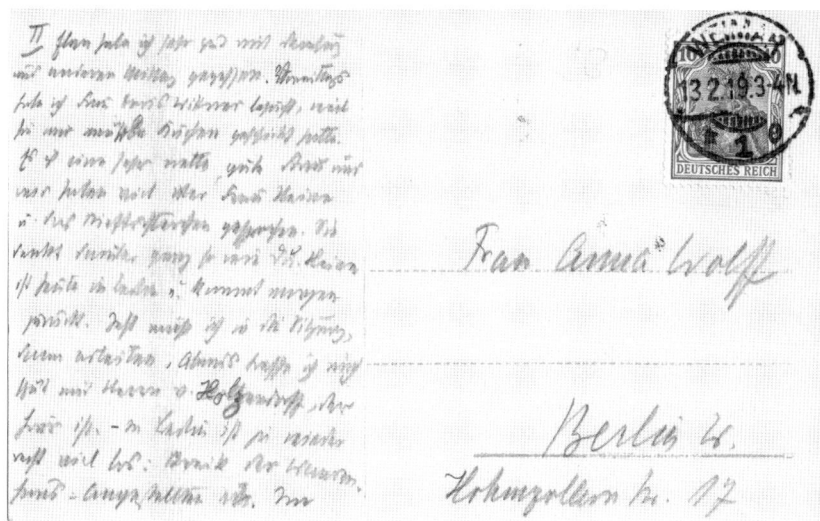

Ansichtskarte (eine weitere ging ihr voran) mit der Abbildung
von 19 Frauen: *Nationalversammlung in Weimar. Die weiblichen Abgeordneten
der Mehrheitssozialisten*

Rückseite: [Briefmarke] *Weimar* / 13.2.19.3-4N /1 /
Frau Anna Wolff / Berlin W. / Hollenzollernstr. 17
*II Eben habe ich sehr gut mit Dernburg und anderen zu Mittag gegessen. Vormittags
habe ich Frau Doris Wittner besucht, weil sie mir mürbe Kuchen geschickt hatte.
Es ist eine sehr nette, gute Frau und wir haben viel über Frau Heine und das Bittersuchen [?] gesprochen. Sie denkt darüber ganz so wie Du. Heine ist heute in Berlin
u. kommt morgen zurück. Jetzt muß Ich in die Sitzung, dann arbeite. Abends treffe
ich mich spät mit Herrn v. Holtzendorff, der hier ist. – In Berlin ist ja wieder recht
viel los. Streik der Waarenhaus-Angestellten etc. Theo*

Die deutsche Delegation (Joseph Wirth, Walther Rathenau und auch
Theodor Wolff), Konferenz von Genua, April/Mai 1922

Alfred Polgar an Theodor Wolff, 18.1.1924

Wien, 18.1.24
Sehr geehrter Herr Wolff: / Ich gestatte mir nochmals an Sie die Bitte zu richten, die mich betreffende Honorar=Frage in irgendeiner Ihnen beliebigen Form zu regeln. Mir ist <u>jede</u> Verfügung, die Sie treffen, recht. Peinlich und verwirrend aber ist es, wenn mir das „B.T." vor c[ir]ca 5 Wochen für einen 3spaltigen Beitrag <u>30 Rentenmark</u> und gestern für einen 4½spaltigen Beitrag 100.000 ö[sterreichische] K[ronen] d[as] i[st] <u>8½ Rentenmark</u> übersendet. / Mit vorz[üglicher] Hochachtung Ihr ergebenster / Alfred Polgar / T. Stallburgg[asse] 2 [traditionelles Wiener Kaffeehaus]

Mit Albert Einstein, Veji (Etrurien), um 1925

XX ABBILDUNGEN

Rudolf Großmann an Theodor Wolff, 18.2.1926

Sehr verehrter Herr Theodor Wolff, Von Herrn Martin konnte ich leider das Honorar für die »Geister Münchens« nicht erhalten; er sagte, es könne mir erst nach Erscheinen bezahlt werden. Ihr schwer geprüfter Mitarbeiter mit bestem Gruß! R. Großmann

Familie Wolff mit Gustav Stresemann, 1926 (?)

Theodor Wolff, um 1929

Porträtfoto
von Lotte Jacobi,
um 1930

Theodor Wolffs
Arbeitszimmer,
1932

Mit Elisabeth Bergner und Fred Hildenbrandt, um 1931

Familie Wolff mit Gerhart Hauptmann, 1931 (?)

Widmungsfoto von Gerhart Hauptmann
für Theodor Wolff, 22.9.1932

*»Meinen verehrten Freunde Theodor Wolff herzlichst:
Gerhart Hauptmann, 1932«; photographiert von Alfred
Eisenstaedt, Berlin (1931/32). – Dankesbrief (22.IX.1932):
»Unnötig, zu versichern, daß das Bild mit dem Gruß
von Ihrer Hand mir kostbarer ist als alle sogenannten
Kostbarkeiten.«*

Karikatur (Manno) auf Theodor Wolff und Georg Bernhard; Die Brennessel, 4.5.1933

Bernhardt: "Und Sie haben genau wissen wollen, daß die Nazis bei der Wahl verlieren werden". Theodor Wolff. "Hab' ich auch gewußt, aber – was wollen Se – de Nazis ham's nich gewußt."

Karikatur auf Theodor Wolff, Emil Ludwig, Alfred Kerr (mit Lorbeerkranz) und Georg Bernhard; Der Kladderadatsch, 9.7.1933

Die armen Emigranten am Gardasee
"Hier ist das Wohlbehagen erblich, / Die Wange heitert und der Mund, / Ein jeder ist an seinem Platz unsterblich, / Sie sind zufrieden und – gesund – ."

Gerhart Hauptmann an Theodor Wolff, 4.12.1933 (1. Blatt)

Lugano-Castagnola, Belvedere, 4. Dezember 1933
Lieber Gerhart Hauptmann, / Meine Frau und ich danken Ihrer Gattin und Ihnen für die Weihnachtsgrüße, die wieder die Erinnerung an so viele gemeinsam verlebte schöne Stunden wachgerufen haben [Fortsetzung auf S. 234].

Alfred A. Knopf an Theodor Wolff, 12.3.1936

ALFRED A. KNOPF, Inc.
730 FIFTH AVENUE
New York

March 12, 1936.

Office of the President

Dear Mr. Wolff,

We published THE EVE OF 1914 ten days ago. The press has been superb. I assume that you are seeing the American reviews but if there are any particular ones you have not seen and would like to read, let me know.

As for sales, I cannot as yet report anything very encouraging. We have sold about eight hundred copies but, of course, in the case of a book of permanent value such as yours, it is much too early to tell. I feel hopeful and I am never over-optimistic in these matters.

I am enclosing a copy of an advertisement which I ran in this morning's New York Times.

With kindest personal regards, I am
Yours sincerely,
Alfred A. Knopf

Theodor Wolff, Esq.
63 Promenade des Anglais
Nice, France

Theodor Wolff in Nizza, um 1938

Mit Aenne auf der Promenade
in Nizza, um 1938

Hochzeit von Rudolf Wolff und Hélène Marie (Helna) Tenbergen
in Nizza im März 1943

Von links: Theodor Wolff, Marie Luise Anna (Aenne) Wolff, das Hochzeitspaar, Frau Tenbergen (Mutter der Braut), Frau Braun (Direktorin einer Sprachenschule), Lilly Wolff

Mit René Schickele, St. Paul
de Vence (Provence), Juli 1939

Mit Hartmann Oswald Freiherr von Richthofen, um 1927

Theodor Wolff auf dem Weg zum Reichstag in Berlin; er begleitet von Richthofen (1873–1953), 1914–1918 Mitglied des preußischen Abgeordnetenhauses (national-liberale Fraktion), 1912–1918 Mitglied des Reichstages. Er gehörte im Winter 1918 zum Gründungskreis der Deutschen Demokratischen Partei (DDP) und wurde für diese Partei in die Weimarer Nationalversammlung gewählt.

Ernest Hemingway: Deutsche Journalisten – ein seltsamer Verein, 8.5.1922 (Reportagen 1920-1924. Reinbek 1990, 140f.):

Wenn es stimmt, daß ein Zeitungsreporter um so bessere Arbeit leistet, je komischer er aussieht, dann waren auf der Konferenz von Genua [s. Abb. XVII] *einige Kanonen dabei.* [... Doch das absolute] *Gegenteil war ebenfalls anwesend, und zwar in Gestalt von Theodor Wolff, dem Chefredakteur des „Berliner Tageblatts". Grauhaarig, mit vorgewölbten Lippen, einem ständigen Schmollmund und einem Schnauzbart, der sich, so kurz er auch gestutzt war, noch immer nach oben bog, starrte Wolff den ganzen Tag finster auf Telegrammformulare und schrieb hastig und mit mikroskopisch kleiner Klaue.*

Mit den Kindern, undatiert

Fritz Wolff und Ehefrau Elsa, undatiert